인천이 겪은 해방과 전쟁

인천학연구총서 38

인천이 겪은 해방과 전쟁

이현주

책머리에

이 책은 1945년 8·15 해방에서 1950년 한국전쟁기까지 인천에서 일어난 대규모 인구 유출 및 유입과 그에 따른 정치·사회변동을 현대 인천의 정체성의 기원과 형성이라는 관점에서 살펴본 것이다.

이를 위해 해방 후 인천 일본인 사회의 해체와 본국 철수, 해외 한국인들의 귀환 및 그로 인한 사회변동, 좌우 대립과 정부 수립을 위한 제헌국회의원 선거, 한국전쟁의 발발과 '조선인민군' 점령 하 인천의 상황을 분석·정리하였다.

제1부에서는 제2차 세계대전의 종전으로 '패전'을 맞은 인천 재류 일본인들의 철수와 '해방'을 맞은 한국인 해외 전재동포의 귀환을 대비하여 살펴보았다. 아울러 해외 동포 및 월남인 유입, 그리고 이들의 대규모 유입으로 야기된 사회변화의 양상을 살펴보려고 했다.

8·15 해방 당시 전관조계가 설치된 지 60년이 넘을 정도로 오랜 역사를 지닌 인천의 일본인 사회는 그 인구가 3만 명에 달했다. 패전을 당하고도 '잔류'를 꿈꾸던 인천 일본인상조회는 자국민의 본국 철수에 기여할 자치조직이라는 본분을 망각하고 '거류민회'로의 전환을 꿈꿀 만큼 식민지하 인천의 오만한 주인의식을 여전히 유지하였다. 그들이 떠나간 자리

에 수십 년 간 해외를 떠돌던 해외 전재동포들의 귀환이 현실화할 때까지 이들의 '착각'은 계속되었다.

해방과 함께 1945년 9월부터 귀환이 일단락되는 이듬해 12월까지 인천항으로 입항한 해외 전재동포는 6만 6천 명으로 추산되었고 이후에는 월남민의 유입이 인천의 인구증가를 주도했다. 해외 전재동포와 월남민의 대규모 유입은 경제적 불안정성을 심화시키고 주택난을 심화시키며, 취업난이 가중되는 등 인천에 극심한 사회변동을 야기했다. 여기에 전염병을 비롯한 질병 만연의 온상으로 지목됨으로써 해외 전재동포와 월남민들은 격리와 배제의 대상이 되었다. 해방의 감격 속에 '통일' 정부를 꿈꾸던 상황에서 이러한 '배제'는 인천이 입은 큰 상처로 남았다.

제2부에서는 1948년 5월에 인천에서 실시된 제헌 국회의원 선거가 인천의 현대사에서 갖는 의미를 분석하였다. 표면적으로는 해방 후 인천도 좌·우익이 팽팽했던 대표적인 사례이다. 인천의 우익은 한국민주당 인천지부가 해방된 뒤 두 달이 지나서야 결성되는 등 좌익보다 세력화가 늦었다. 하지만 이것은 중앙의 영향일 뿐 이들이 좌익에 비해 일제하 '친일'을 많이 했다는 증거는 없다. 오히려 한민당 인천지부는 1920년대 말 신간회 인천지회를 주도했던 인사들 대부분이 전면에 나서고 있다. 문제는 1930년 말 신간회 해소바람이 불 때 인천의 좌익들은 부산, 통영과 더불어 가장 먼저 신간회 인천지회를 해소시켰다는 사실이다. 이 때문에 인천의 우익은 좌익에 대해 강한 의구심을 품었다.

인천에서 제헌 국회의원 선거의 결과는 갑구에서는 '보수' 후보가, 을구에서는 '진보' 후보가 각각 당선됨으로써 외견상 지역 차원에서 분단질서가 형성된 것이라고 볼 수 있다. 그러나 동시에 견고한 것처럼 보였던 분단질서가 얼마나 허약한 것인지를 보여준 선거이기도 했다. 이것은 남북한 통일정부 수립과 완전한 독립전취를 내세워 당선된 곽상훈과 해방 후 일찌감치 계급·자본독재 배격을 선포하고 선거기간 내내 민족 내부의 평화를 토대로 통일을 역설하여 당선된 조봉암의 사례를 통해서도 분명하다. 조봉암의 선거전략은 '평화통일론'으로 발전했다.

제3부에서는 한국전쟁 시기 '조선인민군'이 인천을 점령하기 직전에 군경에 의해 이루어졌던 700명이 넘는 민간인 '처단'과 이후 인천을 점령한 '조선인민군'의 전시동원 정책을 다루었다.

인천에서도 한국전쟁은 인위적으로 강제된 분단질서가 견고하게 구축되는 데 결정적인 영향을 미쳤다. 조선인민군 점령 전후에 인천에서 일어난 국민보도연맹원 등의 집단 '학살'과 그에 따른 피의 보복은 상호간의 적대감을 돌이킬 수 없는 지경에 빠뜨렸다. 해방 직후 해외 전재동포 및 월남민 격리·배제의 상처가 채 아물기도 전에, 분단에 따른 피의 배제의 상처가 덧씌워진 것이다. 한국전쟁은 지역 차원에서 싹트고 열망하던 독립전취와 통일정부 수립, 평화의 지향을 송두리째 앗아갔다고 할 수 있다.

이 책에 실린 내용 가운데에는 완전히 새로 쓴 것도 있고 기존에 발표한 연구논문을 토대로 한 것도 있다. 그러나 기존의 논문을 토대로 한 것이라도 책의 체제와 전체적인 내용구성을 맞추기 위해 상당한 수정과 보완을 거쳤다. 국민대학교 한국학연구소, 새얼문화재단, 한국학중앙연구원, 부산대학교 한국민족문화연구소(HK) 등 이 책의 일부가 된 원형이 되는 글을 완성하는 데 도움을 준 여러 기관에 감사한다.

이 책은 인천의 현대사를 다룬 것이므로 당연히 인천에 관한 자료가 없었으면 수행할 수 없었을 것이다. 무엇보다 『대중일보』를 비롯한 소중한 자료들을 활용할 수 있도록 도움을 준 인천역사자료관에 깊이 감사한다. 내용을 메꾸어가기에 급급했던 필자에게 영감을 준, 이 분야의 선학들에게도 존경과 감사의 인사를 전하고 싶다. 서울과 인천, 세종과 인천을 오가며 강의하던 여러 해 동안 따뜻한 격려를 해주신 모교의 선생님들과 선·후배 동학들께도 뜨거운 감사의 인사를 전한다.

무엇보다도 이 책은 인천학연구원의 후의에 의해 간행될 수 있었다. 여러모로 부족한 필자의 연구과제를 인천학연구총서의 하나로 선정해주신 인천대학교 인천학연구원에 감사한 마음을 전한다. 기일을 맞추지 못하여 온전하지 않은 상태로 원고를 넘겼음에도 불구하고 인내심을 가지고 깔끔하게 원고를 정리해주신 보고사 편집부 여러분께도 감사한다.

필자가 인천과 인연을 맺은 것이 1981년이니 벌써 38년이 되어간다. 인천에서 나고 자란 토박이 입장에서 볼 때야 길다고 할 수는 없겠지만, 필자에겐 결코 짧은 세월이 아니다. 이미 오래 전에 인천에서 다른 곳으로 거처를 옮겼지만 지금도 이른 아침에 불쑥 차를 내달려 연안부두와 월미도, 배다리, 만석부두, 자유공원, 영종도와 무의도 등을 즐겨 찾는다. 최근에는 '국제도시' 송도까지. 종종 떠나는 당일치기의 주말여행 가운데 인천을 다녀오는 것만큼의 즐거움은 없다. 그리고 아주 가끔은 고향도 아닌데 인천으로의 '귀향'을 꿈꾼다.

인천 공부의 첫발을 떼면서, 앞으로는 당일치기 여행이라도 구석구석 자세하게 살펴야 하겠다는 다짐을 해본다.

2018년 2월

이현주

차 례

책머리에 / 5

머리말 13

1. 문제의 제기 13
2. 기존 연구의 검토 14
3. 연구 방법 21

제1부 패전과 해방 : 일본인 철수와 한국인 귀환

제1장 _ 인천 재류 일본인의 대응과 본국 철수 25

1. 머리말 – '패전'과 '해방' 25
2. 패전 직후 인천 일본인의 동향과 대응 28
3. 일본인들의 지방권력 상실과 본국 철수 49
4. 맺음말 76

제2장 _ 전재동포의 귀환과 단체 활동 79

1. 머리말 79
2. 해외 전재동포의 귀환 80
3. 귀환 전재동포에 대한 구호 82
4. 귀환 전재동포 단체의 등장과 활동 94
5. 맺음말 99

제3장 _ 동포 유입과 인천의 사회변화 ······ 101
1. 머리말 ······ 101
2. 해방 직후 인천의 정치·경제 ······ 103
3. 전재동포의 귀환과 월남인의 유입 ······ 111
4. 전재동포의 잔류와 사회문제 ······ 121
5. 맺음말 ······ 131

제2부 제헌 국회의원 선거 : 지역 분단질서의 형성

제1장 _ 좌·우 대립구도의 형성과 투쟁 ······ 137
1. 해방과 인천 미군정의 실시 ······ 137
2. 좌·우 세력의 형성과 투쟁 ······ 150

제2장 _ 독립운동에 뿌리박은 보수 : 곽상훈 ······ 168
1. 머리말 ······ 168
2. 해방 이전의 독립운동과 인천 이주 ······ 170
3. 단정수립 방침과 선거 준비 ······ 175
4. 제헌 국회의원 선거 출마와 당선 ······ 189
5. 맺음말 ······ 203

제3장 _ 계급·자본독재 배격한 진보 : 조봉암 ······ 208
1. 머리말 ······ 208
2. 해방 후 인천에서의 활동 ······ 210
3. '민족통일' 제창과 제헌 국회의원 당선 ······ 231
4. 맺음말 ······ 237

보론 _ 조봉암의 평화통일론과 인천 ········· 245

1. 머리말 ········· 245
2. 해방 후 조봉암의 평화통일노선 배경 ········· 247
3. 1950년대 조봉암의 평화통일노선 ········· 258
4. 인천, 평화통일론의 산실 ········· 273

제3부 한국전쟁 : 대립의 귀결, 집단학살과 보복

보도연맹원 집단학살과 '조선인민군' 점령 하의 인천 ········· 279

1. 머리말 ········· 279
2. 인천 국민보도연맹의 활동과 집단학살 ········· 281
3. 적개심 선동과 조선인민군의 점령정책 ········· 302
4. 맺음말 ········· 322

맺음말 ········· 325

부록 ········· 337

1. 인천 재류 일본인 철수일지 ········· 339
2. 인천 해외 전재동포 귀환 보도 기사목록 ········· 347
3. 인천 제헌 국회의원 선거 기사목록 ········· 367

참고문헌 / 379
찾아보기 / 385

머리말

1. 문제의 제기

이 연구는 1945년 8·15해방에서 1950년 한국전쟁 초반까지 인천에서 일어난 대규모 인구유입과 정치·사회변동을 현대 인천의 정체성 기원과 형성이라는 관점에서 분석하려는 것이다. 38선 남쪽에 미군이 진주함에 따라 인천에도 미군정이 실시되었고 조국의 해방과 함께 수십만 명에 달하는 해외 전재동포들이 인천항을 통해 유입되어 그 중 상당수가 인천에 정착했다. 1946년 초 38선 이북에서 급격한 사회주의개혁이 단행된 뒤에는 북으로부터 월남하는 이주민들로 홍수를 이루었다. 급격한 인구증가는 주택의 부족과 실업난을 가중시켰을 뿐만 아니라, 전재민 사회를 중심으로 하여 그 주변까지 빠른 속도로 온갖 질병을 만연하게 함으로써 인천에 격심한 정치·사회변동을 야기했다.

그러나 이들의 존재가 부정적인 의미만 갖고 있었던 것은 아니다. 이들은 해방된 조국에서 건설될 국가에 대한 기대가 있었고, 거기에 하나의 일원으로서 참여하고자 하는 욕구가 있었다, 또한 해방과 동시에 통일민족국가 건설운동에 뛰어든 좌·우의 정치세력들에게 절실한 동원의 대상이었다. 따라서 이들은 직·간접적으로 신흥 정치세력들과 연계되어 활발한 정치활동을 전개하였다. 1948년 인천에서 실시된 제헌 국회의원 선거의 결과는 이러한 관계를 잘 보여준다. 하지만 한국전쟁 발발 직후 일어난 수백 명에 달하는 인천 국민보도연맹원들의 대규모 집단적인 학살은 '민족'과 '통일'을 내세우는 정치세력이 더는 활동하기 어렵다는 사실을 알려주는 불길한 징조였다. 이러한 사실들은 전국에서 소용돌이치듯이 격동했던 한국현대사를 지역의 차원에서 다시 조망할 것을 요구하고 있다.

그럼에도 불구하고 해방 후에 전개된 식민지 유산의 청산과 잔존, 사회변동과 정치세력의 활동, 통일운동과 분단질서의 형성 등에 대한 지금까지 연구는 대부분 서울의 중앙 정치무대에 집중되었고, 지역 단위에서 전개된 사회변동과 정치운동의 상(像)에 대한 본격적인 연구는 거의 없는 실정이다. 중앙에만 집중된 이러한 연구경향은 민족의 명운을 가른 해방 후의 정치상황을 전국적인 수준에서 명확하게 밝혀줄 수가 없다. 왜냐하면 중앙과 각 지방은 동일한 인적 혹은 물적 토대를 갖고 있지 않기 때문에 정치적 활동의 표출양상이나 전개과정도 차별적일 수밖에 없기 때문이다. 그러므로 해방 후에서 한국전쟁 시기까지 전국적인 수준에서 전개된 사회변동과 정치질서 형성의 전개과정을 보다 바르고 정확하게 파악하려면 중앙에만 머물러서는 안 되며 지역도 함께 유기적으로 분석해야 한다.

2. 기존 연구의 검토

해방 후 인천의 정치·사회변동을 살피는 데 있어서는 우선적으로 패전에 따른 일본인 철수문제가 중요하다. 일찍이 인천에 형성된 일본인

사회의 역사와 규모, 이들의 본국 철수양상을 논하지 않고서는 해외 전재동포의 유입이 갖는 의미를 설명하는 데도 한계가 있기 때문이다. 하지만 이에 대한 연구성과는 많지 않을 뿐더러, 그마저도 경성(서울)과 부산에 집중되어 있으며[1] 인천에 대한 연구는 전무하다.

이와 마찬가지로 해방 후 해외 동포 귀환문제에 대한 접근도 대단히 중요하다. 8·15해방 직후 해외에서 귀국한 동포 250만 명 가운데 3분지 1에 달하는 약 75만 명이 인천항을 통해 조국의 품에 안겼고, 이들의 문제가 인천의 급격한 사회변동과 정체성을 논의하는 데 중심적인 의제가 되기 때문이다. 하지만 인천의 지역사나 향토사 서술에서 이들의 존재에 대해서는 전혀 언급되지 않았다.

우리 학계에서 귀환문제에 관한 연구는 매우 부족하다. 귀환 관련 초기 연구는 해외 동포의 이주사나 재일 한국인의 역사 속에서 부수적으로 다루어졌다.[2]

1990년대 이후 한국학계의 연구 가운데 주목되는 것은 이영환, 최영호, 김태기, 이연식, 강만길·안자코 유카, 김도형 등의 연구이다. 이영환의 연구[3]는 귀환 한인의 문제를 주제로 한 최초의 연구로, 미군정의 구호정책이 귀환 한인들의 근본적 생활향상을 도모한 것이 아니라 미군정의 한반도 지배를 안정시키기 위한 의도에서 시도된 억압적이고 일방

---

1) 다카사키 소지 지음, 이규수 옮김, 『식민지 조선의 일본인들-군인에서 상인, 그리고 게이샤까지』, 역사비평사, 2006; 이연식, 『조선을 떠나며-1945년 패전을 맞은 일본인들의 최후』, 역사비평사, 2012; 최영호, 『일본인 세화회-식민지 조선 일본인의 최후』, 논형, 2013 참조.

2) Edward. W. Wagner, The Korean Minority in Japan, 1951; 森田芳夫, 「在日朝鮮人處遇推移現狀」, 『法務硏究』 3, 1954; 현규환, 『韓國流移民史(下)』, 삼화인쇄, 1976.

3) 이영환, 「미군정기 전재민 구호정책의 성격」, 서울대 사회복지학과 석사논문, 1989.

적인 사회통제정책의 일환이었다고 주장했다.

재일 한국인의 귀환을 다룬 최영호는 해방 전후 재일 한인사회의 형성사를 상술하면서 한국인의 귀환·원호정책과 재일 한국인단체의 대응을 개관하였다.[4] 김태기는 일본정부와 GHQ의 초기 귀환정책을 고찰하여 그 한계를 규명했다.[5] 또한 이연식은 귀환 동포에 대한 구호정책이 사회단체 및 귀환 당사자와 어떠한 관계에 있었는가를 고찰하였다.[6] 아울러 그는 해방 직후 서울지역의 주택 부족문제를 해외 동포의 귀환 및 월남인 등의 유입과 관련하여 살펴보았다. 강만길·안자코 유카의 연구는 강제 연행된 노동자의 초기 귀환실태를 추적하였다.[7] 김도형은 연구의 외연을 확대하여 자바지역에 강제 연행된 한국인들의 실체를 규명하고 그들의 귀환을 추적하였다.[8]

이 밖에 한국근현대사학회가 발행하는 『한국근현대사연구』 25집(2003 여름호)은 공동연구로 "해방 후 해외 한인의 귀환과 역사상"이라는 제하에 8편의 논문을 게재하였고, 독립기념관 부설 한국독립운동사연구소에서 발행하는 『한국독립운동사연구』 20집(2003)도 귀환문제를 중심으로 하는 4편의 논문을 특집으로 게재하였다. 위와 같은 일련의 연구를 토대로 2006년 초 국민대학교 한국학연구소에 의해 10권에 달하는 『귀환자료총서』가 간행되었다.

---

4) 최영호, 『재일 한국인과 조국광복』, 글모인, 1995.

5) 김태기, 『戰後日本政治と在日朝鮮人問題』, 勁草書房, 1997.

6) 이연식, 「해방 직후 해외동포의 귀환과 미군정의 정책」, 『典農史論』 5, 서울시립대 국사학과, 1999.

7) 강만길·안자코 유카, 「해방 직후 '강제동원' 노동자의 귀환정책과 실태」, 『아세아연구』 108, 고려대 아세아문제연구소, 2002.

8) 김도형, 「해방 전후 자바지역 한국인의 동향과 귀환활동」, 『한국근현대사연구』 24, 한국근현대사학회, 2003(봄호).

본 연구자는 해방 후 귀환 동포문제와 관련하여 이를 인천지역에 적용한 일련의 논문을 발표, 인천의 사회변동과 정체성의 형성에 해외 전재동포의 귀환이 중요한 역할을 했음을 밝힌 바 있다.[9)]

해방 후 3년은 일제 식민지 지배의 유산을 청산하고 통일민족국가를 건설하기 위한 각 정치세력과 대중들의 활동이 그 어느 때보다 활발히 전개된 시기였다. 일제에 의해 억눌려 왔던 내부의 다양한 요구와 움직임이 정치·경제·사회·문화의 모든 영역에서 폭발적으로 분출되었다.

해방 후 인천지역 정치·사회운동에 대한 연구는 부분적으로 진행되었다. 『인천시사』 등의 통사류를 제외하면, 최초의 대표적인 연구로 김영일의 연구가 있다.[10)] 이 책은 각종 신문자료와 증언 등을 통해 해방 직후부터 한국전쟁 시기까지 인천지역의 좌·우익 정당사회단체의 활동을 개괄한 자료집의 성격을 띠고 있다. 해방 직후 인천지역의 정치·사회상을 사실상 처음으로 다룬 것이었으나 시대적 상황 때문에 냉전적이며 반공적인 관점에서 서술되었고, 나열식 소개 수준에서 벗어나지 못하고 있다. 정국노의 논문도 빼놓을 수 없다.[11)] 이 연구는 김영일의 성과와 생존자들의 증언을 토대로 해방 후 인천지역 좌·우익 정치단체의 활동을 정리하였다.

보다 진전된 연구로는 이윤희의 논문이 있다.[12)] 이 논문은 해방 직후

9) 이현주, 「해방 직후 인천의 귀환 전재동포 구호활동」, 『한국근현대사연구』 29, 한울, 2004; 「해방 후 인천지역의 전재동포 귀환과 사회변화」, 『인천학연구』 4, 인천학연구원, 2004.

10) 김영일, 『격동기의 인천-광복에서 휴전까지』, 동아사, 1986.

11) 정국노, 「건국과정에서의 사회단체 小考-인천지구를 중심으로」, 『인천전문대학론문집』 제3집, 1982.

부터 1946년 9월 총파업 직전까지 인천지역 좌·우 정치세력의 활동과 대립과정을 분석함으로써 지방정치의 지형과 수준을 파악하는 데 도움을 준다. 『대중일보』를 본격적으로 활용한 점도 주목된다. 다만 좌·우익 모두 통일민족국가 건설의 지향을 갖고 있었음에도 불구하고 이들의 활동을 대립과 투쟁 일변도로 서술한 것은 한계로 지적할 수 있다.

김무용은 해방 후 인천에서 전개된 정치·사회운동을 사회주의세력을 중심으로 복원하려 했다.[13] 그는 특히 각종 대중·노동단체까지 분석 대상에 포함시킴으로써 지방정치 분석의 수준을 높이고자 하였다. 그러나 상세한 서술에도 불구하고 1945년 12월 말 신탁통치 국면 이전까지만 분석 대상으로 삼음으로써 정작 지역단위에서 운동이 본격화되는 1946년 이후 운동의 전개상황을 살필 수 없는 점은 아쉬움으로 남는다. 통일전선운동의 다른 축인 우익의 활동에 대해서도 언급하고 있지 않다.

선행연구에서는 정치세력의 조직과 활동에 대한 구체적·심층적 분석이 충분히 이루어지지 않았다. 또한 좌·우 정치세력의 상층을 주요한 분석 대상으로 설정하고, 대립과 갈등을 주요한 흐름으로 서술하고 있다. 물론 해방 후 지방정치가 중앙정치의 영향을 강하게 받고 있었던 것은 사실이지만, 이러한 연구경향은 지방정치의 폭과 수준을 축소시킬 가능성이 크다. 즉 해방 후 전개된 지방에서의 정치가 중앙정치의 '복사판'으로 이해되고, 지방정치의 다양한 가능성과 차별성을 제대로 파악할 수 없다는 것이다.

본 연구에서는 해방 직후부터 대한민국 정부수립 때까지 좌·우익이

---

12) 이윤희, 「미군정기 인천에서의 좌·우투쟁의 전개」, 『역사비평』 계간4호, 1989(봄호).
13) 김무용, 「해방 직후 인천지역 사회주의운동」, 『한국 근현대 경기지역 사회운동연구』, 관악사, 1998.

형성되고 대립이 증폭된 결과로서 인천의 제헌 국회의원 선거에 주목하였다. 비록 제헌 국회의원 선거에 단독정부 수립에 반대하는 정치세력들이 대거 불참한 것은 사실이나, 선거의 결과를 보면 통일정부 수립을 열망하는 민중의 여론이 어느 정도 반영되고 있다고 판단되기 때문이다. 인천의 경우 그러한 지향은 보다 뚜렷하였다.

지역사 연구에서 부딪치는 어려움은 자료의 부족이다. 그런데 해방 직후인 1945년 10월 7일 인천에서는 지방 일간지로서 중도를 표방하는 『대중일보』가 발행되었고, 이듬해 1월에는 『대중일보』의 편집진과 기자들 가운데 좌익 성향의 인물들이 중심이 되어 『인천신문』을 창간했다. 특히 『대중일보』는 1950년대 초반에 이르기까지 큰 굴곡 없이 꾸준하게 발행된 유일한 신문이다. 다만 8·15해방 당일부터 10월 6일까지 지역에서 전개된 활동도 중요한데, 이 기간에 인천에서 발행된 신문은 남아있지 않다. 따라서 이 부분은 지방의 소식을 가장 상세하게 전했던 『매일신보』를 주된 자료로 하고 미군정 당국이 작성한 'G-2 Periodic Report(주간 정기보고)' 등을 보조 자료로 활용할 수 있다.

한국전쟁은 한국현대사에서 가장 많은 연구성과를 생산해낸 분야라고 할 수 있다. 범위도 전투사를 넘어 전쟁의 국내·국제적 기원과 국제관계, 남·북한 정치체제 및 한국사회 각 분야에 끼친 영향, 민간인 학살 등에 이르기까지 다양하다.

하지만 총론적인 차원에서 학문적 과제가 어느 정도 해명되었다고 해서, 한국전쟁에 대한 모든 의문이 풀린 것은 아니다. 전쟁의 직접 당사자가 아니면서도 가장 큰 피해를 입은 민간인의 전쟁시기 희생 등에 대한 학문적 성찰은 별로 이루어지지 않고 있다. 전시 하의 민간인은, 전쟁 당사자

양측의 승패가 어떠하든, 점령군에 협조를 하지 않을 수 없다는 점에서 어느 경우든지 피해를 입을 수밖에 없는 존재였다. 전쟁 속의 또 다른 전쟁이라 할 적대적 점령과 정책, 그에 따른 민중들의 생활과 피해 등을 연구함으로써 한국전쟁의 정치·사회적 성격을 온전하게 드러낼 수 있다.

인천과 결부되어 가장 많이 축적된 한국전쟁 연구분야는 '인천 상륙작전'이다. 하지만 이것조차 상륙작전이 갖는 전쟁사(전략·전술)적 의미, 한국전쟁의 전체 전개과정의 일부로서 전쟁의 승패를 역전시킨 '국방사'적 중요성 등에 치중되어 있고, 상륙작전이 지역사회에 가져온 변화와 영향 등에 대해서는, 최근 활동이 종료된 '진실·화해를 위한 과거사정리위원회' 등에 의해 상륙작전으로 인한 민간인 피해의 진상이 드러나기 시작했을 뿐, 학문적으로는 거의 논의된 적이 없다.

해방 직후 해외 동포의 유입과 월남민의 폭발적 유입에 따른 인구증가로 사회변동이 일어나고, 정치세력들의 노선투쟁과 통일민족국가 건설운동이 실패한 뒤 분단질서가 형성된 이래 지속된 갈등과 모순은 전쟁으로 귀결되었다. 특히 본 연구에서 다루고자 하는 인천지역은 한국전쟁에서 잔혹한 집단학살의 도화선이 되었고, 이것은 지역사회 차원에서 전쟁의 정치적 성격을 드러내는 데 중요한 고리가 된다. 종래에 이에 대해서는 인천지역 국민보도연맹원 집단 '학살'의 진상을 규명하는 차원의 시론적 시도가 있었다.[14)]

이에 대해서도 본 연구자는 새로 발굴한 자료 등을 활용하여 상륙작전 전후 인천에서 벌어진 좌·우익에 의한 정반대의 지배체제 형성과 통치, 그것이 갖는 지역사에서의 의미를 정리한 바 있다.[15)]

---

14) 이성진, 「한국전쟁 최초의 집단학살, 인천 국민보도연맹원 학살사건」, 『작가들』 19, 2006.

3. 연구 방법

이 연구는 1945년 8·15해방에서 1950년 인천 상륙작전 직전까지 인천에서 일어난 일본인 철수와 해외 전재동포 귀환에 따른 대규모 인구 유입, 그에 따른 정치·사회적 변동을 현대 인천의 정체성의 기원과 형성이라는 관점에서 분석하려는 것이다. 이를 위해 패전으로 인해 본국으로 철수하는 인천의 일본인들, 해방 후 밀려들어오는 해외 전재동포와 월남난민들의 존재에 주목하였다.

이들은 주택난과 실업난을 가중시키고 위생상의 문제를 야기하여 전염병을 창궐케 하는 등 기존사회의 '위험요소'가 된 한편, 식민지로부터 해방된 조국에서 새로운 국가건설운동에 매진하는 정치세력들에게 동원의 대상이 됨으로써 인천 지역사회 차원에서 현대 한국정치의 동력·기반으로 기능했다.

이러한 흐름과 성격을 드러내기 위해 이 연구에서는 전체를 3부로 나누고 각각 2개 내외의 독립된 논문으로 장절(章節)을 마련하여 전체가 상호 유기적으로 관련되도록 하였다. 또한 인용과 근거자료는 미군정 정보문서와 정부 간행문서, 지역 일간지 및 잡지, 활동 당사자들이 남겨놓은 기록과 회고 등 철저하게 1차 사료를 위주로 활용하여 객관성을 높이고자 하였다.

---

15) 이현주, 「한국전쟁 직후 인천 국민보도연맹원 집단희생과 '조선인민군'의 전시동원 정책」, 『지역과 역사』 27호, 부경역사연구소, 2010.

제1부

패전과 해방
: 일본인 철수와 한국인 귀환

◆ 제1장 ◆

인천 재류 일본인의 대응과 본국 철수

1. 머리말 – '패전'과 '해방'

1945년 8월 15일, 우리 민족은 35년간에 걸친 일제의 통치로부터 '해방'되었다. 해방은 소수 친일 민족반역자를 제외한 한민족 구성원 모두에게 환희요, 감격이었다. 1930~40년대 일본제국주의 파시즘 치하의 고단한 현실에서 민족의 해방을 고대하던 모두에게 해방은 "삼각산이 일어나 더덩실 춤이라도, 한강물이 뒤집혀 용솟음칠" 환희의 날이었다.[1)]

감격과 흥분은 인천도 예외가 아니었다. 해방 전의 인천은 1876년 조일수호조규(강화도조약)에 따른 최초의 개항장으로, 외국인 거류지인 조계가 설정되어 있었기 때문에 다른 어느 도시에 비해 일본인들이 다수 거주하고 있었다. 인천의 상징인 만국공원(자유공원)을 중심으로 구 인천의 중심부는 일본인들을 비롯한 외국인들이 '점령', 인천에서 식민지 근대화의 첨병 역할을 하던 전진기지였기 때문에 해방을 맞는 인천의 표정은 남다를 수밖에 없었다. 또한 인천은 일본인들이 '항복'을 앞두고 조선을 탈출

---

1) 심훈, 「그날이 오면」, 1930.3.1.

하는 길목이었기 때문에 다른 어느 지역보다 해방의 예감이 빨랐다.

… 인천에서도 8월 들어서면서 이상한 일들이 눈에 띄게 되었다. 미군 공군기의 공습이 아주 사라진 것, 그리고 특히 만주에서 피난 온 듯한 일본인 행렬과 관동군 패잔병들의 출현 등이 그것이었다. … 8월 14일에는 다음날 정오에 일본천황의 특별방송이 있으리라는 소문이 퍼졌지만 시중에 라디오가 별로 없는 형편이라서 별로 관심을 끌지는 못하였고, … 그래도 무슨 소식이라도 있나 궁금하여 집에서 라디오를 만져보았지만 부품이 없어 고장 난 지 이미 오래였고 그래 할 수 없이 답동성당 신부 방에 그 시간이 되어 가보니 벌써 많은 교우들이 모여 있었다. 12시에 일왕의 담화가 시작되었지만 그곳의 라디오마저 제 기능을 발휘하지 못하여 무슨 이야기인지 아무도 알아듣는 이가 없어서 궁금증만 더해주었다. '항복이다', '아니다'라고 야단들이었는데, 마침 2시경에 공습경보가 울리고 대공포 소리가 요란하게 인천상공에 퍼지니 항복론은 쑥 들어가 버렸다.

그런데 이게 웬일인가? … 저녁 6시쯤 경동거리 애관극장 앞길에서 요란한 사람들의 소리가 들려오기에 집을 뛰쳐나와 그리로 가본 나는 참으로 놀라운 광경을 목격하게 되었던 것이다. 애관극장 앞길을 메운 군중은 수백 명이 넘었는데, 이들이 언제 준비하였는지 '조선독립만세'란 플래카드를 앞세우고 만세 삼창을 외치면서 내동사거리를 지나 일본인들이 사는 동네로 행진하고 있는 것이었다.

그들의 물결 속에서 나는 삼촌이 말했던 태극기를 처음으로 보았다. 감추어 두었던 것인지 아니면 항복을 알고 난 후에 급조한 것인지는 몰라도 일왕 담화 몇 시간 후에 그 깃발이 휘날리게 되었다는 사실은 참으로 놀라운 사실이 아닐 수 없었다. … [2]

2) 임명방, 「인중시절과 태극기에 대한 기억」, 『황해문화』 5, 새얼문화재단, 1994, 160~161쪽.

반면, 인천에서 '패전'을 맞이한 일본인들의 반응은 당연히 이와는 정반대였다. 사실 일왕의 항복방송 전날만 해도 그들은 패전을 반신반의하였다. 인천의 일본인 유지로 인천 일본인상조회 조직을 주도하고 본국 귀환 뒤 '후쿠오카 인천회' 조직을 주도한 소곡익차랑(小谷益次郎)은 1945년 8월 14일자 일기에서 다음과 같이 썼다.

> 올해는 7월의 장마철이 늦어져서 8월에 들어서야 비가 자주 내렸다. 10일쯤부터 지속된 맑은 날씨로 본격적인 여름철이 시작되어 비로소 더위를 느끼게 되었다. 라디오의 전쟁 상황 보고에서는 내지(內地)의 공습 뉴스와 더불어, 한 번 물러간 적의 해군 기동부대가 다시 관동(關東) 연안에서 20킬로미터 떨어진 해상에 나타나 육지를 포격하는 것을 아군의 특공대가 공격하여 전투함을 비롯한 상당수의 함선을 격침시켰노라고 방송하였다.[3)]

이러한 상황은 이튿날 일거에 뒤집혀버렸다. 그의 표현을 빌자면 "8월 15일의 중대한 방송"으로 일본인들은 느닷없이 '죽음의 골짜기'로 추락하였음을 자각하였다. 또한 그 충격은 사람들로 하여금 정신을 차리지 못하게 만들었을 뿐만 아니라 갑자기 초래된 정치적인 공백은 혼란을 초래하였다. 당장 "눈앞의 문제는 일본인과 조선인의 지위가 뒤바뀐 것으로 오로지 조선인들의 습격이나 박해 및 생명 재산의 안전에 대한 두려움만 존재"하였다.

1945년 8월 15일 정오 일본의 무조건 항복을 알리는 일왕의 떨리는 목소리가 라디오 방송을 통해 들리자 인천의 일본인들은 큰 충격을 받았다. 그러나 36년간 일제의 억압 아래 억눌려 있던 조선인들은 해방의

3) 소곡익차랑 저·윤해연 역, 「인천철수지(仁川引揚誌)(상)」, 『황해문화』 30, 새얼문화재단, 2001, 229쪽.

기쁨에 거리로 쏟아져 나와 환희의 물결을 이루었다. 낮엔 물론이고 밤에도 조선인들은 횃불을 켜들고 거리에 모여 독립만세를 외치는 등, 일본인들이 신경질적으로 '광희난무(狂喜亂舞)'라고 표현하는 상황이 8월 18일까지 이어졌다.[4)]

일본인들은 자신들이 저질러 온 만행으로 인해 불안과 공포에 휩싸여 미군이 상륙할 때까지 자구책을 강구해야 했다. 이들은 먼저 자신들의 안전한 귀국을 위해 세화회(世話會)를 조직하여 잔류 일본인들의 단합을 꾀하는 한편, 전쟁에 참전한 경험이 있는 재향군인들을 무장시켜 순사복장으로 각 파출소를 경비하는 등 조선인들의 응징에 대비하였다. 인천에서도 일본인들은 인천세화회를 조직하고 신변 안전과 본국 귀환활동을 준비하였다.

2. 패전 직후 인천 일본인의 동향과 대응

1) 미군정의 일본인 본국 송환·철수계획

미국은 태평양전쟁의 발발과 함께 '전후기획'에 착수하였다. 국무부 산하 '전후 대외정책에 관한 자문위원회'(The Advisory Committee on Postwar Foreign Policy)는 관계는 물론 재계·군부·민간의 두뇌집단을 망라하여 미국의 전쟁목표와 전후 세계질서 수립 방안부터 지역문제의 해결 원칙이나 그 방안까지 구체적으로 검토했다.[5)]

---

4) 소곡익차랑 저·윤해연 역, 「인천철수지(仁川引揚誌)(상)」, 229쪽. 인천의 조선인 시위군중이 일본인들을 공격하는 일은 거의 없었다고 한다. 그러나 일본인들은 문을 잠그고 전전긍긍하였다.

태평양전쟁 시기 미국의 한국문제에 대한 정책은 대체로 세 단계를 거쳤다. 1단계는 1943년까지 정책 입안을 위한 조사연구 단계이다. 한국에 관한 구체적인 정보들을 취합하고 평가했으며, 한국문제 해결에 필요한 여러 가지 쟁점들을 검토하였다. 2단계는 1944년까지 정책 대강이 만들어지는 단계, 3단계는 정책 결정단계이다. 3부조정위원회(SWNCC) 산하 극동소위원회에서 연합국의 한국 점령방식, 점령 이후 군정 실시 방법, 국제 관리기구 구성을 위한 강대국 간 협의 등이 논의되었다.[6)]

한반도는 주변 강대국의 이해관계가 복잡하게 얽힌 곳이었지만 1942년부터 이미 신탁통치 구상이 검토되었다. 이것은 국제적 차원과 국내적 차원 및 정치·경제·군사·지리 등 여러 요소를 복합적으로 고려한 결과로서, 대체적인 기본방향은 한반도를 일본과 분리하는 것이었다. 즉 한반도를 하나의 독자적인 정치경제 단위로 하여 전후 미국이 주도적 역할을 하게 될 세계경제에 점진적으로 편입시킨다는 방침이었다.[7)]

한반도와 일본의 분리가 정책기조가 된 이상 양국에 거주하고 있던 상대 국민의 처리는 중요한 문제일 수밖에 없었다. 1945년 3월에는 3부조정위원회에서 한인문제, 군정을 설치할 때 군정 내의 한인과 일본인의 이용방안, 일본인의 귀환문제 등을 정책 연구안으로 검토하였다.[8)]

같은 해 6월에는 극동지역분과조정위원회(The Inter-Divisional Area Committee on the East Asia) 한국 소위원회에서 재일 조선인 및 재조선

---

5) 신재준, 「1945~46년, 재조선 일본인의 귀환과 미군정의 대응」, 『군사』 제104호, 국방부 군사편찬연구소, 2017, 55~56쪽.

6) 정용욱, 『해방 전후 미국의 대한정책』, 서울대학교 출판부, 2003, 25~28쪽.

7) 정용욱, 『해방 전후 미국의 대한정책』, 48쪽.

8) 장석흥, 「1940년대 전반 미 국무부의 해외한인 정책」, 『해방 전후 국제정세와 한인의 귀환』, 역사공간, 2012, 17쪽.

일본인의 귀환문제를 구체적으로 다루었다. 이 소위원회의 보고서에서 재조선 일본인 귀환에 대한 미국 정책입안자들의 문제의식과 대응방안을 확인할 수 있다.[9]

이 보고서가 제기한 문제의식('문제점')은 다음과 같은 것이었다.

> 한국에 있는 일본인 거주자들의 일부 또는 모두가 송환돼야 하는가? 이들이 한국에 남아있지 않는다면 특별한 예외적 조치가 있어야만 하는가? 즉, 만약 한국의 산업 기업체에 있는 일본인 기술자들이 새로운 권력 담당자에게 충성을 다하거나 충직한 업무를 약속한다면 그대로 남아있게 해야 하는가?[10]

문제 제기에 대한 답변에 앞서, 보고서는 먼저 한국 내 일본인 집단의 규모 및 속성 같은 1차적 사실관계를 확인했다. 1941년 현재 한국에는 전체 인구 2,400만 명의 약 3%에 달하는 717,000명의 일본인들이 있었으며 자연증가와 팽창하는 한국 내 전쟁산업에 인력을 공급하기 위해 일본인 기술요원들이 유입되어 이후 일본인들의 수는 증가했지만, 종전 무렵에는 얼마나 될지 예측하기는 불가능하다고 하였다. 일본 본토보다 한국이 먼저 점령당한다면, 지금 한국에 있는 많은 일본인들이 일본으로 빠져나갈지 모르지만 만약 한국에 앞서 일본이 점령당하게 되면 한국에 많은 일본인 난민들이 있게 될 것이라고 예측했다.[11]

---

9) K-9 Preliminary a, 'Korea : Repatriation of Japanese Residents in Korea', 1945. 6.1. RG 59, Records Relating to Miscellaneous Policy Committee, 1940-45. 조용욱, 「일본 내 한인의 귀환과 한국 내 일본인의 송환에 관한 해방 직전 미국 측 자료」, 『한국근현대사연구』 33, 2005에 「한국 : 한국 내 일본인들의 본국송환」으로 번역됨.

10) 조용욱, 「일본 내 한인의 '귀환'과 한국 내 일본인의 '송환'에 관한 해방 직전 미국 측 자료」, 『한국근현대사연구』 33, 2005, 261쪽.

이들 한국 거주 일본인들의 가장 주된 직업은 '정부'(식민지 행정)와 관련된 업무였다. 1937년 이러한 업무에 일본인 전체의 41%가 종사하고 있었고, 33%가 상업, 16%는 공업, 6% 가량이 통신 분야에 취업하고 있었다. 그 외의 경우에도 한국 내 일본인들은 대부분 기업가·경영인·엔지니어·기술자로 활동하였으며 이보다 더 적은 수가 숙련공들이었다. 농업부문에 5.3%인 약 36,000명이 있었지만 이들 대부분은 한국 농민들에게 토지를 대여하는 지주들 또는 일본 대토지 회사들의 직원들이었다. 단지 4,000명 정도의 소수 일본인들만 손수 경작에 종사했다.

이러한 분석을 토대로 보고서는 한국 내 일본인들의 일부 또는 전부가 송환되어야 하는가는 다음과 같은 요소들에 달려있다고 지적했다.

첫 번째 요소는 한국인들은 일본인들의 송환을 강력하게 원한다는 점이었다. 이에 따르면 실질적으로 모든 한국인들이 그들의 일본 지배자들에 대해 갖고 있는 원한과 분노, 종전 때까지 분명히 증가하게 될 악감정을 고려하면, 한국인들은 종전 후 한국 내 대다수 일본인들이 송환되기를 바라게 될 것이라고 하였다. 결국 일본인들에 대한 한국인 일반의 두려움과 증오가 줄어들고, 마찬가지로 일본인들도 한국인들을 주인과 하인이 아닌 동등한 사람으로 대우하게 될 때, 한국인들은 일본인들이 그들과 함께 다시 살 수 있게 허용할 수 있을 것이라고 했다. 하지만 종전 직후 수년 동안은 한국인들이 한국 내 일본인의 대부분이 본국으로 돌아가야 한다고 강하게 주장할 것이 분명했다.

두 번째 요소는 한국 내 일본인들이 귀국을 원한다는 것으로, 이 문제는 예컨대 많은 일본인들이 스스로 일본으로 돌아가겠다고 하면 의외로 간

11) 덧붙여 "여하튼 어떤 경우에 있어서든 점령국들은 한국에 여전히 살고 있을 많은 일본인들을 거의 확실히 발견하게 될 것"이라고 적고 있다.

단한 문제라고 할 수 있다. 왜냐하면 한국 내 일본인들의 60~70%가 식민지 행정 부문에 고용되어 있거나 산업이나 상업에서 관리직이나 기술직에 종사하고 있는데, 이들 중 많은 일본인들, 특히 공직에 있는 자들은 점령 후 즉시 대체되거나 대체되지 않은 일본인들이라도 단지 제한된 기간 동안 해당 직책에 있게 될 것이고, 또 해임될 경우 그들의 능력에 상응하는 다른 일자리를 구하는 것이 어렵다는 사실을 깨닫게 될 것이기 때문이라는 것이다. 그러므로 일본에서 대대적인 실업과 경기침체 사태가 발생하지 않는 한, 한국 내 일본인들은 본국으로 돌아가기를 원할 것이다. 요컨대 본국 일본의 상황이 아주 나쁠 경우에만 이들은 한국에 잔류하면서 얻을 수 있는 일자리는 무엇이든 취할 것으로 보인다고 했다.[12)]

사실 한국 잔류와 일본으로의 귀환이라는 결정에 직면한 대다수 일본인들의 마음속에 가장 중요한 것은 경제적 고려였다. 이들은 오랜 기간 한국에서 특권적 지위를 누리며 한국인을 지배하고 통제하는 데 익숙했다. 하지만 이전에 그들이 누리던 한국에서의 좋은 입지의 상실, 한국인들에게 당할 모욕, 그들이 앞으로 한국인들에게 당하게 될지도 모를 차별적 대우 혹은 그보다 더 나쁜 상황의 가능성은 결국 일본인들을 본국으로 돌아가게 만들 것이었다. 예컨대 만약 한국인들이 일본인들만의 학교를 허용하지 않고 일본인 자녀들을 한국인이 운영하는 일본인 학교 보내도록 강요한다면 일본으로의 귀환을 원하는 일본인들의 수는 더 많아질 것이라는 예측이다.[13)]

---

12) 그러나 후술하듯이 오랜 기간 식민지 조선에서 거주하여 경제적 기반을 구축한 일본인 중 잔류파도 적지 않았다.

13) 인천에서 실제로 유사한 일이 있었다. 旭국민학교 교장 澤田稔과 동 후원회장 沈見寅市는 1945년 10월 8일 인천부청으로 미군 군정관을 방문, 인천 거류 일본인 자녀들의 취학을 간청했으나, 군정관은 "여기는 조선나라이니 조선말만 가르치고 다른 나라 말은

세 번째로, 안보상의 우려와 이유도 고려사항이었다. 보고서는 일본 팽창주의의 부활과 재개는 다른 어느 지역보다 한국에 대한 정치·경제·군사적 침투로 시작될 것이라고 인식했다. 안보의 관점에서 보면 종전 후 한국에 잔류하는 일본인들의 수가 많으면 안 된다는 것이 중요한데, 그 이유는 한국 내 수십만 일본인들의 존재는 이러한 침투를 용이하게 할 것이고, 또한 일본의 통제와 감시를 위해 한국에 구축될 수도 있는 연합국 기지들의 유용성을 떨어뜨릴 수 있기 때문이라는 것이다. 이러한 이유로 한국에서 파괴활동에 관여할 수 있을 만한 전력을 지닌 일본인들이 본국으로 귀환되어야 하는 것은 당연했다.

네 번째로, 대규모 일본인의 본국 송환이 일본 경제에 미칠 영향도 무시할 수 없는 고려요소였다. 즉 한국에서 본국으로 돌아가는 많은 일본인들의 '재정착'은 전후 일본의 경제적 어려움을 실질적으로 가중시킬 것으로 예상되었다. 이미 언급한 것처럼 이들 일본인들의 다수가 기술과 사업, 그리고 전문직에서의 높은 자질을 갖고 있고, 따라서 일본 인구 중 비교적 작은 집단과 경쟁하고 이에 흡수되어야만 한다는 사실 때문에 결과는 더 심각할 것이 예상되기 때문이다. 다만 그럼에도 불구하고 100만이 넘는 재일 한국인들의 귀환이 그 부담을 많이 상쇄해줄 것으로 기대했다.

보고서는 이와 같이 한국 내 대다수의 일본인들을 본국으로 송환해야 할 것이라고 하면서도 한국인들이 제대로 훈련될 때까지 일부 특정집단의 일본인들은 한시적으로 유지시키는 것이 바람직하다는 견해를 피력함으로써 다섯 번째의 고려 요소를 야기했다. 즉 "한국 내 일본인 기술자, 경영자를 한시적으로 유지시키는 것이 바람직하다"는 것으로, 특히 한국의 산업

가르치지 않으니까 그래도 좋다면 지금이라도 취학을 시켜도 좋다"고 하여 돌아갔다고 한다(『대중일보』 1945년 10월 13일자).

에서 좀 더 책임 있는 기술, 관리 직책들을 거의 모두 일본인들이 독점해왔기 때문에 그 결과 종전 직후 한국인들이 일본인들을 대신하여 이러한 직책을 담당할 준비가 되어있지 않다는 것이 이유였다. 보고서에 따르면 "한국인들을 훈련시켜 일본인들을 대체하기 전까지 연합국 요원들로써 일본인들을 대신하는 것은 매우 어렵고도 비용이 많이 드는 일"[14]이라는 것이다.

그러나 문제는 이러한 소위 "자격 있는 일본인들을 한국에 그대로 유지시켜 공직과 대규모 산업들을 계속 운용하게" 함으로써, 수개월 이상의 적지 않은 기간 동안 재조선 일본인들의 자산 탈취를 방조하게 함은 물론 빠르게 청산되어야 할 식민지체제를 잔존, 유지시키는 데 일조했다는 점이다.

그래서 보고서의 '결론'은 일본인들의 전체 송환을 원하는 한국인들의 바람보다는 오히려 한국인들과의 관계나 한국 경제에 대한 기여능력 등을 고려해 송환 대상자를 선별하고 그 순서를 결정하는 것에 방점을 두었다.

> 종전 시 한국인들이 원하는 것보다, 혹은 안보적 관점에서 필요한 것보다 더 많은 일본인들이 한국에 남기를 원할 것 같기 때문에, 상당히 많은 한국 내 일본인들이 그들의 의사에 반해 송환되어야 할지 모른다. 대체적으로 보아, 한국인들에게 특별히 반감을 사고 있거나, 일본의 침략정책에 밀접히 관련됐거나, 전후 한국에서 크게 필요가 없는 자질을 가지고 있거나, 한국에 비교적 최근에 거주하게 된 일본인들이 먼저 송환대상으로 선별되어야 한다. 한국인들이 교육을 받아 자리를 메워줄 때까지 필요하게 될 기술자들이나 그 외 특별한 자격을 가진 일본인들은 그들의 일이 더 이상 필요하지 않게 될 때 송환되어야 할 것이다.[15]

---

14) 조용욱, 「일본 내 한인의 '귀환'과 한국 내 일본인의 '송환'에 관한 해방 직전 미국 측 자료」, 264~265쪽.

요컨대 미국의 정책 입안자들은 일본인들이 대부분 본국으로 돌아가야 할 것이라는 정책방향을 제시하고 있지만 규모나 속도, 방법 같은 실행방안은 아직 구체적으로 검토하지는 못했다고 할 수 있다. 다수의 난민들은 미국의 관여 없이도 자발적으로 귀환할 것이라는 생각도 일정 정도 영향을 미쳤을 것이다.[16]

예상보다 전쟁이 일찍 끝남에 따라 미국은 한반도 점령의 세부적인 지침을 마련하지 못했다. 오키나와에 있던 미국 육군 24군단은 급하게 군정을 지시받고 9월 8일에 인천을 거쳐 남한에 진주했다.

남한의 점령 통치와 민정에 관한 최초의 포괄적인 정책 지침은 1945년 10월 13일 3부조정위원회에서 최종 승인되어 10월 17일 연합군최고사령부에 전달된 SWNCC 176/8(한국의 미군 점령지역 내 민간행정에 관해 미 육군 태평양지구 사령관에게 주는 초기 기본지령)이었다.[17] 전체적으로 일본으로부터 완전한 정치적·행정적 분리, 사회적·경제적·재정적 통제로부터 완전한 자유 획득, 자주독립국가의 재건 등을 촉진하는 내용을 담고 있다.

이 지령은 인적 분리에 대해 일본인을 전원 송환할 것을 원칙으로 했다. 단, 예외적으로 전문가와 기술자들은 사령관의 판단에 따라 일시적으로 잔류시킬 수 있었다. 또 일본인 귀환자와 재일 조선인 귀환자의 이동을 조화시키고 한국인들의 반일감정을 고려하여 필요할 경우 일본인을 격리·보호할 것을 지시했다.

15) 조용욱, 위의 책, 266쪽.
16) 신재준, 「1945~46년, 재조선 일본인의 귀환과 미군정의 대응」, 58쪽.
17) 정용욱, 『해방 전후 미국의 대한정책』, 120~125쪽.

2) 인천 일본인들의 동향과 대응

일본의 패전은 조선에 대한 식민지 지배의 종언을 의미했다. 1945년 8월에서 9월 초에 걸친 기간 동안 조선총독부는 본국과의 통신이 두절되어 독자적으로 상황을 판단해야 했다. 이들이 조선정책을 수립하는 데 있어서 우선적으로 고려한 것은 조선 거주 일본인들의 생명과 재산을 보호하고 이들을 안전하게 귀환시키는 것이었다.[18]

1945년 8월 15일 정오 라디오를 통해 일왕 육성의 포츠담선언 수락 발표가 이루어졌고 조선총독부 대강당에서는 총독이 울먹이며 패전의 현실을 받아들이는 모습을 보였지만, 당일 서울의 조선인 사이에서는 별다른 움직임이 보이지 않았다. 그러나 다음날 조선인 정치범들이 일제히 석방되고 소련군이 한반도 전역에 진주할 것이라는 소문이 나돌면서 조선인의 집단 움직임이 강렬해져 치안 당국의 통제를 위협하기에 이르렀다.[19]

1876년 강화도조약 이후 조선에 진출한 일본인 수는 해마다 늘어나 강제병합 직후인 1911년에는 이미 20만 명을 넘었고, 1915년에 30만 명대, 1923년에 40만 명대, 1930년에 50만 명대, 1935년에 60만 명대, 1940년에 70만 명대, 패전 직전인 1944년에는 80만 명에 육박하였다. 여기에 패전 당시 조선에는 총 32만 명이 넘는 일본군(조선인 포함)이 주둔하고 있었고, 여러 이유로 조선에 머물고 있었던 일본인까지 포함하면 패전 무렵 조선에 있던 일본인은 120만 명 내외로 추정된다. 조선의 일본인

---

18) 이현주, 「8·15전후 朝鮮總督府의 정책과 朝鮮政治勢力의 대응–민족주의 우파의 선택과 국민대회준비회」, 『국사관논총』 108, 국사편찬위원회, 2006, 253쪽.

19) 최영호, 『일본인 세화회–식민지조선 일본인의 전후』, 논형, 2013, 65쪽. 한편으로 소련군의 서울 진주설은 서울에 거주하는 일본인들을 '흥분한 조선인 폭도들'로부터 보호하기 위해 유포된 것이기도 했다(長崎裕三, 『コケンと時計』, 1958, 37쪽).

사회는 20세기 최대 규모의 단일 식민사회를 형성하였다.[20]

인천은 1944년 말 현재 일본인 인구가 2만 3천 명으로, 서울과 부산, 청진(함경북도), 원산·함흥·흥남(이상 함경남도)과 함께 일제 식민지시기 일본인들이 가장 많이 거주했던 지역의 하나였다. 그러던 것이 패전 이후 38선 이북에서 넘어오는 일본인들의 철수를 위한 집결지가 됨으로써 1945년 8월 15일 이후 오히려 인구가 급증, 3만 명에 육박하였다.

> 인천이 개항장으로 결정되어 일본침략주의의 앞잡이들이 인천에 건너와서 인천을 침략정책의 병참기지로 하여 우리나라를 좀먹어가게 되던 것은 거금 71년 전(명치 9년)에 우리나라가 일본의 압제로 하는 수 없이 맺은 소위 일한수호조약 제5관에 ㅇ임된 ㅇ으로서 인천항은 동 조약에 명시되어 있는 서해안의 한 항구에 해당한 곳이었다. 처음으로 인천항에 일인의 발자국이 밟아지기는 조선침략의 원흉의 한 명 되는 화방공사 등이 서해안에 개항장을 찾아다니던 거금 67년 전일 것이다.
>
> 그보다 3년 후 즉 거금 64년 전 인천이 정식으로 개항하게 되어 제물포 개항장하던 일 어촌에는 문학산 산록에 있던 인천부사도 옮아오고 일본영사관도 현재 인천시청 자리 부근에 건축되며 그 후 인천부윤 노릇까지 하던 久水三郎이란 자가 개항사무를 보게 되어 이를 대륙에 웅비할 침략의 꿈을 꾸든 청년 외교관들에 의하여 인천에는 본정 일대에 일본인 거류지가 되었는데 인천개항 3년 전에 개항준비 사무를 보고 있었다는 '멤버-'는 杉村濬, 近藤眞鋤, 高尾겸三, 그리고 전기 구수삼랑 등의 4명이었으며 일본영사관이라야 널판으로 지은 벼락집이었고 동년 4월에 전기 4명 중 근등이가 인천의 초대 일본영사로 임명되었던 것인데, 인천에 있는 일본인 거류지의 당시로 가격은 2평방미터에 동전 2백50개이었다 한다.

---

20) Uchida, Jun, Brokers of Empire : Japanese Settler Colonial in Korea, 1876-1945, Havard University Asia Center, 2011, p.3.

> 일본침략주의의 보호정책 하에 꼬리를 이어 일본으로부터 일본인은 조수의 형세로 인천항에 들어미쳐서 개항 당년에는 348명 밖에 ○○○○○이 격증일로를 밟아 조선이 일본에 병탄되던 직후 명치44년은 1만 5천 명을 돌파하였다가 재○ 불경기 시대에는 1만 1천 명 전후에 그치던 것이 공장 유치 등의 원인으로 소화14년부터 다시 늘기 시작하여 동 16년에는 2만 명대를 돌파하고 재작년 말에는 2만 3천 명이란 신기록을 보였었다. 그리고 작년은 조사가 없어서 명확한 수효는 알 길이 없으나 8·15 이후 그들이 미군의 명령으로 하는 수 없이 쫓겨 가기 시작할 적에는 38도 이북에서 밀려든 일인○들을 합하여 3만 명에 가까운 많은 숫자(하략)[21]

인천 거주 일본인들에게 실감나게 다가온 패전의 징후는 북에는 소련군이 진군하고 인천에는 미군이 상륙한다는 소문이었다. 인천부 등 관청에서 발원한 이 소문으로 인해 일본인 관리들 가운데에는 도망을 준비하는 자들이 생겨났다. 게다가 미군의 상륙이 2, 3일 내로 박두했다고 믿었기 때문에 일본인들은 서둘러 가재도구를 조선인들에게 내다 팔기 시작했다.

미군 상륙설에 대비한 퇴각 준비 차원에서 인천부 등 관청에서는 기밀문서를 파기, 소각하는 등 가혹한 식민지 지배와 침략전쟁의 증거를 인멸하려는 시도도 잇따랐다. 인천부 등 관청에서는 서류를 소각하는 연기가 하늘 높이 치솟아 올랐고, "높다란 건물은 망루와도 같아 옛날 그대로인 비극적인 함락 풍경이 마음에 바짝 육박해 오는지라 비장한 느낌"이었다. 이러한 상황은 일본인들의 퇴각하려는 마음을 더욱 촉진시켰다.

'정치범'을 비롯한 조선인 죄수들에 대한 석방은 인천의 일본인들을 더욱 불안감에 떨게 했다. 일본인 인천경찰서장은 일본인 거주지역과 조선인 거주지역의 정회장(町會長)들을 모두 모이게 하여, "죄수들은 이

21) 『대중일보』 1946년 2월 24일자.

미 석방되었다. 경찰서는 시민들의 치안을 유지하지 못한다"[22]고 훈시 한 뒤 질문도 받지 않고 도망치듯 자리를 떴다. 인천 거주 일본인들의 불안감은 고조되었다.

이들은 태평양전쟁의 도발로 소개되었던 국민학교 학생들이 인천으로 무사히 귀가[23]하면서 정신을 가다듬고 대책 마련에 착수하기 시작했다. 제일 먼저 취한 조치는 인천신사(神社)의 신체(神體)를 숨기는 일이었다.

> 정장을 갖춘 기야승견(磯野勝見) 사사(社司)는 도변(渡邊)·수성임(水城稔) 두 사장(社掌)과 함께 자리에 앉았다. 기야 사사의 비장한 인사말에 모두 감정이 북받쳐 눈물을 흘렸다. 식이 끝나자 이별의 잔을 기울였다. 두 대의 자동차에 세 신관 및 지전청성(池田淸成) 부윤, 부두국의 선거(船渠) 과장이 동승하여 ㅇㅇ지점으로 향했다. 후일 언젠가는 신전에 다시 맞아들여야 할 때가 있을 줄로 믿어 잠시 동안의 조처로 해두는 것일 따름이라고 생각하였다.

신사의 이른바 신체를 싸서 본국으로 가져가려는 것이 아니라 일본인 인천부윤(시장)까지 참석해서 이것을 숨겼다는 것은 곧 상황이 호전되는 대로 다시 안치하겠다는 의도를 드러낸 것이었다. 항복 방송이 나가고 이틀이 지난 8월 17일의 일이었다.[24] 인천의 일본인 신사는 '인천신사'

---

22) 소곡익차랑 저, 윤해연 역, 「인천철수지[仁川引揚誌](상)」, 230쪽.

23) 용강학교는 황해도 개성(開城)으로, 아사히학교는 창동(倉洞)으로 각각 나뉘어 소개되었는데, 개성에서는 역장의 호의와 임기응변 덕에 8월 16일에 무사히 귀가했으며, 아사히학교도 며칠 후 무사히 돌아왔다고 한다(소곡익차랑 저, 윤해연 역, 「인천철수지(상)」, 231쪽.).

24) 이 외에 신사의 상무대표 남방신일(南方新一 : 잡화 도매상), 심견인시(深見寅市 : 양조업), 암본응보(岩本鷹輔 : 사진업), 길강구(吉岡久 : 조선실업회사 전무), 삼수웅(森秀雄 : 인천상공회의소 소장), 전변관일(田邊寬一 : 석탄상), 김윤복(金允福 : 조선인), 소

를 비롯하여 주안, 부평, 남동 등 인천부 산하 각 지청 관내와 각 공장 및 학교, 부청(시청) 안의 소위 '명치천황 어의봉안소'까지 인천 관내에만 수십여 개소에 달했다.[25]

이러한 가운데 조선총독부 당국의 방송은 자신들이 축적한 재산보호에 전전 긍긍하던 일본인들을 일시나마 안심시켰다. 8월 17일 오후 조선총독부 재무국장은 방송을 통해 일본인들은 현금을 우체국에 예금하든지 일본으로 송금하든지 해야 한다고 '지시'했고 대부분의 일본인들은 안심하고 이 지시대로 움직였다.

아울러 조선인들의 만세시위도 점차 잦아들면서 질서 유지와 새로운 민족국가 건설을 외치는 분위기로 바뀌고 있었다. 인천의 독립만세 시위는 8월 17, 18일까지 계속되었지만 일본인들을 공격하는 기미는 거의 없었다. 조선건국준비위원회 부위원장 안재홍의 라디오방송 연설도 재산을 지키려는 일본인들에게 희망을 품게 했다.[26]

그가 건국사업을 선전하기 위해 내보낸 방송 내용 속에는 조선민족과 일본민족은 자주적이면서도 서로 양보하는 태도를 지녀야 한다는 것, 아울러 일본인들의 생명 재산을 보장할 것을 약속한다는 내용이 포함되어 있었기 때문이다.

> 당면 긴급 문제는 올바르게 대중을 파악하고 국면을 수습하는 것입니다. 그것으로써 먼저 민족대중 자체의 생명 재산의 안전을 도모하고, 또 조선

곡익차랑(小谷益次郎 : 인천부의회 부의장), 삽곡백태랑(澁谷百太郎 : 가마니제조업) 등이 참석했다.

25) 『대중일보』 1945년 11월 2일자.

26) 소곡익차랑 저, 윤해연 역, 「인천철수지(상)」, 230쪽.

일본 양 민족이 자주호양의 태도를 견지하여 조금도 마찰을 없이하는, 즉 일본인 주민의 생명 재산을 보장하는 것입니다.(중략)

국민각위 남녀노유는 차제에 언어동정을 각별히 주의하여, 일본인 주민의 심사감정을 자극하는 일이 없도록 하지 않으면 안 되겠습니다. 40년 간의 총독정치는 벌써 과거의 일입니다. 더욱이 조선 일본 양 민족의 정치형태가 어떻게 변천하더라도 아시아 제민족으로서 맺어진 국제적 조건하에 있어서 자주호양 각자의 사명을 다해야 할 운명에 있다는 것을, 특히 올바르게 인식하지 않으면 안 되겠습니다. 제군, 일본에 있는 5백만 우리 동포가 일본국민과 같이 수난의 생활을 하고 있다는 것을 생각할 때, 조선재주 백몇십만 밖에 안 되는 일본주민 제군의 생명 재산의 안전 확보가 필요하다는 것을, 총명한 국민제군이 십분 이해할 것을 의심하지 않습니다. (밑줄은 인용자)[27]

다만 안재홍의 이러한 연설은 조선거주 일본인들의 생명과 재산의 안전이 일본거주 조선인들의 생명과 재산의 안전과 직결되어 있기 때문에 나온 것이었다. 일본인들은 이 점을 외면하고 견강부회하였던 것이다.

다른 무엇보다 조선총독부의 행정공백과 혼란 속에서 조선거주 일본인들의 생명과 재산을 지키고 이들을 안심시킨 것은 일본군의 움직임이었다. 1945년 8월 21일 인천의 한 견습사관이 서울에서 일본군의 지령을 가지고 내려와 인천의 일본인 유지와 일본인 정회장들을 만나 '군의 의향'을 전달하였다.

그 내용은 "이른바 일본국민 한 사람이라도 남아있는 한 군은 철수하지 않는다. 군은 충분한 치안을 확보하는 고로 안심하고 명령을 대기해야 한다. 현재 전쟁 정전조약을 체결 중이니 아무런 걱정도 할 필요가

27) 안재홍, 「海內·海外의 三千萬 同胞에게 告함(1945.8.16. 서울중앙방송)」, 『民世安在鴻選集2』, 지식산업사, 1983, 10~12쪽.

없다. 그러나 군이 철수한 후의 치안은 아무래도 어려울 것이므로 군의 명령에 따라 언제든지 철수할 수 있도록 짐을 쌀 준비에 착수해야 한다. 하지만 현재 휴대화물의 수량 등은 분명하지 않다."는 것이었다.[28]

뒤이어 8월 22일 인천부청은 부내 주둔 일본군과 협조하여 부청 명의로 내지(일본) 철수 수송계획서 및 부산호 철수계획 두 가지를 발표하였고 부내 각 정회에서는 이 계획에 따라 조사보고를 실시하였다. 이 「내지 철수 수송계획서」의 전문은 다음과 같다.

> 내지 철수위원회가 설치되었는데 위원장은 군 관할구의 참모장 및 본 부의 여러 국장과 참모를 망라함. 기획에 건(乾) 대좌
>
> 요지
> - 내지인들은 가능한 한 조선에 남아 새 정부의 육성에 협력해야 함.
> - 내지 철수자들을 위하여 중요한 지역에 철수자회(會)를 설치할 것.
> - 시발역과 주요 역 및 부두에 안내소를 설치할 것.
> - 군인 단체원으로 지도반을 구성하여 수송상의 편의를 도모할 것.
> - 내지의 수용상태를 감안하여 통제 수송을 실시할 것.
> - 수송 인원은 조선 7만, 만주 10만, 북지(北支) 3만을 포함하여 매달 20만 명.
> - 수화물 운송은 대인 2개, 소인 1개(1개당 50킬로까지).
> - 사용하지 않는 물품은 교환회(매각기관)를 설립할 것.
> - 화물신탁소를 설치하여 남은 짐을 보관할 것.
> - 열차편은 임시 열차를 원칙으로 하고 보통 열차에 별도의 차량을 연결한다.
> - 부산에서 대기하는 동안 부(府)에서 식사로 주먹밥을 공급한다.

---

28) 소곡익차랑 저, 윤해연 역, 「인천철수지(상)」, 231~232쪽.

- 배에는 도시락이 준비되어 있지 않기에 철수자는 2일분 이상의 도시락을 지참할 것.
- 내지에는 소금이 부족하기 때문에 배에서 지급한다.
- 수송증명서는 총독부에서 발행하며, 내용에 주의할 것.
- 내지의 식량 부족으로 귀환자에게 내지의 배급이 없는 상황을 각오해야 할 것.
- 실시하는 즉시 출발함. 빠르면 3개월 또는 6개월 이후로 예정됨.[29)]

이 계획은 비록 실행되지 못했지만 지방 행정단위에서 자율적으로 일본인 수송대책을 마련한 예외적인 사례로 평가된다.[30)] 인천부청 단독이 아닌 부내 주둔 일본군 간부가 포함된 '내지 철수위원회'가 구성되고 기획 자체를 일본군 장교가 하는 등 군과의 긴밀한 협조 하에 철수계획을 수립한 것도 주목할 만하다. 더욱이 계획서에 따르면 그 첫머리에서 일본인들은 "가능한 한 조선에 남아 새 정부의 육성에 협력해야 한다"고 하여 본국 철수를 최소화한다는 의도를 드러내고 있다. 이것은 이 계획에 따라 이후 각 지역에서 출범하는 '일본인상조회'가 일본인들의 안전한 귀환만 위해 설치되는 것은 아니라는 점을 강하게 시사한다. 물론 인천도 예외는 아니다.

위의 계획서 내용 가운데 화물신탁 사무는 지체 없이 실행에 옮겨졌다. 인천부청은 각 정회로 계획서를 전달·배포하였는데 "내지의 식량 부족" 운운하는 부분에는 특별히 붉은 줄을 그었다. 이 또한 가급적이면

29) 소곡익차랑 저, 윤해연 역, 「인천철수지(상)」, 232~233쪽.

30) 최영호, 『일본인 세화회-식민지 조선 일본인의 전후』, 83쪽. 계획이 제대로 실행되지 못한 이유는 아마도 1945년 9월 8일 미군의 인천 상륙 이후 인천거주 일본인의 송환이 미군정 주도 하에 이루어지게 되는 것과 밀접한 관련이 있을 것이다.

인천에 잔류하라는 무언의 신호였다. 「군인 유가족을 위한 부산호 철수계획」도 작성·배포하였다.[31]

3) 일본인상조회와 '거류민회' 구상

패전 직후 일본인들의 철수·귀환에 중요한 역할을 담당하게 될 자치조직이 정식으로 출범한 것은 "내지 철수자들을 위하여 중요한 지역에 철수자회(會)를 설치한다"는 위의 「내지 철수 수송계획서」에 따른 것이라고 할 수 있다.

인천에서는 일찍이 1945년 8월 21일에 일본인들의 자치단체 조직이 시도되었다. 이날 인천신사 사무소에서 모인 32명의 이른바 일본인 유지들은 인천부 의회 부의장 소곡익차랑의 제안에 따라 "시국이 급변함에 따라 체류 동포들의 앞날을 대비"하자며 '재인천 일본인연락간담회'[32]

---

31) 그 내용은 다음과 같다. "1. 인천 200명, 경성 100명. 1. 출항 예정일 : 26일 경. 1. 행선지 : 기타큐슈(北九洲)로 예정. 1. 화물수량 : 대인 2개, 소인 1개(1개당 15킬로그램). 소인은 12세 이하. 1. 인원 선정은 징병 가족으로 하고 부윤이 이를 시행한다. 1. 희망자의 현주소, 성명, 목적지, 동행가족(어른과 아이) 등을 기재. 1. 식량입수 여부. 1. 신청은 23일 중으로. 1. 배표는 부두국장이 발급하며 운임은 불명." 이 계획도 8월 23일 미군의 발령으로 100톤급 이상의 선박들에 항해 금지령이 내려지는 바람에 실행에 옮겨지지 못했다.

32) 소곡익차랑 저, 윤해연 역, 「인천철수지(상)」, 235~236쪽. 32명 참석자 명단은 다음과 같다. 촌곡가칙(村谷嘉則, 어업), 아부장삼(阿部章三, 약재업), 단우서일(丹羽誓一, 저당업·남경방단장), 등정무수(藤井茂數, 간장업), 만옥가평(萬玉嘉平, 실업가), 상야건치(桑野健治, 경기도 총력연맹 이사), 석정명(石井明, 회사원), 강본의공(岡本宜空, 편조사 주지), 안본진치(岸本眞治, 양조업), 평산초치(平山初治, 실업가), 지견일(芝堅一, 사진업), 중촌관일(中村寬一, 잡화상), 유본상일(楢本常一, 양조업), 도부정웅(渡部靜雄, 건축업), 입신고일랑(立神高一郎, 치과의사), 등촌직(藤村直, 부청 공무원), 시전호일(柴田虎一, 인천부의회 의원), 장야무수(長野茂樹, 旭町 회장), 기영고보(磯永高甫, 양복업), 귀두진(鬼頭進, 실업가), 총본보일(塚本保一, 敷島町 회장), 소곡익차랑(인천부의회 부의장), 길목선개(吉木善介, 인천부의회 의원, 경방단장), 삼수웅(상공회의소 회장), 전변관

를 구성하였다.

당일 회합에서는 ① 즉각 '일본인회 조직준비위원회'를 결성하자는 안, ② 치안의 회복 및 일본인들의 생명과 재산의 안전에 관한 논의, ③ 현 상황을 주시하면서 일본인 연락간담회 차원에서 다시 만나 의사소통을 도모하자는 논의 등이 이루어진 끝에 8월 25일에 2차 회합을 갖기로 하였다.

제2차 회합에서는 기존 32명 외에 인천부 각 정회의 일본인 회장들이 전부 참여함으로써 범 일본인 단체로서의 기반이 견고해지고 관변적 성격도 강화되었다. 이 자리에서 소곡익차랑은 서울의 조선상공경제회장으로부터 입수한 내지인상조회의 설치 요강을 설명하고 인천도 인천상공경제회 지부 중심으로 자치단체를 창립해야 한다고 역설했다.

그런데 이러한 제안에 대해서 인천은 서울과 여건이 다르므로 상경지부 중심으로 하기보다는 민관이 서로 협력하여 부현(府縣)으로부터 널리 인재를 추천받아 임원을 선출해야 한다는 데 의견이 모아졌다. 이에 따라 삼수웅(森秀雄)을 위원장, 길전겸치랑(吉田謙治郎)과 심견인시(深見寅市)를 부위원장으로 하는 준비위원회가 출범하였다. 이 외에 길목선개(吉木善介), 소곡익차랑(小谷益次郎), 가등평태랑(加藤平太郎) 등이 고문을 맡았다.

인천의 일본인 자치단체 조직은 제3차 회합에서 비로소 결실을 맺었다. 이들은 8월 26일 인천신사 사무소에서 삼수웅, 심견인시, 상야건치, 길전겸치랑, 지말팔랑(地末八郎), 시전호일, 강본의공, 안본진치, 귀두진, 가등평태랑, 소곡익차랑 등의 '준비위원회' 성원들이 참석한 가운데 회의를 열었다.

일(석탄업), 태전준태(太田畯太, 비누제조업), 길전겸치랑(吉田謙治郎, 실업가), 상량일책(相良一策, 양조업), 대정광조(大井廣助, 철물업), 가등평태랑(조선정미사 사장), 이궁근오(二宮謹吾, 철공업), 삽곡백태랑(실업가), 송본장치(松本庄治, 회사 중역).

위원장(삼수웅)은 개회사에서 서울에 있는 상조회 기구와는 별도로 "인천은 인천 나름대로의 독자적인 발전 방향을 이룩해야 하는 바 기구 자체보다는 식량의 확보가 필요"하다고 주장하고 상야는 '내지인상조회' 조직을 주장했다. 이에 따라 초대 회장으로 조선정미소 사장 가등평태랑, 부회장에 인천부의회 부의장 소곡익차랑, 인천상공경제회 총재 삼수웅, 동양방적 공장장 장야영치(長野永治) 등을 선임하였다.[33]

이어 강천양(江川洋 : 조선성냥회사 중역), 상전문차랑(上田文次郎 : 실업가), 중천철(中川哲 : 실업가), 대전번치(代田繁治 : 실업가), 모리갱태랑(毛利鎮太郎 : 창고회사 지점장), 조월구칙(鳥越久則 : 양곡조합장), 전중복일(田中福一 : 회사원), 지말팔랑, 삽곡백태랑, 길강구, 길전겸치랑, 강본의공, 길목선개, 상야건치, 심견인시, 귀두진, 우혜길장(宇惠吉藏), 촌곡길장(村谷吉藏), 포상칠삼생(浦上七三生) 등의 상무위원 선임을 끝으로 인천 내지인상조회(인천 일본인상조회)가 정식으로 출범하였다. 일본인상조회는 다음과 같은 사무를 표방했다.

① 철수자의 화물을 예탁 보관하는 일.
② 사용하지 않는 물품 매매를 알선하는 일.
③ 부동산 관리 및 집세를 징수하는 일.
④ 철수자의 영업권리 양도를 알선하는 일.[34]

33) 소곡익차랑 저, 윤해연 역, 「인천철수지(상)」, 237쪽. 사무실은 우선 궁정(宮町, 현재 인천광역시 신생동)에 있는 지전정웅(池田正雄)의 가게를 임대하고 사무는 지전이 담당하는 것으로 하였다.

34) 소곡익차랑 저, 윤해연 역, 「인천철수지(상)」, 239쪽.

이 가운데 일본인상조회가 실행한 것은 ①뿐이었다. ②는 조선인들이 앞다투어 일본인들의 물품을 사러 돌아다녔기 때문에 굳이 주선할 필요가 없었고 ③은 미군정에 의해 일본인들의 사유재산권이 박탈당했기 때문에 실행이 불가능했기 때문이다.[35] ④의 경우도 미군정의 방침에 따라 일본인들에게는 어떤 종류의 영업도 허락되지 않았기 때문에 이행할 수 없었다. 이처럼 미군상륙 이후 미군정의 점령 사무가 확장되면서 일본인 자치단체가 수행할 수 있는 일은 크게 좁아졌다.

단체를 운영할 재정도 해결해야 할 어려운 문제였다. 당초 경제적 수입의 가망이 없는 단체로 출범했기 때문에 일반 기부금에 의존할 수밖에 없는 상황이었다. 하지만 간부들은 결국은 본인들부터 출연해야 할 기부금으로 경비를 마련하는 것을 꺼렸다. 궁리 끝에 사실상 불법적인 '사업'을 통해 재정문제를 해결하기에 이르렀다.

즉 이들은 일본인 인천경찰서장을 동원, 그의 주선으로 동양방적회사에 공장 재고로 남은 무명을 일본인 및 조선인 업자 몇 명을 지정하여 인구에 따라 할당하고 상인들에게 팔아치우게 하였다. 일본인 업자들로서는 치안이 확실하게 보장되지 않는 상황에서 대량의 물자를 현금으로 바꾼다는 것은 거의 불가능한 모험이었기 때문에 그 권리를 무조건 인천 일본인상조회에 양도하였다. 이에 일본인상조회에서는 임원을 동원하였고, 각 일본인 정회장들의 주선을 통해 이것을 동네마다 할당 배급하는 방법으로 처분을 끝냈던 것이다. 그 결과 48만 원에 달하는 순이익이 발생했다.[36] 이

35) 조선주둔 미군정은 1945년 9월 25일 군정법령 제2호를 발동, 1945년 8월 9일 일본이 항복한 후 일본정부와 소속기관에 속한 모든 재산의 매매와 이동을 금지하는 조치를 취했다. 이 조치에 사유재산은 포함되지 않았지만, 3개월 만인 12월 6일에는 군정법령 제33호를 통해 일본인 사유재산도 매매가 금지되었다(이현주, 「해방 직후 적산처리 논쟁과 대일배상요구의 출발」, 『한국근현대사연구』 제72집, 한울, 2015, 215쪽).

돈으로 상조회 운영의 기본경비는 충당할 수 있었던 것이다.

이 밖에 본국 철수 귀환이 결정된 사람들에게 출발을 기다리는 이들을 위한 감사헌금으로 10원씩 기부할 것을 권유하였고 동네마다 일본인 정회장들이 사전에 이 돈을 모아 일본인상조회에 전달하였다. 경성 일본인 상조회에서도 인천 일본인상조회에 5만 원을 기부하였다. 그러나 종전 직후 본부(조선총독부)에서 인천부청을 통해 보조금 20만 원을 지급한다는 지령도 있었는데, 부청에서 수령하러 가는 시기를 놓치는 바람에 끝내 보조금을 받지는 못했다.[37]

그런데 주목할 것은 당초 인천 일본인상조회가 단순히 패전에 따라 일본인들의 철수·귀환을 돕는 보조단체로 출발한 것이 아니었다는 사실이다. 처음 상조회 설립을 주도한 소곡익차랑은 패전 직후 '불면의 밤들을 보내고 있다가' 8월 20일 밤 향후의 상황이 어떻게 전개될지 모르고 있는 인천의 일본인들을 위해 헌신해야겠다고 다짐하고 2, 3세에 해당하는 일본인 가정에 전화를 걸어 다음날인 8월 21일에 인천신사 사무소에 모이라고 호소하였다고 한다.

오래 전 조부나 부모 대에 조선에 건너와 인천에서 태어나고 자란 2, 3세 일본인들을 모이게 한 그의 구상은 '미래의 거류민회'를 결성하자는 의제를 상정한 것이다. 이들에게 전화를 건 그는 인천에서 완전히 철수하는 것이 아니라 "잔류를 희망하는 사람들을 중심으로 일본인회를 조직하지 않으면 안 된다"고 설득했다. 다시 말하면 단순히 철수만을 목표로

---

36) 당초 일본인상조회는 재정문제를 해결하기 위해 조선은행에 융자를 의뢰하기로 결정하고 가등평태랑 회장의 개인 담보로 30만 원 한도의 대출승인을 얻어냈다. 그러나 이 불법적인 사업으로 생긴 48만 원의 순이익금을 상조회 재정에 충당할 수 있게 되어 조선은행 대출은 받지 않게 되었다.

37) 소곡익차랑 저, 윤해연 역, 「인천철수지(상)」, 243~244쪽.

하는 조직이 아니라 어디까지나 남아서 머무르게 될 사람들을 대상으로 하고 있었던 것이다. 그러한 의지를 가진 단체를 만들어야 비로소 철수 작업도 가능하다고 생각하였다. 그리하여 그는 첫 모임에서 아래의 세 가지를 강조·역설하였다.[38)]

① 우리에게는 전진과 재건설만 있을 뿐으로 후퇴를 원하지 않는다.
② 우리는 조국의 부흥과 융성 발전을 위하여 해외의 제일선에 남는다.
③ 잔류함으로써 조국 국민의 고통을 조금이라도 완화시킬 수 있다.[39)]

패전에도 불구하고 인천의 일본인들, 특히 아버지 혹은 할아버지 대에 일본에서 인천으로 건너와 재산을 일구고 경제적 기반을 구축한 일본인 2, 3세들은 인천을 떠날 생각이 전혀 없었던 것이다. 비록 항복과 패전, 소련군의 진주 등 불가항력의 급박한 전후처리 과정에서 이들의 의도는 좌절되어 갔지만 최종 철수 때까지 이들의 잔류시도는 계속되었다. 이러한 시도는 특히 뒤에 인천에 상륙한 미군이 자신들에게 결코 적대적이지 않다는 믿음이 강해지면서 본격화되었다.

3. 일본인들의 지방권력 상실과 본국 철수

1) 미군의 상륙과 일본인 관리의 파면

미군이 38선 이남에 진주하면서 인천은 새로운 국면을 맞았다. 처음

38) 이 자리에서 인천 '일본인연락간담회'가 조직되고 이것이 인천 일본인상조회로 정식 출범하는 것은 앞에서 본 바와 같다.

39) 소곡익차랑 저, 윤해연 역, 「인천철수지(상)」, 238쪽.

진주한 미군은 제24군단 7사단 예하의 제17·32·134 보병연대였다. 미군의 진주는 2단계로 진행되었는데, 첫째 인천과 서울 주변은 즉시 진주할 지역이며, 둘째 38도선을 넘지 않는 범위 내에서 대략 반경 50마일 이내로 북쪽으로 확대한다는 방침이었다. 미군의 이러한 방침에 따라 1945년 9월 8일에 육군 선도대가 인천에 도착했으며, 이튿날 늦게 7사단의 병력과 장비의 하역이 완료되었다.

인천의 일본인들이 미군의 인천 상륙 사실을 알게 된 것은 38도선 이북, 특히 황해도를 비롯한 서북지역에서 인천으로 피난을 내려온 일본인들을 통해서였다. 38선을 경계로 북조선에는 소련군이, 남조선에는 미군이 진출하여 주둔할 것이며, 이미 소련군에 의해 38선이 국경으로 되었다는 것, 또한 황해도의 개성 바로 북쪽이 38선에 해당되는데 인천에서 불과 20리 정도밖에 되지 않는다는 사실 등이었다. 여전히 일본인 관리들의 수중에 있던 인천부청은 미군의 첫 상륙지점이 인천항이며, 상륙 날짜는 9월 초가 될 것이라고 일본인들에게 알렸다.[40)]

미군의 상륙이 임박하면서 인천의 일본인 사회는 소련군이 들어오지는 않는다는 사실에 안도하면서도 처음에는 불안해하였다. 미군이 인천으로 상륙하는 것이 자신들에게 좋은 것인지 나쁜 것인지, 상륙 후 미군 병사들의 행동은 어떨지, 특히 부녀자들에 대하여 어떻게 할 것인지, 예컨대 미군에게 일본인 부녀자들이 불미스러운 일을 당하면 딱히 피난할 곳은 있을지 등이었다. 태평양전쟁 동안 중국과 동남아시아 등 전장 곳곳에서 반인륜적인 군대위안부를 운용했던 그들로서는 당연한 우려가 아닐 수 없었다.

40) 소곡익차랑 저, 윤해연 역, 「인천철수지(상)」, 245쪽.

실제로 일본인 인천부윤은 미군 상륙에 따른 대책회의를 주재하면서 정회장들을 소집하여 "(일본인) 부녀자들에 대한 미군 병사들의 문제"를 정식 의제로 상정하였다. 부윤은 인천에서 유곽을 운영하는 일본인 업자와 유사 업종에 종사하는 사람들에게 "이번 기회에 크게 분발하기 바란다"고 권고하였다. 이에 따라 선학동 일대에서 유곽을 운영하던 일본인 업자들은 패전 이후 오히려 유곽을 확장하느라 정신이 없을 정도였다. 일본인 인천부윤은 일부 일본인 여성들을 상륙할 미군 병사들의 성적 욕구 해소를 위한 수단으로 제공함으로써 "최소한의 희생으로 그 재난을 모면"하려 했던 것으로, 이는 인천의 일본인 사회 내부에서조차 비난과 공격의 대상이 되었다.

인천신사의 처리 방향도 시급한 문제였다. 1945년 8월 28일 인천신사 사무소에서 일본인과 조선인 대표들이 참석한 가운데 상무대표 회의가 열렸다. 의제는 본부의 지령에 따라 제기(祭器)류를 소각하고, 소모품을 자유처분하며, 토지 건물의 명세서를 제출하는 것 등이었다. 논의 결과 신전(神殿)은 소각을 해야 한다는 견해가 다수를 차지했음에도 불구하고 명령을 기다려보기로 결정했다. 또한 신여(神輿) 및 도행식(渡行式) 행사 도구의 처분도 마찬가지로 소각하자는 의견이 다수였지만 일단 다른 곳으로 옮겨놓고 이후 정세에 따라 소각하기로 결정하였다.[41]

패전과 미군 상륙을 앞둔 시점에서도 신사의 처리·처분을 유보했다는 것은 일본인들의 정세인식이 안이했다기보다는 이들이 끝까지 잔류를 포기하지 않았을 뿐만 아니라 정세 여하에 따라서 끝까지 잔류를 시도하려 했음을 보여준다.

---

41) 소곡익차랑 저, 윤해연 역, 「인천철수지(상)」, 246쪽.

1945년 9월 8일 미군의 인천 상륙이 예정된 당일 새벽 인천부윤은 인천 일본인상조회 간부들과 인천부 정회장들을 관사로 불렀다. 미군 상륙에 앞서 일본 본국을 다녀온 조선총독부 사무관의 경험담을 듣기 위해서였다.

그의 전언에 따르면, 일본은 미군이 상륙한 후에도 지극히 평온한 상태이며 두려워할 필요가 없다, 미국인들은 천성이 명랑하고 쾌활하기 때문에 이쪽에서도 명랑한 태도로 행동하면 좋고 의심스럽게 우물쭈물 하는 것은 좋지 않은데 '예스'와 '노'를 분명히 하면 된다, 일본사회의 사정은 정말 좋지 않으며 생활이 정말 한심스럽다고 하였다. 남조선에 사는 (일본인) 동포들은 그나마 다행이며 차후 조선정부가 조직되려면 1년은 더 걸릴 것이니 그 동안은 지금의 총독부 정치는 엄연히 계속될 것이라고 말하였다.

이러한 설명 덕분에 미군의 인천 상륙에 따른 인천거주 일본인들의 걱정은 일순간 씻은 듯이 사라졌다.

> 얼마나 상쾌한 뉴스인가. 오늘 미군이 상륙한다는 최대의 불안은 씻은 듯 날아가 버렸다.[42]

고무된 일본인들은 미군 상륙 준비에 혼신을 노력을 다하였다. 회의가 끝난 뒤 인천부윤은 정회장들에게 일부 미군들이 예정하지 않았던 월미도 유원(遊園)회사에 숙박하게 되었다면서 상륙하기 전까지 청소를 완료해야 한다고 전달했다. 이를 위해 인천부 모든 정회에서 200명의 봉사대를 차출할 것, 미군의 하역대로 500명을 출동시키며 빈정(濱町, 현재의 사동), 궁정(宮町, 현재의 신생동), 욱정(旭町, 현재의 답동), 화정(花町, 현재의

42) 소곡익차랑 저, 윤해연 역, 「인천철수지(상)」, 247쪽.

신흥동)에서는 외국인 기자단의 식기를 제공할 것, 산수정(山手町, 현재의 송학동), 중정(仲町, 현재의 관동), 본정(本町, 현재의 중앙동), 해안정(海岸町)에서는 150명의 일본인 통역단 숙소를 준비할 것 등을 긴급 지시했다.[43]

미군은 예정대로 1945년 9월 8일 2시경 인천항에 상륙하였고, 3시에는 일부가 인천중학교에 도착하였다. 당시 미군은 인천항에 상륙하는 과정에서 별다른 저항을 받지 않았다. 무장한 많은 일본군 병력들이 삼엄한 경비를 서고 있었고, 인천항 부두 주변의 주요 교차로에는 일본경찰이 경비를 서거나 말을 타고 있었다. 이들은 모두 소총으로 무장하고 착검을 하고 있었다. 미군은 일본인 경찰들의 경비 때문에 한국인들의 대규모 시위를 방지할 수 있었다고 평가했다.[44]

미군의 상륙과 함께 인천부와 산하 여러 관청에 속한 일본인들이 파면되고 철수가 단행되었다. 우선적으로 일본군과 헌병대가 미군 상륙에 앞서 자취를 감추었다. 인천의 일본인들은 서울 용산주둔 육군사단이 행군태세를 갖추고 부산으로 철수할 무렵 한강철교에서 남산을 돌아보며 눈물로 이별을 애석해 했다는 기사가 서울에서 발간되던 일본 신문에 게재됨으로써 일본군의 철수를 알게 되었다.[45] 뒤에 부대 일부는 관부간 해상 수송이 폭주하는 바람에 대전에서 인천으로 다시 되돌아와 인천

43) 소곡익차랑 저, 윤해연 역, 「인천철수지(상)」, 248쪽. 이 가운데 신문기자단 및 통역단 준비는 실행되지 않았다고 한다.

44) C. L 호그 지음, 신복룡·김원덕 옮김, 『한국분단보고서』(상), 풀빛, 1992, 122쪽. 그러나 미군의 인천 상륙은 인천시민들에게 가슴 아픈 기억을 남기면서 이루어졌다. 당시 인천지역 건국준비위원회 산하의 보안대, 노동조합원들은 미군의 인천 상륙을 환영하기 위해 연합국기를 들고 행진을 벌였다. 이에 일본인 경찰들은 환영 나온 시위대를 해산시키기 위해 발포, 두 사람이 죽고 수십 명이 부상을 당했다(『매일신보』 1945년 9월 12일자).

45) 미군정의 아놀드 군정장관은 1945년 10월 9일 출입기자단과의 회견에서 조선주둔 일본군이 10월 중으로 모두 철수할 것이라고 밝혔다(『대중일보』 1945년 10월 11일자).

에서 배편으로 귀환하였다.

군대 다음으로 일본경찰에 대한 파면과 철수가 결정되었다. 1945년 9월 20일 수야(狩野) 인천경찰서장 이하 일본인 경찰관 350명이 파면되고 조선인 보안대원 163명이 그 자리를 채웠다. 초대 신임 '인천보안서장'에는 일제 때 경기도회 의원을 지낸 김윤복이 임명되어 10월 7일자로 부임했다.[46]

지방권력의 이양은 인천부청 일본인 관리의 파면과 조선인 관리의 임명으로 일단락을 지었다. 인천 미군정은 1945년 10월 4일 인천부의 직제 개편을 단행하는 한편 과장 이하 계장 등 인선을 완료하였다.[47] 미군 상륙 한 달여 만인 1945년 10월 10일 인천부는 이날 오후 2시를 기해 부내 일본인들을 완전히 추방하고 '인천부'를 '제물포시'로 개칭하였다. 일본인 부윤 지전청의(池田清義)가 파면되고 초대 시장에는 인천부 산업과 출신의 직원 임홍재(任鴻在)가 임명되었다.[48]

인천부청은 1883년 인천개항과 더불어 일본영사관이 설치된 지 70여 년이나 되었고 통감부 때에는 이사청으로 1910년 강제병합 이후에는 부청으로 변하여 인천지역에서 일제 식민지 지배의 중추역할을 했던 곳이었다.[49] 10월 16일에는 인천부 의회 일본인 의원들이 모두 파면되었다.[50]

---

46) 『대중일보』 1945년 10월 8일자. 이때 파면된 일본인 경찰 가운데 주임급 이상의 간부는 다음과 같다. 서장(경시) : 수야겸중(狩野謙重), 경무 경부 : 충○○(沖○○), 경비 경부 : 삼풍태(森豊太), 경제주임 경부 : 호택고미(芦澤高美), 고등경부 : 조창충(朝倉忠), 회계 : 길기춘차(吉崎春次).

47) 『대중일보』 1945년 10월 7일자.

48) 『대중일보』 1945년 10월 12일자.

49) 이때 파면된 인천부청 과장급 이상의 일본인 관리는 다음과 같다. 부윤 : 지전청의, 내무 : 회원혜삼랑(檜垣惠三郎), 사회 : 유촌웅장(有村雄藏), 토목 : 곡수삼(谷修三), 방위 : 마장기광웅(馬場崎光雄), 재무 : 성애삼(城愛三), 회계 : 청야정길(清野政吉), 산업 : 송

인천의 일제 식민지 지배기구 가운데 가장 오랫동안 자리를 지킨 것은 인천항 역 앞에 주둔해 있던 '자동차부대'였는데, 이 부대는 인천에 주둔한 다른 부대들이 철수한 뒤에도 미군의 지휘 하에 1945년 11월까지 활동했다.[51]

그러나 이들이 물러나는 과정에서 온갖 잡음이 끊이지 않았다. 과거 인천상공회의소 회장으로, 인천부 의회 의원이며 인천 일본인상조회 간부인 심견인시(深見寅市)는 패전 직후의 혼란한 상황을 이용하여 탈세로 폭리를 취하다 당국에 체포되어 조사를 받았다. 보도에 따르면 그는 1945년 10월 6일 자신이 운영하는 양조장에서 생산하는 술의 판매가격이 2급주 한 되에 6원 80전, 1급주 한 되에 13원 하는 것을 2급주는 15원 내지 20원, 1급주는 18원 내지 20여 원의 폭리로 판매함으로써 적지 않은 부정이익을 취했을 뿐만 아니라 그 수량도 백여 석에 달하였다.[52]

일본인 경찰은 몰래 무기를 은닉하다 적발되었다. 전 인천경찰서 경비주임 등은 사전 모의 끝에 동 경찰서 후청에 대량의 무기를 매장하였다가 인천보안서원들에 적발되어 전원 구속되었다. 10월 9일 보안서원들에 의해 현장에서 발굴·확인된 무기는 장총 230정, 기총 15정 외에 다량의 탄약과 수류탄도 함께 발견되어 세인을 놀라게 하였다.[53] 미군정에 의해 파면된 인천경찰서 일본인 경찰 차원의 조직적 범죄라는 점에서 주목된다.

항구도시로서 본국 철수의 통로라는 특성에서 야기되는 일본인 관리들의 범죄도 잇따랐다. 패전 직후 인천부 부두국장 대정휘웅(大庭輝雄)은

야종의(松野宗義), 조정 : 옥리을길(玉利乙吉), 수도 : 길주의남(길주의남).

50) 『대중일보』 1945년 10월 20일자.

51) 소곡익차랑 저, 윤해연 역, 「인천철수지」(하), 『황해문화』 통권 31호, 2001, 201~202쪽.

52) 『대중일보』 1945년 10월 8일자.

53) 『대중일보』 1945년 10월 10일자.

서무과장 송본(松本)과 함께 국 내부 무역조합에서 전 국원들에게 나누어 주라고 보낸 위로금 2만 5천 원을 착복하려다 조선인 국원들에게 발각되었으며, 일본인들의 밀항을 눈감아주다 부두연맹에 들켜 그 신병이 미군 헌병대에 넘겨졌다.[54] 그는 8월 15일 이후 귀환한 일본군 패잔병은 조선 주둔 미군의 명령에 의해 거주하고 있던 인천부 내에서 용산의 소속부대로 귀환하여 미군당국의 군령에 복종해야 함에도 불구하고 부두국장으로 있으면서 일본인 귀환병인 직원들을 위해 출근부를 위조하여 이들이 귀환병이 아닌 것처럼 가장하고 그들을 부두국에 계속 근무하게 했던 사실이 발각되었다.[55]

패잔 일본군에 의한 민생범죄도 일어났다. 인천부 부평의 전 일본군 육군 조병창에 근무하는 일본군이 대량으로 저장했던 낙화생 기름에 송탄유를 섞어 시내 조선인들에게 판매한다고 선전하자 창영동에 소재한 인광상회(仁廣商會)에서는 80도람을 구입하였다. 이에 해당 상점에서 그 기름을 사서 먹고 10여 명이 중독되는 사고가 일어난 것이다.[56]

이 외에 일본군 장교에 의한 공금횡령 사건도 일어났다. 인천부 경방계장으로 근무했던 일본군 육군중위 차본무장(此本武藏)은 패전 직후 혼란한 상황을 틈타 인천부 각 정회의 경방기구 구입대금 3천여 원을 몰래 훔쳐 사복을 채우려다 인천경찰서에 체포되었다.[57]

---

54) 『대중일보』 1945년 10월 10일자.
55) 『대중일보』 1945년 10월 10일자.
56) 『대중일보』 1945년 10월 10일자.
57) 『대중일보』 1945년 11월 6일자.

2) 한국인과의 갈등과 잔류정책 변화

일본인들의 귀환 사무를 돕기 위해 인천 일본인상조회를 조직했던 소곡익차랑의 회고에 따르면, 미군이 '적국'인 일본인들을 얼마나 '우대'했으며 일본으로부터 '해방'된 조선인들을 어떻게 인식했는지를 짐작하게 한다.

> 일본인들에게 친절하고 일본인들이 감사할 정도로 도와준 프라친스키 중위(대위로 승진)의 사연을 쓰려고 한다. 중위는 일본인뿐만 아니라 일본에서 귀환한 조선인이나 중국인계도 맡고 있었다. 처음부터 그는 일본인 편에서 마지막까지 우리를 특별히 배려해준 잊을 수 없는 고마운 사람이었다. (중략) 대위는 조선인이나 중국인을 다루는 태도와 일본인을 대하는 태도가 완전히 달랐다.[58]

인천의 일본인들과 미군정의 관계는 개인 간의 호의를 넘어서는 것이었다. 프라친스키 중위 외에도 소곡익차랑은 정치계의 모스 대위, 농업과 상업계의 윌리엄 대위, 부동산계의 힐튼 중위, 비서인 해밀튼 중위, 법률경제계의 파킹감 대위, 운수계의 덩킨 대위 등 인천 미군정 장교들의 이름을 하나하나 거명하면서 자신들에게 베푼 호의에 '감사'를 표했다. 심지어 부평에 주둔하고 있던 미 제24군 사령관 치브스는 인천 일본인상조회의 활동을 물심양면으로 도운 것은 물론 소곡익차랑을 비롯한 상조회 간부들이 인천에서 철수할 때 기차역까지 나와 전송을 해주었을 정도였다.[59]

1945년 12월에 들어 인천 미군정의 장교들은 재류 일본인들을 위해 미국 사정에 대한 정기 강연회를 개최하였다. 이 강연회는 이듬해 3월

---

58) 소곡익차랑 저, 윤해연 역, 「인천철수지」(하), 225~226쪽.
59) 소곡익차랑 저, 윤해연 역, 「인천철수지」(하), 228~230쪽.

초 일본인들의 철수가 최종적으로 완료될 때까지 소곡익차랑의 통역으로 8회나 계속되었다.

〈표 1〉 재류 일본인 대상 인천 미군정 장교단의 강연 일람[60]

날짜	강연 주제	강연 연사
1945.12.9.	미국의 지리와 산업	스틸맨 장관
1945.12.16.	미국의 사회제도	프란치스키 대위
1945.12.23.	미국의 교육과 가정	윌리엄 대위
1946.1.7.	미국의 가정제도	해밀튼 중위
1946.1.13.	(미국의) 정치경제	모스 중위
1946.1.20.	(미국의) 정치제도	힐튼 중위
1946.2.10.	일본 시찰담	비치야 소좌
1946.2.17.	좌담회	파킹감 대위

그러나 9월에 접어들어 일본과 조선, 해외 각지로 송출되었던 조선인 징용노동자들이 인천으로 귀환하면서 인천의 일본인 사회는 크게 동요하기 시작했다. 1944년 이래 이른바 징용령의 발효와 더불어 징용에 끌려간 노동자는 인천에서만 3천 명에 달했다.

인천에서 이들을 돕기 위해 결성된 '징용자후원회'는 1945년 10월 초 인천 일본인상조회에 대해 "일본국가는 징용자들을 구제할 책임이 있으므로 인천에 사는 일본인들도 책임을 일부 분담하기 바란다"고 하며 조선인 징용자 구제를 명목으로 기부금을 요구하였다.[61] 인천에서 징용에 끌려간 조선인 노동자 3천 명이 1945년 9월부터 인천으로 돌아오기 시작

60) 소곡익차랑 저, 윤해연 역, 「인천철수지」(하), 228쪽.

61) 소곡익차랑 저, 윤해연 역, 「인천철수지」(하), 203~204쪽.

한 것이다.

이에 인천 일본인상조회 측은 1945년 10월 17일에 상임위원 회의를 열어 울며 겨자 먹기로 100만 원의 기부금을 제공하기로 하고 자체적으로 모금을 시작했다. 그러다가 10월 23일 미군정으로부터 징용자에 대한 구제는 미군정이 실행할 것이므로 상조회는 모금을 중지하라는 지시를 받고 이를 중단하였다.

패전에 따른 회사와 공장의 조업중단, 파산으로 하루아침에 일자리를 잃은 조선인 종업원·노동자들의 퇴직금 요구도 인천 일본인들의 본국행 결심을 굳히는 데 한몫 했다. 종전 직후 인천에 소재한 경기도청은 퇴직금 지급에 관한 통첩을 발표하였는데, 이것이 단서가 되어 공장 노동자들의 퇴직금 지급 요구가 빈발해진 것이다.[62)]

인천에는 일본제국주의의 전쟁 수행을 위한 군수공장이 많았고 일본인 경영자들이 산업계를 지배하는 등 식민지배와 대륙침략의 전초기지가 되어 있었기 때문에 해방에 따른 경제적 혼란은 다른 지역보다 클 수밖에 없었다. 일제는 인천항을 대륙침략의 발판으로 삼고 이 지역을 병참기지화 했다. 이들은 인천에 북부, 남부, 부평 등 3대 공업지구를 설정하고 규모를 확대시켜 나갔는데, 패전 무렵에는 조선기계제작소, 일본차량, 조선이연금속, 일립제작소, 동지제작소 등 손에 꼽히는 굴지의 공장만도 155개가 인천에 자리잡고 있었다.

그러나 이는 대부분 일본인이 운영하는 공장들이었기 때문에 공장 수에서는 조선계 51.5%, 일본계 46.8%, 중국계 및 기타 1.7%였지만 자본 규모 면에서는 조선계 4.6%, 일본계 92.6%라는 비교조차 할 수 없는

---

62) 소곡익차랑 저, 윤해연 역, 「인천철수지」(하), 205쪽.

엄청한 격차를 보였다. 이와 같은 상황 속에서 패전으로 물러나게 되자 많은 일본인들이 멋대로 재고품을 처분하는가 하면, 점포와 공장 등을 패전 이전에 팔아버린 것처럼 매매계약서를 위조해서 처분하고 심지어는 주요 시설을 파괴하기까지 했다.[63] 이러한 상황에서 조선인 노동자들의 퇴직금 지급 요구가 일본인 사업주들에게 집중된 것은 당연한 것이었다.

소곡익차랑에 따르면, 조선인 노동자들의 요구가 크게 고양된 것은 서울의 조선건국준비위원회가 라디오 방송을 통해 조선총독부를 해산하고 조선독립을 이룩하여 새로운 정권을 수립한다고 선언하자 이에 편승한 결과라고 했다. 건준의 선언에 고무된 조선인들이 흥분하여 일본인들에 대해 공세를 펴고 업무 및 권리를 조선인들에게 인계하도록 강요했다는 것이다. 조선인들이 서울시내 각 경찰서와 파출소를 점거하고 신문사, 회사, 상점, 각 공장에서 조선인 노동자들이 퇴직금을 강요했다는 것이다. 이러한 서울의 상황은 곧 인천에도 파급되었다고 한다.

> 인천에도 언젠가는 파급되리라고 각오를 하였는데, 마침내 9월 25일경에 거의 일제히 각 회사공장을 습격하였다. 조선인 종업원들은 일본인 간부들에게 협박과 폭행을 가하였다. 어느 공장에서는 방공호에 사람을 가두고 물을 채워 괴롭혔는가 하면 혹은 종이나 북을 쳐서 밤새 자지 못하게 하든가 또는 사택에 침입하여 부녀자를 위협하여 감금된 남자를 견제하는 등 온갖 방법과 수단을 사용하였다.[64]

---

63) 『인천상공회의소 110년사』, 인천상공회의소, 1995 참조.

64) 소곡익차랑 저, 윤해연 역, 「인천철수지」(하), 205쪽. 그러나 8·15 직후 해방의 감격으로 흥분하여 여러 날 계속된 만세시위의 과정에서도 일본인들에 대한 공격은 거의 일어나지 않았다는 점을 상기하면 이러한 서술을 그대로 믿을 수는 없을 것이다. 그 원인은 오히려 민족차별에 따른 저임금과 임금체불, 퇴직금횡령 등에 대한 정당한 요구의 과정에서 발생한 충돌로 보는 것이 합리적일 것이다.

조선인 노동자들이 요구한 퇴직금 총액은 일본인이 경영하는 인천의 모든 회사·공장을 통틀어 1천만 원에 육박하였다. 구체적으로는 굵직한 것만 들어도 조선기계제작소 300만 원, 동지제작소 200만 원, 조선정강소 40만 원 등이었다.

이에 인천 미군정 군정관 스틸맨은 9월 26일자로 노동쟁의에 대한 포고문을 공시하였다. 그것은 판·검사와 자본가 및 노동자 대표가 중재재판에 의해 문제를 해결하려는 방법이었다. 「인천 부민에게 고함」으로 명명된 포고문의 전문은 다음과 같다.

> 어느 부민이든지 협박, 공갈, 억류, 강요하거나 혹은 다른 부민으로부터 금전이나 유가 상품을 얻기 위하여 저지르는 유사행위는 형사사건으로 선언하며, 전기(前記)의 사건은 미주둔군 재판에 의하여 엄벌에 처할 것임.
>
> 노동자로부터 간부에 대한 제소 요구가 있을 경우에는 다음의 지시를 적용함.
>
> 1. 노동자 측은 두 명의 대표를 지명할 것.
> 2. 간부 측은 두 명의 대표자를 지명할 것.
> 3. 모든 요구는 아래의 위원들에 의해 성립된 중재재판에 제출하여 처리함.
>   조선인 판사 방준경(方俊卿)
>   조선인 검사 최원각(崔源珏)
>   일본인 판사 소전기위(小田基衛)
>
> 이상의 위원 추천은 군정사령부에서 승인함.
>
> 4. 모든 회사 직원은 일본인이든 조선인이든 불문하고 인천 미군사령부의 명령에 의해 현직을 멈출 것을 요함
>
> – 인천부 군정본부사령관 스틸맨 소좌[65]

65) 소곡익차랑 저, 윤해연 역, 「인천철수지」(상), 254쪽.

그럼에도 불구하고 조선인 노동자들의 요구와 노동쟁의는 그치지 않고 포고문을 위배해도 미군정 당국이 강제력을 동원할 기미를 보이지 않았다. 이에 인천 일본인상조회는 9월 30일 인천 미군정, 미군 헌병대, 경찰서, 특무기관 등에 영문으로 다음과 같은 내용의 탄원서를 보냈다.

> 재조선 일본인들이 성의로 미군정관의 명의를 받들고 있음은 이미 인지하시는 바라고 생각합니다. 며칠 전부터 발발한 각 공장 및 기타 노동쟁의는 지난 26일자의 포고문이 발표된 이후에도 조선인 노동자들에게 억류된 일본인들을 풀어주지 않고 있으며, 또 포고문에 따라 정당한 행위로 처사하지 않고 여전히 강제 협박을 계속하고 있을 뿐만 아니라 새삼 억류·협박하여 강제로 쟁의를 해결하려는 것으로 보입니다. 이는 정말 유감스러운 바로 일본인들의 불안은 점점 늘어갑니다. 바라건대 포고문이 발표된 이상 그것이 지켜질 수 있게 단속하여 주시기를 탄원하는 바입니다.[66]

일본인 사업주들을 향해 퇴직금을 요구하는 조선인 노동자들의 쟁의는 2주 이상 지속되었고 이로 인해 경제적 손실을 입은 일본인 사업장은 인천에서만 18개소에 달했다고 한다. 이 가운데에는 인천 일본인상조회 회장 가등과 부회장 삼수웅도 포함되었고 이것은 상조회의 노선과 정책을 변화시키는 하나의 계기로 작용했다.

본래 인천 일본인상조회의 간부들은 대부분 인천 잔류를 결심한 사람들이었기 때문에 이들은 일본인 거류지 건설을 상조회의 사명으로 삼고 그러한 계획 하에 조직을 운영해왔다. 철수자들의 화물 예탁사무, 부동산 매매사무, 일본인 재산관리 등은 모두 그 과정에 포함되는 일들이었다. 미군이 인천에 진주하고 치안이 안정되자 이들의 희망은 실현될 듯

---

66) 소곡익차랑 저, 윤해연 역, 「인천철수지」(하), 206쪽.

보였다.[67]

일본인들은 패전 후 방치된 아동교육을 재개하기 위해 소규모 학원이라도 마련하고자 했다. 이 계획에 교사 출신자 일부가 동참할 뜻도 밝혔는데, 이들은 앞으로 한일 간 외교문제가 해결되어 하루빨리 영사관이 들어서고 그에 따라 해외 파견교사의 신분으로 인천에 계속 안정적으로 거류할 수 있기를 바랐다. 상조회는 10월부터 중등학교 이상의 학생을 대상으로 지난 수년 동안 적국의 언어라며 폐지했던 영어수업도 재개하고 미군정의 양해를 얻어 정식으로 일본인 학교를 개설할 계획이었다.[68]

인천에 정식 거류지가 조성된다는 기대를 품고 이들은 인천 일본인상조회 주관의 종합병원 설치까지 계획하였다. 우선 잔류를 희망한 장야계사(莊野啓司 : 내과), 복도민웅(福島敏雄 : 이비과), 평야번부(平野繁夫 : 부인과), 능치태랑(能治太郎 : 치과), 전 인천도립병원장인 전촌실직(田村實直) 등 5명의 의사와 산파인 목촌국지(木村菊枝)가 동참하였다. 이에 암정(巖井)병원을 사들여 상조회 병원으로 발족시켰다. 그러나 부동산 이전등기 금지령으로 인해 일본인의 부동산 소유가 불가능해짐으로써 계획의 실행은 무산되었다.[69] 이러한 잔류시도는 일본인들에게 특별히 우호적이었던 인천 미군정의 일부 장교들에게도 원인이 있다.

그러나 상조회 간부들의 희망은 오래가지 못했다. 조선인 노동자 등과의 충돌과 갈등으로 경제적 손실이 가중되는 상황에 더하여 철수를 희망

67) 이연식, 『조선을 떠나며-1945년 패전을 맞은 일본인들의 최후』, 역사비평사, 2012, 86쪽.

68) 소곡익차랑 저, 윤해연 역, 「인천철수지」(상).

69) 소곡익차랑 저, 윤해연 역, 「인천철수지」(하), 238쪽. 정식 병원 설립을 포기한 뒤에도 이들은 장야(莊野)병원을 상조회 병원으로 지정하여 철수의 마지막 순간까지 존속시켰다.

하는 일본인들은 불안감과 불만이 고조되었다. 이들은 상조회가 일부 간부들의 잔류 욕심 때문에 동포의 철수문제에 대해서는 손을 쓰지 않을 뿐더러 오히려 방치하고 있다면서 비난했다. 인천 일본인상조회는 선택의 기로에 서게 되었다.

인천 일본인상조회가 잔류에서 철수로 방향을 틀게 된 중요한 계기는 해외 식민지 거주 일본인들에 대한 미국의 입장이었다. 1945년 9월 14일 미국의 트루먼 대통령은 샌프란시스코 방송에서 조선거주 일본인들을 추방한다고 천명하였다. 나아가 "일본인 추방에 대한 모든 조선인들의 확고한 의지"는 결정적으로 신속한 철수 외에는 선택의 여지가 없게 만들었다.

10월 3일에는 서울의 종전사무처리본부 보호부장으로부터 철수에 관련된 통지가 도착하고 이틀 뒤부터는 부동산 매매등기가 중지되었다. 10월 13일에는 단독 귀환군인, 즉 명령으로 가족보다 먼저 혼자 귀국하는 군인 120명이 철수했다. 이것을 필두로 군인 복원자의 계획수송, 이어 일반인들의 수송계획이 미군의 지휘 하에 시행된다는 발표가 이어졌다.

이러한 상황에서 원래 잔류를 희망했던 일본인들도 대부분 철수하는 쪽으로 방향을 전환하였다. 인천 일본인상조회의 사명도 "일본인들의 철수를 돕는 상조회", "북방의 탈출 동포들에 대한 구제 수용 및 송출"[70]로 명확히 전환되었고, 이들의 인천 잔류시도는 좌절되었다.

---

70) 소곡익차랑 저, 윤해연 역, 「인천철수지」(하), 209쪽.

3) 인천 일본인들의 철수와 귀환

패전한 지 한 달여 만에 인천 재류 일본인들의 철수도 본격화되었다. 1945년 10월 3일 조선총독부 종전사무처리본부 보호부장은 일본인 철수에 관한 아놀드 군정장관의 명령을 인천 일본인상조회에 통지하였다.

1. 4일부터 당분간 철수열차의 운행을 중단한다.
2. 경성, 대전, 대구, 수원 및 김천을 철수 집합지점으로 정했기 때문에 수송 재개는 군정청의 통보에 근거하며 위의 지점에 모여 철수해야 한다.
3. 대도시의 보안 및 일본군대의 운송을 추진하기 위하여 모든 일본인들은 아무쪼록 통보가 있을 때까지 현재의 지점에 머물러 있어야 한다.[71]

철수열차 운행의 중단은 일본인 귀환에 따른 경부선의 폭주 때문이었다. 그보다 인천 재류 일본인들을 불안하게 한 것은 인천이 집합지점에 추가되지 않았다는 사실이다. 결국 이 문제는 인천역에서 열차로 서울로 이동, 서울에서 다시 승차하는 것으로 정리되었다.[72]

인천의 경우 민간인보다 일본군 철수가 우선이라는 지침에 따라 1945

71) 소곡익차랑 저, 윤해연 역, 「인천철수지」(하), 210쪽.

72) 일본인들은 ① 좀 더 많은 화물을 가져갈 수 있으리라는 기대감, ② 기차로 부산에 도착한 후 승선할 때까지 정체와 혼란이 심하고 부산잔교에서 화물검사가 까다롭기 때문에 선박철수를 선호하였다. 이에 평화운항회가 인천 미군정으로부터 수송허가를 얻자 상조회는 미군정의 지령으로 경안환(京安丸) 200명, 에비스환(惠比壽丸) 100명, 제3일선환(第三日鮮丸) 200명, 제6천대환(第六千代丸) 170명 승선을 할당하였다. 모두 기계범선으로 60에서 100톤이 넘지 않는 여객선으로는 작은 배였다. 그나마 준비 부족으로 네 척 중 두 척만 출항하였다가 군산항 근처에 이르러 조난을 당하여 인천항으로 되돌아오는 바람에 선박수송은 실패로 끝났다(소곡익차랑 저, 윤해연 역, 「인천철수지」(하), 218~221쪽).

년 10월 초 서울 삼판통 삼판호텔에 있던 서울 일본군연락부가 인천 연락반을 조직하여 일본인상조회 안에 사무소를 설치하고 업무를 개시하였다. 패전 후 일본군은 조선에 가족이 있는 일본군은 즉시 제대하게 했다. 이에 따라 10월 13일 단독 귀환군인 120명이 일본으로 돌아갔다.

그러나 그 뒤에는 복원군인들이 인천에 가족을 두고 철수하기를 원치 않았기 때문에 가족동반 철수로 변경되었다. 하지만 10월 30일까지 철수해야 하는 것은 불문율이었고 10월 27일, 28일 모든 일본군 및 가족 4천 4백여 명이 인천을 떠났다.[73] 이 속에는 전 인천부윤 지전청의(池田清義)와 잡화 도매상으로 5백만 원 이상을 축재한 옥식상점(玉植商店) 주인 우혜길장(宇惠吉藏), 전 인천상공회의소 이사 도변정희(渡邊政喜) 등이 포함되었다.[74]

미군정청 외무과는 부산에서 노역을 위해 일시 잔류시킨 무장해제한 일본군 2,650명을 제외하고 1945년 11월 20일까지 모든 일본군이 조선에서 철퇴하였다고 발표했다. 최후까지 저항을 기도했던 제주도에서는 48,524명의 일본군이 조선에서 철퇴하였다.[75]

주목할 것은 당초 일본군이 모든 일본인들의 철수작업을 지휘할 예정이었다는 것이다. 이에 따라 서울과 인천, 부산에 연락부를 설치하고 부산항과 인천항을 철수지로 정했다는 것이다. 특히 인천항은 북부지구 승선지였다. 그러나 방침이 변경되어 10월 30일 군 연락부는 서울로 철수하고 인천지부는 폐쇄되었다.[76]

---

73) 소곡익차랑 저, 윤해연 역, 「인천철수지」(하), 211쪽.

74) 『대중일보』 1945년 10월 28일자.

75) 『대중일보』 1945년 11월 21일자.

76) 당초 일본군 관리에 의한 일본인 철수계획은 도쿄 맥아더사령부의 지령에 의한 것으로 알려져 있다. 이 지령이 번복된 것은 현지사정을 고려한 조선 미군정의 반대 때문이었을

일본군 철퇴가 완료되자 민간인들에 대한 철수도 본격적으로 시작되었다. 민간 일본인 철수와 관련, 미군정청 외사과는 1945년 10월 23일 472명의 군인과 그 가족들을 포함한 2천여 명의 일본인들이 부산행 특별열차로 철퇴하였음을 보고하면서 10월 24일부터 경인지역 일본인들을 부산으로 수송하기 위해 매일 두 차례씩 특별열차가 운행될 것이며 약 3만여 명의 일본인들이 28일까지 철퇴할 예정이라고 밝혔다. 이미 조선 재류 모든 일본인들이 미군정으로부터 철퇴통지를 받았고 매일 1만 명의 일본인들이 철수할 것으로 예상되었다.[77]

세금 체납과 재산 양도, 재산 도피 등 본국으로 철수하는 일본인들의 위법 행위에 대한 단속도 강화되었다. 인천 미군정은 철수하는 일본인들이 세금을 완납했다는 증명서를 제출하지 않으면 철수를 금지하였다. 이로 인해 10월 25일부터 인천세무서는 미납한 세금을 납부하러 오는 일본인들로 북새통을 이루었다.[78] 인천 미군정 군정관 스틸맨은 군정법령 제2호에 따라 철수하는 일본인들에 대해 우편저금을 포함한 제반 재정상의 이권을 양수하는 것은 위법이라고 경고했다.[79] 세관의 감시도 강화되어 11월 11일 철수한 민간인들 가운데 일부가 규정 이상의 물품을 몰래 가져가려다 적발되어 물품이 압류되었다.[80]

일본군 연락부 인천지부 폐쇄로 인해 민간인 철수를 담당하게 된 것은

것이다.

77) 『대중일보』 1945년 10월 26일자. 또한 일본인들을 철수시킨 선박은 모두 일본재류 조선인 귀국자들이 승선하는 것으로 하였다.

78) 『대중일보』 1945년 10월 26일자.

79) 『대중일보』 1945년 10월 31일자.

80) 『대중일보』 1945년 11월 11일자. 압수 물품은 이불, 셔츠, 양복, 의복, 옷감, 구두, 신발 등 생필품 등으로, 이것들은 모두 인천시 사회과를 통해 해외 전재동포 구제품으로 쓰기로 하였다.

인천 미군정으로부터 사실상의 위탁을 받은 일본인상조회였다. 상조회는 이제 남아있는 일본인들의 유일한 단체로, 질서 있는 철수, 철수 시까지 일본인들의 생활유지, 사고방지, 조선인들에 대한 공작, 인천 미군정청과의 교섭 등을 담당하게 되었다. 우선 철수 출발자 순위를 첫 번째 전쟁피해자(특히 38선 이북의 탈출자)와 군인 유가족, 두 번째 임산부·빈곤자·남자 없는 가정·병자와 그 가족, 세 번째 일반인 등으로 정하였다.[81]

다음으로 상조회는 인천 미군정청으로부터 철수 날짜와 시간, 차량 대수, 예방주사 날짜와 장소, 기타 주의사항을 전달받고 다음과 같이 철수에 따른 상세한 지침을 마련하였다. 다소 길지만 중요한 내용이므로 모두 인용한다.

> 1. 발표된 출발 순위에 근거하여 차량 대수에 따라 총 출발인원을 산출, 결정하였다. 상조회는 평소에 각 정의 총 인구와 여러 순위에 해당하는 인구를 조사해두었기 때문에 거기에 의해 총 승차 인원을 각 정의 지부에 할당하였다.
>
> 1. 각 정의 지부장은 이 할당 인원수를 순위로 인원을 배정하며, 해당된 출발자는 세대마다 귀환자 명부에 다음의 사항들을 기입하여 상조회에 제출하였다.
>
> 귀환자 명부 : 성명, 친족관계, 나이, 비고
> 현주소, 철수 목적지, 지부장 인, 반장 인
> 귀환일자, 남, 여, 소, 유, 합계
>
> 1. 명부를 제출할 때 기차 삯을 납입하면 차량번호가 정해졌다.
>
> 1. 예방주사는 2회에 걸쳐 실시되었지만 첫 회와 두 번째 회는 반드시 며칠 간격을 두지 않으면 안 되었다. 때문에 다음 출발일이 지나치게 가까

81) 소곡익차랑 저, 윤해연 역, 「인천철수지」(하), 213~214쪽.

워진 경우 주사 일수가 부족하기 때문에 모든 일본인들에게 조속히 예방주사를 실시해둘 필요가 있었다. 예방주사의 종류는 접종(천연두 종두)과 장티푸스 두 가지였는데, 후에 발진티푸스의 예방도 실시하였다. 모든 의사들의 협력을 얻어 의학생을 동원하고 여학생을 조수로 의뢰하였다. 모든 인원이 기분 좋게 명랑하게 예방접종을 마칠 수 있었다.

1. 예탁화물의 접수 사무

예탁화물 사무는 후일 일본에 송환하여 건넬 수 있다는 희망으로 군 연락부의 권고에 의하여 시작한 것이었다. 하지만 나중에 기울어지는 형세는 장래에 대해 커다란 의문을 가지게 되었다. 때문에 상조회는 책임지지 못한다고 천명하고 보관증서를 발행하였다. 보관 방법은 조선미곡창고회사와 계약을 맺어 1년분 임대료를 선불하고 입고하였다. 창고회사의 보관증서는 일괄적으로 상조회 명의로 하였다. 상조회는 기탁자로부터 1년분 보관료 개당 일금 30원, 입출비 2원, 인천에서 일본까지의 운임 30원을 예산으로 생각하여 받았다. 그런데 법령 제33호의 발표에 의해 재조선 일본인들의 재산은 비록 사유재산일지라도 전부 몰수하기로 결정하였기 때문에 인천 미군정청에서 예탁화물을 상조회 창고에서 자신들이 관리하는 창고로 옮겨 상조회가 출발한 후에 경매처분에 맡겼다고 한다.

1. 일본지폐의 교환, 휴대 현금 1천 원에 대하여 조선은행 인천지점은 일본권과의 교환을 진행하였다. 은행 밖의 환율은 2, 3할의 수수료를 받았다. 그러나 개인 교환은 금지되어 있었다. 다음해 1월경이 되자 일본에서 귀국한 조선인들이 점점 늘어났고 그들이 가져온 일본지폐가 범람하기 시작했다. 따라서 환율도 역전되어 일본지폐를 필요로 하는 측이 유리하게 되었다.

1. 출발 승차 순서

발차 2시간 전에 집합 장소에 집결을 끝내기로 하였다. 장소는 세관에서 경전(慶田) 회사 앞에 이르는 길이었다. 출발자들은 차량 순서로 행렬을 지어 출발 명령과 함께 차례로 열차까지 보행하였다. 집합 장소에 관문이 설치되어 거기에서 납세 영수증과 주사 증명서를 보여주지 않으면 안 되었다. 이 관문에서 곧바로 세관의 현관 문전까지 길을 횡단하게 되었다. 약

50보밖에 안 되는 그 거리를 다른 도움을 받지 않고 자신의 힘으로 가져갈 수 있을 만큼의 화물을 지고 보행하지 않으면 안 되었다. 그 길을 횡단하기만 하면 열차까지 한 정 남짓한 거리는 몇 번 옮겨도 상관없었다. 열차 승차 장소는 인천역이 아니라 세관구역 내의 부두 연장선로였다.

1. 휴대화물

휴대 금지물품은 보석, 금은, 증권, 총기, 도검 등으로서 기타는 휴대할 수 있었다. 다만 수량은 자신의 힘으로 가져갈 수 있는 범위 내로 한정되었다. 철수 화물에 덩달아 철수자에게 제일 가는 관심사는 침구, 이불의 문제였다. 때는 겨울이라 어떻게든 이불을 가져가고 싶었다. 이불은 금지물품이 아니었지만 체적 관계로 다른 중요한 물건들을 희생하지 않으면 안 되었기 때문에 누구나 이불은 단념하였던 것이다. 그때 인천항에서 출발하는 선박 수송이 허가되어 첫 출항이 정해진 터라 기선이라면 화물 규정에 융통성이 생길지도 모른다고 하였다. 그리하여 부인회를 내세워 군정청에 탄원하여 각자 화물 이외에 1인당 이불을 하나씩 가져가게 해달라고 청하였다. 그러나 허락되지 않았다.[82]

이렇게 하여 철수작업을 시작한 이래 도합 13회에 걸쳐 기차가 출발하였다. 10월 27일, 28일에 처음 시작하여 10월에 2회, 11월은 8회, 12월은 3회였다. 특히 11월은 4일 간격으로 출발한 셈이 되어 상당히 분주하였다. 이에 따라 12월 22일을 넘기면서 이제 남아있는 인천의 일본인은 1천여 명 정도로 줄어들었다.[83]

인천 일본인상조회의 간부 일부도 철수를 단행했다. 회장 가등평태랑과 부회장 삼수웅은 1946년 1월 15일 철수를 결정하고 다른 일본인 180명

82) 소곡익차랑 저, 윤해연 역, 「인천철수지」(하), 214~216쪽.

83) 전국적으로는 1945년 말까지 일본인 46만 9천7백64명이 철수하고, 해외 조선동포 80만 7천4백12명이 귀국하였다(『대중일보』 1946년 1월 9일자.).

과 함께 화물열차로 부산을 향해 인천을 떠났다.[84] 사실 이들의 철수 결정은 어떻게든 인천에 잔류하려던 계획이 수포로 돌아간 데 따른 것이었다. 특히 12살 때 남의 가게 점원으로 황해도 진남포로 건너와 정미소로 치부하여 '정미왕'으로 조선정미주식회사 사장이었던 일본인상조회 회장 가등평태랑은 1945년 11월 7일 인천상공회의소장을 지낸 성학양조장 사장 심견인시와 함께 인천주둔 미군 특무기관(CIC, 방첩대)에 출두, 인천에 계속 거류하게 해달라고 호소하였다. 자신들은 고국에 돌아가 봐야 친척도 없고 재산을 보내둔 곳도 없어서 생활이 곤란하니 인천에 남아 조선독립에 협력할 수 있도록 해달라는 것이 이유였다. 필요하다면 조선국적 취득 의사까지 밝혔다는 것이다.[85] 이들이 미리 인천 미군정 당국의 '양해'를 얻은 것 같다고 보도된 것으로 보아 이들의 잔류 시도는 상조회 차원의 조직적 움직임과 무관하지 않았을 것으로 보인다.

가등평태랑 및 삼수웅 외에 월간잡지 「인천」을 발간하여 조선인을 모욕하고 일본인 유력자들에게 '아양'을 떨어오던 서영일(西英一), 인천항에 입항하는 기선의 물품 판매권을 독점하여 부를 축적한 영정애우아문(永井愛右衛門)도 함께 철수하였는데, 이들 4명은 모두 일본인상조회의 간부였다. 보도에 따르면 이들은 "부유한 재력과 미인계로써 모 방면과 우리 동포 간을 이간하고자 모략을 지속하다가 사실이 발로되어 미군 특무기관(CIC)로부터 추방"된 것이라고 한다.[86] 인천 일본인상조회의 양면성을 보여주는 것이라고 하지 않을 수 없다.

---

84) 『대중일보』 1946년 1월 16일자. 대중일보는 철수하는 이들 상조회 간부들을 "갖은 악행으로 유명한"자들로 묘사하였다.

85) 『대중일보』 1945년 11월 9일자.

86) 『대중일보』 1946년 1월 13일자.

가등평태랑과 삼수웅 등 인천 일본인상조회 회장단의 철수는 사실상 상조회의 공식 철수를 알리는 신호탄이었다. 황해도 해주 등 북방에서 인천으로 탈출해서 내려오는 일본인들의 철수 업무도 12월에 두 번 출발시키는 등 상조회의 임무도 대체로 끝났기 때문이다. 게다가 뜻하지 않은 '사건'으로 잔류에 대한 이들의 실낱같은 희망은 완전히 사라져버렸다.

일요일인 1946년 1월 26일 아침 일본인 유지로 상조회 간부인 심견인시 자택에 7명의 강도가 습격하였다. 강도사건이 드물지는 않았지만 당사 자택에는 늘 숙박하는 미군 소좌 이하 4명의 장교들이 놀러와서 머무르고 있었는데 이들이 세면장에 들어가 있을 때 권총을 손에 든 강도들이 침입한 것이다. 이들은 미군장교들을 응접실에 감금하고 심견인시 가족을 협박하여 3만 원 정도의 현금을 빼앗아 달아났다.[87]

이를 계기로 미군장교의 일본인 자택 숙박이 전면 금지되었고, 서울의 미군정청으로부터 조속히 모든 일본인들을 철수시키라는 명령이 하달되었다. 이 사건은 당시 인천의 일간신문에도 특필되어 적지 않은 반향을 불러일으켰다.

> 인천시내에 남아있는 일본인은 현재 1천2백여 명 내외인데, 그 중 세화회(상조회-인용자) 간부 이하 수 명과 군정청 통변 수 명, 기술자 약간 명, 환자 등을 합한 약 1백5십 명만을 제외한 나머지 1천여 명은 군정청의 명령에 의하여 오는 2월 3일 철도편으로 인천을 떠나 철귀하리라는데 자기 집에서 은닉하여 가지고 가려는 현금 4만 원을 권총 강도단에게 빼앗긴 기보의 심견인시(深見寅市)도 이번에 철거하리라 한다.[88]

87) 소곡익차랑 저, 윤해연 역, 「인천철수지」(하), 223~224쪽.
88) 『대중일보』 1946년 1월 25일자.

상조회 간부로 끝까지 남아있던 소곡익차랑의 표현에 따르면 "조용하던 분위기는 깨지고", "봄날의 따뜻함을 기다리고 있던 희망도 무너졌다." 예기치 않은 사건으로 철수 날짜는 2월 4일로 앞당겨졌다. 원래 이들이 철수를 희망한 시기는 4월이었다.

그러나 명령이 떨어진 2월 4일에 바로 철수하지는 않았다. 그것은 북방으로부터의 탈출자 철수 업무 때문이었다. 지리적 특성으로 배로 탈출하여 인천으로 들어오는 일본인들이 대부분이었고 육로로 들어오는 탈출자는 거의 없었다. 1945년 11월 15일을 시작으로 황해도 해주에서 배로 탈출하기 시작하여, 북방에서 탈출하여 인천에서 본국으로 철수한 인원은 1,371명이었다. 출신지역 별로는 해주를 비롯한 황해도가 많았고 대련, 만주, 진남포 방면도 적지 않았다.[89]

철수에 앞서 인천 일본인상조회가 그 '처리'에 가장 심혈을 기울인 것은 일본인 묘지 이전문제였다. 사실 인천 일본인 묘지 이전문제는 패전 직후 1945년 11월 일본인 의원들이 파면되고 조선인들로 새로 구성된 인천부 의회에서 이전이 가결되었다. 시내 한복판에 묘지가 있는 것은 미관을 해치고 위생에 좋지 않다는 이유였다. 그런데 일본인들은 이 문제가 자신들의 뿌리와도 깊은 관계가 있다는 인식 하에 상조회를 중심으로 인천 미군정을 상대로 치열한 로비활동을 벌여 우호적인 회답을 받았던 것이다.[90]

그러나 미군정을 상대로 한 이들의 로비는 한국인들의 엄청난 분노를 불러일으켰다. 해방된 조국의 도시 한복판에 무자비한 식민지 지배를 자행한 자들의 공동묘지가 버젓이 남아있다는 것은 있을 수 없는 일이었다.

89) 소곡익태랑 저, 윤해연 역, 「인천철수지」(하), 231쪽.
90) 소곡익차랑 저, 윤해연 역, 「인천철수지」(하), 238~239쪽.

> 도회지의 중앙에 공동묘지가 있는 곳은 인천시가 아니고서는 찾을 수 없을 것이다. – 이 인천부민의 '눈엣가시'라 할 만한 율목동 高臺에 즐비한 일인들의 소위 '육군묘지'와 이와 인접하여 있는 일본인 공동묘지는 일본의 압정 하의 조선 측으로서는 감히 건드릴 수도 없는 존재이었더니 일본천황의 항복으로 천만 년이라도 움직이지 않을 듯싶던 이 공동묘지도 하는 수 없이 이장치 않으면 안 될 운명에 이르렀다. (중략)
> 그 면적 수도 천 평에 달하는데 수일 전 인천시 당국에서는 인천 일본인세화회 간부를 초치하여 '율목동 공동묘지'를 하루바삐 적당한 곳으로 이장하지 않으면 너희들에게는 미안하나 인천시의 풍치, 위생을 위하여 언제든지 시청에서 정한 곳에 이장하리라는 경고를 하였던바 잔류 일인 측에서는 구수협의한 끝에 자기들이 비용을 염출하여 시청에서 결정하는 곳에 이장할 것을 약속하였는데 (하략)[91]

이 상황에서 상조회가 할 수 있는 일은 거의 없었다. 겨우 일본인 노인 한 사람이 일본인 묘지의 묘지기로 잔류를 허락받았으나, 이듬해인 1947년 11월에 철수하였다.[92]

이리하여 인천에서 최후의 '공식적인' 잔류파였던 일본인상조회도 1946년 3월 2일에는 본국으로의 철수를 완료하였다. 1945년 11월부터 이듬해 2월까지 인천 재류 일본인들의 본국 철수상황을 표로 정리하면 다음과 같다.

---

91) 『대중일보』 1946년 1월 18일자. 대중일보는 1946년 2월 6일에도 장문의 기사로 일본인 묘지를 빨리 철거할 것을 촉구하고 나섰다(「일본 폭정의 일 유적인 율목동 일인묘지 문제, 일인 전부 철거 전에 해결하라」, 『대중일보』 1946년 2월 6일자).

92) 그 후 인천의 일본인 묘지는 황폐화되었다가 유골을 수습, 일본인 주지가 남아있는 고야산 편조사의 방공호에 깊숙이 매장하고 방공호 전부를 매몰시켜 처리를 끝냈다고 한다(소곡익차랑 저, 윤해연 역, 「인천철수지」(하), 240~241쪽).

〈표 2〉 일자별 인천 재류 일본인 철수상황(1945.11~1946.2)[93]

연도 및 날짜	내용 및 규모	비고
1945. 11. 11.	일반인 1,846명	5회 철수
11. 14.	오키나와현 출신 7명	6회 철수, 미군함
11. 18.	병기공장(부평) 잔류조, 일반인 2,154명	7회 철수
11. 22.	일반인 1,986명	8회 철수
11. 24.	일반인 1,958명	9회 철수
11. 25.	일반인 1,901명	10회 철수
12. 4.	일반인 1,216명	11회 철수
12. 14.	중국 대련과 해주에서 도착한 148명	12회 철수
12. 22.	일반인 및 해주 탈출자 184명	13회 철수
1946. 1. 15.	일본인상조회 가등(加藤) 회장, 삼(森) 부회장	14회 철수
2. 4.	일반인 889명	15회 철수
3. 2.	인천 일본인상조회 및 기타 잔류자	

이로써 일본인들의 공식적인 철수는 끝난 셈이었다. 물론 이후에도 1946년 3월 2일 인천 일본인상조회가 해체되고 철수한 지 얼마 되지 않아 미군정에서 "특별히 긴요한 자로 인정한 사람 외에 일본인의 잔류를 허락하지 않는다"는 지침에 따라 동년 4월 국제결혼을 한 일본인 가족 16명이 인천에서 철수하였다. 기술자, 묘지기 지원자 등 특별한 사유로 인천 미군정으로부터 잔류를 요청받거나 허가되었던 27, 8명의 일본인들도 1947년 2월 12일까지는 전원 본국으로 철수하였다.[94]

93) 소곡익차랑 저, 윤해연 역, 「인천철수지」(상) 및 대중일보 기사를 참고하여 정리. 1~4회는 일본군 및 그 가족의 철수였다.

94) 소곡익차랑 저, 윤해연 역, 「인천철수지」(하), 246쪽.

4. 맺음말

1945년 8월 15일 우리 민족은 35년에 걸친 일본제국주의의 식민통치로부터 해방되었다. 해방은 소수 민족반역자를 제외한 민족 구성원 모두에게 환희와 감격 그 자체였다. 특히 인천은 1876년 강화도조약에 따른 최초의 개항장으로, 외국인 거류지(조계) 설정에 따라 일본조계가 일찍부터 형성되어 있었기 때문에 어느 도시보다 해방이 주는 의미는 남달랐다.

반면 인천에서 '패전'을 맞이한 일본인들의 반응은 한국인들과는 반대였다. 일왕이 일본의 무조건 항복을 알리는 방송의 충격이 채 가시기도 전에 이들은 재향군인들을 무장시켜 치안을 강화하고 안전한 귀국을 위해 세화회를 조직하는 등 귀국 준비를 서둘러야 했다.

종전을 앞두고 미국 점령당국은 한국에 재류하는 일본인들에 대한 본국 송환· 철수계획을 마련했다. 1945년 6월 미 국무부 산하 '극동지역분과조정위원회'의 관련 보고서는 한국인들은 일본인들의 송환을 원하고 한국 내 일본인들 또한 대부분 귀국을 원하고 있다는 점 등을 이유로 한국거주 일본인들의 본국 송환은 불가피하다고 인식했다. 물론 한국의 산업에서 책임 있는 기술과 관리 등의 직책들을 일본이 독점해온 점을 감안, 일부 일본인들을 한시적으로 잔류시킬 필요가 있다는 점도 지적하였다.

해방 전후 무렵 인천의 일본인 수는 3만 명에 달했다. 미군이 상륙하기 전까지 지방권력을 장악하고 있던 일본인들은 인천부가 중심이 되어 일본군과 협조, 「내지 철수 수송계획」을 마련하는 등 본국 철수계획을 수립하였다. 다만 이 와중에서도 일본인들은 "가능한 한 조선에 남아 새 정부의 육성에 협력해야 한다"고 하여 잔류 욕심을 숨기지 않았다.

잔류에 대한 인천 일본인 사회의 희망은 노골적이었다. 1945년 8월 말 이들은 '인천 일본인상조회'를 조직하면서 "조국의 부흥과 융성 발전을 위해 해외의 제일선에 남을 것"이며 "잔류함으로써 조국 국민의 고통을 조금이라도 완화시킬 수 있다"고 주장했다. 식민지배에 대한 반성은 커녕 기득권을 지키기 위해 잔류를 희망하는 이러한 인식은 인천에 상륙하는 미군의 일본인들에 대한 우호적 태도 때문에 한동안 증폭되었다. 일본인들이 보기에 놀라울 정도로 미군정은 한국인이나 중국인들보다 '적국'인 일본인들을 훨씬 우대하였다.

그러나 인천에 잔류하려는 일본인들, 특히 인천 일본인상조회 간부들의 희망은 오래가지 못했다. 우선 1945년 9월부터 일본 등 해외로 송출되었던 한국인 노동자들이 귀환하고 인천에서 일본인 사업주들이 자행한 임금체불과 퇴직금횡령 등에 대해 한국인 노동자들이 시정을 요구하기 시작했다. 일본인들 가운데에는 '잔류'만을 앞세우는 상조회 간부들에 대한 비판도 이어졌다. 1945년 9월 미국의 트루먼 대통령은 한국 재류 일본인들의 추방을 천명하였다. 무엇보다도 일본인 철수에 대한 한국인들의 의지는 확고했다.

이에 따라 패전한 지 한 달여 만에 인천 재류 일본인들의 철수가 본격화되었다. 1945년 10월 3일 조선총독부 종전사무처리본부는 일본인 철수에 관한 아놀드 군정장관의 명령을 인천 일본인상조회에 정식 통보했다. 이에 따라 인천 재류 일본인들은 인천역에서 열차로 서울로 이동, 서울에서 다시 승차하여 부산을 통해 귀국하는 것으로 정해졌다. 1945년 10월 두 차례에 걸쳐 일본군과 그 가족들이 인천에서 철수한 뒤, 이듬해 3월 2일까지 도합 15차례에 걸쳐 약 13,000명에 달하는 일본인들이 인천을 통해 본국으로 철수하였다.

마지막까지 잔류를 시도하며 '거류민회'를 꿈꾸던 일본인들의 시도는 좌절되었고 개항 후 인천에 자신들만의 왕국을 건설하고 한국을 강제병합한 뒤에는 지방권력마저 틀어쥐고 온갖 수탈로 부를 축적한 일본인들은 본국으로 철수하였다. 이제 그들이 떠나간 자리에는 수십 년간 해외를 떠돌며 풍찬노숙(風餐露宿)했던 수백만의 전재동포들이 들어와야 할 것이었다.

◆ 제2장 ◆

전재동포의 귀환과 단체 활동

1. 머리말

인천은 부산과 더불어 해방 직후 해외 전재동포(戰災同胞)[1]가 가장 많이 들어온 항구도시이다. 특히 지리적으로 중국과 가까웠기 때문에 화북지역의 많은 해외 전재동포(이하 '전재동포')들이 인천항을 통해 귀환하였다. 여기에서는 1945년 8·15해방부터 중국(화북)과 남양군도, 일본 등지로부터 대규모의 전재동포 귀환이 일단락되는 이듬해 12월까지 인천의 전재동포 귀환에 따른 구호활동을 살펴보려고 한다.

이 분야에 대한 기존 연구들은 주로 전재동포에 대한 미군정 당국의 정책 규명에 치중하였다. 또한 지역적으로도 서울과 부산에 집중되었다.[2] 이를 감안하여 여기에서는 인천지역을 중심으로 민간단체의 구호

---

1) 해외 동포, 해외 전재민 등으로 다르게 사용되고 있으나 본고에서는 자료에 가장 많이 등장하며 민간단체의 자발적인 구호활동의 동기가 '동포'라는 점에 착안, '해외 전재동포'라는 용어를 사용했다.

2) 이영환, 「미군정기 전재민 구호정책의 성격 연구」, 서울대학교 석사학위논문, 1989; 최영호, 『재일 한국인과 조국광복–해방 직후의 본국귀환과 민족단체활동』, 글모인, 1995; 이연식, 「해방 직후 해외 동포의 귀환과 미군정의 정책」, 서울시립대학교 대학원 국사학

활동과 그 연장선상에서 전재동포 단체가 출현하는 양상에 초점을 맞추어 살펴보려고 한다. 이를 위해 1945년 10월 7일 인천에서 창간된『대중일보』를 주된 자료로 활용하였다.

2. 해외 전재동포의 귀환

인천항에 입항하는 해외 귀환 전재동포의 규모는 평균 4일마다 해외 전재동포의 수송선이 인천에 입항할 것으로 예측되었다.[3] 대중일보에 따르면 특히 천진 등 중국 각 개항장에 집결되어 있는 조선인 전재동포는 상해 5,000명, 천진 25,000명, 대련과 기타 3,000명으로 3만 5천 명에 달하였다. 이에 따라 1946년 3월경 미군정은 당분간 일본에 남아있는 전재동포의 귀환 수송력을 중국지역으로 돌려 매주 약 3천 명씩을 인천항을 통해 귀환시키기로 했다.[4]

당초 미군정의 계획은 재중국 조선 전재동포들을 5월 초순까지는 전부 귀국시킨다는 것이었다. 그러나 중국 동포의 다수를 차지하는 만주지역은 제외되었다. 이와 관련하여 중국의 전재민 송환문제를 담당하는 미군 대좌 리처드 위트맨은, 1946년 4월 14일 현재 중국에서 본국으로 송환된 조선인은 1만 2천 명이며 현재 5천 명이 대기 중이고, 대만·광동·불인(佛印)에 있는 조선인들도 머지않아 송환될 것이라고 밝혔다. 그러면서 그는 "다만 만주에 관하여는 우리의 권한이 미치지 못하느니 만큼 단언할 수

과 석사학위논문, 1998 및 이들 논문의 연구사 정리를 참조.

3) 『대중일보』 1945년 12월 31일자.

4) 『대중일보』 1946년 3월 26일자.

없다"[5)]고 했는데, 동북 만주에서의 중국 국민당과 공산당 사이의 내전이 장기화되면서 미군정 당국의 개입이 불가능한 상황이었다.

10만여 명에 달하는 중국 화북지방의 조선인 전재동포들은 여러 지역에 나뉘어 생활하고 있었다. 이들 가운데 일찍이 북경과 천진, 당산(糖山) 등의 지방에서 살고 있던 동포들의 형편은 오히려 조선 국내보다 나은 것으로 평가되었다. 농촌도 5, 6년 전부터 뿌리를 내리고 산 지역은 별 문제가 없었으나 2, 3년 전에 개척한 곳은 아직 안정이 되지 않은 데다, 현지 일본 점령군과의 대립과 갈등에 따른 중국인들의 박해도 심했다. 이들 수만 명이 해방 직후 맨몸으로 피난하여 북평과 천진지방으로 쇄도하고 있었는데, 생활이 보장되지 않아 상당한 어려움에 처해 있었던 것이다.

이들의 귀환은 패망에 따른 일본군의 퇴각, 중국 국민당과 공산당 사이의 내전 때문에 인천에서 천진으로 가는 해로(海路)가 유일하였다. 이 때문에 1945년 11월 말 이 지역의 전재동포들을 인솔하여 인천에 들어온 최철(崔鐵)은 인천 미군정 당국에 화북지역 동포들의 어려운 처지를 호소하면서 천진과 청도 등지에 미군 수송선을 파견해줄 것을 요청하였다.[6)]

1945년 9월부터 이듬해 12월 말까지 인천항으로 입항한 해외 전재동포는 신문에 보도된 것만 총 65,779명에 달하였다. 이들을 출발지역별로 살펴보면 중국 44,772명, 일본 16,007명, 남양군도 5,700명으로 중국, 특히 화북지역이 단연 압도적으로 많았다. 이 기간 동안 인천항에 입항한 대규모 해외 전재동포 수송선의 현황을 살펴보면 다음과 같다.

---

5) 『대중일보』 1946년 4월 15일자.
6) 『대중일보』 1945년 12월 4일자.

〈표 3〉 인천항에 입항한 해외 전재동포 규모

입항일	출항, 출발지	귀환자 수
1945.11.5.	중국 대련항	
1945.11월 말.	중국 천진항(북경, 천진, 당산 등)	3천여 명
1945.12.28.	일본	3천여 명
1946.1.9.	일본	3천여 명(귀환선 3척)
1946. 1. 21.	일본(宮岐縣 등)	1천6백여 명
1946.2.1.	중국 청도	2천여 명
1946.2.16.	중국 천진(북경)	2,011명
1946.4.16.	중국 청도	1천6백여 명
1946.4.25.	중국 천진	1,471명
1946.4.28.	중국 천진	1,476명
1946.4.29.	중국 천진	1,651명
1946.5.6.	중국 천진	3,378명
1946.5.6.	중국 천진	1,294명
1946.5.29.	중국 천진(천진, 북경)	1천3백여 명
1946.6.19.	중국 상해	791명
1946.12.27.	중국 천진	2,162명

※ 출전 : 『대중일보』 (1945.10.~1946.12.)

3. 귀환 전재동포에 대한 구호

1) 미군정 구호대책의 실태

인천항에 입항한 해외 전재동포들은 바로 상륙할 수 없었다. 이들은 수송선 안에서 짧게는 3, 4일간, 길게는 9, 10일이 걸리는 검역(방역)을 받고 상륙하였다. 검역 절차를 마치고 육지를 밟으면 미군정청 후생과와 인천시 사회과에서 전재동포들을 인계하였다. 인계된 전재동포들은 다시 조선인민원호회 인천지부 등 민간 구호단체 회원들의 안내로 별도의 수용시설에서 2, 3일을 지낸 뒤 열차 편으로 각자의 고향에 보내졌다. 이처럼 귀환하는 전재동포들에 대한 미군정·시 당국의 임무는 입항과 검역, 일시적 수용과 고향으로의 송환이라는 과정을 기계적으로 반복하는 것이었다.

당시 인천에는 유곽이 밀집되어 있던 부도정(敷島町; 선학동)에 화릉(花菱), 전상점(槇商店), 화옥(花屋), 금강장(金剛莊), 어조연(漁組聯), 국옥(菊屋) 등 6개소의 전재동포 수용소가 있었는데,[7] 모두 일본인 경영의 유곽과 여관 등을 개조한 것이었다. 수용소 안에는 숙소와 식당, 부엌, 화장실과 목욕실 등이 갖추어져 있었지만 비좁은 데다 위생상태도 매우 열악하였다. 이는 1945년 11월 28일 경기도 사회과에서 부도정의 전재동포 수용소를 시찰한 뒤, 수용소의 관리를 맡은 민간 구호단체 회원들에게 "음식을 요리하는 부엌과 목욕실 등을 좀 더 깨끗하도록 주의시키는 것이 좋겠다"는 주문을 했다고 하는 것으로 보아도 알 수 있다.

더 큰 문제는 수용소를 나와도 마땅히 갈 곳이 없는 전재동포들이었다. 시에서는 수용소를 나와 시내를 떠도는 전재동포들에게 친족 등 연고가 전혀 없는 사람이 아무런 계획도 없이 인천지역에 머물러 있는 것은 자신을 위해서도 불행한 일이니 하루바삐 고향으로 돌아갈 것을 설득하고 때로 이를 강박하기도 하였다. 그러나 취업 등 근본적 해결책이 나오지 않는 이상 소용이 없었다.[8] 인천으로 들어온 대부분의 중국 화북지역 전재동포들은 현지에서 재산을 빼앗긴 채 거의 빈털털이인 데다[9] 고향

7) 『대중일보』 1945년 12월 1일자.
8) 『대중일보』 1946년 5월 30일자.

에 농사를 지을 토지마저 없었기 때문에 인천시내를 배회하며 도시의 빈민층을 형성, 적지 않은 사회문제를 야기하였다.

겨울철이 다가오면서 주택의 부족은 심각한 문제였다. 시 당국에서는 거리에서 방황하는 전재동포들을 수용할 숙소를 마련하기 위해 인천에서 일본인들의 철수를 주관하고 있던 일본인세화회(日本人世和會)의 간부들을 불러 일본인 소유의 빈 가옥들을 조선인 전재민들을 위해 비워주도록 요구하기도 했다.[10] 1945년 11월에는 시내에 있는 일본인 경영의 여관 네 곳을 개방하여 전재동포를 수용하였다. 급증하는 주택수요를 충당하기 위해 적당한 시기에 약 3천 호에 달하는 일본인 주택을 접수하여 전재동포들을 대상으로 저렴한 가격으로 임대한다는 것이 전재동포 주택문제에 대한 인천 미군정의 구상이었다.[11]

그러나 부작용도 적지 않았다. 귀환 전재동포를 비롯한 주택 수요자들에게 본래의 일본인 소유의 주택을 알선해준다는 방침이 발표되자, '모리배'들이 미리 일본인의 손에 돈을 주고 여러 채의 주택을 차지하였는데, 그 수효가 1천여 호에 달했던 것이다. 그런 와중에 주택이 절실한 전재동포들은 배제되었다. 심지어 시 적산관리국장의 배려로 전재동포가 거주하던 일본인 기업의 사택이 습격을 당하는 사태까지 벌어졌다.

인천의 주택난은 귀환 전재동포의 급증뿐만 아니라 태평양전쟁 말기 미군기의 공습을 피하기 위해 소개했던 주택의 원 소유자들이 돌아오면서 더욱 심각해졌다. 1944년 여름 이후 미군기의 대규모 공습이 조선에까

9) 이연식, 앞의 논문. 중국당국의 재산몰수는 화북지역 동포들의 재산을 '敵産'으로 간주한 것과도 관련이 있는 듯하다(김광재, 「중일전쟁 이후 북경지역의 한인단체 연구」, 『한국독립운동사연구』 제23집, 독립기념관 한국독립운동사연구소, 2004 참조).

10) 『대중일보』 1945년 10월 16일자.

11) 『대중일보』 1945년 11월 3일자.

지 감행되자 조선총독부는 서울, 인천, 부산, 평양 등지에 총 27개 노선의 소개공지대(疏開空地帶)를 지정하였다. 이 가운데 인천은 1945년 4월 19일 ① 북부공장방공선지대(만석동-송현동, 100×2,300m), ② 경인선연선지대(만석동-송의동, 30×2,500m), ③ 인현사동선지대(인현동-사동, 50×7,500m) 등 3개의 소개공지대가 지정되어 이 구역 안의 주택이 모두 철거되고 주민들은 1945년 4월 말 이전에 강제 퇴거당했다.[12] 이 때문에 해방 직후 인천에 남아있던 5천여 호의 일본인 주택도 크게 부족한 형편이었다.[13]

군정 당국은 새로운 주택의 건설 등 전재동포들의 주거문제를 해결할 근본적인 대책을 갖고 있지 못했다. 인천에 거주하던 일본인들이 본국으로 돌아가면 거기에서 거주하게 한다는 것이 고작이었는데, 그마저도 적산관리법에 묶여 제대로 시행되지 못했다. 전재동포 주택난을 해결하기 위해 남는 방을 가진 시민과 동거하도록 알선한다[14]는 등의 비현실적인 땜질식 처방에 급급했던 것이다.

수용소를 나왔으나 일자리가 없어 거리에서 구걸로 연명하는 전재동포들이 급증하면서 이들에 대한 취업 대책도 시급한 문제였다. 그렇지만 군정청과 시 당국은 이에 대해서도 근본적인 대책을 내놓지 못했다. 직업 알선에 노력하고 있다는 다짐 뿐, 전재동포 가운데 100여 세대를 귀농시켜 고농(雇農)으로 만든 것이 고작이었다.

> 인천에 상륙하는 전재민은 그때마다 자기네들의 고향으로 돌려보내는 고로 원 인천 거주자이던 전재민만이 인천에 남게 되는 터인데, 그네들의

12) 인천직할시사편찬위원회 편, 『인천시사(상권)』, 1993, 인천직할시, 419~420쪽.
13) 『대중일보』 1945년 11월 14일자 및 15일자, 12월 11일자 및 21일자.
14) 『대중일보』 1946년 6월 15일자.

> 취업 알선은 대단히 곤란한 것으로 현재 시립 직업소개소에서 기능별로 카드를 작성하여 직업 알선에 노력하고 있으며 그 중에는 歸農 희망자도 적지 않으므로 농업에 적당한 사람으로 관내 142세대를 선출하여 부평 36세대, 문학 24세대, 서곶 42세대, 남동 40세대, 부천군 영흥면 12세대를 入植시키기로 타협이 되었으므로 불일에도 출발시킬 것이며 앞으로도 계속하여 귀농 알선을 할 계획이다.[15)]

이러한 주먹구구식의 대응은 기본적으로 해외에서 귀환하는 전재동포들에 대한 미군정의 민족 차별적인 인식과도 무관하지 않다. 인천 미군정 내에 해외 조선인 전재민의 귀환을 담당하는 부서인 후생계는 일본인과 중국인의 본국 송환업무까지 담당하였다. 해방 직후 본국으로 철수하는 일본인들의 귀환업무를 돕기 위해 인천 일본인상조회를 조직했던 소곡익차랑(小谷益次郎)의 회고에 따르면, 미군이 '적국'인 일본인들을 얼마나 '우대'했으며 일본으로부터 '해방된' 조선인들을 어떻게 인식했는지를 짐작하게 한다.

> 일본인들에게 친절하고 일본인들이 감사할 정도로 도와준 프라친스키 중위(대위로 승진)의 사연을 쓰려고 한다. 중위는 일본인뿐만 아니라 일본에서 귀환한 조선인이나 중국인계도 맡고 있었다. 처음부터 그는 일본인 편에서 마지막까지 우리를 특별히 배려해준 잊을 수 없는 고마운 사람이었다. (중략) 대위는 조선인이나 중국인을 다루는 태도와 일본인을 대하는 태도가 완전히 달랐다.[16)]

---

15) 『대중일보』 1946년 5월 17일자.

16) 小谷益次郎 지음·윤해연 옮김, 「인천철수지 : 仁川引揚誌(下)」, 『황해문화』 31, 새얼문화재단, 2001, 225~226쪽.

귀환 이후 야기된 전재동포 문제의 심각성을 제대로 파악하지 못했다는 점에서는 시 당국의 한국인 관리들도 다르지 않았다. 1946년 12월 26일 인천시청에서 열린 정례 기자단 회견에서 겨울철 전재동포의 식량 및 주택 문제를 우려하는 질문에 시 당국자는, 다수의 전재동포가 품팔이를 하는 데다 배급을 받고 있으며 주택도 전혀 부족하지 않다고 하여 빈축을 샀다. 같은 시기에 거리의 노숙자가 80여 세대이고 직업을 필요로 하는 전재동포가 1천 세대가 넘으며, 집이 없어 그대로 두면 굶어죽을 전재동포가 6백 명에 이른다고 한 민간단체의 실태조사와는 전연 딴판이었다.[17]

게다가 담당 공무원의 부정은 이러한 산발적인 노력마저 물거품으로 만들었다. 시 당국은 해외 전재동포들이 인천항에 입항하기 시작한 1945년 9월부터 시 유지와 시민들을 대상으로 의연금을 모금, 1년이 채 되지 않아 11만 3천여 원의 큰돈을 모금했다. 그런데 의연금 모금을 주관한 사회과 과장 김종순(金鍾淳)이 전재동포들을 위해 들어온 구제금품을 몰래 팔아먹는 수법으로 1년 간 모금한 금액의 3배에 달하는 거금을 착복했던 것이다.[18] 이 일로 시 당국의 귀환 전재동포 행정에 대한 신뢰는 바닥으로 떨어졌다. 때문에 이역만리 타국에서 전쟁의 어둡고 긴 터널을 나와 부푼 꿈을 안고 고국으로 돌아온 전재동포들의 삶은 이들의 희망과는 정반대로 고단할 수밖에 없었다.

다음의 다소 긴 노래는 해방 직후 인천으로 귀환한 해외 전재동포의 뼈아픈 현실과 그들의 간절한 바람을 묘사한 것이다.

---

17) 『대중일보』 1946년 12월 14일자.

18) 『대중일보』 1946년 8월 8일자.

조국이 해방되었다는 환희의 소식을 가슴에 안고 산 넘고 바다 건너 국경 넘어서

내 고향 그리운 고향에 찾아왔건만― 집 없고 벌이 없는 전재민 신세

오늘도 부두에 쪼그리고 앉아 기한(飢寒)과 번민에 하루 해 지네

××

3천리 강산이 내 나라이고 3천만 민족이 내 동포이거니

고국의 산천을 밟기만 하면 내 살 집 내 할 일 응당 있겠지

그리워 밤잠 못 자며 찾아왔건만― 찾아왔건만―

기한과 노숙(露宿)에 처자는 병든 채 찬서리 맞아가며 밤 맞이하네.

××

낙엽 실은 찬바람이 황혼을 몰아내고 첫 겨울 싸늘한 밤이 흑막을 펼치면

파도 위에 갈매기도 하나둘 날아가고 월미도 산 너머로 초승달 지는데

담요 한 폭에 세 몸을 싼 채 하늘의 별만을 쳐다보면서

공상과 비애로 밤을 새우네

××

오! 거룩한 조국의 신령이시여! 오! 위대한 이 나라의 지도자여!

나도 조선의 아들이요 내 처도 조선의 딸이요 내 자식도 조선의 손자이거늘

집 없고 먹이 없어 걸인 되라고 그 누가 운명을 내리었나이까?

그 누가 이렇게 만들었나이까?

××

내 지금 두 주먹 불끈 쥐고 결심하였나이다. 나라를 위하여 대장부의 생명을 바치려고

이를 악물고 결심하였나이다. 어서 불러주소서, 나를 불러주소서.

수많은 전재민과 함께 조국의 일터로, 독립전취의 역군으로 어서 불러주소서.[19)]

---

19) 함효영, 「전재민의 悲歌」, 『대중일보』 1946년 12월 17일자. 함효영은 한국독립당 인천

2) 민간단체의 구호활동

해외 전재동포의 귀환이 급증함에 따라 인천에서도 징용자후원회, 재외동포구제회, 조선국민후생대, 조선구휼총본부, 조선인민원호회 등 전재동포의 구호를 담당하는 민간단체들의 지부들이 결성되었다. 1945년 8월 17일 서울에서 결성된 조선건국준비위원회는 전재동포 구제를 위해 후생부를 설치하였는데, '조선인민공화국'의 출범으로 건국준비위원회의 활동이 정지되면서 후생부의 업무가 조선인민원호회로 인계되었다. 이념적으로 재외동포구제회가 우익 성향이라면 조선인민원호회는 좌익 성향을 띠었다.[20] 이들 가운데 인천에서 전재동포 구호활동을 주도한 민간단체는 조선인민원호회였다.

조선인민원호회 인천지부는 인천지역의 유지들에 의해 1945년 9월에 창립되었는데, 지부장 김기선(뒤에 장완순), 부지부장 정우○, 총무부장 서병훈, 사업부장 차태열, 선전부장 최경득 등이 임원으로 활동했다.[21] 조선인민원호회 인천지부는 해외 전재동포들에 대한 구호를 위해 지역 유지와 시민들을 대상으로 의연금 모금운동을 전개했는데, 1945년 말까지 의연금 모금의 대표적 사례를 보면 다음과 같다.

1945. 10. 18 : 전재동포 구제의연금, 조선인민원호회 인천지부 취급분 다수
1945. 11. 9 : 동포는 우리 손으로, 전재동포 구제한 강의순씨 美擧

특별당부 부위원장을 지낸 인물로 제헌 국회의원 선거에 출마했다가 낙선했다.

20) 민주주의민족전선편, 『조선해방연보』, 문우인서관, 1946, 299쪽; 최영호, 앞의 책, 105, 112쪽.

21) 『대중일보』 1945년 10월 11일자.

1945. 11. 10 : 인민원호회 인천지부에 이재민이 자진 의연
1945. 11. 20 : 인천인민원호회에 罹災수녀가 의연
1945. 12. 7 : 전재동포 원호하자, 감격의 눈물로 趙聖鉉씨 의연

이러한 활동으로 조선인민원호회 인천지부는 전국적으로 가장 우수한 민간 전재동포 구호단체라는 평가를 받았다. 1945년 11월 28일 경기도 사회과는 군정관 2인을 인민원호회 인천지부에 보내 시의 위탁을 받아 인민원호회가 관리하는 부도정(敷島町)의 전재민수용소를 시찰하고 전재동포에 대한 구호실태를 조사했다. 이 자리에서 군정관은 "귀지 인천의 원호사업 실적은 전 조선에서 수집한 보고서를 보아서 제일 으뜸인 고로 특별히 시찰을 온 것인데 과연 여러분의 노력에 대하여는 진심으로 감사하고 찬양하여 마지않는 바이다"라고 하면서 칭찬을 아끼지 않았다. 그러면서도 "음식을 요리하는 부엌과 목욕실 등을 좀 더 깨끗하도록 주의시키는 것이 좋겠다"고 하여 전재민 수용소의 위생상태에 대한 우려를 나타냈다.

1945년 11월 말까지 인민원호회 인천지부가 수행한 전재동포 구호 인원을 지역별로 살펴보면, 중국·만주 몽고에서 4,358명, 일본(본토)·사할린·북해도·대만에서 462명, 조선 국내에서 297명으로 인민원호회 인천지부가 구호한 요원호자(要援護者) 총수는 5,117명에 달했다. 그리고 이들은 각기 부도정의 화릉(花菱, 67명), 전상점(槇商店, 223명), 화옥(花屋, 236명), 금강장(金剛莊, 461명), 어조연(漁組聯, 1,489명), 국옥(菊屋)수용소(2,541명)에 분산 수용되었다.

그러나 이들 5천여 명 가운데 치료를 받은 환자가 18명이고, 직업과 주택의 알선은 각각 12명과 97명에 불과했다.[22] 귀환 전재동포의 일시

22) 『대중일보』 1945년 12월 1일자.

적 수용과 급식 등 응급처치 차원의 구호 외에 주택 마련과 직업 알선 등 인천에 잔류하는 전재동포들에 대한 근본적인 생활대책을 마련하는 것은 민간단체의 역량으로는 불가능한 것일 뿐만 아니라 그들의 활동영역을 벗어나는 것이었다.

1946년 봄 인천항에 입항할 해외 전재동포의 수가 75만 명에 이를 것으로 예상되면서 인민원호회 인천지부는 더욱 바빠졌다. 지부장 장완순은 인천미군정 담당 과장과 함께 대중일보사를 방문, "아직도 원호사업이 무엇인지를 알지 못하는 시민이 있는 것은 유감천만이며 1946년 3월 12일부터 인민원호회 인천지부 구제금 모집주간으로 정해 원호회 회원들이 출동하여 시내 각층 각계를 방문할 것이니 시민들이 협조해줄 것"을 당부했다.

사실 조선인민원호회 인천지부가 중국 화북, 일본 등지로부터 귀환한 전재동포를 구제한 인원은 3만 2천 명에 이르고 이미 지출한 구제금도 22만 원의 거액에 달하였다. 모금된 돈은 인천으로 귀환한 전재동포들을 위한 식사 제공과 숙소 마련, 병에 걸린 동포의 치료비와 사망자의 장례비, 인천에 잔류한 전재동포들이 취직할 때까지의 생활비 등으로 충당되었다. 게다가 귀향자 여비로 개인당 1천 원씩을 지급했기 때문에 지출이 크게 초과되었다. 더욱이 이후 인천에 상륙할 해외 전재동포는 일본으로부터 65만 명, 중국으로부터 10만 명으로 총 75만 명으로 예상되어 비용부담도 천문학적으로 증가할 수밖에 없었다.[23]

이것은 평범한 시민들이 소액의 의연금으로 전재동포 구호대열에 참여하고 있는 것과 달리 지주나 자본가 등 지역사회의 유지들이 전재동포

23) 『대중일보』 1946년 3월 12일자.

구호사업에 별반 협조하고 있지 않고 있음을 염두에 둔 호소였다. 인민원호회 인천지부장과 함께 신문사를 방문했던 미군 사회과장 프라친스키 대좌도 "내가 수일 전 인천시내 부호 모씨를 심방하고 해외로부터 돌아오는 조선인을 위하여 희생적으로 활동하는 인민원호회의 사업자금을 기부할 것을 요청하였던 바, 그 부호는 인민원호회가 무엇인지 아직도 그 존재조차 모르고 있는 사실을 알게 되었다. 이러한 훌륭한 국가적 사회사업기관을 조선사람이 모르고 있는 점에 크게 놀랐다"고 하여 유지들의 무관심에 실망감을 나타냈다.

지역에서 자타가 인정하는 재산가와 유지들이 전재동포 문제에 대해 무관심했던 것은 사실이었다. 실제로 이들 중에는 식민지 하에서 일제가 경찰서와 파출소 등을 짓거나 서장관사 등을 건축하는 데 수천 원, 수만 원을 아끼지 않고 자진하여 기부하던 자도 있었다. 그러나 인민원호회 인천지부에서 전재동포 원호 구제금을 내달라는 요청에는 "이마를 찌푸리고 간신히 몇십 원쯤 주거나 또는 한 푼도 내지 못하겠다"고 하면서 인민원호회 회원들을 "송충이 떼어 던지듯 쫓아낸다"는 것이 현실이었다.[24]

1946년 11월 말 현재 "중국 본토를 위시로 일본, 남양 등지에서 회항되는 전재동포에게 있어서 유일한 지침이고 기관"인 인민원호회 인천지부가 수행한 해외 전재동포 구호활동의 실적을 보면 다음과 같다.

△ 인천 입항 전재민 수 : 63,617명

내역 ▷ 일본 귀환동포 수 : 16,007명, 중국 : 42,610명, 남양지방 : 5,700명, 주택 알선건수 : 184세대, 수용 연 총인원수 : 59,826명, 급식 : 313,483명, 병자 치료건수 : 604명(9,195원), 사망자 장의비 : 56명(9,140원), 직업

24) 『대중일보』 1945년 11월 26일자.

알선 : 104명, 의류 급여 : 1,687점, 두부 배급 4,279개, 백미 급여 : 44석9승(되), 예방주사 : 42,001명.[25)]

지역의 재산가 및 유지들로부터의 모금이 저조하자 인천에 일시 잔류한 일본인들에게 반 강제적으로 기부금을 거두어 귀환 전재동포에 대한 구호활동을 추진했던 사례도 있다. 1945년 10월 초 '징용자후원회'는 일본인들의 본국 송환을 돕고 인천에 잔류한 일본인들을 보호하기 위해 조직된 인천 일본인상조회에 대해 "일본국가는 징용자들을 구제할 책임이 있으므로 인천에 사는 일본인들도 책임을 일부 분담하기 바란다"고 하며 한국인 징용자 구제를 명목으로 기부금을 요구하였다.[26)]

1944년 징용령 발효와 더불어 인천에서 징용에 끌려간 조선인은 약 3천 명이었는데, 이듬해 9월부터 일본과 조선, 해외 각지에 송출되었던 조선인 징용노동자들이 인천으로 돌아오기 시작했던 것이다.

인천 일본인상조회 측은 울며 겨자 먹기로 100만 원의 기부금을 제공하기로 하고 자체적으로 모금을 시작했다가, 10월 23일 인천 미군정으로부터 징용자에 대한 구제는 미군정이 실행할 것이므로 상조회는 모금을 중지하라는 지시를 받고 이를 중단하였다.

인민원호회 인천지부는 시민들에 의해 조직되어 시민과 사회 유지들을 대상으로 의연금을 모집하고 자발적으로 전재동포들에 대한 구호활동을 전개했다는 점에서 기본적으로는 민간구호단체였다. 그러나 활동의 내용을 보면 미군정의 예산으로 미군정과 시 당국의 업무를 위탁받아 대신했다는 측면에서 半 관변의 성격을 띠었다고 볼 수 있다.

---

25) 『대중일보』 1946년 12월 14일자.

26) 小谷益次郎, 윤해연 역, 「인천철수지」(하), 203~204쪽.

4. 귀환 전재동포 단체의 등장과 활동

미군정과 시 당국, 민간단체의 구호활동에 대한 귀환 전재동포들의 불만은 그들로 하여금 자신들의 권리의 이익을 요구하기 위한 단체를 결성하게 했다. 1946년 9월 3일 서울에서는 '전재동포총동맹'이 결성되었다. 이들은 그동안 각 구호단체들의 활동에 실망하여 13개 전재민 단체가 합동하여 회원을 전부 전재민만으로 구성하고 전재민들의 실태를 조사하며 취업 알선 등의 '생산운동'에 적극 나서기로 했다.[27]

인천에서도 주택문제가 심각해지면서 귀환 전재동포만으로 구성된 단체가 태동하기 시작했다. 시내의 일본인 주택들을 비우기도 전에 일부 모리배들이 문패를 붙여놓고 집을 점령함으로써 구호를 받아야할 전재동포들은 들어갈 곳이 없었다. 이에 대해 시 당국은 사회과 주관으로 실태조사에 착수하였다. 그러나 다수의 전재동포들이 개인적으로 시청에 들이닥쳐 민원을 제기하는 바람에 해결은 더욱 지연되고 겨울이 다가오는 상황에서 불안감만 가중될 뿐이었다. 이에 인천의 귀환 전재동포들은 "우리네 일은 우리가 해결하자!"는 취지 아래 자치단체를 조직하기로 결의했다.[28]

마침내 1945년 12월 10일 산근정(山根町) 2번지 우로꼬에서 인천전재민동맹 결성식이 거행되었다. 행사는 2백여 명의 전재동포들이 모인 가운데, 개회사와 경과보고, 취지문 낭독, 회원 소감발표, 토의 결행위원 선거, 내빈축사 등의 식순으로 진행되었다. 참석자들 가운데에는 옷가지라도 팔아서 전재민동맹에 바치겠다는 사람도 있었다. 이 자리에 참석한 귀환 전재동포들은 다음과 같이 한 목소리로 주장했다.

---

27) 이영환, 앞의 논문, 62쪽.

28) 『대중일보』 1945년 11월 19일자.

> 지금까지 인민원호회에서 자신들을 애써서 구원하였는 데도 불구하고 구호 받는 사람들이 너무 많고 무질서하여 자신들 스스로 정연한 질서를 만들어 보호해주는 단체의 번잡하던 수고를 덜어주도록 하자는 데 근본 목적이 있는 것으로서 지금까지 '떼를 쓰던' 태도를 버리고 원조를 받는 자로서의 정당한 질서를 세우는 데 목적이 있다.[29)]

여기서 귀환 전재동포들이 인천전재민동맹을 결성하면서 인민원호회 인천지부를 지목하여 그들의 수고를 덜어주어야 한다고 한 대목은 앞으로 전재민동맹이 일정부분 인민원호회가 했던 역할을 대신할 것임을 암시하는 것이다. 인천전재민동맹이 출범한 이후 인민원호회 인천지부의 활동이 인천항에 입항하는 대규모 해외 전재동포의 수용과 고향으로의 송환에 치중되는 것도 이러한 사정과 무관하지 않을 것이다. 따라서 잔류 전재동포의 구호는 인천전재민동맹에 의한 당사자 스스로의 임무가 될 것이었다.

귀환 전재동포들의 자활능력을 기르기 위해 인천전재민동맹은 군정당국과 교섭하여 회사, 병원, 해륙운반업, 토목건축업, 정미업, 농림업, 양조업, 인쇄업, 흥행업, 음식업 등의 분야에 진출하기로 했다. 인천전재민동맹의 대표는 앞에서 본대로 중국 화북지역에서 3천 명의 전재동포들을 이끌고 귀환한 사업가 최철(崔鐵)이 맡고,[30)] 인천시장 임홍재를 비롯하여 박한춘(朴漢春), 김도인(金道仁) 등 지역의 유지들을 동맹의 고문으로 앉힌 것도 이러한 사업을 위한 포석이었다. 인천전재민동맹의 강령에 해당하는 「회칙요령」을 보면 다음과 같다.

---

29) 『대중일보』 1945년 12월 13일자.
30) 『대중일보』 1946년 4월 5일자.

① 본 회를 인천전재민동맹이라 칭함
② 본부는 시내 山手町 2번지에 置함
③ 사회에 정론을 수립하고 질서 있는 구호를 받으며 자력갱생과 상호부조를 목표로 건전한 사업을 기획 실천함
④ 본 회는 해외 전재민과 應徵士의 증명이 있는 자로 조직함
⑤ 회원 각자의 직능을 발휘하여 생활방침을 수립함
⑥ 사업종사자는 전재민에 한하고 수입금으로 각자의 생활안정을 수립함
⑦ 본 회원으로 사리사욕자 또는 본 회의 위신을 손상하는 행위를 감행하는 자는 제명함[31]

인천전재민동맹이 처음 결성되었을 때만 해도 지역사회에서 일반의 관심이 높았으나 미군정과 시 당국에서는 이에 대한 의혹의 눈길이 있었던 것 같다. 이와 관련하여 전재민동맹은 "그간 관계방면과 접촉이 원활하지 못하여 피차의 오해가 없지 않았으나 결국 구원을 받고자 하는 전재민이 합리적인 구호방책을 인민원호회와 시청 사회과에 건의하자는 것 이외에 다른 목적이 없다는 것을 표명하고 피차의 연결을 강화하기로 절충이 진척되었다"고 하면서 악덕 모리배들에 의해 불법적으로 점령된 일본인 주택을 탈환할 것을 당국에 건의하기도 했다.[32]

인천전재민동맹은 회원들의 주택 알선과 아울러 시 당국의 협조를 받아 인민원호회 등에서 수행하던 양곡 배급을 직접 하기도 했다. 당시 전재동포 1인에 대한 양곡 배급량은 쌀과 콩을 매일 2홉 2작씩이었다. 후생에도 관심을 기울여 관동(官洞)의 원 삼목원(三木園) 자리에 병원을 설치하여 전재동포 회원들은 물론 이를 시민들에게도 개방하였다.[33]

31) 『대중일보』 1945년 12월 22일자.
32) 『대중일보』 1945년 12월 23일자.

그러나 귀환 전재동포들에 대한 구호가 활발해지고 지역사회의 관심이 높아지면서 내부 사정을 아는 자들이 이를 악용하는 사례도 나타났다. 전재민동맹의 명의를 잠칭하여 식당에서 요리를 외상으로 먹는다든지, 전재동포를 위한다는 명목으로 금품을 사취하는 등의 행위가 그것이다. 이 때문에 전재민동맹은 이를 방지하기 위해 동 소의 임원이나 사용인물은 반드시 자신이 인천전재민동맹의 임원임을 명기한 신분증명서를 만들어 휴대하게 했다.[34]

인천전재민동맹은 사회·민족적 이슈에 대해서도 관심을 기울였다. 1946년 1월 말 전재(戰災)로 희생된 고혼(孤魂)의 명복을 비는 위령제를 추진하는 한편, 3월 31일부터 4월 4일까지 인천시와 『대중일보』 후원으로 3·1운동 전람회도 개최했다. 시내 송학동 무덕전(武德殿)에서 개막된 전람회에는 관내 초·중등학교 학생과 시민 등 5만 명이 관람하는 성황을 이루었는데, 당시 인천 인구의 5분지 1에 해당하는 큰 규모였다. 이 자리에서는 전람회뿐만 아니라 전재동포 구호를 위한 의연금의 모금도 병행되어 9천 원이 모금되었다.[35]

1946년 12월 14일 현재 인천전재민동맹이 파악한 인천 잔류 전재동포는 3만 명에 육박했다. 이 가운데 전재민동맹에 가입한 사람은 절반인 1만 5천여 명으로 적지 않은 숫자이지만 나머지 1만 5천여 명은 인천전재민동맹의 존재 자체도 모르고 있다는 점에서 이들을 가입시키는 일이 시급히 해결해야 할 과제였다. 전재민동맹은 회원들의 자활을 돕기 위해 미군정 및 인천시 당국과 주택, 연료, 피복, 식량 등 전반적인 문제를

33) 『대중일보』 1946년 1월 15일자 및 1월 19일자.

34) 『대중일보』 1946년 1월 20일자.

35) 『대중일보』 1946년 4월 5일자.

여러 차례 협의, 교섭하였다. 그러나 예산의 부족 등으로 그 효과는 기대에 미치지 못했다.

전재민동맹의 조사에 따르면 당장에 생계가 막막한 인천시내의 요 구호자 수는 1천여 세대에 달했다. 이 가운데 제1호 요 구호자가 5백여 세대, 제2호 요 구호자가 3백여 세대, 제3호 요 구호자가 2백여 세대로, 이들은 당장 겨울철에 주택이 없이 거리를 배회하는 사람들이었다. 이들에게 전재민동맹은 결성 이후 1년 동안 주택 알선 약 400세대, 실업자 취직 알선 746명 등의 구호를 실시했다.

또한 전재민동맹의 적극적인 건의로 적산관리처, 시청, 경찰서 등 시내 4기관은 적산 부정점령 공방 등을 조사키 위한 위원회를 조직, 30호의 가옥을 적발하고, 200개가 넘는 공방을 색출하였다. 전재민동맹의 강력한 요구로 시 당국은 이들 가옥과 공방을 전재동포들에게 제공하기로 했다.

전재민동맹에 있어서도 가장 중요한 문제는 겨울철 주택의 확보였다. 1946년 12월경 인천시내에는 아사 직전의 상태에 직면한 전재동포의 수가 6백 명이 넘어 이들을 방치할 경우 그대로 동사(凍死)할 것은 자명했다. 이에 인천전재민동맹은 군정과 시 당국에 적극적인 대책 마련을 촉구하면서, 대안으로 비어있거나 당장에 긴급하지 않는 큰 건물들을 겨울 동안만이라도 집 없는 전재동포들을 위해 개방할 것을 요구하기도 했다.[36)]

인천전재민동맹의 출현은 요(要) 구호자 당사자들의 조직이 등장했다는 점에서 중요한 의의를 갖는 것이었다. 그러나 군정당국의 묵계와 지원으로 조직되고, 이 단체를 주도한 인사들의 면면을 볼 때 개별 회원들

36) 『대중일보』 1946년 12월 14일자.

의 계급적 요구를 제대로 담아낼 수 있었는지는 의문이다.

5. 맺음말

지금까지 해방 직후 인천의 해외 전재동포의 귀환과 이들에 대한 민간 단체의 구호활동, 전재동포 단체의 출현과 활동 등을 살펴보았다. 이를 정리하면 다음과 같다.

해방 후 인천항으로 들어올 해외 전재동포의 규모가 총 75만 명으로 추산되는 가운데 1945년 9월부터 이듬해 12월까지 인천항에 입항한 해외 전재동포는 총 6만 6천여 명에 달했다. 이들이 출발한 지역은 중국 44,772명, 일본 16,007명, 남양군도 5,700여 명으로 중국, 특히 북경을 비롯한 화북지역이 압도적이었다.

귀환 전재동포들에 대한 미군정과 인천시 당국의 임무는 입항과 검역, 일시적 수용과 고향으로의 송환이라는 과정을 반복하는 것이었다. 이를 위해 시 당국은 부도정의 옛 일본인 경영 유곽을 개조하여 6개소의 전재민수용소를 설치, 운영하였다. 한편 잔류 전재동포들이 증가하면서 시 당국은 이들에 대한 주택과 취업대책 등에 골몰하였다. 그러나 군정당국의 차별적 사고에 따른 주먹구구식 대응, 지역 유지층의 무관심으로 인해 소기의 성과를 거두기는 어려웠다.

이 때문에 군정당국이 해야 할 귀환 전재동포 구호의 많은 부분은 민간 구호단체에 맡겨졌다. 조선인민원호회 인천지부는 전재민수용소 관리를 위탁받아 수용 전재동포들의 숙식 관리를 전담하는 한편, 시민과 지역 유지층을 대상으로 구제의연금을 모금하였다. 인민원호회는 시민과 지역유지들에 의해 조직되었다는 점에서 민간 구호단체였으나 군정의 예산으로 당국의 업무를 대행했다는 점에서 半관변적인 성격을 띠었다. 이들은 좌익계로 분류되었지만 그러한 이념적 성향이 귀환 전재동포들에 대한 구호활동을 수행하는 과정에서 드러나지는 않았다.

잔류 전재동포들이 증가하면서 인천에서도 전재민동맹이 출현하였다. 조직결성의 표면적인 이유는 전재동포 내부의 질서를 세워 시 당국과 인민원호회를 돕겠다는 것이었다. 그러나 회원들에게 주택을 알선하고 양곡을 배급하며 병원까지 운영하는 등 활동의 규모로 미루어 결성과정에 당국의 묵계와 적지 않은 지원이 있었을 것으로 판단된다. 전재민동맹의 등장은 要 구호 당사자 조직의 출현이라는 점에서 의의가 있다.

미군정과 민간 구호단체, 귀환 전재동포 단체 등 3자는 대립과 견제보다는 역할분담에 의한 상호 보완관계의 성격을 가졌던 것으로 보인다. 그러나 이러한 구호의 역할분담 과정이 체계적인 계획에 의한 것이라기보다 점차 要 구호 전재동포 당사자들에게 전가되는 과정을 밟았다는 점에 한계가 있었을 것으로 보인다.

끝으로 미처 다루지 못한 점을 지적하고자 한다. 해방 직후는 모든 세력들이 국가 건설의 기치 아래 정치적으로 총동원되는 시기였고 특히 인천지역은 인민위원회 등 좌익이 우위를 점하는 가운데, 우익과의 전면적인 투쟁이 시작되는 시기였다.[37] 이 범주에 귀환 전재동포 구호단체나 인천전재민동맹 등 要 구호자 자신들에 의한 단체들도 예외가 될 수는 없었을 것인데, 이에 대해서는 별도로 다루어져야 할 과제이다.

---

37) 이윤희, 「미군정기 인천에서의 좌우투쟁의 전개」, 『역사비평』 1989(봄호) 참조.

◆ 제3장 ◆

동포 유입과 인천의 사회변화

1. 머리말

이 연구는 해방 직후 인천항을 통해 귀환한 해외동포들을 비롯한 '전재동포(戰災同胞)'[1]들의 실태를 분석함으로써, 이들의 대규모 유입으로 인천지역에 야기된 사회변화의 양상과 그것이 지역사에서 갖는 의미를 추적하려는 시도이다.

1945년 일제의 패전 당시 해외동포의 수는 약 5백만 명으로 한국인의 20%에 달했다. 제국주의 침략전쟁의 희생자였던 이들 해외동포들은 포츠담선언의 제9항에 명시되었던 것처럼 인도주의원칙에 따라 해방된 조국으로 귀환되어야 마땅한 일이었다. 그러나 현실은 달라서, 전후 처리 과정에서 당사국의 이해에 따라 이 같은 원칙은 버려지기 일쑤였고 해외

---

1) 해외 귀환동포는 주로 전재민(戰災民) 또는 전재동포(戰災同胞)라 하였고, 북한에서 월남한 동포는 월남인(越南人) 또는 이재민(罹災民)이라 하였다. 그러나 대개는 이들을 포함, 전재민 혹은 전재동포라 통칭했다 한다(李淵植, 「해방 직후 해외동포의 귀환과 미군정의 정책」, 서울시립대 석사논문, 1998, 1쪽). 본고에서는 자료상 가장 많이 등장하며 특히 민간단체의 자발적인 구호활동의 동기가 '동포'였다는 점을 주목, '전재동포'라는 용어를 사용했다.

동포들은 또다시 유린을 당해야 했다. 해외동포의 수가 200만이 넘었던 일본에서는 연합군사령부(GHQ)와 일본의 무책임한 처리로 한인들은 '해방국민'의 대우를 받지 못했을 뿐만 아니라 귀환과정에서 많은 희생을 치렀다. 230만 명에 달했던 중국에서는 국공내전의 상황에서 많은 동포들이 재산을 몰수당한 채 강제송환되었다. 소련군 점령지역인 사할린에서는 한인의 귀환이 원천 봉쇄되었고 일제의 침략전쟁 확대에 따라 남양군도 등에 배치되었던 한인들도 연합국 점령군의 포로나 전범(戰犯) 취급을 받으며 가혹한 고난과 시련을 겪어야 했다. 우여곡절 끝에 해방 직후 귀환한 해외동포는 250만 명에 달하였고[2] 이들 가운데 약 75만 명이 인천항을 통해 조국의 품에 안겼다.

반면에 수백만 전재동포의 유입은 식량문제와 주택 등 기본적인 의식주 외에도 보건, 물자난, 실업, 교육문제 등 전사회적이라 할 만한 문제를 야기했다. '해방조국'의 입장에서 이는 부양인구의 증가를 의미했다.[3]

인천은 부산과 더불어 해외 전재동포가 가장 많이 들어온 항도(港都)였다. 특히 지리적으로 중국과 가까웠기 때문에 화북지역의 많은 전재동포들이 인천항을 통해 귀환했다. 이 연구는 1945년 9월부터 중국 화북지역과 남양군도, 일본 등지로부터 귀환이 일단락되는 1947년 말까지 인천지역의 해외 전재동포 귀환의 규모와 미군정 당국의 대책, 잔류 귀환동포들에 의해 야기된 사회적 문제 등을 밝힘으로써, 대규모의 급격한 전재동포 귀환이 해방 직후라는 '신질서 형성기'의 인천 지역사회에 끼친 영

2) 張錫興, 「해방 후 귀환문제 연구의 성과와 과제」, 『한국근현대사연구』 25, 한울, 2003, 9~10쪽.

3) 황병주, 「미군정기 전재민 구호(救護)운동과 '민족담론'」, 『역사와 현실』 35, 한국역사연구회, 2000 참조.

향을 규명해보고자 한다. 이를 위해 1945년 10월 7일 인천에서 창간된 『대중일보』를 비롯, 『서울신문』과 『동아일보』 등 중앙일간지 기사를 주된 자료로 활용하였다.

이 분야에 대한 선행 연구들은 대개 일제 말기의 강제이주와 관련된 귀환실태 자체에 초점을 맞추었다. 따라서 귀환 이후 전재동포들의 행적에 대해서는 미군정의 구호대책과 활동만 언급되고 있다.[4] 이들이 귀환한 지역에 대해서도 서울과 부산이 주된 대상이 되었을 뿐 75만 명이나 들어온 인천지역의 귀환 전재동포들에 대한 연구는 한 편에 불과하다.[5]

2. 해방 직후 인천의 정치·경제

1) 미군정과 좌·우 정치세력의 대립

해방 당일 일본의 무조건 항복을 알리는 일왕(日王)의 떨리는 목소리가 라디오 방송을 통해 들리자 일본인들은 큰 충격을 받았다. 그러나 36년간 식민통치의 억압 아래 억눌려 있던 한국인들은 해방의 기쁨에 거리에 쏟아

---

4) Edward, W. Wagner, The Korean Minority in Japan, 1951; 森田芳夫, 「在日韓國人處遇推移現狀」, 『法務研究』 3, 1954; 이영환, 「미군정기 전재민 구호정책의 성격」, 서울대 사회복지학과 석사논문, 1989; 최영호, 『재일 한국인과 조국광복』, 글모인, 1995; 金太基, 『前後日本政治と在日朝鮮人問題』, 勁草書房, 1997; 이연식, 앞의 논문. 최근의 연구로 2003년 여름호로 간행된 『한국근현대사연구』 25집(특집 : 해방 후 해외 한인의 귀환과 역사상)에 실린 8편의 논문 및 동 29집(특집 : 해방 후 해외 한인의 귀환과 정착)에 실린 4편의 논문 등이 있다.

5) 이현주, 「해방 직후 인천의 귀환 戰災同胞 구호활동」, 『한국근현대사연구』 29, 한울, 2004. 이 논문은 8·15 이후 1946년 말까지 월남민을 제외하고 인천으로 귀환한 해외 전재동포만을 대상으로 규모와 이들에 대한 민간구호활동 설명에 치중하고 있으며, 이들의 유입으로 인한 사회문제와 지역사회의 균열, 변화를 다루고 있지는 않다.

져 나와 환희의 물결을 이루었다. 일본인들은 그동안 저질러온 만행으로 인해 불안과 공포에 휩싸여 미군이 상륙할 때까지 자구책을 강구해야 했다. 그들은 먼저 자신들의 안전한 귀국을 위해 세화회(世話會)을 조직해 잔류 일본인들의 단합을 꾀하는 한편 재향군인들을 무장시켜 순사복장으로 각 파출소를 경비하는 등 한국인들의 응징에 대비하였다. 인천에서도 일본인들은 인천세화회를 조직하고 신변 안전과 본국 귀환활동을 전개하였다.[6] 해방으로 인천이 일본인들에게는 한국을 탈출하는 길목으로, 일본 제국주의 하에 해외로 구축되었던 동포들에게는 귀환지가 된 것이다.

미군은 1945년 9월 8일 인천항에 상륙했다. 3일 뒤 주한미군사령관 하지는 군정장관에 아놀드 소장을, 인천 군정관에는 스틸맨 소좌를 임명했다. 미군이 인천에서 군정을 실시하면서 가장 시급했던 것은 행정권과 치안권을 접수, 장악하는 일이었고 구체적으로는 인천의 경찰권을 확보하고 나아가 일제시기 총독정치를 대체하여 새로운 지방정부, 즉 인천부(仁川府)를 개편하고 새로이 조직하는 일이었다.

이를 위해 스틸맨은 우선 아래와 같은 내용을 당면의 과제로 설정하였다.

① 혼란했던 戰禍의 수습과 정리
② 행정력의 부활과 민주적 방법에 의한 한국인 府尹 선임
③ ②항을 돕기 위해 자문기관으로 府 고문회를 설치
④ 전재민과 나병환자에 대한 구호행정에 전력
⑤ 적산관리에 전력[7]

---

6) 小谷益次郎 著·윤해연 역, 「인천철수지(仁川引揚誌)」(上·下), 『황해문화』 30~31, 새얼문화재단, 2001 참조.

7) 仁川直轄市史編纂委員會, 『仁川市史』(上卷), 인천직할시, 1993, 437쪽.

미군정 당국이 전재민의 구호행정을 최우선의 시정과제로 제시한 것은 주목할 만하다. 이에 따라 새로 선출된 정회장과 인천시의 관료인 각 과장 9명을 합한 총 98명이 10월 6일에 모여 7명의 시장후보자, 즉 박남칠(朴南七, 좌익), 조봉암(曺奉岩, 좌익), 이승엽(李承燁, 좌익), 김용규(金容奎, 좌익), 장광순(張光淳, 우익), 임홍재(任鴻宰, 우익), 김세완(金世琓, 우익) 등을 대상으로 투표한 결과 임홍재가 초대 인천부윤으로 선출되었다. 식민관료 출신을 부윤으로 최종 승인한 미군정은 중앙의 미군정 정책에 보조를 맞추기 위해 인천에서도 자문기관인 32명으로 구성된 고문회의를 설치했다.[8] 11월 1일 군정관 스틸맨은 「인천부훈령」 제11호로 인천부의 기구를 확정, 서무·학무·재무·회계·사회·농림·상공·토목·수도 등 9개의 과(課)를 설치하였는데, 해외 전재동포 구호활동은 사회과에서 담당했다.[9]

인천 미군정은 치안권의 장악에도 힘을 기울였다. 인천은 일본경찰의 기능이 정지된 뒤 건국준비위원회 산하의 보안대가 중심이 되어 자치적으로 치안활동에 임하고 있었다. 미군정은 일제 때 경기도회 의원을 지낸 김윤복을 초대 인천보안서장에 임명했다.[10] 11월 중순에 단행된 인사는 인천경찰서장 김윤복, 서장대리 겸 교양담임 박한춘, 경무주임 이창우, 보안주임 이근춘, 사법주임 강원규, 정보주임 김장홍, 위생주임 전정윤, 외근주임 이조욱, 경비주임 강종구 등이었는데,[11] 이들 중에는 일제하에 경찰을 지낸 인사가 많았다.

---

8) 고문 32명의 명단과 직업, 정치적 성향에 대해서는, 『大衆日報』 1945년 11월~1946년 8월의 기사 및 이윤희, 「미군정기 인천에서의 좌·우투쟁의 전개」, 『역사비평』, 1989(봄호), 199~200쪽을 참조.

9) 李英一, 『激動期의 仁川-光復에서 休戰까지』, 東亞社, 1986 참조.

10) 『대중일보』 1945년 10월 17일자.

11) 『대중일보』 1945년 11월 18일자.

미군정은 당시까지 남아있던 일본군을 무장해제하고, 군정의 치안확보에 방해가 되는 인물들의 행동을 차단하는 일도 신속하게 추진했다. 미 헌병대는 10월 7일 일본인인 인천항 부두국장 등을 검거하여 인천공안부에 유치하고 취조했다. 그는 소속부대로 귀환하라는 미군의 명령에 따르지 않고 일본인 귀환병들을 위해 출근부를 위조하다 발각되었다.[12] 또한 전 인천경찰서 일본인 경비주임 등이 모의하여 장총 230정과 탄약, 수류탄 등 무기를 매몰하다 발각되어 구속되었으며, 일본인들이 밀항을 기도하다 부두연맹에 발각되이 미 헌병대에 검거되기도 했다.[13] 인천상공회의소 부회두, 경기도 경제회 이사, 인천부회 의원으로 지역사회의 거물이었던 김태훈도 공금횡령 등의 혐의로 인천공안서에 소환, 유치되었다. 미군정의 조치는 10월 27일 전 부윤을 비롯한 일본인 귀환 장병 3,800명이 본국으로 철퇴하면서 일단락되었다.[14]

정치세력들의 움직임도 빨라졌다. 해방 후 인천에서는 조선건국준비위원회(인천지부)가 결성되고, 뒤이어 한국민주당 인천지부가 조직되면서 인천지역의 정치세력은 이들을 중심축으로 좌익과 우익으로 나누어졌다.[15]

임시정부 환영행사 문제에서 비롯된 좌·우익의 충돌과 갈등은[16] 신탁통치문제로 더욱 악화되었다. 1945년 12월 28일 모스크바 3상회의 결정에 의해 조선임시민주정부 수립을 전제로 5년간 한국에 대한 신탁통치안이 발표되었다. 이에 대한 인천지역 좌·우익의 첫 반응은 별다른 입장표

12) 『대중일보』 1946년 10월 10일자.
13) 위와 같음.
14) 『대중일보』 1945년 10월 28일자.
15) 해방 후 인천지역에서 정치세력의 등장과 분화에 대해서는 이윤희, 앞의 논문을 참조.
16) 『대중일보』 1945년 12월 4일자.

명을 하지 않고 중앙정계의 추이를 살피는 정도였다.[17] 그런데 12월 29일에 정회장들이 '신탁통치 절대반대' 의사를 표명하자, 12월 31일에는 각 정당 및 사회단체 대표 90명이 신탁통치 절대반대 시민대회를 개최하고, 결의문 작성 기초위원으로 김용규(인천시 인민위원회 위원장), 이보운(인민위원회 총무부장), 김요한, 곽상훈(한국민주당 인천지부장), 손계언(인천신문기자협회 부위원장) 등 5명을 선정했다. 그러나 좌·우익 공동의 신탁통치반대 공동위원회는 좌익의 태도 변화로 무산되었고, 우익은 한국민주당의 발의로 1946년 1월 16일 '반탁각단체대표연합회'를 독자적으로 구성하여 반탁운동을 계속했다.

미소공동위원회 결렬은 좌·우익의 투쟁을 돌이킬 수 없는 지경에까지 이르게 했다. 좌익은 미소공위의 재개를 요구하는 대규모 집회를 열어 우익의 반탁운동에 대응했다. 1946년 6월 23일 민주주의민족전선 인천지부가 주최한 미소공위촉진 인천시민대회에서 돌연 인천좌익의 거두 조봉암에 의해 조선공산당의 노선을 정면으로 비판하는 성명서가 살포되고[18] 이것이 빌미가 되어 조공에서 제명되는 사태가 발생했다. 이 사건을 계기로 인천지역에서 좌·우익간 세력판도는 바뀌었다.[19]

2) 공업생산의 위축과 경제 혼란

해방 직후 인천의 경제적 혼란은 심했다. 인천은 일본제국주의의 전쟁

---

17) H.Q. USAFIK, G-2 Periodic Peport(미군정 주간정기보고), No.110, 1946년 12월 30일자.

18) H.Q. USAFIK, G-2 Periodic Report(미군정 주간정기보고), 1946년 7월 5일자.

19) 이현주, 「해방 후 조봉암의 정치활동과 제헌의회 선거」, 『황해문화』 30, 새얼문화재단, 2001, 152쪽.

수행을 위한 군수공장이 많았고 일본인 경영자들이 산업계를 지배하는 등 식민지지배와 대륙침략의 전초기지가 되어 있었기 때문에 해방에 따른 경제적 혼란은 다른 지역보다 클 수밖에 없었다. 일제는 인천항을 대륙침략의 발판으로 삼고 이 지역을 병참기지화 했다. 인천에 북부, 남부, 부평 등 3대 공업지구를 설정하고 규모를 확대시켜 나갔는데, 패전 무렵에는 조선기계(朝鮮機械), 일본차량(日本車輛), 조선이연금속(朝鮮理研金屬), 일립제작소(日立製作所), 동지제작소(東芝製作所) 등 손꼽을 만한 공장만도 155개가 인천에 자리 잡고 있었다.

그러나 이것은 대부분 일본인이 운영하는 공장들이었기 때문에 공장 수에서는 한국계 51.5%, 일본계 46.8%, 중국계 및 기타 1.7%였지만 자본 면에서는 한국계 4.6%, 일본계 92.6%라는 엄청난 격차를 보이고 있었다. 이런 상황 속에서 패전으로 물러나게 되자 많은 일본인들이 멋대로 재고품을 처분하는가 하면, 점포와 공장 등을 패전 이전에 팔아버린 것처럼 매매계약서를 위조해서 처분하고 심지어는 주요 시설을 파괴하였다.[20)]

1945년 9월 8일 인천에 상륙한 미군은 군정을 실시하면서 9월 25일자 군정법령 제2호로 「패전국 소속재산의 동결 및 이전제한의 법」을 공포했다. 이에 따라 종래 일본인의 모든 재산을 동결하고 그 재산의 매매 취득에 관한 권리행사를 일체 금지했다. 12월 12일에는 군정법령 제33호로 「재한국 일본인재산의 권리귀속에 관한 건」을 공포하고 재산관리의 사무를 개시했는데, 인천지역에서는 이미 10월 27일 인천시 상공과와 군정관 스틸맨 소좌와의 협의에 따라 공장 이관의 승인에 관한 합의를 본 상태였

---

20) 『仁川商工會議所百十年史』, 仁川商工會議所, 1995 참조.

다. 이에 따라 1945년 10월 초 항공자재를 생산해오던 만석동 대성목재(大成木材)가 민간인에게 관리 위임된 것을 시작으로 송현동의 조선대동제강(朝鮮大同製鋼), 학익동의 삼릉전기 조선제작소(三菱電氣 朝鮮製作所), 일본제분 인천공장(뒤의 대한제분), 화수동의 조선동지전기(朝鮮東芝電氣), 금곡동의 조선인촌공업(朝鮮燐寸工業) 등 유수한 공장들이 관리 위임되었다.

그러나 귀속사업체의 운영은 순조롭지 못했다. 일본인들이 떠난 뒤 이들 공장은 오랫동안 관리 부재상태에 빠졌으며 공장시설들은 도난당하거나 파괴되었고, 나머지 공장들도 원료 및 자재 부족으로 가동이 어려웠다. 인천시 조사에 따르면 해방 직후 인천시내 130개 공장 가운데 가동 공장 수는 48개로 전체의 36%에 불과했다.[21]

인천 미군정은 공공재산 및 적산의 효율적 관리를 위해 1945년 11월 11일에 적산관리국을 설치함으로써 비로소 적산의 관리를 행정적으로 규제하고 감독할 수 있게 되었다. 이후 인천 미군정은 상공부의 신설(1946. 6), 부실관리 적산회사 공장지배인의 교체, 관재령(管財令) 제8호(1946. 12.31)에 의한 관재관의 적산공장 배치 등을 통해 적산공장의 정상가동을 꾀했으나 자재난, 원료난, 관리인의 비리 등으로 가동률은 극히 저조했다. 1946년 3월 인천시 당국의 집계에 따르면, 인천시내에는 168개의 대소 공장이 있었지만 이 가운데 가동 중인 공장은 131개였고 37개의 공장은 휴업상태였다. 또 같은 해 6월의 조사에 따르면, 총 242개 공장 가운데 가동 중인 공장은 214개, 미가동 공장은 26개였는데, 미군정 관리 공장이 133개나 되었고 100명 이상 종업원을 가진 공장은 24개에 지나지 않았다. 다만 가동공장 가운데 비교적 중화학공업 공장이 많은 것은 인천

---

21) 仁川商工會議所編, 앞의 책, 188쪽.

지역 공업의 특징이었다.[22)]

극심한 식량부족과 물가폭등 등 인천시민들이 피부로 느끼는 고통도 적지 않았다. 식량부족 사태는 먼저 제2차 세계대전 중 일제의 식량착취로 불황이 누적된 데다 해방과 동시에 표면화되었다. 인천시 당국은 식량난을 완화하고자 1945년 11월 1일부터 미곡 자유판매제를 실시했으나 쌀의 절대량 부족과 악성 인플레이션의 만연으로 모든 물가가 앙등하는 실정이어서 쌀을 가진 농민들은 생필품과 직접 교환하기 위해 쌀을 시중에 반출하지 않았다. 당시 농촌과 인천의 도시지역 사이에는 교통난으로 식량수송이 원활하지 못했고 결과적으로 인천으로 반입되는 쌀은 서울 등 다른 도시들보다 그 양이 현저하게 적었다.

인천시내 각 회사와 공장 등에는 식량을 구하기 위해 하루 평균 35~40%의 노동자들이 결근하는 실정이었고 일반 시민과 학생 등 결식자가 시 전체인구의 30%에 달했다. 이에 따라 1946년 4월 15일 인천 미군정은 서울처럼 인천에서도 1인 1일 1홉 배급제를 실시한다는 극약처방을 발표함으로써 쌀값 폭등에 제동을 걸었다. 1회 구입량은 10일분씩으로 인천미곡상조합을 통해 배급되었다. 더욱이 종래 금지되었던 도외(道外) 양곡반입 억제책이 풀리면서 인천시내의 식량난은 조금씩 완화되었다.

물가폭등도 심각했다. 1948년 전국 도매물가 총 지수(서울·인천·부산·대구·목포·광주·대전·군산 등 주요 8개 도시 평균)는 1947년을 100으로 하여 158.3이었는데, 상품별로 오른 내용을 보면 식료품이 가장 낮은 150.9, 의료품 160.5, 연료 184.2, 잡화 162.7 순이었다. 인천의 경우 총 지수 164.2로, 서울은 153.6인데 비해 인접한 인천지역의 소매물가는 전국에

---

22) 인천광역시사편찬위원회, 『인천광역시사』(제2권 : 인천의 발자취), 인천광역시, 2002, 729쪽.

서 세 번째로 높았다. 이러한 물가수준의 지방적 차이는 상품의 특질로 인한 것으로, 수송성과 저장성이 큰 상품일수록 지방차가 적었다. 식료품은 인천이 가장 비쌌고 부산, 서울, 대구가 전국 평균 이상의 수준을 보였으며 목포, 광주, 대전, 군산의 순서로 나타났다.[23]

요컨대 극심한 식량부족과 물가폭등 사태 등 인천시민들이 피부로 느끼는 고통의 증가는 급작스런 수십만 해외 동포의 귀환과 1947년 이후 북한지역 피난민의 쇄도 등 전재동포의 대규모 유입이 더해지면서 심각한 사회문제를 야기하였다.

3. 전재동포의 귀환과 월남인의 유입

1) 해외 전재동포의 귀환

인천은 지리적으로 중국과 가까웠기 때문에 화북지역의 많은 해외 전재동포들이 인천항을 통해 귀환했다. 화북지역은 19세기 중엽 이후 많은 한인 상인들의 왕래가 빈번했다. 특히 중국의 정치·경제·문화의 중심지인 북경과 항구도시인 천진에 많은 한인들이 모여들었으며 이주하여 정착하기도 했다. 1910년 망국 이후에는 독립운동자들이 이 지역으로 다수 망명했다. 이들을 중심으로 한인사회가 형성되었고 조국의 독립을 위한 활동을 전개하기도 했다. 1937년 중일전쟁 이후에는 화북지역을 점령한 일본군에 의해 각지의 한인들이 이곳으로 대거 강제이주하였다. 그 결과 해방 당시 북경의 한인 수는 3만 5천여 명, 천진 1만 5천여 명, 태원 1만

23) 仁川商工會議所編, 앞의 책, 186쪽.

5천여 명 등 많은 수가 화북지역에 거주하게 되었다.[24]

화북지역 한인의 귀환은 중국 내부의 정치상황과 긴밀한 관계 속에서 이루어졌다. 해방 이후 화북지역의 대부분은 국민당 정권의 '수복구'가 되었다. 당시 복잡한 국내외 정세 속에 중화민국 행정원은 사회 안정과 한중관계를 위해 수복구에 한인동포 사무를 관리하는 기관을 설립, 한인을 집중관리, 송환하는 사무를 담당하게 했다. 1945년 10월 31일 대한민국임시정부도 주화대표단 산하기구로 대동(大同)·귀수(歸綏)·석가장(石家莊)·청도(靑島)·천진분단(天津分團)을 관할하는 화북구 선무단을 조직하여 한인 귀환의 사무를 담당하게 했다.[25]

이들의 귀환 경로는 화북 각 지역에 설치된 한교회의 주도로 우선 한 곳에 집중시켰다. 천진의 당고항(塘沽港)을 통해 미국이 제공한 선박편으로 한국으로 귀환하였다. 북경의 경우 한인들이 먼저 각지의 일교(日僑) 혹은 한교관리처에 집중한 뒤, 천진 남화장(南貨場)으로 이송되었고 이들은 다시 당고항을 통해 인천항으로 귀환했다.[26]

인천에서 발행되던 신문으로 귀환동포 문제에 많은 관심을 보였던 『대중일보(大衆日報)』에 따르면 중국 각 개항장에 집결해 있던 한인 전재동포는 상해 5천 명, 천진 2만 5천 명, 대련과 기타지역 3천 명으로 3만 5천 명에 달했다. 이에 따라 1946년 3월 미군정은 당분간 일본에 남아있는 전재동포의 귀환 수송력을 중국지역으로 돌려 매주 약 3천 명씩을 인천항을 통해 귀환시키기로 결정했다.[27]

---

24) 孫艶紅, 「해방 후 중국 화북지역의 한인 귀환에 관한 자료」, 『한국근현대사연구』 26, 한울, 2003, 241~242쪽.

25) 김정인, 「임정 주화대표단(駐華代表團)의 조직과 활동」, 『역사와 현실』 24, 한국역사연구회, 1997, 127~128쪽.

26) 孫艶紅, 위의 논문, 243쪽.

당초 미군정의 계획은 1946년 5월까지 중국지역 한인 전재동포들을 전부 귀환시킨다는 것이었다. 1946년 3월 19일 미주둔군 사령관 하지 중장의 정치고문 랭던은, 본국의 국무장관에게 보내는 보고에서 3월 14일 현재 중국에서 귀환한 조선 전재동포의 수가 11,533명이라고 밝혔다.[28] 그러나 중국동포의 다수를 차지하는 동북 만주지역은 제외되었다. 1946년 4월 14일 중국의 전재민 송환을 담당하는 미군대좌 리처드 위트맨은 현재 중국에서 한국으로 송환된 한인은 1만 2천 명이며 현재 5천 명이 대기 중이고 대만과 광동, 불인(佛印)에 있는 한인들도 머지않아 송환될 것이라고 밝혔다. 그러면서 그는 "만주에 관하여는 우리의 권한이 미치지 못하느니 만큼 단언할 수 없다"고 이러한 사정을 전하고 있다.[29] 만주에서 중국 국민당과 공산당 사이의 내전이 장기화되면서 미군정의 개입이 불가능함을 말해주는 것이라 하겠다.

화북지역의 전재동포들이라고는 해도 이들의 처지는 거주지역에 따라 다를 수밖에 없었다. 10만에 달하는 화북지방 한인 전재동포들은 여러 지역에 나뉘어 생활하고 있었다. 이들 가운데 일찍이 북경과 천진, 당산(糖山) 등 대도시와 그 주변에서 거주하던 동포들의 형편은 국내보다 한결 나은 것으로 평가되었다. 농촌지역도 5, 6년 이상 오래 전부터 뿌리를 내리고 산 지역은 별 문제가 없었으나, 개척한 지 2, 3년이 채 되지 않은 곳은 아직 안정이 되지 않은 데다, 일본점령군과의 대립과 갈등에 따른 현지 중국인들의 박해도 심했다. 이들 수만 명이 해방 직후 맨몸으로 피

---

27) 『대중일보』 1946년 3월 26일자.

28) 미국무성 비밀외교문서·김국태 옮김, 「재한국 정치고문(랭던)이 국무장관에게」, 서울, 1946.3.19, 『해방3년과 미국Ⅰ : 미국의 대한정책 1945~1948』, 돌베개, 1984, 241쪽.

29) 『대중일보』 1946년 4월 15일자.

난하여 북경과 천진지역으로 쇄도했던 것이다.

이들의 귀환은 패전에 따른 일본군의 퇴각, 중국국민당과 공산당 사이의 내전 때문에 천진에서 인천으로 가는 해로(海路)가 유일했다. 이러한 사정으로 1945년 11월 말 이 지역의 전재동포들을 인솔해 인천항에 입항한 최철(崔鐵)은 인천미군정 당국에 화북지역 동포들의 어려운 처지를 호소하면서 천진과 청도 등지에 미군 수송선을 파견해줄 것을 요청하기도 했다.[30)]

인천으로 귀환한 전재동포의 압도적 다수는 중국 동포들이었지만 일본에서 인천으로 귀환한 동포들도 적지 않았다. 중국과 달리 일본은 패전 후 미군에 점령되면서 재일 한국인의 귀환은 한국 재류 일본인들의 송환 문제와 맞물려 현지의 미점령군 총사령부(GHQ)와 일본정부 간에 비교적 신속하게 이루어졌다. 이에 대한 미 점령당국의 입장은 "한국으로부터 일본으로의 일본인들의 이동은 가능한 대로 일본으로부터의 한국인 송환과 조화시키도록 해야 할 것"[31)]으로 한국재류 일본인의 송환이 우선되는 것이었다. 즉 한국인의 귀환은 일본인들의 송환이 순조롭게 이루어지는 연장선상에 놓여있었다.

귀환지도 귀환자의 고향, 즉 귀향지가 경상남북도나 충청북도인 귀환자는 선기·박다·함관·무학의 항구에서 부산항으로, 귀향지가 전라남북도와 충청남도인 귀환자는 사세보항에서 군산항이나 목포항으로, 귀향지가 경기도 나 강원도인 귀환자는 사세보항에서 인천항으로 수송하기로

30) 『대중일보』 1945년 12월 4일자.

31) 「한국의 미군 점령지역 내 민간 행정업무에 대하여 태평양방면 미군 최고사령관에게 보내는 최초 기본훈령」(1945.10, 날짜 미상), 미국무성 비밀외교문서·김국태 옮김, 앞의 책, 91쪽.

합의했다.[32] 물론 이러한 '원칙'에도 불구하고 일본지역 전재동포들 대부분은 가까운 부산으로 귀환했다. 따라서 일본지역 전재동포들이 인천항으로 귀환한 것은 부산항이 갑작스러운 물동량 폭증과 사고 등으로 입항이 곤란했던 초기에 국한되었다. 1945년 12월 28일 3,000여 명, 이듬해 1월 9일 3,000여 명, 그리고 1월 21일 1,600여 명의 일본지역 전재동포가 인천항을 통해 귀환했다.

1946년 1월 10일에는 멀리 하와이에서 2,531명의 '조선청년'들이 인천항을 통해 귀환했는데,[33] 이는 일본군에 의해 징병, 지원병, 학병 등으로 강제로 끌려간 군인들에 대한 송환의 성격을 띠었다. 8월 8일 역시 일본군에 징집되어 연합군에 포로로 잡힌 105명의 조선인 병사들이 하와이에서 인천으로 송환되었다.[34] 이보다 앞서 6월 13일에는 일제의 징용으로 끌려갔던 전재동포 1,903명이 싱가포르에서 인천으로 귀환했다.[35]

해외 전재동포의 집단적 귀환은 1946년 말까지 일단락되었다. 1945년 9월부터 이듬해 12월 말까지 인천에 귀환한 전재동포는 6만 5,779명으로 집계되었다. 이들을 출발지역별로 보면 중국 4만 4,772명, 일본 1만 6,007명, 남양군도 5,700명으로 중국 화북지역이 압도적으로 많았다.[36] 1947년에도 귀환 전재동포가 없지는 않았으나 집단적 귀환이 일단락된 상황에서 그 규모는 크지 않았다. 인천미군정 외사처 집계에 따르면 1947년 10월 말 현재 인천에 들어온 귀환 전재동포의 총 수는 67,394명으로[37]

32) 최영호, 앞의 책, 117~118쪽.
33) 『조선일보』 1946년 1월 12일자.
34) 『조선일보』 1946년 8월 10일자.
35) 『서울신문』 1946년 6월 3일자, 6월 13일자.
36) 『대중일보』 1946년
37) 『대중일보』 1947년 11월 21일자.

전년에 비해 1,600여 명이 증가하는 데 그쳤다.

2) 월남인의 유입

해외 전재동포의 대규모 귀환이 고비를 넘는 1946년 후반기부터 북한으로부터 '월남인'의 남한 유입이 본격화되었다. 당시 해외에서 귀환한 동포는 주로 전재민 혹은 전재동포라 하였고, 북한에서 월남한 동포는 '월남인(越南人)' 또는 '이재민(罹災民)'으로 불렀지만,[38] 대개는 이들까지 포함하여 전재민 또는 전재동포라고 칭했다. 이는 월남 후 이들이 처하게 된 사회·경제적 처지가 해외에서 귀환한 동포와 별반 다르지 않았고 미군정의 입장에서 보면 요구호(要救護) 대상자라는 점에서 귀환 전재동포와 굳이 구별할 필요가 없기 때문이었다.[39]

1945년 일제 패전 후 남과 북이 미·소 양군에 의해 군사적으로 '점령'된 뒤 북한주민 중의 일부가 월남했다. 대체로 점령 초기에는 친일파와 '민족반역자'들의 월남이 있었고 모스크바 3상회의 결정 이후에는 기독교인과 우파 민족주의자들의 월남이 이루어졌다. 이어 토지개혁으로 지주를 중심으로 한 불만세력의 이탈이 있었던 것으로 알려졌다.[40] 그러나 이와 같은 정치·경제적 격변의 불안 속에서 기득권세력 뿐만 아니라

---

38) 『남조선과도입법의원속기록』 제152호, 1947.9.26, 2쪽 참조.

39) 원래 전재민(victims) 개념은 제2차 세계대전의 직·간접적 피해자라는 의미로서 세계대전에 연루된 전지구적 차원의 피해자를 규정하는 의미로 사용되었고, 한국현대사에서는 일제의 수탈정책이나 강제동원을 이유로 해외에 거주했다가 해방 후 귀환하는 집단(repatriates)을 지칭하는 것으로, 엄밀한 의미에서 월남민과는 개념이 다르다(李淵植, 앞의 논문, 1쪽 참조).

40) 이주철, 「통일 후 월남인의 북쪽 토지처리를 생각한다」, 『역사비평』 33, 역사문제연구소, 1996(여름), 127쪽.

일반 주민들의 월남도 크게 증가했다. 주민들의 월남에 대해 북한지역의 정권(북조선임시인민위원회)과 소련군은 초기에는 적극적이고 체계적으로 제어하지는 않았다.[41]

특히 1946년 중반 이후 북한의 토지개혁과 종교탄압 같은 사회주의체제 정비과정에서 남하하기 시작한 월남인의 규모는 같은 해 말경 이미 40만 명을 돌파, 전체 귀환자의 4분지 1을 넘어서고 있었다.[42] 월남인의 급증에 당황한 미군정 중앙식량행정처는 1947년 5월 1일부터 일반인들에게 배급하던 식량을 1인당 1작씩 줄인 몫을 월남인 식량으로 투입, 이에 대처하기로 하는 등 식량 조달에 골몰했다.[43] 동시에 장기적인 식량대책으로 귀농을 적극 권장하기도 했는데 이는 서울을 비롯한 대도시의 인구 집중을 방지하려는 의도도 있었다.

5월 7일 미군정 보건후생부는 38선을 넘어 남하하는 월남인 구호를 위해 청단(靑丹), 토성(土城), 개성(開城), 의정부(議政府), 동두천(東豆川), 춘천(春川) 등에 임시 '이재민구호소'를 설치하고 요구호자에 대해 식량과 의복, 무료승차권 등을 발급하기로 결정했다.[44] 미군정은 이들 수용소를 각 도(道)의 직영으로 전환하는 한편[45] 전국적인 차원에서 수용소를 설치, 서울을 비롯한 도시인구 집중의 억제를 시도했다. 마침내 서울시는 1947년 7월 1일부터 월남인의 서울 거주를 금지하고 이들을 일정비율로 각 도에 강제분산시키는 조치를 단행했다.

---

41) 박명림, 「한국전쟁의 발발과 기원」, 고려대학교 정치외교학과 박사학위논문, 1994, 334쪽.
42) 『대중일보』 1947년 1월 12일자.
43) 『대중일보』 1947년 5월 7일자.
44) 『대중일보』 1947년 5월 8일자.
45) 『동아일보』 1947년 5월 21일자.

이때 각 도의 분산 비율은 충청북도 5%, 충청남도 10%, 경상북도 20%, 경상남도 10%, 전라북도 20%, 전라남도 20%, 강원도 10%, 경기도 5%였다. 이들이 일단 할당지에 도착한 후 서울시에 친척이 거주하고 있어 생활을 보장해준다면 시 당국은 서울시 거주를 보건후생부에 진정할 수 있도록 했는데, 이 경우 친척의 명의로 도 보건후생국에 서울시 거주신청서를 제출해야 했으며, 시 당국은 해당자 및 그 가족의 생활을 보장할 친척의 능력을 조사한 뒤 거주 여부를 도 보건후생국에 통지하기로 되어 있었다.[46]

미소 공동위원회의 공전이 거듭되고, 남북간 냉전의 기운이 감돌면서 미군정은 수용소 단계에서부터 월남인들에 대한 검역과 통제도 강화하기 시작했다. 외무처는 북한으로부터의 월남인 유입을 저지하기 위해 후생국 관할로 38선 각지에 이재민수용소를 설치, 경찰과 경비대 등의 공조 하에 월남인을 20인씩 강제수용하는 한편, 검역과 기타 신원조사를 한 후 "사상적 용의가 없는 자만에 한하여 남조선에 이주시켜 증명서를 발부한다"는 원칙을 세웠다. 또한 지금까지와는 달리 이재민수용소를 거치지 않고 서울에 직접 들어오는 월남인에 대해서는 원칙적으로 서울시 단독으로 증명서를 교부하지 말 것을 지시하였다. 그럼에도 불구하고 월남인의 서울로의 대규모 유입이 잇따르자 서울시에서 다시 이들의 증명서 발부를 허가하면서도, 특별한 것은 미군정 구호국을 거쳐 최근 수용의 증명을 받도록 조치하였다.[47] 여기서 '특별한 것'이란 신원의 이상이나 '사상적 용의가 있는 자'의 남하를 지칭하는 것이라 생각된다.

1947년 5월 전후로 쇄도하는 월남인 가운데 인천으로 들어온 사람은

46) 『경향신문』 1947년 7월 9일자; 『독립신보』 1947년 7월 9일자.
47) 『대중일보』 1947년 7월 12일자.

5만여 명에 달했다. 인천에 소재한 관할 제1관구 경찰청은 같은 해 6월 중 북한지역에서 월남한 동포의 수를 54,344명으로 집계하면서, "이 숫자는 (이재민)수용소 경유임으로 이 외에도 동등 수 이상의 월경자가 예측된다"고 부연하였다.[48] 1947년 4월 말 현재 북한지역에서 월남한 인구가 45만 명으로 집계되고[49] 같은 해 5월 말 현재 서울에 거주하는 월남인 수가 11만 2천여 명이라는[50] 통계에 비추어 볼 때 월남인이 인천지역에 무려 5만 명이 넘게 들어왔다는 것은 놀라운 일이 아닐 수 없다.

인천으로 들어오는 월남인의 코스는 주로 배편으로 옹진을 출발하여 청단으로 내려와 청단에서 기차를 이용, 토성을 거쳐 개성에 이르는 길이었다. 월남인들은 이 개성구호소를 거쳐 서울과 인천으로 유입되었다. 출발지역은 대개 평안남북도가 대부분인데, 이 지역은 토지개혁과 더불어 기독교에 대한 탄압이 가장 심했던 곳이라는 점에서 시사하는 바 크다. 이와 관련하여 1947년 하반기 이후 월남인들이 남하하면서 침구를 갖추고 최소한이나마 필요한 현금을 소지하고 있었다는 사실도 주목되는데, 이는 중국 화북지방 및 만주지역의 해외 전재동포들 대부분이 적수공권(赤手空拳)인 채 귀환하는 것과 대비된다.

이 '개성구호소'를 직접 취재한 『대중일보』 특파원의 르포 기사를 보면 다음과 같다.

> …38선을 넘어 남하하는 전재동포의 코스는 대개 옹진서 청단으로 배로 건너와 청단서 비로소 기차를 타고 土城을 거쳐 개성에 이른다고 한다. 개

48) 『대중일보』 1947년 7월 10일자.
49) 『동아일보』 1947년 5월 31일자.
50) 『대중일보』 1947년 7월 12일자.

> 성구호소를 거쳐 남하한 전재동포 총 인원은 동소 개소 이래 8개월간에 약 ○○만 명(원문대로-인용자)이고 얼마 전까지는 하루 1, 2천 명씩 몰려들었으나 일기가 추워진 요즈음은 부쩍 줄어 하루 평균 2, 3백 명씩 된다고 한다. 그런데 그 대부분은 먼저 월경한 전재민 가족들로 요즈음 월경하는 총 수요의 약 7할을 점하는데, 도별로 보면 평안남북도 신의주 정주 선천 강계 등지에서 떠나오는 사람이 대부분이라고 한다. 전재민 숙박소는 미군 천막을 치고 내부에는 접개 침대가 2열로 놓여있다. 천막 수는 총 82개인데 한 천막에 35명 내지 40명을 수용할 수 있다. 침구로는 미군담요를 한 사람 앞에 2개씩 주고 있다. 늦은 가을까지는 이것으로 방한이 되었으나 앞으로 엄동에 대비하고자 천막을 이중천막으로 하고 땅을 석자 가량 파서 통겨와 공석을 펴서 온돌 대용으로 방한여비를 하기로 되어 벌써 공사를 시작하고 있었다. 말하자면 천막을 친 움집을 만드는 것이었다. 동 수용소는 국립인 만큼 구제품과 식료품이 배급되는데, 구제품은 거의 운라 구제품이라고 한다. 그런데 요즘 월경하는 전재민은 거의 침구와 우선 입을 옷가지는 자기들이 준비해 가지고 온다고 한다. 현금도 거의 천 원 정도는 가지고 있다고 한다. 월경해 오는 전재민의 영양상태를 보면 대개 좋지 않으나 그렇다고 수용소에서 병이 생겨 눕는 사람은 드물다고 한다.[51]

수용소에 들어온 월남인은 우선 검역소에서 예방주사를 맞고 숙박소에 보내져 외무처에서 조서를 꾸미고 이주증명서를 발급 받았다. 이들 가운데 먼저 월남한 가족이나 남한에 친척 또는 동거할 처소가 있는 사람들에게는 지역의 제한 없이 희망대로 보내주는 것을 원칙으로 하였고, 남한에 연고자가 전혀 없는 사람들은 대전, 대구, 광주, 기타 남한 각지로 보내졌다. 수용소 체류기간은 짧게는 보통 2일 안팎이었고 열차 등 수송수단이 여의치 못하면 2주일을 보내는 경우도 없지 않았다. 이들의

---

51) 『대중일보』 1947년 11월 18일자.

직업은 미군정 노동부에서 알선했다.[52]

인천도 서울과 마찬가지로 월남인 통제지역임에도 불구하고 5만 명이 넘은 월남인들이 들어온 것은 항도(港都)일 뿐더러 서울과 인접한 공업도시라는 점이 크게 작용했던 것으로 보인다.

4. 전재동포의 잔류와 사회문제

1) 인구증가와 주택난

해방 직후 남한은 귀환 동포의 유입으로 인해 1945년과 1946년 사이에 14.8%라는 급격한 인구증가를 보였는데,[53] 이들의 유입은 단지 남한인구의 절대증가를 유발하는 데 그치지 않고, 대도시를 비롯한 특정지역에 인구집중을 초래했다는 데 문제의 심각성이 더해졌다. 예컨대 재중동포의 귀환을 담당했던 인천과 재일동포의 귀환을 담당하던 부산의 경우 해방 이후 만성적인 인구증가로 "이들에 대한 구제문제는 과거 3년간 가장 긴급한 사회문제"[54]였다.

미군정 외무처 발표에 따르면 1947년 10월 현재 해외 혹은 북한에서 남한으로 유입된 전재동포 수는 81만 명에 달했다. 이 가운데 8·15 이후 1945년 말까지 51만여 명, 1946년 중에 18만 5천여 명, 1947년에 12만 5천여 명이 유입되어 분산 이주했다.[55] 이들 가운데 7만에 가까운 전재

52) 『대중일보』 1947년 11월 18일자.
53) 『조선경제연보』 1948, Ⅲ-20, 1-5쪽.
54) 『독립신보』 1947년 10월 8일자.
55) 『대중일보』 1947년 11월 19일자.

동포들이 인천으로 들어왔고[56] 이 가운데 본래의 연고지나 고향으로 돌아가지 않고 인천에 잔류한 사람은 최소한 절반을 넘었다.[57] 이는 당시 인천시 전체 인구의 5분지 1에 육박하는 규모로 시 당국은 잔류 동포의 연고지 송환에 고심하였다.

전재동포의 급격한 유입으로 야기된 문제 가운데 가장 심각한 것은 주택난이었다. 전재동포들은 인천항에 입항하여 보통 3, 4일간 수송선 안에서 검역을 받은 뒤 미군정청 후생과와 인천시 사회과로 인계되고, 다시 조선인민원호회 등 민간 구호단체의 안내로 별도의 수용시설에서 2, 3일을 보낸 뒤 열차 편으로 각자의 고향에 보내졌다. 수용시설은 당시 유곽이 밀집되어 있던 부도정(敷島町, 선학동)에 6개소가 있었는데, 모두 일본인 경영의 유곽과 여관을 개조한 것이었다.[58] 문제는 수용소를 나와도 갈 곳이 없는 전재동포들이었다. 인천으로 귀환한 중국 화북지역 전재동포들은 현지에서 재산을 빼앗겨 거의 빈털터리인 데다 고향에 농사를 지을 토지마저 없는 경우가 많아 시내를 배회하였는데, 겨울철이 다가오면서 이들을 수용할 주택의 부족은 심각한 문제였다.

이에 당국은 거리에서 방황하는 전재동포를 '일시' 수용할 숙소를 마련하기 위해 인천에서 일본인들의 본국 철수사무를 주관하고 있던 일본인 세화회(日本人世和會)의 임원들을 불러 일본인 소유의 빈 가옥들을 조선인 전재민들을 위해 비워주도록 요구하였다.[59] 1946년 11월에는 시내에 소재한 일본인 경영의 여관 네 곳이 전재동포의 수용을 위해 개방되었다.

---

56) 『대중일보』 1947년 11월 21일자.

57) 1946년 12월 초 인천에 거주하는 전재민은 3만여 명으로 집계되었다. 『대중일보』 1946년 5월 30일자 및 1946년 12월 14일자 참조.

58) 『대중일보』 1945년 12월 1일자.

59) 『대중일보』 1945년 10월 16일자.

급증하는 전재동포의 주택수요에 충당하기 위해 적당한 시기에 3,000호에 달하는 일본인 주택을 접수하여 전재동포들을 대상으로 저렴한 가격으로 임대한다는 것이 당국의 구상이었다.[60]

그러나 혼란을 틈탄 '모리배'의 발호로 이러한 방침도 난관에 봉착했다. 모리배들이 미리 일본인들에게 돈을 주고 차지한 주택의 수가 인천에서만 1천여 채에 달했는데, 이는 인천에 산재한 전체 일본인 소유주택의 3분지 1에 달하는 규모였다.[61] 때문에 주택이 절실한 많은 전재동포가 배제되었고 심지어 인천시 적산관리국장의 특별배려로 전재동포가 거주하던 일본기업의 사택이 습격을 당하는 사태까지 벌어졌다.

주택난은 태평양전쟁 말기 미군기의 공습에 대비하기 위해 소개(疏開)했던 주택의 본래 소유자들이 돌아오면서 더욱 심각해졌다. 1944년 여름 이후 미군 전투기의 공습이 조선에도 감행되자 조선총독부는 서울, 인천, 부산, 평양 등지에 총 27개 노선의 소개공지대(疏開空地帶)를 지정했다. 이 가운데 인천은 1945년 4월 19일 다음의 3개소의 소개공지대가 지정되어 해당 구역 안의 주택이 모두 철거되고 주민들도 강제 철수되었다.[62]

① 북부공장방공선지대(만석동-송현동, 100×2,300미터)
② 경인선연선지대(만석동-숭의동, 30×2,500미터)
③ 인현사동선지대(인현동-사동, 50×7,500미터)

미군정 당국은 새로운 주택의 건설과 같은 근본적인 대책을 세우지 못했다. 인천에 거주하던 일본인들이 본국으로 돌아가면 그곳에서 일시

60) 『대중일보』 1945년 11월 3일자.
61) 『대중일보』 1945년 12월 10일자.
62) 인천직할시사편찬위원회, 『인천시사』(상권), 1993, 419~420쪽.

거주하게 한다는 것이었는데, 그마저도 관과 결탁한 모리배의 발호와 '적산관리법'에 묶여 제대로 시행할 수 없었다. 전재동포의 주택난을 해결하기 위해 남는 방을 가진 시민과 동거하도록 알선한다는[63] 비현실적 땜질식 처방에 급급했던 것이다.

1946년 겨울을 앞두고 제시된 대책을 둘러싼 각계의 비판은 전재동포 주택문제에 대한 당국의 대응에 얼마나 원칙과 일관성이 결여되어 있었는가를 여실히 보여준다. 시 당국은 전재동포의 급격한 유입에 따른 주택문제를 해결하기 위해 1946년 12월 말까지 적산이 된 인천시내 일본인 소유의 '요정'을 비롯한 유흥업소를 모두 접수하여 이를 개방한다고 발표했다가 돌연 그 개방의 시기를 한 달간 연기한다고 발표했다.

이에 대해 인천의 각 정당과 사회단체들은 좌·우가 일제히 한 목소리로 당국의 처사를 비판했다. 노숙 전재동포의 동사(凍死)가 현실화하자 급한 대로 시내 큰 건물이라도 개방하라는 요구도 빗발쳤다.[64]

한국독립당(嚴雨龍)

현실문제로 보아 또 민족적 양심으로 보아 일제 압정에서 쫓겨났다 해당된 조국에 헐벗고 돌아온 전재 귀환동포에게 적산을 주는 것은 당연하다. 항차 추위와 기아에서 시급히 구제가 요청되는 그들에게 일단 적산요정을 개방하여 들게까지 하였다가 며칠 후에 1개월 유예를 선언하는 미군정을 이해하기 힘들다. 이래서야 군정에서 하는 일을 누가 믿을 수 있을까. 우선 문제는 전재동포를 구하는 일이 가장 급한 일이다.

---

63) 『대중일보』 1946년 6월 15일자.

64) 『대중일보』 1946년 12월 14일자.

사회노동당(高哲宇)

가련한 전재동포들의 정황은 우리보다 위정당국이 더 잘 알고 있을 것이다. 수십만의 전재민은 기한에 떨고 있지만 몇인지는 모르되 요정의 종업원들은 당장 죽을 지경은 아닐 것이다. 만일 한 달 동안이나 이를 연기한다면 아사자 동사자의 속출을 면치 못할 것이니 이의 연기를 허락한 위정당국의 태도는 언어도단이라기보다 마땅히 그 자리를 물러나가야 한다.

천도교청우당(宋重坤)

일단 개방한 적산 요정을 다시 1개월의 유예를 한다는 것은 군정당국의 실정에 어두운 처사이다. 생사기로에 있는 전재동포를 구하는 것과 기업자의 폐업과의 경중을 물을 때, 조선사람이면 삼척동자라도 불쌍한 전재동포를 살리자고 할 것이다. 군정의 朝令暮改의 처사는 민중을 우롱하는 결과밖에 아무 것도 없다. 돈 있는 사람은 돈을 내고 집이 있는 사람은 집을 주어 민족의 힘으로 극한과 싸우는 그들을 살리는 데 총동원하는 동시에 국내 실정을 모르는 미군정을 몇 개인의 사정으로 옳지 못하게 하는 무리는 철저히 때려 부숴야 한다.

민주주의민족전선(朴文圭)

수십만 전재동포가 기아에 떨고 있을 때 일부 요정을 경영하여 치부를 하려는 무리들과 호의호식으로 향락을 꾀하는 일부 특수계급을 위하여 집 없는 전재동포를 위한 요정 개방을 연기한다는 것은 실로 언어도단이라 아니할 수 없다. 종업노무자의 생업에 대해서는 위정당국으로서는 물론 대책을 강구하여야 할 것이다.[65]

갈 곳이 없는 전재동포들은 일제 말기 전시 하에 구축된 고사포 진지와 "찬바람 휩쓰는 뒷골목 더러운 쓰레기가 흩어진 방공호" 속 또는 다리

65) 『조선일보』 1946년 12월 26일자.

밑에서 엄동설한을 보낼 수밖에 없었다. 1946년 12월 현재 인천에 잔류한 3만여 명의 전재동포 가운데,[66] 거리의 무숙자가 최소한 80여 세대였고 한 겨울에 그대로 두면 굶어죽을 사람은 6백여 명으로 파악되었다.[67] 아사(餓死)와 동사자(凍死者)가 속출하는 상황 속에서 전재동포의 주택문제를 그대로 방치할 경우 사태가 걷잡을 수 없을 것임은 두말할 나위도 없었다.

이에 미군정은 1946년 7월에 국고보조금 2천9백여만 원과 민간에서 모금한 4천만 원을 합하여 착공한 전재민 가주택의 건설을 서둘렀다. 그 결과 2만 4천8백48호의 목표물량 가운데, 1947년 2월 현재 4천6백 호를 완공하였다.[68] 가주택은 토막(土幕), 즉 움막이나 움집의 형태여서 주택문제에 대한 항구적인 대책이 될 수는 없었지만 그래도 수용소와 같은 임시숙소가 아닌 '주택'의 건설을 꾀했다는 점에서 의미를 갖는 것이었다. 의도한 대로 추진되면 전재동포의 주택난 완화에 기여를 할 수 있었다.

토막형태의 가주택 건설로 전재동포의 주택문제를 해결해보려는 노력은 인천도 예외가 될 수 없었다. 1947년 1월 인천부 후생과의 주도하에 '전재민 가주택 건설조성회'가 조직되고 기금의 모금 등 가주택 건설을 위한 활동이 시작되었다. 국고보조 외에 가주택 건설에 소요되는 상당액의 자금을 일반 부민들로부터 모집한다는 것인데, 그 내역을 구체적으로 살펴보면 각 회사와 조합, 단체 등의 응분(應分)으로 하는 거금과 각 관공서, 회사, 공장 등의 직원에 대해 개인당 월 임금의 100분지 3 정도 이상을 염출, 2월 5일까지 거출하고 일반 시민들도 개인 자격으로 2월 20일까지

---

66) 『대중일보』 1946년 12월 12일자.

67) 『대중일보』 1946년 12월 14일자.

68) 『대중일보』 1947년 2월 22일자.

후생과에서 직접 의연금을 걷는다는 것이었다.[69] 이렇게 68만 원을 모아 시내 화수동(花水洞)과 숭의동(崇義洞)에 가주택을 짓는다는 것이었는데[70] 뒤에 모금액 목표를 국고보조금 40만 원을 포함[71], 4백만 원으로 올리면서 화수동은 그대로 하고 숭의동 대신 만석동과 송현동에 총 100호의 가주택을 짓는 것으로 변경되었다.[72]

그러나 가주택 건설계획은 자금조달이 여의치 않아 처음부터 난항에 부딪혔다. 1947년 2월 말의 마감을 지난 3월 10일 현재 모집된 의연금이 8만 원에 불과하여 모금 기한을 한 달 연장했다.[73] 그리고 다시 여러 차례의 기간 연장을 통해 같은 해 6월 말일까지 국고보조금을 합해 200여만 원을 모금, 목표액의 절반을 달성, 1차로 만석동에 50호의 가주택을 짓기로 결정했다.[74] 1947년 11월 말에는 송현동에 24호의 전재민 가주택이 완공된 데 이어 96호의 가주택이 또 착공되었고[75] 인근의 부천군 관내에도 50호의 전재민 가주택이 지어졌다.[76]

1946년 말 이후 미군정 당국이 전재동포 주택난 해소를 위해 추진, 건설한 가주택은 전재동포들의 주택난 완화에 일정정도 기여했다. 그러나 가주택이 일반인 거주지역과 섞인 것이 아니라, 공지나 폐허와 다름없이 버려진 별도의 지역에 건설됨으로써, 이들 해당 지역은 인천시의 새로운 빈민층지대를 형성, 사회적 갈등의 씨앗이 되었다.

---

69) 『대중일보』 1947년 1월 31일자.
70) 『대중일보』 1947년 3월 12일자.
71) 『대중일보』 1947년 7월 3일자.
72) 『대중일보』 1947년 5월 23일자 및 11월 26일자.
73) 『대중일보』 1947년 3월 12일자.
74) 『대중일보』 1947년 7월 3일자.
75) 『대중일보』 1947년 11월 26일자.
76) 『대중일보』 1947년 11월 23일자.

2) 실업과 질병, 범죄

해방 직후 해외 귀환 전재동포는 신국가 건설의 새로운 인적 자원이 될 것으로 기대되었다. 특히 재일동포들은 공장에서 일한 경력으로 기능과 기술을 보유한 동포에 대해 남한의 산업을 진흥시킬 산업역군이 될 것으로 기대되었고, 대부분의 농업종사자였던 재중동포들은 크게 떨어진 남한의 식량생산에 일조할 것으로 기대되었다.[77] 그러나 귀환 전재동포들은 귀환과정에서 산업시설을 국내로 반입하지 못해 생업을 지속할 수 없었을 뿐만 아니라 기술을 활용할 수 있는 남한의 산업도 부진을 면치 못했다. 농사를 지으려 해도 고국에서 경작권을 확보할 수 없어 거의 절반이 실업상태에 처했다.

인천으로 귀환한 해외 전재동포의 대부분은 중국 화북지역 출신들이었고 이들은 대부분 중국에서 농사를 짓던 사람들이었다. 따라서 이들에게 취업대책을 마련한다고 했을 때, 농업 외에는 대안이 없었는데, 이는 인천이 부산과 더불어 한국을 대표하는 국제항이고 공업도시임을 감안할 때 중대한 모순이 아닐 수 없었다.

해외 전재동포의 귀환과 월남민의 급격한 유입에서 비롯된 인구증가는 심각한 실업문제를 유발했다. 1946년 5월 수용소를 나와서도 고향으로 돌아가지 못하고 잔류하는 전재동포들이 늘어나고 이들의 실업이 큰 사회문제로 대두되자 인천의 군정당국은 그 해결책으로 귀농사업(歸農事業)을 제시했다. 임시방편으로 우선 전재동포 가운데 140여 세대를 귀농시켜 고농(雇農; 농업노동자, 머슴)으로 육성한다는 것이었다.

---

77) 이연식, 앞의 논문, 60~61쪽.

> 인천에 상륙하는 전재민은 그때마다 자기네들의 고향으로 돌려보내는 고로 원 인천거주자이던 전재민만이 인천에 남게 되는 터인데, 그네들의 취업 알선은 대단히 곤란한 것으로 현재 시립 직업소개소에서 기능별로 카드를 작성하여 직업 알선에 노력하고 있으며 그 중에는 귀농(歸農) 희망자도 적지 않으므로 농업에 적당한 사람으로 관내 142세대를 선출하여 부평 36세대, 문학 24세대, 서곶 42세대, 남동 40세대, 부천군 영흥면 12세대를 입식(入植)시키기로 타협이 되었으므로 불일에도 출발시킬 것이며 앞으로도 계속하여 귀농 알선을 할 계획이다.[78]

이러한 구상이 계획대로 진행되면 인천시 당국은 부평에 소재한 시유지 30만 평에 전재동포 300세대를 입주시켜 보리 등 잡곡을 재배하게 할 작정이었다.[79] 실업 대책을 식량난 완화와 연계한다는 것이었다. 이들 지역 외에도 당국은 인천과 인접한 강화와 김포, 부천의 각 군과 협조하여 실업 전재동포의 귀농사업을 적극적으로 추진했다.[80] 그러나 이러한 노력에도 불구하고 1947년 11월 현재 인천지역 실업자 3만여 명[81] 가운데 절반 이상이 귀환 전재동포였다.

해외 전재동포와 월남민의 유입으로 인한 전염병 감염의 우려는 내재된 사회문제였다. 특히 1947년 초 해빙기가 되면서 콜레라 등 전염병의 창궐이 크게 우려되었다. 시 당국은 해외 귀환 전재동포와 북한지역 월남민들을 태우고 인천항에 입항하는 수송선에 대한 검역을 한층 강화했다.[82] 4월 초 미군정청은 전염병의 국내 진입을 방지하기 위한 강력한

78) 『대중일보』 1946년 5월 17일자.
79) 『조선일보』 1946년 4월 11일자.
80) 『대중일보』 1947년 1월 14일자.
81) 『대중일보』 1947년 11월 15일자.
82) 『대중일보』 1947년 2월 25일자 및 3월 16일자.

대책으로 항만 검역에 대한 법령을 제정하고 인천과 부산, 목포, 여수 등 해외 전재동포의 귀환 수송선의 입항이 잦은 항도에 별도의 검역소 설치를 결정했다.[83]

그러나 유입된 대규모의 인구로 야기된 실업사태, 주택난, 불결한 주거환경 속에서 질병의 만연은 피할 수 없었는데, 그 대표적인 사례가 해방 직후 인천 지역사회를 한동안 시끄럽게 했던 문둥병자, 즉 나환자 집단 소동이다. 문제는 1백여 명의 나환자들이 시내 신흥동 1가 신한공사 부근 공터에 천막을 치고 집단적으로 거주하고 있는 데 대해 인근 주민들이 당국에 이들에 대한 퇴거조치를 요구하면서 비롯되었다. 경찰의 조사 결과 이들은 제주도 방면에서 운반선을 이용하여 인천에 들어온 것으로 판명되었다.[84] 본래 이들 대부분은 패전 직후 일본인들이 소록도에서 철수하면서 나환자촌을 파괴하고 나환자들을 방출한 결과 인천까지 들어오게 되었던 것이다.[85]

나환자들은 천막과 토막에 분산적으로 기거하면서 구걸로 생계를 유지하였는데, 이로 인해 시내 각 가정에서는 적지 않은 공포와 횡포에 시달렸다. 예컨대 "문둥이는 소년들의 육체의 일부를 떼어먹으면 낫는다"고 하여 살인사건까지 일으킨 적도 있어서 어린 자녀를 가진 가정에서는 불안감이 이만저만한 것이 아니었다. 나환자들 일부가 주택에 침입하여 절도를 일삼는 일도 비일비재했다.[86] 당국의 단속도 별다른 효과를 거두지 못하자 시민들 스스로 방호대를 편성하여 나환자들의 절도와 범죄

83) 『대중일보』 1947년 4월 11일자.
84) 『대중일보』 1947년 7월 12일자.
85) 『조선일보』 1946년 10월 30일자.
86) 『대중일보』 1947년 7월 26일자.

행위를 징치하는 일도 있었다. 1947년 7월 20일 새벽 주안동 학교 근처 노막에 기거하던 나환자 최상열(崔相烈) 등 8명은 부근의 양복점과 주택에 침입하여 의류와 시계 등을 훔쳐 달아나다 이를 규찰하던 11명의 청년들에게 잡혀 인천경찰서에 인계되었다.[87]

대규모 전재동포의 잔류는 각종 범죄 발생의 요인도 제공했다. 해방 후 1946년 12월 30일 현재까지 인천의 범죄 피해건수는 2천2백여 건에 피해금액이 1천3백여만 원으로 집계되었는데,[88] 1947년 1, 2월 "인천경찰서에서 검거한 절도범의 대부분은 전재민"[89]이었다.

이처럼 전재동포들 사이에서 야기된 질병과 범죄는 전재동포를 더 이상 모두가 끌어안아야 할 하나의 민족이라는 상식화된 관념, 즉 그들에 대한 인식이 당위적 포용이 아닌 선별적 배제라는 민족 내 균열의 심각한 계기를 제공했다는 점이 지적되어야 할 것이다.

5. 맺음말

지금까지 해방 후 인천의 정치·경제적 상황과 해외 전재동포 및 월남민 유입, 이들의 대규모 유입으로 야기된 사회문제의 양상을 살펴보았다. 그리고 그것이 향후 인천지역사의 전개에 끼친 영향을 살펴보려고 했다. 이상의 내용을 정리하면 다음과 같다.

해방을 맞는 인천의 풍경은 남다른 점이 있었다. 최초의 개항장으로

---

87) 『대중일보』 1947년 7월 25일자.
88) 『대중일보』 1947년 1월 22일자.
89) 『대중일보』 1947년 3월 9일자 및 『독립신보』 1947년 12월 13일자.

외국인 전용 거류지가 형성되어 중심부에는 많은 일본인들이 거주하였고 식민지 근대화의 첨병 역할을 수행하였던 곳이, 해방 후에는 제일 먼저 미군의 점령을 경험함으로써 다시금 고단한 현대사의 서막을 열었던 것이다. 인천에 진주한 미군은 군정을 실시, 시장을 선출하고 행정기구를 정비하는 등 시정을 빠르게 장악해갔으나, 시의 행정을 맡은 한국인의 대부분은 식민지 하 일본인 밑에서 일하던 인사들이었다. 이들에 대한 우익의 엄호 속에 8·15 전후 자생적으로 탄생한 좌익은 자연 이들에 대한 비판과 견세를 강화해갔는데, 신탁통치 파동과 미소공위의 공전 등을 거치면서 극한적 대치는 1947년 말까지 지속되었다.

경제적 혼란은 더욱 심했다. 인천은 제국주의 일본의 전쟁 수행을 위한 군수공장이 많았고 일본인들이 산업계를 지배함으로써 식민지배와 대륙침략의 전초기지가 되어 있었다. 인천항을 대륙침략의 발판으로 삼고 이 지역을 병참기지화 했던 것이다. 패전과 더불어 일본인들이 산업시설을 제멋대로 처분, 파괴하고 썰물처럼 사라짐으로써 인천의 산업시설은 그야말로 거대한 흉물이 되었다. 미숙하고 부조리한 귀속사업체 운영으로 야기된 생산력 감퇴, 극심한 물가고에 더하여 수십만 해외 전재동포와 월남민의 유입으로 인천지역은 경제적 한계상황에 직면하였다.

인천으로 귀환한 해외 전재동포 대다수의 출발지역은 중국의 화북이었다. 지리적으로 인천과 가까웠을 뿐만 아니라 특히 1937년 중일전쟁 이후 화북지역을 점령한 일본군에 의해 동북 만주 등 중국 각지에 흩어져 살던 한인들이 대거 몰렸기 때문이다. 그러나 이 지역이 일본 점령군과 중국민중 사이에 조성된 적대관계에 따라 한인들이 재산을 약탈당하는 등 심한 박해를 받으며 거의 빈털터리로 조국 귀환에 내몰렸던 것이다. 그마저도 국민당과 공산당의 내전장이 된 동북 만주지역의 한인들은 많은 수가 조국으로의 귀환을 포기하였다. 해외 전재동포의 대규모 귀환은 1946년 말경 일단락되고 이후의 대규모 인구유입은 월남민에 의한 것이었다. 해방 후 남과 북이 미·소 양군에 의해 군사적으로 점령된 뒤 상당수의 북한주민들이 월남했는데, 초기에는 친일파, 모스크바 3상회의 결정 이후에는 기독교인과 우파 민족주의자들이 월남했으나 토지개혁 이후에는 지주계급은 물론 정치·경제의 급진적 개혁에 불안을 느낀 일반 주민들도 월남대열에 합류, 1946년 말에 이미 40만을 넘어섰다. 이 중 무려 5만여 명이 인천을 선택했는데, 인천이 항도인 데다 서울에 인접한 공업도시였기 때문이다.

전재동포의 대규모 유입으로 야기된 심각한 문제의 하나는 주택난이었다. 이들 가운데 상당수가 연고지로 돌아가지 않고 인천에 잔류함으로써 가뜩이나 부족한 주택난을 가중시켰던 것이다. 초기에 당국은 쓰레기장이 되어버린 방공호와 거리, 다리 밑에서 노숙하는 전재동포들을 위해 유흥업소 등 일시적 수용시설을 확보하는 데 노력하였으나, 전재동포 다수가 인천에 정착하게 되자 특정지에 가주택을 지어 주택난을 해소하려 했다. 이러한 집단적 가주택 건설로 전재동포들의 주택난은 상당히 완화되었다.

반면에 가주택 밀집지역은 인천의 최하 빈민촌이 되면서 잠재적으로 사회적 갈등의 씨앗이 되었는데, 이는 전재동포가 더 이상 민족의 이름으로 포용의 대상이 되지 못하고 점차 견제와 격리의 대상으로 전락해가고 있음을 예고하는 것이다. 이러한 상황은 대규모 인구의 유입으로 인한 실업사태에서도 드러나는 바, '공업도시' 인천에서 귀환 전재동포들이 얻은 일자리 대부분은 인근 농촌의 고농(雇農; 머슴)이었다.

집단적 나병환자들에 의한 사회적 소동에서도 보듯이 전염병 등 질병의 만연은 전재동포를 더 이상 모두가 끌어안아야 할 하나의 민족이라는 상식화된 관념, 즉 그들에 대한 인식이 당위적 포용이 아닌 선별적 배제의 대상이 되고 있음을 극명하게 보여주는 사례이다. 이와 같이 해방 직후라고 하는 '신질서 형성기' 인천 지역사회에서 일어난 강력한 민족 내부의 균열과 배제가 오늘날 인천의 정체성(identity)을 형성하는 과정에서 깊은 상처가 되었을 것임은 의심의 여지가 없다.

제2부

제헌 국회의원 선거
: 지역 분단질서의 형성

◆ 제1장 ◆

좌·우 대립구도의 형성과 투쟁

1. 해방과 인천 미군정의 실시

1) 8·15 해방과 인천

제국주의 일본의 항복을 불러온 것은 1945년 8월 6일 히로시마에 투하된 원자폭탄과 소련의 참전이었다. 원자폭탄이 투하된 지 3일 뒤에 소련은 일본 관동군을 격멸하고 일본 침략의 근거지이던 만주기지를 공격, 파괴함으로써 일본의 연합국들에 대한 계속적인 저항의 가능성을 분쇄했다. 1945년 7월 말까지 일본정부는 연합국이 최후통첩으로 제안한 「포츠담선언」의 조건들을 수락하지 않고 있었을 뿐만 아니라 중국 만주를 근거지로 연합국에 맞서 전쟁을 계속할 계획을 가지고 있었다. 따라서 미국과 영국도 전쟁이 언제 끝날지 모르는 지구전이 될 것을 우려했다.[1)]

소련 외교인민위원 몰로토프가 소련주재 일본대사에게 대일선전포고문을 전달한 것은 8일 오후 5시(일본시간 오후 11시)였고, 일본정부가 그것을

1) 이현주, 「8·15전후 조선총독부의 정책과 조선정치세력의 대응」, 『국사관논총』 제108집, 국사편찬위원회, 2006, 254~255쪽.

안 것은 9일 새벽의 모스크바 방송을 통해서였다. 소련은 미·영·중국의 수뇌가 서명한 포츠담선언에 참여했다. 8월 9일 새벽 바이칼에서 태평양에 이르는 소련의 3개 전선 즉 자바이칼 전선, 제1 극동전선, 제2 극동전선은 일제히 행동을 개시하여 만주로 진격하는 한편, 북한지역에 태평양함대를 출동시켰다. 9일 오전 0시 5분경, 소련 태평양함대 소속 해군기의 편대는 한·소 국경지대의 일본군항이었던 웅기와 나진을 급습하여 항구 안의 일본 선박과 부두에 산적한 관동군 시설에 맹렬한 폭격을 퍼부었다. 같은 시간에 장고봉 부근의 소련군은 두만강을 건너 진공하였다.

한반도로 진격한 소련 태평양함대의 상륙부대는 청진에서 일본군의 저항에 직면했다. 8월 13일 오전 청진항에 나타난 소련군은 맹렬한 함포사격과 함께 연막을 치면서 상륙하기 시작했다. 13일 저녁 소련군 상륙부대가 청진의 천마산을 점령하여 양군은 다음날 아침까지 혼전을 계속하였고 일본이 항복을 선언한 다음날 아침에야 청진시가가 완전히 점령되었다.[2)]

8월 21일에는 소련군 2개 소대가 원산항에 상륙하여 항공대 및 요새사령부 등의 무장해제, 육군창고의 접수를 시작함과 동시에 일부 병사는 통행인을 검색하여 시계, 기타의 장신구를 약탈했다. 경원선은 불통되고 통신도 두절되었다. 8월 23일까지 일본군은 물론 함경남북도의 헌병 및 경찰관도 무장이 해제되고 무기는 민간의 사설 보안대에 양도되었다. 소련군은 2, 3일 안으로 행정권 일체를 인민위원회에 넘길 것을 지시했다. 도지사 이하 일본인 간부, 특히 경찰관은 하급자까지 전부 억류 구속되었다. 행정권을 접수한 인민위원회는 모든 근무처로부터 일본인을 추방했다.[3)]

---

2) 김기조, 『38선 분할의 역사–미, 소·일간의 전략대결과 전시외교비사(1941~1945)』, 동산출판사, 1994, 240~243쪽.

이에 앞서 1945년 8월 15일, 마침내 제2차 세계대전에서 일본이 무조건 항복함으로써 우리 민족은 35년간에 걸친 일본제국주의의 폭압적인 식민통치로부터 해방되었다.

해방은 일부 친일 민족반역자를 제외한 한민족 성원 모두의 환희요 감격이었다. 감격과 흥분은 인천도 예외가 아니었다. 해방 전의 인천은 1876년 조일수호조규(강화도조약)에 따른 최초의 개항장으로, 외국인 거류지인 조계가 설정되어 있었기 때문에 다른 어느 도시에 비해 일본인들이 다수 거주하고 있었다. 인천의 상징인 만국공원(자유공원)을 중심으로 구 인천의 중심부는 일본인들 비롯한 외국인들이 '점령', 인천의 그야말로 식민지 근대화의 첨병 역할을 하던 전진기지였기 때문에 해방을 맞는 인천의 표정은 남다를 수밖에 없었다. 인천은 일본인들이 항복을 앞두고 한국을 탈출하는 길목이었기 때문에 다른 어느 지역보다 해방의 예감이 빨랐다.

1945년 8월 15일 정오 일본의 무조건 항복을 알리는 일왕(日王)의 떨리는 목소리가 라디오 방송을 통해 들리자 일본인들은 큰 충격을 받았다. 그러나 36년간 일제의 억압 아래 억눌려 있던 한국인들은 해방의 기쁨에 거리로 쏟아져 나와 환희의 물결을 이루었다. 일본인들은 그들이 저질러 온 만행으로 인해 불안과 공포에 휩싸여 미군이 상륙할 때까지 자구책을 강구해야 했다. 더욱이 38선 이북의 함경남북도의 주요 도시를 점령한 소련군은 모든 시가지와 모든 행정기관 등에서 일본인들을 추방하면서 파죽지세로 남하하고 있었다.

이에 따라 그들은 먼저 자신들의 안전한 귀국을 위해 세화회(世話會)를 조직하여 잔류 일본인들의 단합을 꾀하는 한편, 전쟁에 참여한 경험이

---

3) 山名酒喜男, 『朝鮮總督府終政の記錄(一)』, 中央日韓協會, 1956 참조.

있는 재향군인들을 무장시켜 순사복장으로 각 파출소를 경비하는 등 한국인들의 응징에 대비하였다. 인천에서도 일본인들은 인천세화회를 조직하고 신변 안정과 본국 귀환활동을 전개했다.[4)]

2) 미군의 인천 상륙과 군정의 실시

(1) 미군의 인천 상륙

해방 후 인천은 미군이 남한을 점령하면서 새로운 국면을 맞이하였다. 미군이 남한을 군사적으로 처음 점령한 것은 제24군단 7사단 예하의 제17·32·134 보병연대였다. 미군의 남한 점령은 2단계로 진행되었는데, 첫째 인천과 서울 주변은 즉시 점령할 지역이며, 둘째 38도선을 넘지 않는 범위 내에서 대략 반경 50마일 이내로 북쪽으로 확대한다는 방침이었다. 이와 같은 방침에 따라 미군은 9월 8일에 육군 선도대가 인천에 도착하였고, 이튿날 늦게 7사단의 병력과 장비의 하역이 완료되었다. 그 뒤 인천지역은 제17보병연대에 인계되었다.

미군은 인천에 상륙하는 과정에서 별다른 저항을 받지 않았다. 무장한 많은 일본군 장교와 병사들이 경비를 서고 있었고, 부두 주변의 주요 교차로에는 검은 코트를 입은 일본인 경찰이 경비를 서거나 말을 타고 있었다. 이들은 모두 소총으로 무장하고, 착검하고 있었다. 미군은 일본인 경찰들의 경비 때문에 한국인들의 대규모 시위를 방지할 수 있었다고 평가했다.[5)]

그러나 미군의 인천 상륙은 인천시민들에게 가슴 아픈 기억을 남기면

---

4) 小谷益次郎 著·윤해연 역, 「인천철수지(仁川引揚誌)(상·하)」, 『황해문화』 30~31, 새얼문화재단, 2001 및 본서 Ⅰ장 1절 참조.

5) C. L. 호그 지음, 신복룡·김원덕 옮김, 『한국분단보고서』(상), 풀빛, 1992, 122쪽.

서 이루어졌다. 바로 미군과의 주요한 첫 사건이 미군이 상륙하기 몇 시간 전에 일어났던 것이다. 당시 인천지역 건국준비위원회 산하의 보안대, 노동조합 조합원들은 미군의 인천 상륙을 환영하기 위해 연합국기를 들고 시위행진을 벌였다. 이에 일본인 경찰들은 환영 나온 시위대를 해산시키기 위해 발포하여, 두 사람이 죽고 수십 명이 부상을 당했다.[6)]

이날 사망한 두 사람은 일제하 인천에서 항일운동과 노동운동의 핵심으로 활약하던 '노동조합 인천중앙위원장' 권평근과 보안대원 이석우였다.[7)]

> 인천 조선해방의 사절로 지난 8일에 인천항에는 미국군의 입항이 시작되자 이날의 반가움을 참지 못하여 미군을 환영키 위하여 인천 보안대원과 조선노동조합원 등이 질서정연하게 행렬을 지어 연합국기를 들고 행진하던 중 아무런 이유도 없이 일본인 경관대들이 발포하여 노동조합위원장인 권평근(47)이 가슴과 배에 탄환을 맞아 즉사하였고 보안대원 이석우(26)도 등허리에 탄환을 맞아 즉사하였다. 그리고 중상자와 경상자 14명을 내어 도립의원에 수용하고 응급치료 중인데 이 사건의 전말을 미군 CIC에서 조사 중이다. 이에 건국준비위원회 인천지부에서도 미군을 통하여 일본관헌에 대하여 엄중하게 항의 중이다.[8)]

이 사건은 상당한 파괴력을 가진 충격적인 것이었다. 조선공산당 기관지는 "9월 8일의 미군 환영인파에 대한 발사로 인명의 희생이 있었음을 항의하는 시위가 인천에서 6만여 명의 노동자들이 중심이 되어 행해졌

---

6) 『매일신보』 1945년 9월 12일자. 그런데 시위대에 발포한 일본인 경찰들은 미군으로부터 처벌을 받기는커녕 칭찬을 받은 것으로 알려졌다(C. L. 호그 지음, 신복룡·김원덕 옮김, 앞의 책, 123쪽).

7) 권평근에 대해서는 이현주, 「권평근 : 우리가 지키지 못한 항일운동가」, 『인물로 보는 인천사』, 인천광역시, 2013, 235~238쪽 참조.

8) 『매일신보』 1945년 9월 12일자.

다"[9]고 보도했다. 당시 인천의 인구가 20만 명 남짓 정도였던 점을 감안하면 엄청난 규모였음을 알 수 있다. 인천 재류 일본인들에 대한 인천시민들의 분노는 극에 달하였다.

두 사람의 장례식은 건국준비위원회 인천지부 주최로 엄수되었다. 매일신보는 "지난 8일에 연합군 환영을 나가다가 일본인 순사의 불법한 발포로 말미암아 즉사한 노동조합 중앙위원장인 권평근과 보안대원 이석우의 시민장은 건국준비위원회 인천지부에서 지난 10일 오전 10시에 전 시민의 참렬 아래 엄숙 성대히 거행하였다. 이날은 미군 측으로서 각 장교들 30여 명이 여러 차례로 조문을 하였으며 장의위원장 박남칠의 조사를 비롯하여 각 단체 대표의 조사가 있은 다음 악대를 선두로 시가 행렬을 하여 엄숙하고도 장중히 장지인 주안정 공동묘지에 안장하였다"[10]고 하여 장례식의 분위기를 생생하게 전했다.

이처럼 미군의 남한 첫 점령인 인천 상륙은 비극적인 사건을 기록에 남겼고 미군은 이러한 사건을 뒤로 한 채 본격적인 남한 점령에 들어갔다. 미군의 남한 점령은 각 지방에 대한 미 전술군의 단계적인 군사적 점령과 병행하여 중앙에서의 군정대에 의한 미군정 체제의 구축이 기본적인 내용을 이루었다. 미 전술군의 군사점령은 1945년 9월 8일 인천 상륙 이후 서울과 경기지역을 중심으로 시작하여 같은 해 11월 제주도를 마지막으로 단계적으로 진행되었다.

미군 전술군이 각 지방을 군사적으로 점령하면서 각 지방에는 미군정이 실시되었는데, 중부지방은 7사단, 호남지방 6사단, 영남지방 40사단으로 각각 편제되었다.[11] 당시 인천은 미군이 상륙한 지역인 데다 서울

9) 『해방일보』 1945년 9월 22일자.
10) 『매일신보』 1945년 9월 12일자.

과 가까운 인접지역이었으므로 일찍부터 미군의 점령을 받게 되었다.

미군 전술군의 군사점령 제1단계는 제7사단의 서울·경기지역 점령이었다. 서울·경기지역 점령은 9월 12일부터 시작되어 23일까지 계속되었는데, 서울 주변 50마일 둘레의 개성과 수원, 그리고 춘천이 포함되었다. 제7사단의 3개 연대와 제24군지원단(ASCOM 24, 인천지역)이 중심이었다. 미군은 서울과 부산, 전주에 각각 사단사령부, 주요 도시에는 연대본부를 두고 예하 각 대대가 관할지역을 담당하면서 분견대를 설치하였다.[12]

(2) 인천 미군정의 실시

인천은 미군의 첫 점령 지역이었기 때문에 어느 다른 지역보다 미군의 등장을 실감한 지역이었다. 인천은 수도 서울의 관문이라는 중요성과 함께 교통도 원활한 지역이었으므로 다른 지역보다 일찍 미군이 진주하여 군정을 실시했다. 당시 미군이 인천에 진주하여 군정을 실시하면서 가장 먼저 한 일은 인천지역의 행정권과 치안권을 접수, 장악하는 일이었다. 이것은 구체적으로 인천지역의 경찰권을 확보하고 나아가 일제 식민지 시기의 총독정치를 대체하여 새로운 지방정부, 즉 인천부(仁川府)를 개편하고 새로이 조직하는 일이었다.

해방 직후 인천에서는 정비되지 않은 정국을 틈타 치안교란, 경제파괴를 획책하고 있는 일본인들의 악랄한 행동에 대항하기 위해 일제하에 임명된 관제적 정회장(町會長, 동장)을 중심으로 인천시민의 이익을 보호하고자 정(町)연합회 결성을 시도하였다. 그러나 의견이 일치하지 않아

---

11) 森田芳夫, 『朝鮮終の戰記錄』, 巖南堂書店, 1964, 292쪽.

12) 김무용, 「해방 직후 인천지역 사회주의운동」, 『한국근현대 경기지역 사회운동연구』, 관악사, 1998, 167쪽.

이 시도는 실패로 돌아갔다. 이후 이들은 9월 30일경에 제2차 모임을 갖고 대표 2명을 인천 미군정관 스틸맨 소좌에게 보내 인천시의 관련 정책과 집회 허가를 요청함에 따라 집회 허가를 얻어 인천지역 정회장 회의를 개최하였다. 이때 미군정 관리인 모스 대위가 "이 회합은 시장을 선출하는 회합"[13]이라고 선언했다.

그러나 당시의 인천지역 정회장들은 대부분 일제 식민지 하에 일본인들에 의해 임명된 친일인물들이었기 때문에 해방정국의 민의를 대표할 수 없었다. 뿐만 아니라 시장선출의 자격도 없었다. 이에 10월 4일 인천 미군정은 일제하에 임명된 정회장들을 모두 파면하는 한편 다음과 같이 인천시장 선거에 대한 조치를 지시했다.

① 관선 정회장으로 구성된 일본식 정회제(町會制)를 폐지하고,
② 잠정적으로 관선 정회장제를 마련하는 한편 정회장을 각 반(班)을 통해 민주적으로 선임할 것.
③ 인천부 정회장연합회를 조직한 다음 그 연합회로 하여금 미국식에 따라 부윤(府尹, 즉 시장) 후보자 7명을 공천하게 할 것.

미군정의 지시에 따라 인천시민들은 간접적인 방법으로 자신들의 의사를 대변할 수 있다고 판단되는 인물을 시장(후보)으로 선출하게 되었는데, 그 구체적인 과정은 다음과 같다. 우선 각 반원 회의에서 각 호(戶)마다 한 표씩 무기명으로 투표하여 반장을 선출하고, 반장이 다시 정회장을 선출하였다. 이 경우 구역에 따라서는 모든 정민(町民)이 모여 직접 선거로 반장과 정회장을 선출한 곳도 있었다.

---

13) 인천시사편찬위원회, 『인천시사』(상), 1993, 520쪽.

이러한 방법으로 선출된 정회장들과 인천시의 관료인 각 과장 9명을 합한 총 98명[14]이 10월 6일에 모여 7명의 시장 후보자, 즉 박남칠(朴南七; 좌익), 조봉암(曺奉岩; 좌익), 이승엽(李承燁; 좌익), 김용규(金容奎; 좌익), 장광순(張光淳; 우익), 임홍재(任鴻宰; 우익), 김세완(金世琓; 우익) 등을 대상으로 투표한 결과 임홍재가 선출되었다. 미군정에 의해 최종적으로 인천시장에 임명된 임홍재는 일제 때 간이교원양성소를 졸업한 제3종 교원이었는데, 뒤에 보통문관시험에 합격하여 인천부 농림계장을 거쳐 경기도 연천군의 근로동원과장으로 재직하던 중 해방을 맞이하고 다시 인천부 농림과장으로 임명되어 있었다.[15]

그러나 대중적 지지기반이 약한 채 인천시장에 선출된 임홍재는 주된 업무분야 별로 자신을 보좌할 도원섭(都遠涉; 상공), 이필상(李弼商; 실업노무), 이원춘(李元春; 정치), 최병욱(崔炳旭; 사회교육) 등 4명을 인천시 촉탁으로 임명했다. 한편 일제의 식민지 관료 출신인 임홍재를 해방 후 초대 인천시장으로 최종 승인한 인천 미군정은 중앙의 미군정 정책에 보조를 맞추기 위해 자문기관으로서 32명으로 구성된 고문회의를 설치하였다.

1945년 10월 20일의 정회장 회의에서 시 고문을 선출하는 문제를 논의하게 하고, 23일에는 정회장으로 조직된 고문선출 전형위원 30명이 고문후보자 60명을 군정에 제출하게 하였다. 군정관과 인천시장은 이 가운데 32명을 선별하여 고문으로 임명하였는데, 이러한 과정을 거쳐 임명된 인천시 제1대 고문 32명의 명단, 직업, 정치적 성향 등은 다음과 같다.[16]

---

14) 국사편찬위원회 편, 『자료 대한민국사』(1), 1969, 209쪽.

15) 이윤희, 「미군정기 인천에서의 좌·우투쟁의 전개」, 『역사비평』 1989년(봄호), 197쪽. 임홍재는 해방 후 초대 인천시장을 지낸 뒤 대중일보 사장으로 취임하여 제헌 국회의원 선거에 인천 을구 후보로 출마했다가 낙선했다.

16) 『대중일보』 1945년 11월~1946년 8월의 기사; 이윤희, 앞의 글, 199~200쪽.

〈표 4〉 인천시 제1대 고문 명단

연번	이름	직업 및 경력	비고
1	김은현(金殷鉉)	미곡업, 곡물조합 상임이사(1945.11.30)	우익
2	김승태(金承泰)	의사	우익
3	김성국(金成國)	조선상업은행 인천부지점장(1945.11.8), 인천시 상임고문(1946. 5)	우익
4	이열헌(李烈憲)	상업, 한국민주당 인천지부 문교부장	우익
5	권정석(權正奭)	조선은행 인천부지점장(1945.11.8.), 노무조정위원(1946. 2.15)	우익
6	전두영(全斗榮)	상업, 한국민주당 인천지부 감찰부 위원장	우익
7	김진갑(金晋甲)	부천양조(주) 대표	
8	하상훈(河相勳)	인천시 상임고문(1946.5), 기독교인, 일제하 동아일보 제1대 지국장, 신간회 인천지회장, 인천상공회의소 평의원(1923~24, 1935~1940), 한국민주당 인천지부 총무부장	우익
9	홍원표(洪元杓)	곡물조합 이사, 혁밀공사 대표(1945.12.2)	우익
10	송두후(宋斗厚)	계림양조 대표	우익
11	이구범(李九範)	상업, 적산관리국 공공재산과장(1945.11), 적산관리국장(1946.4.21)	우익
12	장석진(張石鎭)	인천농산(주) 감사(1946.7.2)	우익
13	정문환(鄭文煥)	의사	우익
14	정달용(鄭達鎔)	지주	우익
15	양제박(梁濟博)	내외무역 대표, 한국민주당 인천시 부위원장	우익
16	전승휘(全承輝)	지주	우익
17	심원응(沈遠應)	지주	우익
18	서상혁(徐相赫	지주	우익
19	석복균(石福均)	상업	우익
20	조종식(趙鍾湜)	지주, 한국민주당	우익
21	이범진(李凡鎭)	기독교인, 일제하 동아일보 기자, 동아일보 인천 제3대 지국장, 한국민주당 인천시 사무국장	우익

22	신태범(愼兌範)	의사, 인천시 상임고문(1946.5), 민주주의민족전선 인천 부의장 사임(1946. 3)	중도
23	김용규(金容奎)	인천부회 의원(1934.3~1935.5, 1943.5~해방 직전), 인천시 인민위원회 위원장	좌익
24	박남칠(朴南七)	일제하 미곡상조합장. 인민위원회 부위원장	좌익
25	심관섭(沈觀燮)	지주	우익
26	송헌택(宋憲澤)	지주	우익
27	정창수(鄭昌秀)	상업	우익
28	김세완(金世玩)	변호사, 적산관리국장(1945.11), 노무조정위원(1946.2.15)	우익
29	정대현(鄭大賢)	대화양조 대표	우익
30	이명호(李明浩)	인천부회 의원(1943.5~해방 직전), 지주	우익
31	이보운(李寶云)	상업, 인천시 인민위원회 총무부장	좌익
32	심백섭(沈百燮)	지주	우익

그러나 자문기관인 인천시 고문회의는 형식적이며 실권도 없는 유명무실한 기구였다. 뿐만 아니라 인천시민에 대한 허약한 대표성으로 인해 출범 때부터 여론의 비난에 직면하여, 회의조차 열린 일이 거의 없었다. 그래서 미군정은 고문회의의 비현실성, 비실효성을 무마시키기 위한 고육지책으로 1946년 5월에 유사시에 고문회의를 대표한다는 상임고문제를 실시하여 32명의 고문 가운데 이명호, 하상훈, 신태범, 김성국, 김용규 등 5명을 상임고문으로 임명했다.

인천 미군정은 군정을 실시하면서 치안권의 장악에도 힘을 기울였다. 당시 인천지역은 일본인 경찰의 기능이 정지된 뒤, 건국준비위원회 산하의 보안대가 중심이 되어 자치적으로 치안활동을 벌이고 있었다. 이에 미군정은 경찰을 조직하여 치안권을 확보하고자 일제 때 경기도회 의원을 지낸 김윤복을 초대 인천 보안서장으로 임명했다. 그런데 이 과정에서 인천 미군정은 우익인 한민당 인천지부의 영향을 많이 받았다. 한민당 인천지부 총무부 집행위원 이범진 등은 김윤복의 서장사퇴를 요구했고, 김윤복은 사퇴의사를 표명했다. 미군정은 한민당 인천지부에 순사로 채용할 인물의 추천을 요청하기도 했다. 이 요청에 따라 한민당은 순사를 지원하는 청년 183명을 선발하여 제물포 보안서에 추천했고, 이들에 대한 채용시험을 치르기로 결정했다.[17)]

미군정은 1945년 11월 들어 인천경찰서의 부서체계를 잠정적으로 결정했다. 이에 따라 인천경찰서는 서장에 김윤복, 사법주임 강원규, 보안주임 이근춘, 외근주임 이조욱, 경무주임 이임옥, 경제주임 이재영, 정보주임 박화수 등의 조직을 갖추었다. 여기서 경무주임에 이임옥을 임명한 것이 주목되는데, 그는 해방 직후 인천 보안대의 대장을 지낸 인물이었다. 이임옥의 경무주임 임명은 미군정이 해방 직후 인천보안대와 건국준비위원회 인천지부의 치안활동을 일정하게 흡수하려는 의도로 해석된다.

그러나 인천 미군정은 11월 중순에 들어서 인천경찰서의 부서와 간부를 개편하였다. 서장 김윤복, 서장대리 겸 교양담임 박한춘, 경무주임 이창우, 보안주임 이근춘, 사법주임 강원규, 정보주임 김장흥, 위생주임 전정윤, 외근주임 이조욱, 경비주임 강종구 등으로 바뀌었는데,[18)] 이들은 대부분 일제 식민지 하의 경찰 출신이거나 우익 일색이었다.

미군정은 경찰조직을 장악, 정비하면서 한편으로는 당시까지 남아있던 일본군을 무장해제하고, 군정의 치안확보에 방해가 되는 인물들의 행동을 강력하게 규제하였다. 미주둔군 헌병대는 10월 7일 일본인인 인천 부두국장 등을 검거하여 인천공안부에 유치하고 취조했다. 부두국장

---

17) 『대중일보』 1945년 10월 17일자 및 10월 20일자.

18) 『대중일보』 1945년 11월 18일자.

대정휘웅의 경우, 소속부대로 귀환하라는 미군의 명령을 따르지 않고 일본인 귀환병을 위해 출근부를 위조하다 발각되었다.[19]

또한 당시 미군방첩대는 이미 한국인의 제보를 통해 일본군 사병으로 근무했던 인천세관 직원들이 연합국의 추적을 피하려고 일본항복 뒤 세관에 복귀, 출석기록을 조작하고 있음을 파악하고 있었다. 이에 따라 인천세관에서 근무하는 전 일본군에 대한 조사가 진행되어 12명이 구속되었고, 뒤에도 인사기록 조작에 관한 조사가 계속되어 관련자들이 미군에 체포되었다.[20]

또한 전 인천경찰서의 일본인 경비주임 등이 모의하여 장총 230정과 탄약, 수류탄 등 무기를 매몰하다가 발각되어 구속되기도 했다. 일본인들이 밀항을 기도하다가 부두연맹에 발각되어 미군 헌병에 검거되는 사건도 있었다. 이 밖에 인천상공회의소 부회두, 경기도 경제회 이사, 인천부회 의원으로 인천지역의 거물이었던 김태훈도 공금횡령 등의 혐의로 인천공안서에 소환되어 유치되었다. 인천 미군정의 이러한 조치는 10월 27일 전 부윤을 비롯한 일본인 귀환군인 3천8백여 명이 일본으로 철퇴하면서 종료되었다.[21]

---

19) 『대중일보』 1945년 10월 10일자.

20) 김무용, 「해방 직후 인천지역 사회주의운동」, 169쪽.

21) 『대중일보』 1945년 10월 28일자. 한편 강화에서도 미군정이 신속하게 시행되었다. 해방 후 1개월 뒤에 군정을 실시한 미군은 강화지역의 미군정관에 피클 대위, 군수에 홍재용(洪在龍), 경찰서장에 김추성(金樞星) 등을 임명하였다(강화사 편찬위원회, 『增補江華史』, 강화문화원, 1994, 321쪽).

2. 좌·우 세력의 형성과 투쟁

1) 좌·우 정치세력의 형성

(1) 건국준비위원회와 인민위원회

8·15 해방과 함께 중앙에서는 여운형과 안재홍을 중심으로 조선건국준비위원회(건준)가 조직되어 국가건설을 준비하는 활동을 벌였다. 건준은 일제 말기 여운형이 비밀리에 조직한 건국동맹을 중심으로 세워졌다. 건준은 치안의 확보, 건국사업을 위한 역량의 일원화, 교통·통신·금융·식량대책을 강구할 목적으로 8월 16일부터 활동을 개시했다.[22)]

건준은 점차 본격적인 건국준비사업을 전개하면서 다양한 정치세력을 결집하는 정치조직이자 모든 진보적 민주주의세력을 결집하여 새로운 국가의 건설을 준비하는 기관으로 발전해 갔다.[23)] 해방 후 새로운 국가를 건설하려는 민중들의 열망에 힘입어 건준은 8월 말까지 전국에 약 145개의 지부를 확보하는 성과를 거두었다.

중앙 차원의 건준 활동이 본격화되면서 건준 지방지부의 활동도 점차 활기를 띠기 시작했는데, 인천지역의 경우 건준활동은 중앙과 마찬가지로 치안활동을 중심으로 전개되었다. 해방 직후 인천의 치안활동은 조봉암(曺奉岩)을 중심으로 전개되었다. 그는 1932년 9월 28일 상해에서 프랑스 경찰에 체포되어 일본 경찰에 인도된 뒤 7년형을 언도받고 신의주 감옥에서 복역 중 1939년 7월에 출옥했다. 출옥 후 인천에 정착한 그는 인천 비강(粃糠)조합의 조합장으로 있던 중 일제의 패망이 임박해지면서

---

22) 여운홍, 『夢陽 呂運亨』, 청하각, 1967, 142쪽.

23) 홍인숙, 「건국준비위원회의 조직과 활동」, 『해방 전후사의 인식』 2, 한길사, 1985, 102쪽.

1945년 1월 일본군 헌병사령부에 예비검속되었다.[24)]

일본군 헌병사령부에서 해방을 맞이한 조봉암은 출옥 직전 여운형과 면담한 뒤 8월 15일 오후에 출감하자마자 인천으로 내려왔다. 처음 인천에서 그는 인천치안유지회를 조직했는데, 이것은 여운형과의 사전 교감에 의한 것으로 보인다. 해방이 되고 미군이 아직 진주하지 않은 권력의 공백 상태에서 치안은 가장 절실한 문제였기 때문이다. 당시 인천에서는 잔류하고 있던 일본경찰이 최소한의 치안을 유지하고 있는 형편이었다.[25)]

이때 인천에서는 인천치안유지회 외에도 치안활동을 벌인 단체들이 있었다. 뒤에 인천시 인민위원회 위원장을 지낸 김용규를 비롯 장광순, 김태훈, 주정기, 전두영 등을 중심으로 8월 16일에 치안관리위원회가 조직되었고, 비(非) 사회주의계열의 치안단체로 동산학원 설립자인 김영배가 주도한 인천선무학생대, 일제하 아사히소학교 청년훈련소 교관으로 있던 최태호가 주도한 인천학생대, 유도 도장인 상무관을 운영하던 유창호와 김수복이 주도한 상무관치안대 등이 있었다.[26)]

조봉암은 인천보안대의 결성을 주도했다. 그는 자신을 따르는 청년들을 규합하여 일제 때 인천경찰서에서 유도 교관을 하던 이임옥을 중심으로 보안대 조직에 착수, 8월 20일경 인천시내 경동 애관극장에서 보안대를 결성했다. 보안대는 인천치안유지위원회의 산하기구였다. 조봉암은 인천치안유지회를 기반으로 건준 인천지부의 조직에 착수했다. 건준 인천지부는 1945년 8월 25일경 시내 영화극장(현 인형극장)에서 주로 조봉

---

24) 이현주, 「해방 후 조봉암의 정치활동과 제헌의회 선거」, 『황해문화』 30, 2001, 139쪽.

25) 신태범 증언, 「원로를 찾아서① 신태범 박사」, 『황해문화』 1, 새얼문화재단, 1993, 340쪽.

26) 김영일, 『激動期의 仁川-光復에서 休戰까지』, 동아사, 1986, 661~662쪽.

암, 이승엽과 인연이 있는 양곡업계 인물들을 중심으로 학연관계가 있거나 일제 때부터 좌익사상을 가지고 있던 사람들이 중심이 되어 결성된 것으로 알려졌다.

건준 인천지부의 결성에는 조봉암과 함께 이승엽의 영향력도 일정하게 작용했다. 그는 일제 말기부터 후에 건준 인천지부나 인민위원회 활동을 주도하는 인물들과 밀접한 관계를 맺고 있었다. 이승엽은 일제 말기 인천양곡조합 이사, 인천식량배급조합 이사를 지낸 것으로 알려져 있다. 특히 그는 일세하 인천과 경기지역을 대표하는 사회주의운동의 중심인물로, 해방 후에는 박헌영에 다음가는 조선공산당·남로당의 2인자였으므로 그의 영향력은 결코 작지 않았다고 할 수 있다.[27)]

건준 인천지부의 활동은 많이 알려져 있지 않지만 몇몇 사례는 확인할 수 있다. 먼저 건준 인천지부는 해방 직후 조봉암 등을 중심으로 한 치안유지회 보안대의 활동을 기반으로 조직되었지만, 이러한 치안활동은 건준 인천지부가 결성된 뒤에도 계속했다. 이는 앞서 본대로 건준 인천지부 결성 뒤인 9월 8일 인천항에 들어오는 미군을 환영하기 위해 인천보안대원들이 행렬을 지어 연합국의 국기를 들고 행진했던 사실을 보아도 알 수 있다. 이처럼 건준 인천지부는 해방 직후의 보안대 조직을 건준 차원에서 계승하면서 치안활동을 계승했다. 이밖에도 건준 인천지부는 건국사무와 이재(罹災)동포 구제에도 많은 노력을 기울여 1945년 9월 중순 건준 지부 내에 이재동포구제회를 조직하고 각종 의연금을 모금하여

27) 이현주, 「한국현대사의 비극을 가로지른 '남로당의 2인자'」, 『황해문화』 5, 1994 참조. 해방 후~한국전쟁 시기 이승엽의 활동에 대해서는 이현주, 「해방 후 이승엽의 '통일민족국가' 건설운동」, 『인천학연구』 6, 인천대학교 인천학연구원, 2007 및 이현주, 「한국전쟁기 '조선인민군' 점령 하의 서울-서울시 임시인민위원회를 중심으로」, 『서울학연구』 31, 서울시립대학교 서울학연구소, 2008 참조.

이재동포들을 구제하는 사업을 벌였다.[28]

건준 인천지부는 해방 직후 인천에서 이러한 활동을 주도하면서 인천을 대표하는 정치조직으로 활동했다. 이 가운데 주목되는 것은 앞에서 본 미군 환영 행사장에서 사망한 시민에 대한 시민장(市民葬)의 개최였다. 건준 인천지부는 사건이 발생하자 미군을 통해 일본 관헌에 엄중한 항의를 하고 이들의 장례식을 모든 인천시민이 참여하는 시민장으로 치르기로 결정했다. 건준 인천지부가 주최한 시민장은 9월 10일 오전 10시에 거행되었는데, 많은 시민들이 참여했고 미군측에서도 장교 30여 명이 조문했다.[29]

건준 인천지부의 활동은 미군이 들어와 인천에서 군정을 실시하는 초기까지 계속되었다. 당시 중앙의 건준 지도부는 1945년 9월 6일 조선인민공화국을 선포하고 지방 건준을 인민위원회로 개편하는 방침을 결정했으나, 다른 지역과 마찬가지로 건준 인천지부는 곧바로 인민위원회로 개편되지는 않았다. 이러한 상황에서 미군이 인천에 들어와 군정을 실시하면서 새로운 인천시장과 경찰서장을 임명하여 행정권과 치안권을 장악하려 했다. 건준 인천지부는 10월 6일, 군정당국에 대해 다음과 같은 요구를 제기했다.

1. 시장과 서장 선거는 시민의 총의에 의할 것.
2. 일본제국주의 시정 하에 임명된 정회장(町會長)은 개선(改選)할 것.
3. 교통상 가장 불편하니 상인천역을 개방할 것.
4. 의약품이 없어 보건상 가장 큰 지장을 일으키고 있으니 이를 귀국에서 수입하여 줄 것.[30]

---

28) 『대중일보』 1945년 12월 7일자
29) 『매일신보』 1945년 9월 12일자; 김무용, 앞의 글, 162~163쪽
30) 『대중일보』 1945년 10월 8일자

이것은 교통 불편과 의약품 부족에 따른 시민들의 불편을 해소하려는 요구도 반영한 것이지만, 무엇보다도 미군정이 실시되면서 생겨나는 새로운 정치질서에 대한 우려가 깔려 있었기 때문이다. 일제 때 임명된 정회장들을 개선하도록 요구한 것도, 정회장들이 자신들에게는 불리한 우익세력의 행정적 정치적 기반으로 활용되는 것을 사전에 차단하려는 것이었다. 건준 인천지부의 이러한 요구가 불완전하게나마 미군정에 수용되었음은 앞에서 본 바와 같다.

인천 미군정의 입장에서도 해방 직후 인천지역의 정치를 주도해온 세력들과 정면으로 충돌하기보다는 이들의 요구를 일정하게 수용하면서 지역 차원에서 점령정책의 목표를 수행할 수 있었던 것이다.

해방 직후 건준 인천지부를 중심으로 활동하던 인천지역 정치세력들은 중앙에서 조선인민공화국(인공)이 선포되면서 새로운 전기를 맞았다. 중앙 건준은 9월 6일 천여 명의 대표가 모여 전국인민대표자대회를 열고 '조선인민공화국'의 발족을 선포했다. 중앙 건준이 충분한 준비 없이 인공을 선포한 데는 미군의 남한진주가 큰 영향을 미쳤다. 여운형을 중심으로 한 중앙 건준은 일단 인공을 선포하고 미군과의 협상을 통해 정부로 인정을 받으려는 구상이었다.[31]

중앙에서 건준이 해소되고 인공이 선포됨에 따라 지방의 건준 지부는 인민위원회로 개편되어갔다. 그러나 건준 지부 내의 갈등으로 인하여 곧바로 개편되는 경우는 드물었다. 건준 인천지부도 10월 초에 들어서야 발전적 해체와 함께 인공 산하의 인천시 인민위원회를 설립한다는 방침이 결정되었다. 건준 인천지부는 10월 11일 오후 7시부터 지부에서 인천

31) 서중석, 『한국현대민족운동연구』, 역사비평사, 1992, 217~220쪽.

시 인민위원회 창립준비위원회를 개최했다.[32] 인천시 인민위원회 창립 준비위원회에는 인천의 각계 대표자 40여 명이 모여 준비위원회를 개최하고 다음과 같은 강령과 시정방침을 결정했는데, 지역 현안에 대한 관심보다는 인공의 정책을 추종하는 편향성을 드러냈다.

[정강]

1. 우리는 정치적 경제적으로 완전한 자주독립국가의 건설을 기함.
2. 우리는 일본제국주의와 봉건적 잔재세력을 일소하고 전 민족의 정치적 경제적 사회적 기본 요구를 실현할 수 있는 진정한 민주주의에 충실하기를 기함.
3. 우리는 노동자 농민 및 기타 일체 대중생활의 급진적 향상을 기함.
4. 우리는 세계 민주주의 제국의 일원으로서 상호 제휴하여 세계평화의 확보를 기함.

[시정방침]

1. 일본제국주의의 법률제도 즉시 철폐.
2. 일본제국주의와 민족반역자들의 토지를 몰수하여 국유화하고 이를 농민에게 무상분배함. 단 비몰수토지의 소작료는 3·7제로 함.
3. 일본제국주의와 민족반역자들의 광산·공장·철도·항만·선박·통신기관 및 기타 일체 시설을 몰수하여 국유로 함.
4. 민족적 상공업은 국가의 지도하에서 자유 경영함.
5. 공업의 급속한 발달을 위한 제정책의 실시.
6. 언론·출판·집회·결사 및 신앙의 자유.
7. 18세 이상 남녀인민(민족반역자는 제외함)의 선거권·피선거권의 시행.
8. 모든 특권을 말살하고 전 인민의 절대 평등.

32) 『대중일보』 1945년 10월 9일, 10월 11일자.

9. 부인의 완전한 해방과 남녀 동등권.
10. 8시간제 노동 실시, 만 14세 이하의 소년노동 금지, 만 18세 이하의 청소년 노동은 6시간제
11. 최저임금제 확립.
12. 표준생활에 의한 최저생활의 확보.
13. 노동자, 농민, 도시 소시민의 생활의 급진적 향상.
14. 실업방지와 그 구제대책의 확립.
15. 평화산업의 신속한 복구와 생활필수품의 확보.
16. 생활필수품의 공정 평등한 배급제도 확립.
17. 미곡 기타 일체 공출제의 철폐.
18. 징용·강제부역·강제저금의 철폐.
19. 통화정책 및 물가안정대책의 확립.
20. 일체 잡세의 철폐와 단일 누진세의 실시.
21. 고리대금업제도 철폐, 고리대금적 대부관계의 파기.
22. 부양·보건·위생·오락·문화시설의 대확충과 사회보험제도의 실시.
23. 일반 대중의 문맹퇴치.
24. 국가부담에 의한 의무교육제 실시.
25. 민족문화의 자유발전을 위한 신문화정책의 수립.
26. 국가공안대와 국방군의 즉시 편성.
27. 민주주의적 진영인 미국·소련·중국·영국과의 긴밀한 제휴를 위해 노력하며, 일체 외래세력의 내정간섭에 절대 반대함.[33]

인천시 인민위원회 결성대회는 10월 16일에 개최되었다. 결성대회는 오후 2시부터 건준사무소(영화극장, 현 인형극장)에서 인공 중앙위원회의 최용달(崔容達)·박석하(朴錫夏)를 비롯하여 김용규(金容奎)·조봉암(曺奉岩)·박남칠(朴南七) 등 2백여 명이 참석한 가운데 거행되었다. 결성대회는 먼

33) 『대중일보』 1945년 10월 14일자

저 해방을 위해 희생한 열사들에 대한 추모와 감사, 묵상의 시간을 가진 뒤 김용규의 사회로 대회 집행부를 선출했는데 의장에는 김용규가 선출되었다. 의장은 경과보고, 중앙인민위원회 선언, 정강과 시정방침을 낭독하여 회중의 승인을 받았다.[34]

이어 실시된 인천시 인민위원회 위원 선거에서는 민선으로 뽑힌 각 정회장과 정당, 유력단체의 대표자를 망라한 78명의 위원이 결정되었다. 그리고 상무위원은 전형위원 7명이 중심이 되어 별실에서 선출하였는데, 위원장 김용규를 비롯한 24명을 결정, 발표하였다. 인천시 인민위원회 결성대회는 위원장 김용규의 취임사, 인민위원 소개, 중앙인민위원 대표 최용달·박석하의 축사, 그리고 만세삼창을 끝으로 폐회하였다.

인천시 인민위원회의 조직과 부서는 11월에야 완료되었다. 인민위원회는 11월 5일 하오 6시에 사무소에서 위원회를 열고 다음과 같은 부서와 책임간부를 선임했다. 부위원장에 박남칠, 총무부장에 이보운(李寶云), 보안부장에 김형원(金瀅源), 재정부장에 문두호(文斗昊), 문교부장에 이기정(李起貞), 산업부장에 윤석준(尹錫峻), 선전부장에 이상운(李祥雲), 노동부장에 한기동(韓基東)을 각각 선임한 것이다.[35] 이는 인공 중앙의 조직체계를 반영하면서도 인천지역의 사정을 고려한 것이었다. 특히 노동부가 조직체계에 편성된 것은 산업·항만도시로서 노동자가 밀집되어 있는 지역사정을 감안한 것이었다.

이들의 경력을 보면 다음과 같다.

---

34) 『대중일보』 1945년 10월 18일자.

35) 『대중일보』 1945년 11월 8일자.

〈표 5〉 인천시 인민위원회 간부 및 이력[36]

직책	성명	주요 이력	비 고
위원장	김용규	정미소 경영, 미곡객주업, 인천부회 의원(1934.4~1935.5, 1943.5~해방 직전), 조봉암과 동향(강화), 민주주의민족전선, 인민위원회 위원장 사임(1947.9.11), 보도연맹 인천지부 간사장(1949.12.4)	한국전쟁 시 부역혐의 체포
부위원장	박남칠	정미소 경영, 인천상공회의소 평의원(1935~1940), 미곡상 조합장(1945.11), 경기도 인민위원회 부위원장(1945.11.10), 경기도 민전 재정부장, 남로당 인천시 부위원장(1947.1.2), 보도연맹 인천지부 총무부장(1949.12.4)	한국전쟁 시 월북
총무부장	이보운	잡화상, 배재고보 졸업, 경기도 인민위원회 산업부차장(1945.11.10), 경기도 민전 부의장, 남로당 인천시 위원장(1947.1.11), 보도연맹 인천지부 조직부장(1949.12.4)	한국전쟁 시 월북
재정부장	문두호	인천피복공업(주) 대표, 조선혁명자구원회 인천지부 위원장, 노무조정위원(1946.2.15).	
보안부장	김형원	잡화상, 경기도 인민위원회 보안부차장(1945.11.10), 조선혁명자구원회 인천지부 서기국 서기장(1945.11.30).	
선전부장	이상운	미곡상, 남로당 탈당성명서 발표(1948.2), 보도연맹 인천지부 선전부장(1949.12.4)	한국전쟁 시 월북
문교부장	이기정	미상	
산업부장	윤석준	협동조합 인천지부 이사(1945.12.26), 남로당 인천시 선전부장(1947.1.12).	
노동부장	한기동	인민당 인천시 발기인	

인천시 인민위원회의 지도부 구성은 몇 가지 특징을 가지고 있다. 무엇보다 지도부의 출신성분에서 김용규, 박남칠, 이보운 등 미곡상인 출신들이 중심을 이루고 있는데, 이는 인천지역 좌익의 거두인 조봉암과 이승엽의 영향력이 크게 작용했기 때문이다. 그럼에도 불구하고 정작 조봉암이 지도부 구성에서 제외된 것은 이후 인천지역의 좌익운동에서

36) 이윤희, 「미군정기 인천에서의 좌·우 투쟁의 전개」, 204~205쪽의 내용을 토대로 작성함.

적지 않은 파장을 몰고 왔다. 물론 일제 때 조봉암과 박헌영의 원활하지 못한 관계가 해방 후까지 영향을 미쳐 친 박헌영계의 핵심인 이승엽이 인민위원회 활동에 대외적인 명망성이 뛰어난 조봉암의 역할을 배제한 측면도 있다.

이승엽은 해방 직후 박헌영그룹에서 활동하면서 재건된 조선공산당의 정치국 국원과 경기도책, 인공의 중앙인민위원 및 사법부장 대리로 활동하면서 막강한 영향력을 행사했다.[37] 이에 비해 조봉암은 일제시기부터 해방 후에 이르기까지 박헌영계와는 원만한 관계를 유지하지 못했다. 따라서 인천에서 지역적 지지기반을 갖고 있던 이승엽이 중앙의 권위를 내세워 조봉암측을 견제했던 것이다.

인천시 인민위원회는 지도부 구성에 이어 본격적인 조직정비에 착수했다. 인민위원회는 11월 6일에 선언문과 결의문, 인민위원회 시책 등을 인쇄하여 각 정회(町會)에 배포하면서 인민위원회의 시책을 실천할 것을 독려했다. 또한 각 정(町)인민위원회에 지시를 내려 정 인민위원회를 시급히 결성하여 시 인민위원회로 보고, 연락할 것을 강조했다. 인천시 인민위원회의 이러한 조치는 아직 조직되지 못한 정 단위 인민위원회를 결성하여 인민위원회의 하부역량과 조직기반을 강화하려는 것이었다.

이와 함께 인천과 지역적으로 결합된 경기도 인민위원회가 결성됨으로써 인천시 인민위원회의 기반은 더욱 확대되었다. 이 결성식에는 도내 각 시군으로부터 대표자 100여 명이 참석하여 먼저 도 운영방침을 토의하고, 인공에 충성을 다하기로 서약했다. 이어 집행위원으로 각군 대표에서 66명, 상임위원 19명을 선출하고 결의문을 낭독한 뒤 폐회했다. 경

37) 이현주, 「한국현대사의 비극을 가로지른 '남로당의 2인자'」, 300~301쪽

기도 인민위원회 상임위원에는 인천시 인민위원회 간부들이 포함되었다. 곧 박남칠이 부위원장, 이보운이 산업부차장, 김형원이 보안부차장으로 선임된 것이다.[38]

이에 따라 인천시 인민위원회와 경기도 인민위원회는 경기·인천지역에서 서로 보완적인 관계를 유지하면서 지역적 역량을 강화해 갔다. 인천시 인민위원회는 이어 1945년 11월 20일부터 3일 동안 열린 전국인민위원회 대표자대회에 7명의 대표자를 파견했다. 이때 인천대표로 출석한 인물은 박남칠·한기남·김형원·이보운·최춘문(崔春文)·이상운·김조이(金祚伊) 등이었는데 이중 박남칠은 경기도 확대 집행위원으로도 선출되었다. 전국인민대표자대회에서는 국내외 정세보고와 함께 경제·노동·농림·재정·선전 등에 대한 중앙의 방침이 수립되었고, 자주독립의 문제·군정에 관한 문제·지방 건의안 등의 토의되었는데,[39] 이러한 방식을 통해 인공 중앙의 방침은 건준 인천지부를 비롯한 지방 인민위원회에 전파되었다.

(2) 한국민주당

해방 직후 미군이 진주하기 전까지 전국 각지에서는 자발적인 치안유지 단체들과 건준 및 인민위원회가 정치, 경제 활동을 주도해 나갔다. 이에 비해 일제 때의 친일경력이나 다른 사정으로 말미암아 표면에 등장하지 못하고 있었던 우익의 지주, 자본가 계열은 9월 8일 미군이 진주하자 9월 16일에야 비로소 한국민주당(한민당)을 조직했다. 인천에서도 미군정이 실시되자 그 동안 시국을 관망하고 있던 우익 계열에 의해 한민당

38) 『대중일보』 1945년 11월 11일자 및 11월 12일자

39) 민주주의민족전선 선전부, 『민주주의민족전선결성대회의사록』, 조선정판사, 1946 참조.

인천지부가 10월 1일에 조직되었으니, 그 지도부와 이들의 간단한 약력은 다음과 같다.

〈표 6〉 한국민주당 인천지부 간부 및 이력[40)]

직책	성명	주요 이력	비고
위원장	곽상훈	동래고보 졸업, 조선노동공제회 및 신간회 인천지부장, 인천소년단 및 인천야구단 조직, 기독교인, 동아일보 인천지국장(해방 후).	
부위원장	양제박	제주도 출생, 경성법학전문학교 졸업, 인천시 고문(1945.10.31), 남조선 과도입법의원(1946.10.26).	
총무부장	하상훈	동아일보 인천 제1대 지국장, 신간회 인천지회장, 해방 후 인천시 상임고문, 기독교인, 남조선 과도입법의원(1946.10.26).	
사무국장	이범진	동아일보 기자, 제3대 지국장, 신간회 간부, 기독교인, 인천시 고문(1945.10.31).	
재정부장	장인수	해방 후 인천곡물조합 이사.	
문교부장	이열헌	수원농업학교 졸업, 인천시 고문(1945.10.31).	
감찰위원장	서병훈	동아일보 인천 제2대 지국장, 신간회 간부, 기독교인.	
감찰부장	전두영	인천 송현정 정(町)회장, 경방단 간부, 해방 후 광복청년회 고문, 인천시 고문(1945. 10. 31).	

미군정의 정보에 따르면, 한민당 인천지부는 17~25세의 청년들로 구성된 우익 청년단체인 '고려청년당'을 강력하게 지원했는데, 이는 한민당 인천지부가 표면 조직상으로는 청년들을 편입시키지 않았지만 고려청년당을 직접, 간접적으로 지원하여 한민당의 대외적인 행동대원으로 활용한 것이라고 볼 수 있다.[41)]

40) 이윤희, 「미군정기 인천에서의 좌·우 투쟁의 전개」, 207쪽을 토대로 작성함.

41) H.Q. USAFIK, G-2 Periodic Report(미군정 주간정기보고), No, 1945년 11월 17일자.

한민당 인천지부는 미군정의 구체적인 정책집행에 참여할 수 있는 여지를 마련하고자 결성 초기부터 주둔군인 "미군을 절대 신뢰하고 인천시에 강력한 고문기관의 설치"를 주장하여 이를 관철시켰다. 이에 따라 1945년 10월 31일에 발표된 32명의 시 고문 가운데 양제박(부위원장)·이범진(사무국장)·하상훈·조종식(총무부장)·이열헌(문교부장)·전두영(동부위원장) 등 한국민주당 인천지부 핵심인사들이 다수 임명되었다. 미군정과는 별도로 인천시장 직속의 4명으로 구성되는 촉탁 자문위원에도 한민당 인천지부를 중심으로 하는 우익계 인물들이 독차지했다.

한편 한민당 인천지부는 "국외에 있는 임시정부의 환도를 촉진"한다고 발표했다. 이것은 인공을 지지하는 인천시 인민위원회의 정치적 입장과는 대립되는 것으로서, 향후 인천 지역사회에서 좌·우의 대립과 투쟁을 불러일으키는 원인이 되기도 하였다.

2) 좌·우 정치세력의 대립과 투쟁

해방 후 인천에서 건준 인천지부가 결성되고, 뒤이어 한민당 인천지부가 조직되면서 인천지역의 정치세력은 인민위원회를 위시한 좌익과 한민당을 위시한 우익으로 양분되었다. 이들 간의 관계는 중앙정계에서 전개된 일련의 좌·우익 정당들의 통일논의에 영향을 받아 일시 화합하는 기미가 보이는 듯했으나 다시 곧장 대결상태로 돌아가고 말았다.

인천지역 좌익과 우익의 첫 번째 충돌은 대한민국임시정부의 환영행사 문제에서 비롯되었다. 한민당 인천지부는 1945년 11월 26일 임시정부 환영식을 성대하게 치르고자 17개 부서의 준비회를 구성하고 36명의 위원을 선출하였다. 그리고 환영대회 비용 5만 원을 각 정회와 유지들로부터 갹출하기로 결정했다.

이에 인천 인민위원회와 조선공산당 인천지부 등 좌익은 일부 정회장과 함께 한민당 간부들의 일제 때 친일행적을 집중 거론하면서 피폐한 생활고로 허덕이는 인천시민에게 대회비용을 부담시키면서까지 임정 환영대회를 성대하게 치르려는 것은 한민당이 "자기 당의 허세를 과장하려는 교묘한 선전술, 기만적 행위"라고 비난했다.[42]

이에 대해 한민당 인천지부는 다음과 같이 응수했다.

> 임시정부 환영대회는 (…) 일당일파의 정치적 활동이 아니다 (…) 임시정부를 우리 민족의 주관적 정통정부로 환영 봉찬(奉讚)함은 금후 정치노선의 여하를 막론하고 36년간 왜적에 대립 항쟁한 민족적 전통을 분명히 하는 대의명분이다 (…) 민족반역자 친일파 매국적 모리배 등의 숙청을 반대하는 사람이 해방도상에 있는 오늘 그 누구이랴? 자주독립 완성의 대국적 견지에서 국내 숙청문제는 오히려 지엽문제(하략).[43]

인천의 좌·우익 갈등은 이른바 '신탁통치문제'로 더욱 악화되었다. 1945년 12월 28일 모스크바 3상회의 결정에 의해 '조선 임시민주정부'의 수립을 전제로 5년간 한국에 대한 신탁통치가 발표되었다. 처음 이에 대해 인천의 좌·우익은 별다른 입장표명을 하지 않고, 중앙 정계의 추이를 살피는 정도였다.[44]

그런데 12월 29일에 정회장들이 '신탁통치 절대반대' 의사를 표명하

---

42) 『대중일보』 1945년 12월 4일자

43) 김영일, 『격동기의 인천』, 동아사, 1986, 42~52쪽.

44) H. Q. USAFIK, G-2 Periodic Report(미군정 주간정기보고), No.110, 1945년 12월 30일자.

자, 12월 31일에는 각 정당 및 사회단체 대표 90명이 신탁통치 절대반대 시민대회를 개최하고, 결의문 작성 기초위원으로 김용규(인민위원회 위원장), 이보운(인민위원회 총무부장), 김요한(金要漢, 좌익), 곽상훈(한민당 인천지부장), 손계언(孫啓彦, 인천신문기자회 부위원장, 좌익) 등 5명을 선정했다.

그러나 좌·우익 공동의 '신탁통치반대 공동위원회'는 좌익의 태도 변화로 무산되었다. 이에 대해 우익은 한민당의 발의로 1946년 1월 16일 '반탁각단체대표연합회'를 독자적으로 구성하여 반탁운동을 전개했고, 이를 계기로 좌익에 비해 열세에 놓여있던 우익의 정치적 기반을 점차 넓혀 나갔다.

한편 신탁통치 문제에 대한 태도 변화로 일시 정치적 위상에 타격을 입은 좌익은 내부의 조직적 결속력을 공고히 하여 모스크바 3상회의의 결정에 따라 개최될 미소공동위원회(미소공위)에 대비하고, 대중과의 접점을 강화하기 위해 통일전선 조직으로 민주주의민족전선 인천지부(민전 인천지부)를 결성했다. 민전 인천지부는 1946년 2월 7일 약 300명이 참석한 가운데 결성되었는데, 의장에 조봉암, 부의장에 신태범을 선출하고 선전부·조직부·재무부·조사부·연락부 등의 부서와 경제대책위원회, 친일파·민족반역자심사위원회 등의 전문위원회를 설치했다.[45)]

특기할 만한 사실은 민전 인천지부의 결성이 중앙보다 1주일 정도 앞서 있다는 것으로, 이는 인천에서 좌익의 결속력이 상당했음을 알려주는 것이다. 민전 인천지부는 미소공위의 개회라는 낙관적인 상황을 활용하여 여러 차례 대중의 정치경제적 이익 및 민주정부 수립을 요구하는 대규모 집회를 개최했다. 하지만 제1차 미소공위가 결렬되고 좌익에 대한 미

---

45) 『대중일보』 1946년 2월 11일자.

군정의 탄압이 가중되자 민전의 활동은 크게 위축되었다.

1946년 5월 7일 미군정은 인천신문사를 기습하여 간부들을 체포하고 다수의 문서를 압수했을 뿐만 아니라 체포된 간부진의 가택까지 수색했다.[46] 표면상의 이유는 "다액의 자금유용과 허위보도"였지만 사실은 인천에서 유일한 좌익성향의 언론기관에 대한 탄압이었다. 설상가상으로 5월 16일에는 우익의 한민당 인천지부와 독립촉성중앙협의회(독촉)의 주최로 '대한독립전취국민대회'에 참석한 반탁학생연맹 소속 학생과 인천지구 노동조합평의회 소속 노동자들이 노조회관 앞에서 충돌하는 사건이 발생하였다. 이에 대해 인천 미군정은 노동자들만을 체포, 구금하고 우익의 반탁학생연맹 소속 학생들에 대해서는 조사조차 하지 않았다.

좌익에 대한 미군정의 탄압이 진행되는 가운데 우익은 자신들의 정치적 선전무기인 '반탁'을 대대적으로 선전하기 위해 이승만이 참석한 가운데 5월 19일 '대한독립전취국민대회'를 개최했다. 이 대회를 통해 취약한 정치적 기반을 확대하고 정국을 주도해 나가려는 우익의 시도에 대해 좌익은 이 대회가 개최된 장소에 전단을 살포하며 이 대회는 "반미·반소대회이며 … 삼상회의 결정을 탁치반대로 모략 선전하여 … 자본가와 대지주의 이익만 옹호하는 전제정부를 세우려는" 것이라고 격렬하게 비난했다.[47]

미소공위의 결렬을 계기로 좌·우익간의 대립과 투쟁은 중앙과 지방을 막론하고 한 치의 양보 없이 극렬한 양상을 띠며 전개되었다. 좌익은 미소공위의 재개를 요구하는 대규모 대중집회를 열어 우익의 반탁운동에 강력히 대응하였다. 민전 인천지부는 6월 23일 중앙위원 김원봉, 여운형, 이강국, 이현상 등도 참석한 가운데 '미소공위 촉진 인천시민대회'를

46) 『대중일보』 1946년 5월 15일자.

47) 『대중일보』 1946년 5월 21일자.

개최했다. 이에 우익은 한민당 인천지부의 주도 아래 좌익이 개최한 '미소공위 촉진 인천시민대회' 개최일과 동일한 시기에 독립촉성협의회 주최로 반탁을 선전하는 '시국대강연회'를 가졌고, 인천 미군정은 인천지구 노동조합평의회 위원장 김기양(金基陽)을 5월 19일 발생했던 인천지구 노동조합평의회 소속 노동자들과 반탁학생연맹 소속 학생들과의 충돌사건과 관련시켜 체포했다.

한편 6월 23일 민전이 주최한 '미소공위 촉진 인천시민대회'에서 좌익 측에 부징적인 영향을 미친 조봉암의 성명서가 살포되었다. 민전 의장단의 여운형과 이강국, 민족혁명당 당수 김원봉과 성주식 등도 참석한 이 집회에는 '좌익의 영수' 박헌영이 참석할 것이라는 선전 때문에 비가 내리는 가운데에도 1만 명이 넘는 군중이 집결했는데,[48] 집회가 진행되고 있던 중 조봉암의 "한국 연립정부는 공산당이나 (독립촉성)국민회의의 독점적 정부로 조직되어서는 안 된다. … 현재 한국민은 공산당을 원하지 않는다. 그러므로 인공이나 민전의 정책은 철저히 배격되어야 한다. … 우리는 노동계급에 의한 독재나 자본계급의 전제를 원하지 않는다"는 내용의 성명서가 살포된 것이다. 대회장뿐만 아니라 시내 각 관공서와 신문사에도 수천 장이 뿌려졌다.[49]

조봉암의 성명서는 큰 파장을 불러일으켰다. 성명서가 뿌려진 날 같은 시간에 송학동 제2공회당에서는 이승만을 추종하는 대한독립촉성국민회 인천지부가 '신탁통치 반대 시국 대강연회'를 진행하고 있었다.[50] 인천의 좌익과 우익이 대규모 집회 대결을 벌인 날에 좌익과 우익 모두를

---

48) 『대중일보』 1946년 6월 24일자.
49) H. Q. USAFIK, G-2 Periodic Report(미군정 주간정기보고), 1946년 7월 5일자.
50) 김영일, 『격동기의 인천』, 동아사, 1986, 82쪽.

향해 계급독재의 반대를 선언한 것이다.

그런데 이러한 행동의 배후에는 미군정의 공작도 작용하고 있었던 것으로 보인다.[51] 조봉암은 민전 집회가 열리기 열흘 전에 돌연 CIC에 체포되었다. 체포 사유는 군정법령 '제72호 8항'을[52] 위반했다는 것이었다. 그러나 그가 구금되어 있는 동안 동 법령 72조의 시행이 보류되어 체포된 지 11일 만인 6월 22일에 석방되었다. 집회가 열리기 하루 전이었다. 이 때문에 성명서 발표의 시점과 배후를 둘러싸고 많은 의혹이 제기되었다. 조공은 전부터 조봉암을 '(미군정) 당국의 촉탁'으로 지목했었고 성명서 살포를 계기로 그를 당에서 제명시켰다. 그러나 조공의 입장에서 더 큰 문제는 이를 계기로 특히 인천지역에서의 좌·우익 세력판도가 바뀌게 되었다는 사실이다. 좌익에 대한 미군정의 탄압과 조봉암의 성명에 고무된 한민당은 인천지부 명의로 성명을 발표하고 "공산당계열 민전 제공이여, 조봉암 동무를 따르라"고 대중을 선동하며 역공세를 폈다.[53]

반탁에서 찬탁으로의 태도 변화, 미군정의 탄압, 그리고 조봉암의 성명서 발표 등이 이어지면서 해방 후 미군정기 인천지역의 정국은 한민당을 중심으로 한 우익이 주도권을 잡아가는 가운데, 좌익이 이에 격렬하게 저항하는 모습을 보였다. 그리고 인천에서의 이러한 좌·우의 극단적 대치는 한국문제가 유엔에 이관된 1947년 말까지 계속되었다.

---

51) 서중석, 『한국현대민족운동연구』, 496~497쪽.

52) 미군정 법령 72호는 1946년 5월 4일 발효된 것으로 "폭력, 협박 또는 협위(脅威)를 가하거나 경제상 이익 기타 이익에 대하여 약속을 하거나 차(此) 이익의 추구를 제지시키거나 또는 차(此)를 제지하도록 협위(脅威)하거나 동맹배척 기타 유사한 행동" 등 군정 위반에 대한 범죄의 요건을 제시한 것이다(한국법제연구회 편, 『미군정법령총람』, 191쪽).

53) 『대중일보』 1946년 6월 29일자; 이현주, 「해방 후 조봉암의 정치활동과 제헌의회 선거 -인천에서의 활동을 중심으로」, 152쪽.

◆ 제2장 ◆

독립운동에 뿌리박은 보수 : 곽상훈

1. 머리말

곽상훈은 조봉암과 이승엽 등 좌익계 거물 정치인들이 즐비했던 인천의 현대정치사에서 장면과 함께 우익진영을 대표할 만한 인물로 꼽힌다. 그러나 그가 본래 인천 출신은 아니다. 1897년 4월 경상남도 동래에서 태어나 1919년 3·1운동 직후 '항구도시' 인천으로 이주했다. 그의 인천 이주는 이해에 그가 동래에서 고등보통학교를 졸업하고 경성고등공업학교에 진학하였기 때문으로 보이나, 왜 서울이 아닌 인천을 새로운 정착지로 삼았는지에 대해서는 자세히 알려져 있지 않다.

인천으로 이주한 이후 곽상훈은 서울에서의 학업을 병행하면서, 민족·사회운동에 열성적으로 뛰어드는 등 전방위의 활약을 펼쳤다. 이로 인해 그는 학업이 중단되는 등 고통의 연속이었으나 그것은 한편으로 이때부터 그가 인천을 대표할 만한 인물로 성장하는 과정이기도 했다.

일제 식민지 시절 어느 날 '웃터골'(제물포고등학교 자리)에서 야구경기가 벌어졌다. 순수 한국인들로만 구성된 한용단(韓勇團)과 일본인으로 구성된 '미신(米信)'팀의 경기였다. 민족의 자존심을 건 한판 승부였던 셈. 그런데 경기가 진행되던 중 예상하지 못한 일이 발생했다. 한 한국인 청년과 당시 인천경찰서 검도사범이던 청전(淸田)이란 일본인 사이에 판정시비가 벌어져 한용단 응원단원들이 본부석으로 몰려가 충돌사고로 이어진 것. 이 사건으로 한용단은 해체당하는 결과를 낳았다.[1)]

일본인 검도사범과 판정시비를 벌인 한국인 청년은 바로 곽상훈이었다. '미신(米信)' 팀은 인천 미두취인소(米豆取引所)에 근무하는 일본인들이 조직한 야구팀을 말한다. 지금도 '야구도시' 인천을 이야기할 때마다 인천 지역사회에서 회자되는 유명한 일화이다.[2)]

곽상훈은 인천을 넘어 한국 현대정치사에서 우익진영을 대표할 만한 인물로 꼽힌다. 제헌국회부터 다섯 번이나 국회의원에 당선되었고, 양원제 하에서 민의원 의장과 1960년 4·19혁명 직후에는 짧은 기간이지만 대통령 권한대행까지 지냈다. 이와 같은 '화려한' 경력의 배경에 그의 독립운동 사실이 주목되나 지금까지 자세히 알려져 있지는 않았다.[3)]

---

1) 경인일보 특별취재팀, 「삼연 곽상훈 : 항일투지로 '민족자존' 빛냈다」, 『격동 한 세기, 인천이야기』(하권), 다인아트, 2001, 288쪽.

2) '야구 인천'의 전통은 '한용단'을 시조로 비롯되었다고 한다(신태범, 「한용단」, 『인천 한 세기-몸소 지켜본 이야기들』, 홍성사, 1983, 158쪽).

3) 간단한 약전이 정리된 바 있다. 이현주, 「곽상훈 : 독립운동에 뿌리박은 한국의 큰 보수」, 『인물로 보는 인천사』, 인천광역시, 2013 참조.

2. 해방 이전의 독립운동과 인천 이주

1) 일제하의 독립운동 : 동래·상해

곽상훈은 1896년 음력 10월 21일 경상남도 동래군 동래면 복천리에서 현풍 곽씨 운직(雲稷)과 동래 정씨 사이에서 3남매 중 차남으로 태어났다. 그의 집안은 대대로 무관이었는데, 할아버지는 오위장(五衛將)으로 종 2품이었지만 증조부 곽성수(郭聖壽)는 중군(中軍)으로 지역이 좁다고 할 정도로 동래에서는 위세가 자못 등등했다고 한다.

그러나 할아버지가 돌아가신 후 가세는 크게 기울고 아버지는 지역의 유생들과 시회나 열어 망국의 한을 달래는 등 생활에 관심이 없는 '선비 묵객'으로 세월을 보냈다. 때문에 집안 살림과 가족들의 생계는 온전히 어머니의 몫이었다.[4]

어린 곽상훈에게 조국이 위기에 처했다는 인식을 각인시킨 것은 보통학교에 다니던 때 대한제국의 군대가 일본에 의해 강제로 해산된 사건이었다. 1907년 어느 날 그는 일본군 수비대가 동래진 수부(守府)에 있던 한국군의 군기(軍器)를 실어가는 장면을 목격하였다. 이 사건은 어린 마음에도 앞으로 한국은 무장이 해제되어 "일본의 속국이 된다"는 불안과 분노감을 안겨주었다.

동래고보 재학 시절 그는 큰 길에서 자전거 타는 연습을 하다 일본경찰의 제지를 받고 이유 없이 뺨을 맞자 자전거 펌프를 뽑아 경찰을 사정없이 응징하였다. 이 일로 그는 경찰서에 끌려가 3일 넘게 유치장 신세를 졌는데, 이 사건은 곽상훈이 일본의 통치에 사사건건 '반항'하는 투사가

---

4) 곽상훈, 「삼연회고록 제1회 : 歷史의 濁流를 헤치고」, 『世代』 제10권 통권 102호, 1972. 1, 318~319쪽.

된 하나의 계기가 되었다.[5)]

식민지 조선의 적지 않은 청년학도들이 그랬듯이 곽상훈도 3·1운동에 참여하면서 민족의식이 싹텄다. 17세가 되던 1918년 경성고등공업학교에 입학한 그는 학업을 하는 동안 인천에서 미곡상을 운영하던 형 집에 기거하며 서울로 기차통학을 하였다. 2학년이 된 이듬해 3·1운동이 발발하자 그는 경인 통학생을 대표하여 인천상고 학생들의 동원 책임을 맡아 임무를 수행한 뒤 3월 10일경 독립선언서를 가지고 동래로 내려갔다. 서울의 3·1운동을 고향 동래에서 확산시키기 위해서였다.

그는 일제의 삼엄한 감시 때문에 독립선언서 원본을 가져올 수 없어 선언서의 내용을 문창호지에 베껴 그것을 찢어 노끈으로 꼬아 몰래 숨겨서 가지고 내려와 당시 그의 은사로 동래고보에서 수학교사를 하던 이환(李環)과 상의하였다.[6)] 이 일을 전후하여 그는 경성고등공업학교에서 퇴학을 당했다.

3·1운동을 통해 민족문제를 온몸으로 체험한 그는 민족해방을 위한 본격적인 실천에 착수했다. 1923년 5월 곽상훈은 중국 상해로 건너갔다. 그는 도항 이듬해 9월 상해 청년동맹회의 주도로 열린 '제2회 관동진재 참사자 추도회'에서 동경진재동포학살조사위원회 대표로 참석, 조사보고서를 직접 작성하여 배포하였다.[7)]

당초 곽상훈은 상해로 건너가 김원봉 등이 조직한 의열단에 참여하고자 했던 것 같다. 일제 정보당국은 1926년 4월 그를 '의열단계'로 분류하면

---

5) 곽상훈, 「삼연회고록 제3회 : 歷史의 濁流를 헤치고」, 『世代』 제10권 통권 106호, 1972. 5, 250~251쪽.

6) 『독립운동사』 제3권, 독립운동사편찬위원회, 1971, 183쪽.

7) 「上海不逞鮮人의 關東震災 慘死者 제2회 追悼會 開催狀況에 關한 件」, 『不逞團關係雜件(일본외무성) - 鮮人의 部 - 在上海地方(5)』.

서 "김상덕·윤자영 등의 소개로 김규식이 원장인 ○○보습회에 가입"[8]하였다고 보고하였다. 의열단계인 윤자영은 상해파 고려공산당의 핵심 인물이면서 곽상훈에게는 경성고등공업학교 선배였고, 뒤에 의열단의 고문으로 활약한 김규식은 고향(동래)의 대선배였다. 이후 곽상훈은 윤자영이 이끄는 상해 청년동맹회에 가입하여 총비서부 서기와 체육부장 등으로 활약했다.

상해 청년동맹회는 1923년 국민대표회의가 결렬된 뒤 대한민국임시정부 임시의정원에 신출하여 임시정부 개조를 도모하던 청년 독립운동가들이 이듬해 4월에 결성한 것으로, 상해지역 좌·우익 독립운동 진영의 단결을 촉구하며 민족통일전선을 주장했다. 그러나 1925년 벽두에 사회주의 노선으로 전환하고 지도자 윤자영이 조선공산당 만주총국 건설을 위해 떠나면서 청년동맹회는 유명무실해지기 시작하였다.[9] 고민 끝에 곽상훈은 국내 귀환을 결심했고, 해방 후 제헌 국회의원 선거에 출마하면서 '민족통일'과 남북한 '통일정부 수립'을 내세우면서도 공산당과는 분명하게 선을 긋고 있는 데서도 나타나듯이 상해 청년동맹회 경험은 그에게 중요한 정치적 자산이 되었다.

곽상훈이 국내로 귀환하여 인천에 정착한 뒤인 1920년대 후반에 일제 정보당국은 곽상훈을 이른바 요시찰 인물로 분류하면서 "배일사상이 농후하며 해외 불령선인과 연락하여 불온한 행동을 할 우려가 있다"고 평가하였다.

8) 「思想要視察人連名簿 追加의 件」(號外 : 1926.4.19.), 『檢察事務에 關한 記錄』(3).
9) 이현주, 『1920년대 재중 항일세력의 통일운동』, 독립기념관 한국독립운동사연구소, 2009 참조.

1919년 3월 9일 경성공업전문학교 재학 중 권인일(權仁一) 외 9명과 소요 선동에 관한 불온문서를 인쇄하여 퇴학을 당하고, 동년 12월 인천에서 청년을 망라하는 한용단을 조직하여 조종함. 1923년 5월 상해로 도항하여 1925년 2월 귀선(歸鮮). 상해에서는 청년동맹회 집행위원 겸 책임비서였음.[10]

2) 국내 귀환과 인천 정착

청년동맹회가 사실상 해산한 뒤 국내 귀환을 결심한 곽상훈은 1925년 3월 초 상해 생활을 접고 '몰래' 인천으로 돌아왔다. 그러나 체포되어 중국 상해에서의 독립운동 등에 대해 "전부 조사를 받은"[11] 그는 활동에 크게 제한을 받지 않을 수 없었다. 같은 해 6월 조선소년척후군 인천지부 총회에서 단장으로 선출되면서 사회활동을 재개했다.

1927년 12월 신간회 인천지회 창립대회에서 총무간사를 맡은 것을 시작으로, 1929년 6월 신간회 복대표위원회의에서 중앙검사위원으로 선출되었고, 10월에는 신간회 인천지회 회장으로 선출되었다. 1930년 11월 9일에 개최가 예정됐던 신간회 전체대회가 일본경찰에 의해 금지되자 대신 열린 중앙집행위원회에서 신임 중앙집행위원으로 선출되는 등[12] 신간회 인천지회뿐만 아니라 중앙 지도부에 입성하는 등 맹활약을 펼쳤다. 이보다 앞서 1928년 1월에는 재만동포옹호동맹 인천특파원으로도 활동하는 등 그는 인천을 무대로 주로 '합법적인' 공간에서 다양한 활동을 벌였다.

곽상훈이 열정적으로 활동했던 신간회의 민족통일전선 성격이 상해

---

10) 『倭政時代人物史料』(제6권), 국회도서관, 25~26쪽.
11) 「思想要視察人連名簿 追加의 件」(號外 : 1926.4.19.), 『檢察事務에 關한 記錄』(3).
12) 「新幹會代表委員會에 關한 件」(1929.6.31.), 『思想問題에 關한 調査書類』(7); 「新幹會代表會員選擧狀況에 關한 件」(1930.10.11.), 『思想에 關한 情報綴』 제10책.

청년동맹회와 사실상 동일하였다는 사실은 주목될 필요가 있다. 그는 1930년 후반부터 신간회 인천지회 사회주의자들에 의해 제창된 신간회 해소론에 명확히 반대하였는데, 좌우합작은 상해 청년동맹회 이래 그의 지론이었다. 그럼에도 불구하고 신간회가 해소된 뒤 곽상훈은 지역사회의 다양한 현안에 다양한 직함으로 이름을 내밀었다. 그러나 1930년대 이후 국내에서 전개된 비합법의 독립운동 비밀결사에서 그의 이름은 더 이상 발견되지 않는다.

곽상훈은 감옥에서 해방을 맞이했다. 1945년 8월 12일 부산 동래에서 그는 '배일운동'을 했다는 혐의로 체포되었다가 일제의 급작스러운 패전으로 4일 만인 8월 16일 오전에 극적으로 풀려났다. 곽상훈의 회고에 따르면, 당시 일본인들은 패전을 자인하고 무차별적으로 독립운동가들을 검거하여 평안북도 신의주에서 대규모로 살해한다는 이야기가 일찍부터 떠돌았다고 한다.[13)]

패망을 앞둔 일제가 독립운동가들을 전부 살해한다는 계획은 부산에 국한된 것이 아니라 전국적인 음모였던 것 같다. 인천 출신의 좌익 활동가로 일제시기에는 화요파의 핵심으로 공산주의운동에서 맹활약하고 해방 후 박헌영의 최측근으로서 남로당의 2인자로 활약했던 이승엽은 1943년 전후 비밀운동을 계속하다 해방 직전인 1945년 6월 갑작스레 잠적하여 8·15 직전까지 인천에 은둔했다. 왜냐하면 일본제국주의가 패전을 예상하면서 조선의 정치·사상범들을 전부 학살하려는 음모를 꾸미고 있었기 때문이다. 제2차 세계대전의 급작스러운 종결로 일제는 이 비밀계획을 실행에 옮기지 못했으나, 그는 사전에 정보를 입수하고 동지들과 함께

13) 곽상훈, 「나의 우울했던 政黨時節」, 『世代』 8·8월호, 1969.8, 81쪽.

피신했던 것이다.[14)]

3. 단정수립 방침과 선거 준비

1) 중앙 : 선거 결정과 준비 과정

최초의 보통·평등선거이자 대한민국 정부를 탄생시킨 5·10 제헌 국회의원 선거는 미국이 모스크바 3상 안에 기초한 미·소 합의를 포기하고 남한만의 단독정부 수립이라는 방향으로 대한정책을 확정함으로써 실시될 수 있었다. 두 차례에 걸친 미소공동위원회가 결렬되자 미국은 1947년에 이르러 더 이상 소련과의 대화가 무의미하다고 판단하고 남한만이라도 미국에 우호적인 정부를 수립하려 한 것이다.[15)]

그러나 이와 같은 정부 수립은 남·북을 아우르는 통일정부가 아닌 남한만의 단독정부라는 약점을 가지고 있었으므로 남한에 세워질 정부는 선거라는 민주적 절차의 외양을 통해 국민의 신임을 획득하였다는 것을 보여주어야 했다. 제헌 국회의원 선거가 성별과 피부색, 지역, 재산이나 신분을 따지지 않고 모두 다 1인 1표라는 한국 역사상 최초로 '보통선거'로 치러진 이유가 여기에 있다.[16)]

1945년 12월 모스크바에서 열린 미·영·소 3국 외상의 결정에 따라 한

---

14) 임명방(인하대 사학과 명예교수)의 증언(1994.11.4.)에 따르면, 이승엽은 두 달여 동안 새우젓 장사로 변장한 채 수인선(水仁線)을 오갔다고 한다(이현주, 『해방 전후 통일운동의 전개와 시련』, 지식산업사, 2008, 369~370쪽).

15) 김득중, 「제헌국회의 구성과정과 성격」, 성균관대 사학과 석사학위논문, 1993, 123쪽.

16) 서중석, 『대한민국 선거이야기-1948 제헌선거에서 2007 대선까지』, 역사비평사, 2008, 22~25쪽.

반도에 통일정부 수립을 위한 미소공동위원회가 1946년부터 1947년 상반기까지 두 차례에 걸쳐 열렸으나 양국의 견해 차이로 회담은 진전되지 않았다. 그런 가운데 오히려 1947년 3월 12일 트루먼 미국 대통령에 의해 이른바 트루먼독트린이 발표되면서 세계적으로 냉전이 가시화되었다.

같은 해 6월에는 마셜 미국 국무장관이 이른바 마셜플랜을 발표했는데, 이것은 제2차 세계대전 후, 1947년부터 1951년까지 미국이 서유럽 16개 나라에 행한 대외원조 계획으로, 소련을 견제하면서 유럽의 경제부흥을 추진하려 한 것이었다. 소련의 영향력을 차단하기 위해 적극적인 공세로 제안된 이 계획에 대해 소련이 즉각 반발함으로써 중부와 동부 유럽의 여러 나라에서 우익이 배제된 '인민민주주의 혁명'이 수행되었다. 7월에는 미국이 세계적인 규모로 대소 봉쇄정책을 펼치게 됨에 따라 미국과 소련 두 나라의 협의를 통해 한반도에 통일정부를 수립한다는 당초 계획은 어렵게 되었다. 이어 9월 유엔총회에서 마셜 국무장관은 한국문제를 유엔에서 다루자고 제안했다.

소련은 이에 반대하여 모스크바 3상회의 결정에 따라 문제를 미소공동위원회에서 해결할 것을 주장했다. 공동위원회의 틀이 아닌 새로운 대안도 공동위원회에서 논의하자는 것이었다. 이에 소련은 9월 17일부터 정돈상태에 빠진 공위를 재개하게 만들었다. 그러나 미소공동위원회는 '협의대상 문제'로 10월 21일 최종 결렬되었다.[17]

물론 유엔이 처음으로 한 주요 사업 중 하나가 유구한 역사를 가진 국가를 결과적으로 분단국가로 만드는 것이라면 온당한 일이냐는 지적이 유엔 내부에서도 있었다. 인도나 중국처럼 분단문제를 안고 있었던

17) 이완범, 『한국해방 3년사 : 1945~1948』, 태학사, 2008, 178~179쪽.

나라에서 문제를 제기했다. 때문에 미국 대표가 제안한 것은 한반도 전체에 걸쳐 선거를 실시한다는 것이었고, 그 결의안이 1947년 11월 14일 통과되었던 것이다.

이 선거를 감시하는 임무는 9개국으로 구성된 유엔임시위원단에 맡겨졌다. 이에 따라 사회주의 국가인 우크라이나공화국을 제외한 8개국 대표가 1948년 1월 서울에 왔다. 이때 유엔임시위원단은 김규식과 김구 등 중도파 민족주의자들로부터 한반도에서 통일정부 수립의 당위성과 민족 분단에 대한 우려를 들었다. 그러나 소련이 한국문제를 유엔에서 다루는 것 자체를 부정하고 있는 상황에서 한반도 전역에 걸친 선거가 실시되기 어려운 것은 분명했다. 한국에서 통일정부 수립의 권한은 모스크바 3상회의 결정에 따른 미소 공동위원회에만 있으며 유엔은 그런 권한이 없다는 것이 소련의 입장이었다. 이런 이유로 소련은 유엔에서 파견한 임시위원단이 38도선 북쪽으로 들어가는 것을 허용하지 않았다.

소련에 의해 유엔임시위원단의 38도선 북쪽 진입이 거부되자 미국은 선거가 가능한 지역에서만이라도 선거를 실시하는 쪽으로 방향을 선회했다. 이에 따라 미국 주도로 1948년 2월 중순부터 유엔 소총회에서 한국문제가 다시 논의되었다. 여기서 호주와 캐나다 대표는 미국의 주장에 반대했다. 첫째로 한국문제는 유엔총회에서 결정한 사안이기 때문에 이를 번복하려면 유엔총회를 다시 열어야 하며, 유엔 소총회는 격이 다르기 때문에 거기서 한국문제를 다루어서는 안 된다는 것이었다. 둘째로 남한만의 선거로 인해 남북이 분단되면 전쟁이 초래될지도 모르는 큰 재앙이 오기 때문에 이를 막아야 한다는 것이었다.[18)]

18) 서중석, 『대한민국 선거이야기-1948 제헌선거에서 2007 대선까지』, 31~32쪽.

그러나 미국은 더 이상 미룰 수 없다고 하여 1948년 2월 26일 유엔 소총회에서 가능한 지역에서의 선거, 즉 남한만의 단독선거로 정부를 수립하기로 결정하였다. 유엔 소총회의 단독선거 결정에 대해 이승만과 한국민주당 등 우익세력은 이를 환영하고 적극적으로 선거에 참여한다는 입장을 확인했다. 반면 중간파와 좌익세력은 평양에서 열린 남북연석회의에서 단독선거가 국토와 민족을 분열시키는 것이라 하여 이를 반대하기로 결정하였다.

그런데 남한에서 단독선거 실시에 필요한 조치는 이전부터 이미 마련되고 있었다. 미군정은 1946년 10월 21일부터 31일에 걸쳐 민선의원 45명을 간접선거로 선출하고 관선의원 45명을 지명하여 12월 12일 남조선과도입법의원을 구성했다. 미군정은 남조선과도입법의원에 보통선거법의 법제화를 여러 차례 재촉하여 통과시키는 한편, 1947년 말에는 중앙선거관리위원회를 구성하여 별도의 입법작업을 진행시켰다. 이에 따라 선거법은 유엔임시위원단에 의해 몇 개 조항이 수정되었지만 선거연령, 친일파 민족반역자의 선거권·피선거권 제한의 협소한 규정, 선거의 공정성을 확보하는 선거관리위원회 구성의 미흡, 자서제 투표방법 등의 여러 문제점을 가지고 있었다.[19)]

제헌 국회의원 선거법의 주요 내용을 당초 남조선과도입법의원이 마련한 선거법과 비교해보면 다음과 같다.

19) 김득중, 「제헌국회의 구성과정과 성격」, 124쪽.

〈표 7〉 남조선과도입법의원과 (제헌) 국회의원 선거법 비교[20]

	과도입법의원 선거법	국회의원 선거법
선거 연령	선거권 만 23세 피선거권 만 25세	선거권 만 21세 피선거권 만 25세
선거권 제한	민족반역자, 부일협력자 또는 간상배로 규정된 자	1. 일본정부로부터 작을 받은 자 2. 일본제국의회 의원이었던 자
피선거권 제한	1. 중추원 부의장, 고문, 참의 2. 부, 도의 자문이나 의결기관 의원 3. 고등관으로 3급 이상, 훈7등급 이상. 기술관, 교육자는 제외 4. 판임관 이상의 경찰관, 헌병, 헌병보, 고등경찰 또는 밀정행위한 자	과도입법의원 선거법과 동일
선거구	10만 이하일 때 1인 선출 15만 이상일 때 1인 추가	15만 이하는 1개구(의원 1인 선출) 15만~25만은 2개구, 35~45만 4개구
투표구	투표구와 선거구는 원칙적으로 동일 설치인구는 3~7천 명. 분구 설치가능	최대인구는 2천 명
특별 선거구	설치됨	설치되지 않음
선거 위원회 구성	중앙선거위원회 : 15인 도 선거위원회 : 9인 선거구 선거위원회 : 9인 투표(분)구 선거위원회 : 7인 각급 위원장은 위원이 호선 위원은 각급 행정책임자가 임명	국회선거위원회 : 15인 도 선거위원회 : 장 1인, 위원 10인, 후보위원장 1인, 위원 8인 선거구 선거위원회 : 장 1인, 위원 8인, 후보위원장 1인, 후보위원 8인 투표구 선거위원회 : 선거구와 동일
등록	등록자는 등록소에 가서 자서 날인하여야 함	등록자는 2인 이하의 증인 참석 하에 등록 양식에 표시
추천인	100인 이상의 추천(자천, 타천)	200인 이상의 추천(자천, 타천)
선거운동	등록한 의원 입후보는 자유로이 선거에 관한 선전	등록한 의원 후보자는 자유로이 선거에 관한 선전을 할 수 있음
투표	단기(單記) 무기명 투표	선택한 후보에 표시를 함
선거시간	오전 8시부터 오후 6시	오전 7시부터 오후 8시

20) 김득중, 「제헌국회의 구성과정과 성격」, 38~39쪽.

의원임기	남북 조선의 통일된 임시정부가 수립될 때까지	제1회 개회 시부터 2년
선거소송	대법원이 패배한 후보의 소청에 따라 판결 군정장관은 선거 무효화할 수 없음	선거심사위원회가 후보자의 소청에 따라 판결 군정장관은 선거 후 2주 뒤에 선거를 무효화할 수 있음

국회의원 선거법 가운데 주목할 만한 것은 선거인 등록제도였다. 제헌 국회의원 선거에서는 만 21세 이상이면 자동으로 투표할 수 있는 자격이 주어지는 것이 아니라 반드시 사전에 자진하여 등록을 해야만 투표를 할 수 있었다. 투표자격은 선거일 60일 이전부터 거주하는 자에 한하였다. 이 규정은 당시에도 여러 지방으로 직업을 구하기 위해 전전하는 근로자와 당국에 의해서 쫓겨다니는 민주주의 애국자를 선거에서 실질적으로 배제시키는 조항이라는 비판을 받았다.[21)]

2) 인천 : 선거구 획정과 유권자 등록

서울 중앙에서 제헌 국회의원 선거 방침이 확정됨에 따라 인천시 당국도 본격적으로 선거 준비에 착수했다. 인천시는 1948년 3월 12일부터 호적과 주관으로 선거에 참여할 유권자 파악을 위한 호적조사에 착수했다. 최초로 시행되는 국회의원 선거를 성공적으로 치르기 위해 호적사무를 정돈하고 간소화하는 등 사무개선을 단행하는 것이었다. 호적의 정비와 관련된 사무의 간소화는 선거인, 즉 유권자로 등록을 해야 제헌 국회의원 선거에 참여할 수 있다는 점에서 이를 위한 가장 중요하고 기초적인

21) 이종갑, 「총선거법에 대한 관견」, 『새한민보』 1948년 4월 상순호, 20쪽.

작업이었다.

인천부 호적과장은 언론 인터뷰에서 다음과 같이 호적사무의 간소화 방침을 밝혔다.

> 과거에는 간단한 수속을 밟을 수 있는 계출 증명 등을 서식을 잘 모르는 관계로 대개가 구내 대서소의 손을 빌렸기 때문에 시간적 불편이 적지 않았는데 앞으로는 서식을 게시하고 누구든지 보고서 알 수 있도록 하는 방법을 취하겠으며, 좀 더 경비가 용허되면 용지는 부에서 제공하도록 할 방침을 세울 것이다. 그리고 간단한 수속은 당일로 종결하여 일반 부민에게 편의를 도모하는 한편 각 지청에도 동양(同樣)의 처리를 시달하였다.[22]

각 지방에서 시행될 국회의원 선거를 관리할 지방 선거위원회 조직방침도 결정, 시달되었다. 1948년 3월 12일 미군정은 중앙청 회의실에서 중앙선거위원과 각 부처장, 도지사 및 각 관구 경찰청장, 미군 고문과 군정장관 등이 참석한 가운데 회의를 열었다. 이 자리에서 유엔임시위원단에서 수정 제안된 선거법이 3월 14일까지 초안이 완료되면 각 도지사는 이 선거법 초안의 등사본을 가지고 관할 임지로 돌아가 3월 16일에는 각 도별로 군수회의를, 이틀 뒤인 3월 18일에는 선거위원회 구성을 위한 각 군내 면장회의를 개최한다는 일정계획을 확정하였다.[23]

이에 따라 인천부는 선거관리위원회 구성 절차에 돌입했다. 이에 따르면 3월 19일 동회장과 지청장 전체 회의를 소집하고 선거세칙의 규정에

22) 『대중일보』 1948년 3월 12일자.

23) 『대중일보』 1948년 3월 14일자. 3월 14일에는 대의원(국회의원)은 15만 명에 1인, 선거권자는 만 21세 이상의 남녀로 한다는 내용의 유엔조선임시위원단의 선거법 건의안 전문이 지역언론에 공개되었다(「朝委의 선거법 건의안」, 『대중일보』 1948년 3월 14일자).

의거하여 선거에 따른 제반 지시사항을 전달하고 당일 인천부 선거위원회를 조직하기로 하였다. 전 인천부윤 표양문은 선거위원회 위원은 9명 선으로, 구성 방안은 인천부 당국에서 '적당한' 인사를 추천하면 이를 '중앙국민선거위원회'에서 임명하기로 되었다고 설명하였다. 아울러 그는 후보자들의 초미의 관심사인 선거구 분할문제를 3월 16일 개최되는 부윤과 군수회의에서 논의될 것이라고 발표하였다.[24)]

3월 17일에는 인천부 부부윤 조승환이 나서 구체적인 선거위원회 조직방안을 정식 발표했다. 이에 따르면 인친에는 2개의 선거구가 설치될 예정이며 선거위원회도 각 구에 설치될 것인데, 구성 인원은 위원장 1인, 위원 8인의 9명 씩으로 구성되며 후보위원이 8명으로 위원장과 후보위원장 임명권은 중앙에서 행사한다고 하였다. 선거위원회 위원은 부윤과 인천심리원 상석 심판관이 임명할 예정이며 각각의 임명 인원은 정원의 반반씩으로 예정되었다. 그 외 간사 2명과 서기 약간 명을 두어 간사는 인천부에서는 부부윤이 담당하고 서기는 부 직원으로 충당할 것이라고 언급했다. 그리고 이에 준해 인구 2천 명을 단위로 하여 개별 투표구 선거위원회도 조직할 것이라고 밝혔다.[25)]

이에 따라 인천부는 1948년 3월 22일 오후 공보계를 통해 인천부 선거구 선거위원회 위원장 및 위원 명단을 발표했다. 제1구(갑구) 선거위원회 위원장은 김무영, 제2구(을구) 선거위원회 위원장은 김태영이 임명되었다.[26)]

인천부 선거위원회는 1948년 3월 25일 부윤실에서 첫 회의를 열어 위원장 인사와 선거법 세칙 등에 대한 상세한 설명을 들은 뒤, 선거구별 간사와

24) 『대중일보』 1948년 3월 16일자.

25) 『대중일보』 1948년 3월 18일자.

26) 『대중일보』 1948년 3월 23일자.

서기를 임명하였다. 예정된 대로 간사에는 부부윤 조승환이 임명되었고 서기는 인천부 호적과장을 비롯하여 인천부 공무원 9명이 임명되었다.[27)]

한편 선거구 획정은 선거에 출마할 후보들에게 가장 중요한 문제였다. 인천의 경우 1948년 3월 중순까지도 선출될 국회의원 수는 몇 명이 될지 아직 확실하게 알 수 없는 상태였으나 3명을 전망하는 쪽이 우세했다. 확정되지 않은 국회의원 선거법 초안에 따르면 인구 15만 내지 25만의 부는 2개 구역으로 나뉘고 25만 내지 35만의 부는 3개 구역으로 나누되(제10조), 각 선거구는 1명의 국회의원을 선거하도록(제8조) 되어 있었다. 당시 언론에 일반적으로 보도되는 인천부 인구는 통칭 30만 명이었으나 정확한 통계는 아니었다.

해방 후 인천부에서 정식으로 조사한 인구는 1946년에 첫 조사가 이루어졌고 1947년은 9월 말 현재와 동년 말 두 차례 조사가 있었는데 9월 말 현재는 한국인 247,970인, 외국인 3,330인으로 합계 251,300인이고 같은 해 말 현재는 당국에서 262,508명을 돌파했다고 발표하였다. 그런데 국회의원 선거법 초안에 따르면 선거구는 1946년 8월 25일 인구조사에 근거하여 설치(제14조)되었으므로 인천부로서는 이 시점에 가장 가까운 1946년 9월 30일 현재 조사를 근거로 선거구를 나누는 것이 타당하다는 것이다. 이 경우 인천부의 국회의원 정원은 3명이 될 수 있으나 변수는 선거권이 없는 외국인 수였다.[28)]

1948년 3월 19일 1개 선거구당 인구가 10만 명으로 정해지고, 인천은 경인철도를 경계로 1구(갑구)와 2구(을구)로 지역구를 나눈다는 내용이 보도되었다. 3월 18일 인천부 당국이 중앙에 보고한 선거구 설치 계획에

---

27) 『대중일보』 1948년 3월 26일자.

28) 『대중일보』 1948년 3월 17일자.

의하면, 경인 철도선을 경계로 삼아 대체로 구 부역(府域)을 제1구, 지청 관하의 농촌지구를 제2구로 분할하고 인구의 균형을 맞추기 위해 구 부역의 만석, 화수, 화평, 창영, 금곡, 송림, 송현의 7개 동을 분리하여 제2구에 편입하고 농촌지구의 용현, 학익, 옥련, 주안, 남동, 문학의 각 동을 제1구에 편입한다는 것이다. 이 경우 인구는 제1구가 제2구에 비해 12,755명이 많았다.[29)]

공식적으로 인천부 국회의원 선거구는 1948년 3월 25일 부윤실에서 열린 첫 선거위원회 회의에서 결정되었다. 이 자리에서 인천부 두 선거구의 명칭은 종래의 제1구를 갑구로, 제2구를 을구로 정식 결정하고 각 선거구별 관할 동을 확정하였다.

〈표 8〉 제헌 국회의원 선거 인천부 선거구[30)]

선거구 명	관할 구역	인구 수
갑 선거구	중앙동, 관동, 송학동, 해안동, 항동, 사동, 답동, 신흥 1·2·3동, 신생동, 신포동, 선화동, 유동, 도원동, 율목동, 선린동, 북성동, 송월동, 인현동, 전동, 내동, 경동, 용동, 숭의동, 용현동, 학익동, 옥련동, 주안동, 문학지청 관내, 남동지청 관내	112,207명
을 선거구	만석동, 화수동, 화평동, 창영동, 금곡동, 송림동, 송현동, 부평지청 관내, 서곶지청 관내	103,577명

29) 『대중일보』 1948년 3월 19일자. 보도된 구별 동명은 다음과 같다. 제1구: 중앙동, 관동, 송학동, 해안동, 사동, 답동, 신흥동, 신포동, 선화동, ○동, 도원동, 율목동, 선린동, 북성동, 인현동, 전동, 내동, 경동, 송월동, 용동, 숭의동, 학익동, 옥련동, 주안지청, 남동지청, 문학지청(이상 인구 132,050명). 제2구 : 만석동, 화수동, 화평동, 창영동, 금곡동, 송림동, 송현동, 부평지청, 서곶지청(이상 인구 119,295명).

30) 『인천시사』(하권), 인천시사편찬위원회, 1973, 58쪽; 『대중일보』 1948년 3월 26일자. 대중일보 기사가 내용은 자세하나, 판독되지 않는 부분이 적지 않아 여기서는 인천시사 내용을 인용하였다.

제헌 국회의원 선거는 선거사상 처음이자 마지막으로 선거인(유권자) 등록제를 실시하였다. 등록을 해야 투표를 할 수 있었던 것이다. '단독정부'를 세우려는 '단독선거'라는 비판이 거센 상황에서 선거인 등록률은 선거의 성공을 가늠해볼 수 있는 리트머스 시험지였으므로 선거에 참여한 정당과 단체들은 선거인 등록에 많은 힘을 기울였다.[31]

인천부는 1948년 3월 19일 부청에서 동회장과 지청장 연석회의를 열어 제헌 국회의원 총선거 실시에 따른 주의사항을 전달하면서 3월 30일부터 4월 8일까지 선거인 등록을 완료할 것이라고 발표하였다. 무호적·무기류자(無寄留者)의 경우 선거권이 없으며, 선거인 등록을 위해서는 투표구 지역에 선거일 전 60일 이상 거주하는 자로 소급해 입적하거나 기류(寄留)에 수속을 완료해야 했다.[32]

인천부의 선거인(유권자) 수는 인구(25만 추정)의 6할을 약간 상회하는 15만 명으로 추산되었다. 더욱이 무호적자와 무기류자들이 적지 않은 해방 직후의 상황에서 투표율과 직결되는 선거인 등록률을 높이는 것이 결코 쉬운 일은 아니었다. 인천부윤 표양문은 인천기자연맹 기자단 회견에서 4월 8일까지의 짧은 기간에 선거인 등록률을 높이는 방안의 어려움을 토로하였다.[33]

그러나 길지 않은 등록기간에도 불구하고 인천부의 선거인(유권자) 등록은 기류(寄留) 사무를 담당하는 부 호적과의 다른 업무가 마비될 정도로 예상보다 높은 호응 속에 순조로운 출발을 보였다.

---

31) 김득중, 「제헌국회의 구성과정과 성격」, 성균관대학교, 1994 43~44쪽.
32) 『대중일보』 1948년 3월 20일자.
33) 『대중일보』 1948년 3월 27일자.

> 지난 30일 총선거 실시의 서막으로 선거인 등록이 개시되자 부 호적과는 기류계를 제출하려는 부민들로 장사의 진을 치고 계원들은 사무처리에 눈코 뜰 새 없이 분망을 다하고 있는 현상으로, 매일 평균 기류사무 취급 건수만 1천2백 건을 돌파하고 있는 형편이다.[34]

지역 언론도 선거인 등록 독려에 동참했다. 인천의 대표적인 한 신문은 "해방 후 32개월 자주독립을 갈망하는 겨레의 고함은 열렬했지만 상극과 마찰의 되풀이를 계속했을 뿐 남은 것이라고는 동족끼리의 반목" 뿐이라며, 이번에 실시되는 제헌 국회의원 선거야말로 자주독립 과정의 제1단계라고 역설했다. 이번 선거의 결과는 민족의 장래를 결정짓는 최대의 관건이므로 유권자는 한 사람도 빠짐없이 등록하자고 주장했다.[35]

이에 힘입어 인천부의 선거인 등록은 182개소에서 등록 사무가 개시된 지 3일이 지난 4월 3일 현재 60퍼센트를 돌파하였고 5일이면 90퍼센트에 달할 것으로 예상되었다.[36] 등록률 공표 첫날인 4월 3일 인천부 2개 선거위원회는 16개의 순회조사반을 조직하여 7일까지 모든 등록소를 순회하여 "등록자 및 선거인 수, 총선에 대한 일반의 관심, 선거에 대한 반대 경향, 각 투표구 분위기" 파악에 나섰다.[37]

한편 총선거 일자가 5월 9일에서 5월 10일로 변경되면서 선거인 등록도 하루 연장되었다. 이에 따라 4월 6일 인천부 선거구 선거위원회는 선거인 등록 마감 및 선거인명부 종람 개시와 마감, 의원후보자 등록,

34) 『대중일보』 1948년 4월 1일자.

35) 『대중일보』 1948년 3월 30일자. 전임 인천시장을 지낸 대중일보 사장(임홍재)이 인천 을구에 출마하였다.

36) 『대중일보』 1948년 4월 4일자.

37) 『대중일보』 1948년 4월 4일자.

선거인명부 확정 등의 일정을 발표하였다.[38] '자유로운' 선거 분위기 고조를 위한 은사령도 발포되어 인천에서만 30명의 미군정 포고령 위반자가 감옥 문을 나섰다.[39]

인천부 선거위원회는 4월 6일까지 갑구 73퍼센트, 을구 82퍼센트로 인천부 평균 77퍼센트의 높은 선거인 등록률을 보였다고 발표했다.[40] 등록 마감 하루 전인 4월 8일에는 "일부 계열의 맹렬한 반대공작에도 불구하고 일사천리의 형세로 진행"되어 95퍼센트를 돌파하였다고 보도되었다.[41]

예상을 훨씬 뛰어넘는 선거인 등록은 인천부의 선거인(유권자)들이 투표에 참여할 수밖에 없는 '절실한' 이유가 있기 때문이다. 이와 관련하여 1948년 3월 26일 기자가 투표를 거부하는 사람에게 양곡배급을 정지한다는 설에 대해 확인을 요청하자 인천부윤은 "이에 대해서는 ㅇㅇ토의할 말도 없고 양곡배급을 정지한다는 것은 자유로운 분위기에 배치되는 것"[42]이라며 부인했지만, 이 설은 공공연한 사실이었다.

실제로 선거 한 달 전인 1948년 4월 12일 한국여론학회에서 서울 시내 '통행인' 1,262명을 대상으로 실시한 여론조사를 보면 선거인 등록을 했다는 사람이 무려 934명이었고 하지 않았다는 사람은 328명에 불과했다. 그런데 등록을 했다는 934명 가운데 자발적으로 한 사람은 84명밖에 되지 않았고 나머지는 강제로 등록을 했다는 것이다.[43]

---

38) 『대중일보』 1948년 4월 7일자.
39) 『대중일보』 1948년 4월 7일자.
40) 『대중일보』 1948년 4월 8일자.
41) 『대중일보』 1948년 4월 9일자.
42) 『대중일보』 1948년 3월 27일자.
43) 『경향신문』 1948년 4월 13일자; 『서울신문』 1948년 4월 13일자. 이는 선거인 등록률 향상과 투표율을 높이기 위한 다양한 형태의 관권이 개입되었다는 정황을 보여준다.

여론조사 통계로만 보면 90퍼센트를 훨씬 넘는 유권자들이 마지못해서 선거에 참여했거나 아예 하지 않겠다는 태도를 보인 것으로, 38선 남쪽만의 반쪽 선거에 대한 거부감이 그만큼 컸던 것이라고 볼 수 있다.[44]

선거인 등록이 예상 외의 호조를 보이면서 '단독선거' 실시를 반대하는 세력의 투쟁도 한층 격화되었다. 선거일 이전의 조직적인 반대활동은 남로당원 등 주로 좌익계열에 의해 이루어졌다. 1948년 4월 5일 밤에는 청년 20명이 송현 3동 제2선거구 등록사무소 관계자의 집에 들이닥쳐 두 차례에 걸쳐 문을 열 것을 강요하다 응하지 않자 적기가를 부르며 '선거를 방해하는' 전단을 뿌리고 도주하였다.[45]

같은 날 아침에는 선화동에서 남로당원 청년이 동지 20여 명과 함께 마침 식목일을 맞아 기념식수를 하러 가던 공장 노동자들에게 총선거 반대를 선전하다 주모자 1명이 체포되었다. 이들은 5일만이 아니라 인천부 내 각 공장의 출퇴근 시간에 맞춰 선거반대 선동활동을 벌인 것으로 드러났다.[46]

학생들에 의한 선거 반대투쟁도 일어났다. 1948년 4월 21일 밤 인천부 창영동에서 남녀 중등학교 학생 수십 명이 모여 선거 반대 구호를 외치며 행인들에게 총선거를 반대한다는 내용의 전단을 살포하다 여학생 4명이 체포되었다.[47]

---

44) 서중석, 『대한민국 선거이야기 : 1948 제헌선거에서 2007 대선까지』, 36쪽.

45) 『대중일보』 1948년 4월 7일자.

46) 『대중일보』 1948년 4월 7일자.

47) 『대중일보』 1948년 4월 23일자.

4. 제헌 국회의원 선거 출마와 당선

1) 후보 등록과 선거운동

1947년 9월 미국이 한국문제를 유엔에 상정한 뒤, 미소공동위원회에 대처하기 위해 조직되었던 좌우합작위원회, 미소공위대책협의회, 민주주의독립전선 등의 존재의의가 상실되면서 단독선거 분위기도 조기에 달아올랐다. 인천에서도 1947년 말부터 이미 선거 열기가 달아올라 일부 인사의 출마설이 나돌며 이면공작이 개시되었다.[48]

출마가 거론되는 인사들 가운데, 곽상훈은 해방 후 한민당 발기인으로 참여하여 중앙상임위원으로 활약했다. 중국 상해와 인천, 동래 등지에서 독립운동에 참여했던 그가 한민당 창당에 주도적으로 참여한 이유는 한민당이 공산당과 타협·야합하려는 김구·김규식 등의 남북협상을 저지하는 자유·민족진영의 구심체가 될 것으로 생각했기 때문이었다고 한다.[49]

곽상훈은 한민당 중앙당 창당에 기여한 뒤 선거를 앞두고 인천에 내려와 지구당 창당을 주도했다. 이 때문에 그는 한국민주당(이하 한민당) 소속으로 인천의 지역 언론 등에서 출마 예상 1순위로 보도되었다. 다만 그는 언론과의 인터뷰에서 출마 여부에 대해, "아직까지 출마할 뜻을 결정치 못하였으며", "많은 친구들이 권유하기는 하나 나는 원래 재력이 없는 위에 자격조차 충분치 못하니 자진해서 나가겠다고 단언도 못하겠고 또 안 나가겠다고도 못할 사정"이라며 신중한 태도를 보였다. 반면에 출마자로 거론되는 같은 당의 양제박(한민당 인천지부 위원장)과 하상훈(한민당 인천지부 부위원장)

---

48) 『대중일보』 1948년 3월 10일자.

49) 곽상훈, 「삼연회고록 제1회 : 역사의 탁류를 헤치고」, 『세대』 제10권 통권 102호, 1972, 314~315쪽.

은 모두 "당의 방침에 따르겠다"고 답변하여 묘한 뉘앙스를 풍겼다.[50]

인천부 갑구에서 양제박의 한민당 공천설이 나도는 가운데,[51] 한민당 인천지부는 3월 27일 집행위원회를 열어 갑구 국회의원 후보에 당 인천지부 위원장 양제박을, 을구 국회의원 후보에 당 인천지부 부위원장 하상훈을 추천, 만장일치로 가결하였다.[52] 곽상훈이 공천을 받을 것이라는 세간의 예상을 뒤엎는 결정이었다. 이튿날 한민당 인천지부는 지역 일간지에 "본 지부에서는 본월 27일 집행위원 및 감찰위원 전체 회의에서 만장일치의 결의로써 국회의원 입후보를 좌와 여히 공인 추천"한다는 광고를 게재했다.[53]

한민당의 공천을 당연시했던 곽상훈은 다른 인사가 후보로 공천되자 실망을 넘어 분노가 치밀었다. 그의 입장에선 "당 내의 서열로 보나 위치로 보나 한민당의 공천은 지극히 당연한 상식"이었기 때문이다. 공천에 탈락했을 때 그는 당의 결정에 승복하려 했다고 한다. 그러나 인천에서 그를 따르는 청년·학생 등 '문하생' 제씨의 강력한 권유로 고심 끝에 무소속 출마를 결심했다.[54] 3월 30일 지역 일간지에 "국회의원에 우리의 혁명투

50) 『대중일보』 1948년 3월 3일자. 이는 한민당이 곽상훈에게 공천을 주지 않을 수 있음을 의미한 것으로 보인다.

51) 『대중일보』 1948년 3월 27일자.

52) 『대중일보』 1948년 3월 28일자. 양제박은 63세의 인천 출신 기업가로, 해방 후 한민당 발기인으로 참여, 중앙위원으로서 한민당 인천지부 조직에 참여하여 지부장으로 활동하고 남조선과도입법의원에 당선되어 입법의원에서 식량물가대책위원장으로 활약했다(『대중일보』 1948년 5월 4일자).

53) 『대중일보』 1948년 3월 28일자.

54) 곽상훈, 「삼연회고록 제1회 : 역사의 탁류를 헤치고」, 『세대』 제10권 통권 102호, 1972, 315쪽; 『대중일보』 1948년 3월 27일자. 곽상훈이 한민당 공천에 탈락한 이유는 분명치 않으나, 기업인 출신의 인사(양제박)가 공천을 받은 것으로 보아 자금동원 능력과 관계가 있지 않나 생각된다.

사 곽상훈씨를 인천부 갑 선거구 입후보로 추천"한다는 광고가 올라온 가운데[55] 다음날인 3월 31일 곽상훈은 갑구 선거관리위원회에 무소속으로 후보자 등록을 마치고, 입후보 등록과 동시에 한민당 탈당을 선언하였다.[56]

곽상훈이 무소속 출마를 강행하고 당 수뇌부의 만류에도 불구하고 한민당을 탈당하자 지역 언론에서는 인천 갑구의 경우 곽상훈과 받은 양제박의 대결이 될 것으로 예상했다. 양제박은 한민당 공천으로 그 세력이 강화될 것이고 곽상훈은 "문하생 제씨의 열렬한 추대로" 공천 탈락설 이후 본인도 모를 정도로 여러 단체에서 추천이 봇물을 이루고 있다는 점이 그 이유였다.[57]

하루 걸러 지역 일간지에 '인천부 갑구 선거구 선거위원회'(위원장 김무영) 명의로 게재된 곽상훈과 양제박의 후보자 등록공고 내용은 다음과 같다.[58]

성명	곽상훈(53세)	양제박(63세)
주소	인천부 송학동 2가 18번지	인천부 율목동 206번지
직업	동아일보사 인천지국장	상공업
소속	무소속(전 한민당 중앙상임위원)	한국민주당(한민당 인천지부장)

후보자 등록이 완료되면서 곽상훈은 본격적인 선거운동에 돌입했다. 그런데 선거자금이 부족하고 조직력이 취약할 수밖에 없는 무소속 후보의 입장에서 후보자 본인에 우호적인 인천지역 유력단체의 후보자 공인

55) 『대중일보』 1948년 3월 30일자.
56) 『대중일보』 1948년 4월 2일자.
57) 『대중일보』 1948년 3월 27일자.
58) 『대중일보』 1948년 4월 3일자 및 4월 4일자.

추천 광고는 다른 그 무엇에도 견줄 수 없는 강력한 선거운동이었다. 실제로 이들 단체는 공인후보 추천 사실을 언론에 공표하는 것에 그치지 않고 "선거운동 추진에 전 단원이 일로 매진할 것을 결의"하는 등 자신들이 추천한 후보의 선거운동에 직접 참여했다.[59] 때문에 출마자들은 본인이 소속된 정당·단체는 물론 여러 유력 단체의 지지를 받는 데 치열한 경쟁을 벌였다.

특히 일제시기부터 인천을 무대로 독립운동과 민족국가 건설운동에 노력해온 곽상훈은 지역 단체의 공인 추천 후보로 타의 추종을 불허했다. 날짜별로 그를 공인후보로 추천한 단체의 면면과 추천 이유를 살펴보면 다음과 같다.

후보추천 단체	추천 사유(요지)	날짜	비고
대한노총인천연맹 인천자유노조조합원 일동	50평생을 피투성이가 되어 오로지 독립운동에 헌신한 우리 인천의 유일한 혁명투사	4.5	
대한독립농민총연맹 인천연맹	순수한 애국적이요 투지적이며 양심적 지도자인 대중의 덕망가	3.26	
대한독립청년단 인천부 특별지단	평생을 민족운동 일로에 헌신하여 조국청년운동사에 혁혁한 기록을 重載한 순정의 애국지사이며 불굴의 투사	4.8	
인천체육협회	인천체육계의 선구요, 민족투쟁의 선봉으로 50평생을 독립운동에 헌신	4.8, 5.3, 5.4, 5.6, 5.7, 5.8.	6회
조선민족청년단 인천시 단부	완전 자주독립 전취에 민족지상 국가지상의 최고이념을 실천하려는 진실한 애국지사	4.24.	을구; 이성민 추천
곽상훈선생 입후보공인후원단, 인천체육회 외[60]	통일중앙정부 수립의 역사적 총선거에 제하여 민족해방의 투사로 50평생을 시종일관 독립운동에 혈투하신 애국지사	5.7.	2회 게재

59) 『대중일보』 1948년 4월 9일자.

다른 후보들과 달리 곽상훈을 공인후보자로 추천한 단체 가운데, 선거에 임박해서 급조된 단체는 거의 없었다. 대한노총과 농총은 1947년 3월 총파업 이후 조선노동조합 전국평의회(전평)가 궤멸된 이후 합법단체로는 가장 큰 규모의 노동·농민단체였고 조선민족청년단(족청)과 대한독립청년단은 해방 공간에서 맹위를 떨치던 가장 유력한 청년단체였다.

무엇보다도 8회씩이나 추천광고를 게재한 인천체육협회의 적극적인 지지가 눈에 띤다. 전술했듯이 이것은 일제하 곽상훈이 인천에서 만능 스포츠맨으로서 '한용단'을 창단 운영하면서 '야구도시' 인천을 탄생시키는 데 크게 기여한 점이 작용했을 것이다. 당시 그는 현역 인천체육협회 회장이기도 했다. 이 정도면 곽상훈은 이른바 '인천 대중단체연합'의 공천을 받은 것이라고 할 만했다.

유력한 인천의 여러 단체들이 곽상훈을 공인후보로 추천한 가장 큰 이유는 일제하에 그가 독립운동을 했다는 점이었다. 다시 말하면 해방된 조국에서 새로운 정부를 만들어야 할 제헌 국회의원이 갖추어야 할 가장 큰 덕목이 식민지하에 자신을 던져 독립운동을 한 사실이었던 것으로, 이는 비단 인천만이 아니라 전국적인 현상이었다.[61]

곽상훈 스스로도 지역 언론에 자신의 약력을 소개하면서 일제하 독립운동 경력에 가장 많은 부분을 할애했다.

---

60) 두 단체 외에 대한독립청년단 인천부 특별지단, 대한독립농민총동맹 인천연맹, 대한노총 인천연맹 인천자유노동조합, 전국학생총연맹 경기도본부 인천특별지구연맹 등이 공동으로 참여했다(『대중일보』 1948년 5월 8일자 및 5월 9일자).

61) 후술하듯이 인천 을구의 유권자들이 제헌 국회의원으로 조봉암을 선택한 이유도, 그의 독립운동 경력과 민족통일 주장이 주효했기 때문이다.

> (상략) 동래고보 졸업 경성고공 중퇴. 인천야구단 창설. 동경진재 조선인 학살사건 진상조사위원 특명. 상해에 망명, 상해 한인청년동맹 간부 피임. 귀국 후 인천소년단장. 인천한용청년단장. 재만동포옹호동맹 만주특파원 등을 역임타가 (일시 향리에 귀농) 조선어학회 홍원사건에 연좌되어 피체, 동래군 왜관 독립단 사건 음모로 부산헌병대 수감. 종전 직전 제1차 요시찰인 검거 때 경남 경찰부에 수감. 해방과 동시에 출감(來仁)[62]

선거전이 본격화하면서 그 사례를 "일일이 열거할 수 없을 정도로" 불법적인 선거운동도 횡행하였다. 송현동 일대에서 이른바 '막걸리 유세대'가 등장하여 유권자들을 술로 유인하여 지지후보를 선전하고 다른 후보를 비방하는가 하면, 상대 후보에 대해 허무맹랑한 역선전으로 인신공격을 일삼았다. 멀쩡하게 거리를 활보하는 후보가 "급 병원에 입원"했다고 거짓말을 퍼뜨려 선거운동을 방해하는 일도 비일비재했다.[63]

특히 후보로 등록한 지 일주일도 채 되지 않아 곽상훈에 대한 유력 단체의 지지성명이 잇따르자 이에 대한 다른 후보 진영의 견제도 심해지기 시작했다. 그가 중병에 걸려 입원 중이라는 '데마'가 유포된 것이다. 이에 곽상훈은 해당 기사가 보도된 언론사를 직접 방문하여 자신의 중병설은 선거를 방해하기 위해 날조된 것으로, 전혀 사실이 아니라고 해명했다. 그런 뒤에야 해당 언론에서는 곽상훈은 건재하며 현재도 선거운동을 위해 "관계방면을 역방" 중이라고 정정보도를 했다.[64]

---

62) 「곽상훈씨 약력」, 『대중일보』 1948년 4월 30일자. "한국민주당 인천지부장, 농총 인천연맹 위원장 역임. 현재는 인천체육회장, 인천부 사회사업협회장, 조선소년단 경기도연맹위원장, 경기도 소방위원, 인천 적산불하 자격심사위원, 대한독립전취 인천최고위원단 위원, 동아일보 인천지국장" 등 해방 후 인천에서의 경력도 홍보·소개하였다.

63) 『대중일보』 1948년 4월 7일자.

64) 『대중일보』 1948년 4월 8일자.

곽상훈이 부상함으로써 가장 초조해진 것은 한민당이었다. 당초 선거 초반에는 갑구에서 무소속의 곽상훈과 한민당의 양제박이, 을구에서 한민당의 하상훈과 무소속의 조봉암이 박빙으로 혼전은 치를 것으로 예상했었다.[65] 하지만 갑구의 양제박은 좀처럼 지지율이 오르지 않았으며, 을구의 하상훈도 선거구인 송현동에서 선거 운동원이 피습을 당하고[66] 서북청년회 부평특별지단이 동 청년회 경기도 본부의 하상훈 지지에 반대하는 성명을 발표하는 등[67] 잇따른 악재로 고전을 면치 못하였다.

다급해진 한민당 인천지부는 선거일을 불과 이틀 앞두고 서울에서 한민당 선전부장 김준연을 초청하여 인천지역 출마자들에 대한 지원유세를 요청했다. 지역 언론에는 김준연의 화려한 경력과 함께 그가 "인천부에서 출마한 국회의원 입후보자 한민당 인천지부 위원장 양제박, 동 부위원장 하상훈 양씨를 위한 응원 강연을 하기로" 했다는 기사가 보도되었다.[68]

또한 '국회의원 입후보 양제박, 하상훈 양 선생 후원 강연대회'라는 제하에 1948년 5월 8일 토요일 하오 1시에 시내 신흥초등학교 운동장에서 한민당 인천지부 주최로 한민당 선전부장 김준연 선생이 연설을 한다는 내용의 광고가 2회 연속 실렸다.[69]

---

65) 『대중일보』 1948년 3월 27일자.

66) 『대중일보』 1948년 4월 21일자.

67) 「성명서」, 『대중일보』 1948년 4월 21일자.

68) 『대중일보』 1948년 5월 8일자. 김준연에 이어 입법의원 의장 신익희도 인천에 내려와 강연을 이을지도 모른다는 기사도 보인다.

69) 『대중일보』 1948년 5월 7일자 및 5월 8일자.

2) '통일정부'·'독립전취' 제창, 당선

당선을 위해서는 유력단체의 지지를 얻어내고 선거운동원을 동원하여 홍보전단을 살포하며 지역 곳곳을 누비는 것만으로는 부족했다. 후보자가 선거구 별로 수만이 넘는 유권자들을 모두 만날 수도 없을 뿐더러, 제헌 국회의원 선거는 평상적인 선거가 아니라 일제의 오랜 식민통치에서 벗어나 새로운 국가·정부를 만들 대표를 뽑는 것이었기 때문에 후보들은 유권자들 앞에 자신의 사상과 정책, 노선을 제시해야 했다.

인천부 선거위원회는 지역 언론사들로 구성된 인전신문기자연맹과 협의하여 동 연맹 주최 하에 선거일 전까지 선거구별로 두세 차례 '인천부 국회의원 입후보 정견발표회'를 개최하기로 하였다.[70]

1948년 4월 4일 상오에 답동의 신흥국민학교에서 열린 제1회 정견발표대회에 나선 갑구 후보들의 연설 제목을 살펴보면 다음과 같다.[71] 인천지역 제헌 국회의원 선거의 이슈를 짐작할 수 있어 주목된다. 곽상훈을 포함하여 김홍식과 함효영 등 무소속 후보 전원이 '독립'이나 '통일'을 키워드로 내세웠다. 이와는 달리 한민당 소속의 양제박만 '민생'을 내세웠다.[72] 다른 지역의 양상을 더 봐야 분명하게 알 수 있겠지만, 한민당은 '지역'과 '민생'을 선거전략으로 삼음으로써 제헌 국회의원 선거가 남한만의 단독선거라는 점을 애써 외면하려던 것이 아닌가 짐작된다.

70) 『대중일보』 1948년 3월 23일자.

71) 『대중일보』 1948년 3월 28일자. 각 후보별 구체적인 연설내용은 확인되지 않는다.

72) 한민당 소속인 인천 을구의 하상훈도 역시 양제박처럼 "30만의 대변인이 되련다"라는 지역 공약을 내세웠다.

성명	소속	연설 제목	비고
김홍식	무소속	완전 자주독립에의 지향	인천신문 사장, 후보 사퇴
양제박	한민당	조국재건으로 민생문제를 해결하련다.	
곽상훈	무소속	남북통일을 목표한 역군으로	
함효영	무소속	나는 독립을 찾으련다.	

1948년 4월 25일 신흥국민학교 교정에서 개최된 제2회 정견발표대회는 인천부 선거위원회 후원으로 인천기자연맹이 주최하는 사실상의 마지막 공식적인 정견발표회였다.[73] 이날 연설회장에는 인천부 내 각 청년단체와 공장대표를 비롯, 수천 명에 달하는 인천부민 등이 참석한 가운데, 후보들은 총력을 다해 사자후를 토해냈다.

먼저 등단한 함효영(무소속)은 3천만의 노선은 오직 하나이며, 우리는 외국 의탁이나 일파에 의존하는 구태를 버리고 조선인이라는 토대 위에서 남북통일 정부를 수립해야 한다고 역설했다. 자신은 3천만을 대표하여 국권회복에 전 생명을 바칠 것이라고 주장했다. 김영주(대한노총)는 부패한 정계의 대수술이 필요하며 토지와 적산가옥, 여성을 '해방'하고 소비조합과 노동보험, 국가사회 교육을 '수립'하며, 극좌와 극우, 정치 간상배를 '타도'하겠다는 세 방향의 정강 정책을 제시했다. 윤무선(조선민주당)은 대통령 직속으로 암행 감찰관을 두어 민정을 살피고 각 관청에 민의를 전달할 상담소를 설치하며, 공무원의 최저생활을 보장하고 "아첨도 할 줄 모르며 실행이 풍부한 국회의원"이 되겠다고 약속했다.[74]

73) 당초 4월 18일로 예정되었다가 '입후보자 측의 요청'에 따라 일주일 뒤인 4월 25일로 연기되었다(『대중일보』 1948년 4월 18일자).

74) 『대중일보』 1948년 4월 27일자.

윤병덕(사회당)은 남의 나라가 주는 독립은 독립의 대가를 요구할 것이므로, 스스로의 역량으로 38선을 철폐하고 남북통일을 추진시켜 자주정부를 수립해야 한다고 역설했다. 이번에 구성되는 국회는 정치무대가 아닌 '독립전취의 무대'이므로 투쟁력 있는 애국자인 본인을 국회에 보내달라고 호소했다. 이순희(무소속, 여성)는 4천년 민족사는 '홀애비 정치'였다고 비판하고 남존여비의 진부한 폐습을 타파하고 여성에게도 남성과 균등한 권리가 부여되어야 한다고 주장하면서 탁아소 창설 등의 정책을 제시했다.

한편 곽상훈에 앞서 등단한 양제박(한민당)은 제헌 국회의원 선거가 "국제적으로 공약된 우리의 독립이 해방 후 정치적으로 가진 파란곡절을 겪은" 끝에 실시하게 된 것이라고 의미를 부여했다. 그는 만민공동의 기초 위에 헌법으로 국민의 권리를 보장하고 우리 풍속에 맞지 않는 외래의 법률을 폐지하는 한편 여성 약자의 사회적 지위를 향상시키며 중공주의(重工主義)의 경제정책을 확립하여 국가재정과 국민경제를 원활히 하며 농민본위의 토지개혁을 실시할 것이라고 역설했다. 아울러 근로대중의 정치·경제적 지위의 향상, 산업과 민족경제 재건에 매진하고 국방군을 창설하여 내우외환에 대처해야 한다고 주장했다.[75]

주목되는 것은 양제박의 이러한 정견 발표 내용이 한민당의 강령과 정책을 그대로 나열한 것에 불과하다는 점이다.

〈강령〉

① 조선민족의 자주독립국가 완성을 기함 ② 민주주의의 정체 수립을 기함 ③ 근로대중의 복리증진을 기함 ④ 민족문화를 앙양하여 세계문화에 공헌함 ⑤ 국제헌장을 준수하여 세계평화의 확립을 기함

---

75) 『대중일보』 1848년 4월 28일자.

〈정책〉

① 국민 기본생활의 확보 ② 호혜평등의 외교정책 수립 ③ 언론·출판·집회·결사 및 신앙의 자유 ④ 교육 및 보건의 기회균등 ⑤ 중공주의(重工主義)의 경제정책 수립 ⑥ 중요산업의 국영 또는 통제관리 ⑦ 토지제도의 합리적 재편성 ⑧ 국방군의 창설[76]

이어서 등단한 곽상훈은 한민당의 양제박 후보를 겨냥했다. 앉아서 독립을 기다리는 것은 어리석은 일이며, 주의의 주장을 떠나 동포가 결속하여 진정한 독립을 방해하는 애로를 타파하고 만난을 배제하여 38선을 철폐하고 통일정부를 수립해야 한다고 주장했다. 완전한 독립이 없이 민족의 행복은 절대 있을 수 없다고 역설했다.

곽상훈은 지역 언론이 마련한 '지상 정견발표대회' 지면을 통해 자신이 이번 선거에 출마하게 된 동기와 노선, 정책을 소상히 밝혔다. 그는 "국가 없는 민족의 비애는 골수에 사무친 우리 자신의 절실한 체험일 뿐 아니라 세계 각지에 흩어져 있는 약소민족의 수난사를 통해서도 너무나 역력하게 우리 가슴속에 박혀있다"면서 자신의 독립운동 사실을 전면에 내세웠다.

'국권회복의 사상'으로 일제하 관동대지진 때의 동포학살 사건과 만보산사건 진상조사를 위해 특파원으로 파견되고, 조국 독립을 위해 일본과 만주, 상해에서 활동했던 사실을 언급하면서 "사상을 바치고 기술을 바치는 대신 나의 몸을 바치리라"는 것이 독립운동에 대한 자신의 행동강령이었다고 주장했다.

---

76) 심지연, 『한국민주당연구 I – 정치적 성장과정과 정치이념 및 관계자료』, 풀빛, 1982, 151쪽 참조.

이와 같은 행동강령의 연장선상에서 곽상훈은 통일정부의 수립을 최우선의 중요한 과제로 제시했다. 그는 통일정부 수립에 요청되는 유일한 조건은 38선 장벽의 철폐이며, 목적을 완수하기 위해 전세계, 특히 미소 양국의 정의감에 호소하여 정치적으로 해결하도록 필사의 노력을 다함은 물론 국내적으로도 순수 애국자들로 강력한 내각을 조직해 북한동포의 신뢰를 받고 38선 철폐운동을 전개할 것이라고 주장했다. 특히 "동포들 마음속에 있는 38선을 철회한다면 미·소가 아무리 이 선을 고집할지라도 우리 통일은 반드시 성취될 것"이라면서 단독선거에서나마 통일정부 수립을 열망하는 유권자들의 정서에 호소했다. 심지어 그는 "나의 국회의원으로서의 기타의 행동은 전부가 38선 철폐와 통일조선의 건설로 이루어질 독립전취"라고 주장했다.

그러면서 자신이 국회의원이 되면 인천의 각계 인사를 망라하여 자문회를 조직, 국가재건에 대한 여러 문제를 수시로 자문하겠다고 약속했다. 그가 제시한 분야별 구체적인 정책 내용은 다음과 같다.

1. 국체. 주권은 인민대중이 장악하는 민주공화국으로 할 것.
2. 대통령 및 조각. 대통령은 전국민 투표로 선출함을 원칙으로 할 것이다. 금번 ○국회에서 선임하되 국제정세에 통달하고 진보적인 사상의 소유자로 종시일관할 국가가족 지상주의자를 선출할 것. 조각은 주로 대통령의 의사에 위임할 것이나 청렴하고 능률적인 適材를 ○○하여 국회에 자문하되 일당 독재정치를 절대 배격할 것.
3. 민생문제. 우리나라는 노동대중이 8할 이상에 달하고 있으므로 이 대중의 생활안정을 절대조건으로 하고 국민개로와 균등사회 건설을 국시로 하되 개인의 기본적 권리를 살리기 위하여 개인의 경제적 자유를 계획적으로 관할할 것.

△ 가. 토지정책 원칙으로 생산도구는 생산인의 소유로 하되 분배방침은 유상몰수 유가분배로 하고 그 소유면적은 농민의 수에 정비례하여 국법으로 제정하고 대가 상환방법은 농민의 현실생활에 영향을 미치지 아니하는 ○○로 장기상환으로 하되 기간 단축은 자유에 맡길 것이고 특히 토지개혁은 야기할 제반 혼란대책을 수립하여 이와 병행시킬 것.

△ 나. 국영기관 문제. 대규모의 산업기관은 국가경영으로 하고 소기업체는 민영을 허하되 노동법을 제정하여 근로자의 권익을 절대 보장할 것.

4. 군사문제. 국내치안을 유지할 ○○○ 상비병을 보유하면 족할 것이나 국민의무병제를 실시하여 청소년의 정신훈련 체위향상을 위하여 기본 군사교육을 습득하게 할 것.[77]

선거전 막바지 열기가 달아오르면서 단독정부 저지세력의 반대투쟁도 격화되었다. 투표일 하루 전날 송현동 투표소에서 폭탄이 터지고 송림5동 투표소에서는 선거방해를 위해 던진 폭탄이 불발되자 권총을 난사하는 등 선거저지 투쟁이 잇따랐다.[78]

그러나 1948년 5월 10일 선거는 예정대로 실시되었고 인천 갑구는 5월 11일 새벽 7시부터 인천부청 회의실에서 개표에 들어가 당일 저녁 5시 40분에 종료되었다. 개표 결과 갑구에서 투표에 참여한 48,965명 가운데 곽상훈(무소속) 26,907표, 윤덕병(사회당) 5,397표, 함효영(무소속) 4,986표, 양제박(한민당) 4,071표, 김영주(대한노총) 3,067표, 윤무선(조선민주당) 1,696표, 이순희(무소속) 1,240표로 '기호 넉줄' 곽상훈 후보의 당선이 확

77) 『대중일보』 1948년 4월 30일자.

78) 『대중일보』 1948년 5월 10일자.

정되었다.[79]

곽상훈의 득표 수는 그와 경합한 나머지 후보 6명이 득표한 표를 모두 합쳐도 그가 얻은 표의 절반에도 미치지 못할 정도로 압도적인 것이었다.[80] 뒤에서 보듯이 이것은 조봉암(무소속)과 김석기(대한독립촉성국민회)가 치열하게 경합한 인천 을구와는 사뭇 다른 양상이었다.

인천 갑구의 유권자들은 지역발전이나 민생경제 향상을 앞세우는 후보들에게 거의 표를 주지 않았다. 공교롭게도 1위부터 3위까지 득표한 후보들은 선거운동 과정에서 모두 통일정부 수립과 독립전취를 앞세워 주장하였고 4위를 한 한민당의 양제박부터 7위의 이순희까지는 지역발전과 민생경제 향상, 남녀평등 등을 주장하였던 것이다. 곽상훈은 신문지상에 다음과 같은 당선사례문을 게재하였다.

> [근사(謹謝)]
> 금반 국회의원 선거에 제하여 유권자 제위의 열렬한 지원으로 당선의 영광을 입게 되어 감사 무비이옵기 우선 지상을 빌어 深謝하옵나이다.
> 단기 4281년 5월 12일 곽상훈 인천부 갑구 유권자 제위[81]

그를 도와 선거운동에 나섰던 인천체육협회 등 '곽상훈선생입후보 공인후원단' 소속의 단체들도 같은 신문지상에 하루 앞서 당선에 감사하는 내용의 광고를 게재했다.[82] 그러나 한민당 공천과 선거운동 과정에서

79) 『대중일보』 1948년 5월 12일자; 『인천시사』(상), 인천시, 1993, 441쪽.
80) 곽상훈, 「삼연회고록 제1회 : 역사의 탁류를 헤치고」, 『세대』 제10권 통권 102호, 1972, 315쪽.
81) 『대중일보』 1948년 5월 13일자.
82) 『대중일보』 1948년 5월 12일자.

적지 않은 갈등을 빚었던 양제박은 곽상훈을 비판하는 장문의 '공개장'을 발표함으로써 후유증을 남겼다.[83]

5. 맺음말

곽상훈의 제헌 국회의원 당선은 일본과 만주, 상해에서의 독립운동 경력에 일제시기부터 해방 공간까지 인천 지역사회에서 쌓은 여러 민족·사회적인 활동을 인천 갑구의 유권자들이 평가해준 결과라고 할 수 있다. 전국적인 명망을 가진 그 나름의 '화려한' 이력 또한 혼전이 예상되던 갑구에서 초반의 예상을 뒤엎고 압승을 거둘 수 있었던 요인이었다.

곽상훈은 부산 동래에서 태어나 어린 시절을 보내고 서울에 유학하였으나 인천에서 거주하면서 여러 사회적인 활동에 주도적으로 뛰어들었다. 3·1운동 때에는 서울과 인천, 동래를 오가며 배후 역할을 했을 뿐만 아니라 독립운동에 전념하기 위해 중국으로 건너가 한동안 상해에서 유력한 지도자들과 함께 독립운동에 참여했던 것이다.

1920년대 후반 중국 상해에서 귀국 뒤에는 인천에 돌아와 청년 야구단을 만들어 인천지역의 일본인 사회와 스포츠로 대결하면서 명성을 얻었고 신간회 인천지회 활동을 주도하고 만보산사건 특파원으로 활동하는 등 합법적이고 온건하게나마 민족운동의 끈을 놓지 않았다. 사실상 거의 모든 면에서 곽상훈과 경쟁했던 다른 후보들 가운데 그와 견줄 만한 후보는 없었던 것이다.

한민당 공천에서 탈락한 뒤 와신상담하던 그를 일으켜 세워준 것도

83) 「공개장-곽상훈에게 보냄」, 『대중일보』 1948년 5월 13일자.

일제시기부터 그와 함께 활동했던 청년 동지들이었다. 해방 후 이들은 인천지역 여러 단체의 주역이 되어 곽상훈의 출마를 독려했을 뿐만 아니라 기꺼이 선거운동원이 되어 그의 당선을 위해 노력했다. 이런 점에서 그는 '무소속'이라기보다 오히려 '인천 대중단체연합'의 공천을 받은 것이라고 할 만했다. 그러므로 그가 한민당 공천을 받지 못한 것은 오히려 약이 되었다고 해도 과언이 아니다.

남북한 통일정부 수립과 완전한 독립전취를 강력하게 내세운 선거전략이야말로 그가 압도적인 승리를 거둘 수 있었던 가장 큰 이유였다. 물론 한민당과 몇몇 후보들을 제외한 다른 후보들도 그와 동일한 선거전략을 구사하며 동일한 호소를 했지만 중요한 것은 그러한 전략과 정견을 유권자들이 얼마만큼 믿어주느냐에 있었다. 이 점에서 유권자들의 판단 기준은 후보가 출마하기 전에 했던 경력이었다. 일제하의 독립운동 참여와 인천에서의 여러 활동이야말로 그가 하는 주장과 호소가 진정성이 있다는 것을 보여주는 증거였다. 그가 인천 출신이 아니라는 것은 그리 중요하지 않았다.

제헌 국회의원 선거는 새로운 정부를 만들 국민의 대표를 선출하는 것이었던 만큼 지역일꾼을 뽑는 기성국가의 선거와는 달랐다. 남북통일과 독립전취를 주장했다는 점에서, 곽상훈의 정견과 인천 을구에서 당선된 조봉암의 정견이 거의 동일했다는 것은 결코 놀라운 일이 아니다.

[자료]

곽상훈, 「내가 만약 국회의원에 당선된다면 인천부의 각계 인사를 망라한 '정치고문회'를 조직하련다」(『대중일보』 1948년 4월 30일자, 「인천부 국회의원 입후보자 지상 정견발표대회」)

인천부 갑구 선거구 출마 국회의원 입후보자 곽상훈씨

– 나는 이번에 역사적인 국가재건사업의 한 역군이 되려는 충정을 ○하지 못하여 국회의원 후보자로서 여러분 앞에 나서게 되었습니다. 따라서 나는 사람을 여러분에게 숨김없이 해부하여 보여드릴 의무를 느껴 몇 가지 말씀을 하려는 바입니다.

국가 없는 민족의 비애는 골수에 사무친 우리 자신의 절실한 체험일 뿐 아니라 세계 각지에 흩어져있는 약소민족의 수난사를 통하여 너무나 역력하게도 우리 가슴속에 박혀있습니다. 특히 나는 잊으려 잊을 수 없는 일본 관동진재 때의 우리동포 대학살사건, 만보산사건 등을 실제로 조사하려고 파견되었던 관계로 그 인상이 더욱 심각하였으며 ○○ 청소년시대부터 품고 있던 절대적인 국권회복 사상은 일본 만주 상해로 여러 가지 제 임무를 가지고 동지들과 더불어 동서로 분주하는 동안에 더욱 자극되어 나의 일신을 조선독립운동에 제물로서 바치리라는 결심이 견고하여졌습니다. "나는 사상을 바치고 기술을 바치는 대신에 나의 몸을 바치리라" 이것이 과거 수년간을 통한 나의 독립운동에 대한 근본적인 행동강령이었습니다.

그러나 불행히도 나의 몸을 바칠 기회를 발견하지 못하고 있다 이번에 국회의원 선거를 보게 됨에 나는 나의 행동강령을 실천할 최적의 기회라고 생각하고 여러분 앞에 나섰습니다. 즉 나는 이번에 ○○될 국회의원은 단순히 여러분의 의사를 대변하는 데 그치지 않고 오히려 여러분을 대신하여 혈투할 때가 왔다고 생각하기 때문에 나는 자진하여 입후보하였습니다.

나는 이번 총선거를 통하여 전취할 통일정부 수립에 요청되는 유일한 조건은 38선 장벽 철폐에 있으며 그 목적을 완수함에는 물론 전세계 특히 미소 양국의 정의감에 호소하여 정치적으로 해결하도록 필사의 노력을 다할 것이고 국내적으로는 순수의 애국자는 강력한 내각을 조직하여 이북동포의 신뢰를 받는 동시에 38장벽 철폐운동을 결사적으로 추진하여 우리 동포간의 심중에 있는 38선을 철회한다면 미소가 아무리 이 선을 고집할지라도 우리 통일은 반드시 성취할 것이며 따라서 국제적으로 철병을 요구하고 우리의 자율적 통일정부를 수립할 수 있을 것입니다. 만약 이러한 성의와 심혈을 다한 동포애로 교섭과 ○○을 다함에도 불구하고 종내 불응하고 자파 독재정치를 꿈꾸고 국가와 민족을 부인하고 외세에 아부하는 망국도배가 있다 하면 남북을 막론하고 국가의 백년대계를 위하여 최후의 ○이 없을 수 없다고 나는 생각합니다. 따라서 나의 국회의원으로서의 기타의 행동은 전부가 38선 철폐와 통일조선 건설로 이루어질 독립전취를 목표로 통일될 것입니다. 이러한 취지로 내가 만일 국회의원이 된다면 우리 인천에다 각계인사를 망라하여 정치적 자문회를 조직하여 국가재건에 대한 ○○문제를 수시 자문함으로써 여러분의 의사를 나의 열정에 ○○히 부합시켜 명실이 상부한 나의 정견을 약술하면 다음과 같습니다.

1. 국체. 주권은 인민대중이 장악하는 민주공화국으로 할 것.
2. 대통령 및 조각. 대통령은 전국민 투표로 선출함을 원칙으로 할 것이다. 금번 ○국회에서 선임하되 국제정세에 통달하고 진보적인 사상의 소유자로 종시일관할 국가가족 지상주의자를 선출할 것. 조각은 주로 대통령의 의사에 위임할 것이나 청렴하고 능률적인 適材를 ○○하여 국회에 자문하되 일당 독재정치를 절대 배격할 것.
3. 민생문제. 우리나라는 노동대중이 8할 이상에 달하고 있으므로 이 대중의 생활안정을 절대조건으로 하고 국민개로와 균등사회 건설을 국시로 하되 개인의 기본적 권리를 살리기 위하여 개인의 경제적 자유를 계획적으로 관할할 것.

△ 가. 토지정책 원칙으로 생산도구는 생산인의 소유로 하되 분배방침은 유상몰수 유가분배로 하고 그 소유면적은 농민의 수에 정비

례하여 국법으로 제정하고 대가 상환방법은 농민의 현실생활에 영향을 미치지 아니하는 ○○로 장기상환으로 하되 기간 단축은 자유에 맡길 것이고 특히 토지개혁은 야기할 제반 혼란대책을 수립하여 이와 병행시킬 것.

△ 나. 국영기관 문제. 대규모의 산업기관은 국가경영으로 하고 소기업체는 민영을 허하되 노동법을 제정하여 근로자의 권익을 절대 보장할 것.

4. 군사문제. 국내치안을 유지할 ○○○ 상비병을 보유하면 족할 것이나 국민의무병제를 실시하여 청소년의 정신훈련 체위향상을 위하여 기본 군사교육을 습득하게 할 것.[84)]

---

84) 『대중일보』 1948년 4월 30일자.

◆ 제3장 ◆

계급·자본독재 배격한 진보 : 조봉암

1. 머리말

2007년 9월 27일 대통령 소속 '진실·화해를 위한 과거사정리위원회'는 1950년대 말 국가보안법 위반 혐의로 사형을 당한 조봉암과 유가족에게 국가가 사과하고 피해 구제 및 명예회복을 위한 적절한 조치를 취할 것을 권고했다.

한국의 대표적 보수신문마저 "조봉암은 한국에서 처음 사회민주주의 이념을 추구했던 정치인이며, 전향 후 공산독재에 철저하고 분명하게 반대했고 이런 인물을 형장의 이슬로 사라지게 한 것은 한국현대사의 그늘"이라고 논평함으로써 세간의 화제가 되었다.[1]

조봉암은 일제 식민치하에서 열정적으로 민족해방운동을 전개한 혁명가였다. 1919년 3·1운동으로 투옥되고 사회주의운동에 앞장섰으며 1925년 조선공산당(이하 조공) 창당에 참여하여 검사위원·만주총국 책임비서 등으로 활약했다. 특히 그는 1920년대 중반까지 중국 상해와 러시아를

---

1) 『조선일보』 2007년 9월 28일자, 9월 29일자 사설.

무대로 코민테른과 조공 사이의 연락책으로, 이후에는 민족유일당 운동에 전력을 기울이는 등 민족통일전선운동에 앞장서 사회주의운동을 세계혁명과 조선독립에 결합하려 노력했다.[2)]

해방 후에는 대한민국 정부수립에 참여하여 제헌 국회의원과 초대 농림부장관, 2대 국회부의장을 지냈고 1952년과 1956년 대통령선거에 연이어 출마하였으며 진보당(추진위원회) 후보로 출마한 1956년에는 216만 표를 얻는 돌풍을 일으키며 이승만정권을 위협했다.

조봉암은 일제하 발군의 사회주의운동가로서, 해방 후에는 자주독립노선을 표방하고 '평화통일노선'에 입각하여 통일운동에 매진했다. 그러나 그에 대한 관심은 민족해방운동과 진보당 활동에 집중되어 있고[3)] 해방 직후의 활동에 대해서는 접근조차 되지 않았다.[4)]

조봉암에게 1945년 해방에서 1948년 정부 수립에 이르는 기간은 식민지 하 일본제국주의와 싸우던 혁명가에서 정치가로 거듭나는 중요한 시기였다. 이 기간에 그는 인천에 거주하면서 지역사회의 현안을 고민하고 대중을 상대로 새로운 정치적 실험들을 펼침으로써 정치가로서 자신의 지역기반을 구축하였다.

그러므로 그의 생애와 활동을 체계적으로 복원하고 그의 노선이 갖는

---

2) 『조선일보』 1933년 6월 4·17, 20, 23일자, 「조봉암 김명시 등 예심결정서 전문(9-13)」.

3) 권대복 엮음, 『진보당』, 지양사, 1985; 정태영, 『조봉암과 진보당』, 한길사, 1991; 박태균, 『조봉암 연구』, 창작과 비평사, 1995; 서중석, 『조봉암과 1950년대』 상·하, 역사비평사, 1999; 정태영·오유석·권대복 편, 『죽산조봉암전집』 1~6, 세명서관, 1999.

4) 해방 후 인천에서 전개된 정치·사회운동에 대한 주요 성과는 다음과 같다. 김영일, 『격동기의 인천-광복에서 휴전까지』, 동아사, 1986; 정국노, 「건국과정에서의 사회단체 소고-인천지구를 중심으로」, 『인천전문대학논문집』 3, 1982; 이윤희, 「미군정기 인천에서의 좌·우투쟁의 전개」, 『역사비평』 계간4호, 1989(봄호); 김무용, 「해방 직후 인천지역 사회주의운동」, 『한국근현대 경기지역 사회운동 연구』, 관악사, 1998.

의미를 제대로 포착하기 위해서는 이 시기 그의 활동을 당시 인천이라는 지역사회에서 전개된 정치상황과 결합하면서 분석할 필요가 있다.[5] 이 점에 유의하여 본고는 해방 후 3년간 조봉암의 정치활동을 인천지역을 중심으로 살펴보려고 한다.[6] 본고의 작성에는 1945년 10월 7일 인천에서 창간된 『대중일보(大衆日報)』가 매우 유용했다.

2. 해방 후 인천에서의 활동

1) 혁명가에서 정치가로

조봉암은 1932년 9월 28일 상해에서 프랑스 경찰에 체포되어 신병이 일본 경찰에 인도된 뒤 7년형을 선고받고 신의주 감옥에서 복역 중 1939년 7월에 출옥했다. 그는 고향인 강화로 가고 싶었으나 고향에는 오랜 옥중생활에 지친 그를 맞아줄 이가 아무도 없었다. 부모는 세상을 떠났고 형제들도 남아있지 않았으며 처마저 딸 하나를 남겨두고 세상을 떠났던 것이다. 그는 어린 딸이 친척집에 얹혀서 살고 있는 인천으로 내려갔다. 이때부터 그는 도산정(도원동) 12번지에서 만 9년을 살았다.

인천에 정착한 그는 인천 비강(粃糠)조합의 조합장으로 일했다. 비강

5) 해방 직후 인천에서 전개된 정치·사회운동에 대한 연구 성과는 다음과 같다. 김영일, 『격동기의 인천-광복에서 휴전까지』, 동아사, 1986; 정국노, 「건국과정에서의 사회단체 소고-인천지구를 중심으로」, 『인천전문대학논문집』 3, 1982; 이윤희, 「미군정기 인천에서의 좌·우투쟁의 전개」, 『역사비평』 계간4호, 1989봄호; 김무용, 「해방 직후 인천지역 사회주의운동」, 『한국근현대 경기지역 사회운동 연구』, 관악사, 1998.

6) 간단한 약전이 정리된 바 있다. 이현주, 「조봉암 : 공산독재와 자본독재를 배격한 평화통일론자」, 『인물로 보는 인천사』, 인천광역시, 2013 참조.

조합은 정미소에서 나오는 왕겨를 수집해서 연료로 공급하는 곳이었다. 그러나 일제는 그가 비강조합장으로 조용히 생활하는 것을 허용하지 않았다. 패전이 임박해지면서 일제는 국내의 모든 혁명가와 반일적 민족주의자들을 일망타진할 목적으로 대검거를 단행했다. 조봉암도 과거의 동지들과 함께 '해외와 연락'했다는 혐의로 1945년 1월 일본군 헌병사령부에 예비검속되었다.

조봉암은 일본 헌병사령부에서 해방을 맞이했고 8월 15일 오후에 출감했는데, 이때 헌병사령부에는 그 외에도 김시현, 박영덕, 최익환, 이승복 등 40여 명의 정치범들이 있었다.[7] 주목되는 것은 조봉암이 1945년 8월 15일 오후 헌병사령부서 출옥하기 직전에 여운형과 면담했다는 점이다. 이와 관련하여 그는 "8월 15일 오후 4시 정각에 헌병사령관이 여운형씨와 같이 우리들 있는 방으로 쑥 들어섰으며 … 그들의 말을 듣고서야 비로소 모든 진상을 알게 되었고 우리 일행은 4시 반에 일제히 석방의 몸이 되었다"고 회고한 바 있다.[8] 여운형은 1920년대 초부터 이르쿠츠파 고려공산당 계열로 조봉암이 속했던 (화요파) 조선공산당의 활동을 적극 후원했을 뿐만 아니라 1920년대 후반 이후에는 상해에서 오랜 기간을 함께 생활하기도 했었다.

헌병사령부에서 나온 그는 바로 인천으로 내려갔다. 처음 인천에서 그는 인천치안유지회를 조직했는데 이것은 여운형과의 사전 교감에 의한 것으로 보인다. 해방이 되고 미군이 아직 진주하지 않은 권력의 공백상태에서 치안은 가장 절실한 문제였다. 그렇기 때문에 잔류하고 있던 일본

7) 조봉암, 「나의 정치백서」, 『죽산조봉암전집』 1(이하 이 책을 『전집』1로 표기), 세명서관, 1999, 388~390쪽.

8) 조봉암, 「나와 8·15」, 『전집』1, 388~390쪽.

경찰이 최소한의 치안을 유지하고 있는 형편이었다.[9] 당시 인천에는 인천치안유지회 외에도 치안활동을 벌인 단체들이 있었다. 뒤에 인천시 인민위원회 위원장을 지낸 김용규를 비롯 장광순, 김태훈, 주정기, 전두영 등을 중심으로 8월 16일에 치안관리위원회가 조직되었고, 비(非) 사회주의계열의 치안단체로 동산학원 설립자인 김영배가 주도한 인천선무학생대, 일제하 아사히소학교 청년훈련소 교관으로 있던 최태호가 주도한 인천학생대, 유도 도장인 상무관을 운영하던 유창호와 김수복이 주도한 상무관치안대 등이 있었다.[10] 하지만 이들 단체는 주도인물들의 친일경력 때문에 적극적인 활동을 하지 못하였다.[11]

조봉암은 인천보안대의 결성도 주도했다. 그는 자신을 따르는 청년들을 규합하여 일제하에 인천경찰서에서 유도교관을 하던 이임옥을 중심으로 보안대의 조직에 착수했다. 이 과정에서 그는 보안대의 선언문과 강령, 규약을 직접 작성하고 동조자들을 규합했다. 그 결과 8월 20일경 시내 경동 애관극장에서 수십 명이 모인 가운데 보안대를 조직하고 사무소를 내동 영화학교(현 내리교회 자리)에 두었다.[12] 보안대는 인천치안유지회의 산하 기구였다.

조봉암은 인천치안유지회를 기반으로 건국준비위원회(건준) 인천지부의 조직에 착수했다. 건준 인천지부는 1945년 8월 25일경 시내 인천영화극장(현 인영극장)에서 조봉암, 이승엽과 인연이 있는 주로 양곡업계 인물이 중심이 되고 학연 관계나 일제 때부터 좌익사상을 가지고 있던 사람들

9) 신태범 증언, 「원로를 찾아서①: 신태범 박사」, 『황해문화』 1, 새얼문화재단, 1993, 340쪽.

10) 김영일, 앞의 책, 661~662쪽.

11) 이윤희, 앞의 논문, 201~202쪽.

12) 김영일, 앞의 책, 482~485쪽.

이 중심이 되어 결성되었다. 참석자의 증언에 따르면 건준 인천지부를 결성하는 모임이 인천에서는 해방 후의 첫 공개집회였기 때문에 많은 시민들이 호기심을 가지고 모였다고 한다. 조봉암은 결성대회의 전 과정을 주도했고 권충일과 김용규, 박남칠, 이보운 등이 그를 보좌했다고 한다.[13]

정치권력의 공백기에 주도적인 활약으로 조봉암은 인천의 지도적인 인물로 부상했다. 1945년 10월 6일 인천의 미군정 당국은 창영국민학교 강당에서 모스 중위 주재로 인천시장을 선출하기 위해 町회장(동장) 회의를 소집했다. 7명을 구두 호천하는 절차에 따라 조봉암을 비롯하여 박남칠, 김용규, 김세완, 이승엽, 임홍재, 장광순 등이 후보로 추천되었다. 정회장들의 기명투표 결과 임홍재가 36점, 김세완 20점을 얻었으나 최고점이 과반수를 넘지 못해 임홍재와 김세완에 대해 다시 투표하여 임홍재가 67점으로 추천되었다.[14]

조봉암이 인천시장 후보로 추천되었다는 것은 의미하는 바가 크다. 이것은 그가 식민지하 일본제국주의와 싸우던 혁명가에서 해방 후 인천에서 대중을 직접 대상으로 하는 정치가로서 성공적으로 데뷔한 것을 의미하기 때문이다. 더욱이 시장선거는 그가 중심이 된 건준 인천지부가 미군정에 "시장과 (경찰)서장선거는 시민의 총의"에 따라야 한다는 등의 4대 요구사항을 내걸고, 부분적으로 이를 관철시킨 결과로 시행된 것이었다.[15]

대중을 향한 그의 행보는 1945년 10월 이후 지방의 각 건준지부가 인민위원회로 개편되면서 더욱 두드러진다. 사실 1945년 9월 6일 서울 중

13) 姜錫慶의 증언; 김영일, 앞의 책, 29쪽.
14) 『대중일보』 1945년 10월 7일자.
15) 『대중일보』 1945년 10월 8일자.

앙에서 건준이 해소되고 조선인민공화국(인공)이 선포되면서 이것이 지방으로 파급되기까지는 상당한 우여곡절이 있었다. 인공의 선포는 미군의 남한진주를 의식한 모험이라는 지적이 있었다. 이 때문에 건준 인천지부도 10월 초에 들어서야 해체를 단행할 수 있었다.[16]

1945년 10월 16일 오후 1시 건준 인천지부가 있는 영화극장에서 인천시 인민위원회 결성대회가 열렸다. 대회에는 중앙 인민위원회에서 최용달과 박석하 등과 조봉암을 비롯하여 해방 후 인천에서 좌익운동을 이끌어 온 김용규, 박남칠 등 200여 명이 참석했다. 대회는 의장으로 선출된 김용규의 경과보고, 중앙인민위원회 선언 및 정강과 시정방침을 낭독한 뒤 78명의 인민위원을 선출했다. 계속된 상무위원 선거에서는 전형위원 7인이 위원장 김용규를 비롯한 24명의 위원을 선출하고 조선인민공화국(이하 '인공'으로 표기) 지지 결의문을 채택했다. 결성대회는 위원장의 취임사와 인민위원 소개, 최용달과 박석하의 축사, 만세삼창을 끝으로 오후 5시경에 폐회했다.[17]

그런데 조봉암은 인천시 인민위원회에서 어떤 직책도 맡지 않았다. 뿐만 아니라 그의 이름은 한 달 뒤에 발표된 시 인민위원회의 간부 명단에도 올라있지 않다.[18] 이때부터 그는 조선공산당(이하 '조공'으로 표기)은 물론 점차 미군정과 대결로 나아가는 인공과도 거리를 두기 시작한 것으로 보인다. 그렇다고 해서 그가 사회주의 이념을 포기한 것은 아니었다. 그는 예전의 동지들을 만나고 그들과 함께 일하였으며 미군정도 여전히

16) 『대중일보』 1945년 10월 9일자.

17) 『대중일보』 1945년 10월 18일자.

18) 인천시 인민위원회는 11월 5일 위원장 김용규, 부위원장 박남칠, 총무부장 이보운, 보안부장 김형원, 재정부장 문두호, 문교부장 이기정, 산업부장 윤석준, 선전부장 이상운, 노동부장 한기동을 선임했다(『대중일보』, 1945년 11월 8일자).

그를 김용규, 박남칠과 더불어 인천의 대표적인 '인공 지도자'로 간주하고 있었다.[19]

좌익운동의 중심에서 한발 비켜선 뒤 그의 활동은 조용하면서도 한결 폭넓은 것이었다. 그 첫 행보가 조선혁명자구원회 인천지부 고문의 직책이었다. 1945년 11월 28일 시내 모처에서 문두호, 신태범, 장석진 등을 비롯한 28명이 모여 "우리는 …… 과거 40년 동안 해 내외에서 형언키 어려운 학살 아래 피를 흘리고 넘어진 선배들의 거룩한 공로를 잊어서는 안 된다. 우리가 안일한 생활을 하는 동안에도 그들은 갖은 고초를 겪으며 가족들은 모진 박해와 빈궁에 시달리고 있다 …… 이제부터 우리는 정성껏 그들을 돕자"는 취지로 조선혁명자구원회 인천지부를 발기했다.[20] 이들은 11월 30일 내리교회에서 창립총회를 열고 고문단, 위원장, 서기국, 비서기획부, 정보조사부, 조직선전부, 구원부, 재정사업부 등의 간부진을 구성했다.[21]

조봉암은 창립총회에서 임홍재, 김용규, 박남칠, 김세완, 엄흥섭, 송두후, 방준경 등과 함께 고문으로 위촉되었다. 다른 사람들은 대부분 인천에서의 명망성에 따른 '당연직'이었지만 그에게 '고문'은 그가 일제하에 민족해방운동에 헌신했음을 공인한 훈장이었다. 좌·우익 이념의 차이를 떠나 항일민족운동가와 그 가족의 구원을 표방한 이 단체의 활동에

19) H. Q. USAFIK, *G-2 Periodic Report*(이하 『미군정 주간정기보고』로 표기), 1945. 11. 17; 『전집』2, 82쪽.

20) 발기인 명단은 다음과 같다. 문두호 신태범 장석진 김진택 박태형 정수근 이원창 최규진 임갑수 손계언 김도인 조상길 윤기홍 김상중 이약실 김형원 이희영 음학균 강봉희 김구복 박성원 주석룡 강명희 김영근 송두후 배정곤 김태룡(『대중일보』, 1945년 11월 30일자).

21) 『대중일보』 1945년 12월 2일자.

는 인천시 당국도 적극적으로 후원했다.[22)]

그는 인천협동조합의 결성에도 적극 참여하여 의장으로 활동했다. 1945년 12월 13일 50여 명의 시민들이 인천시 인민위원회 사무실 2층에 모여 인천에 협동조합을 설립하는 문제를 논의했다. 참석자들은 해방 후 간상배의 발호로 생활필수품의 물가는 나날이 폭등하고 근로대중의 일상생활은 극도로 위협을 받고 있다고 주장하고 간상배를 배격하고 생산자로부터 소비자에게 직접 생활필수품을 알선하여 시민들의 생활안정을 도모하기 위해 협동조합을 조직해야 한다는 데 의견을 모았다. 이들은 협동조합이 25만 인천시민 모두가 조합원이 되어 악화되는 경제기구의 안정을 위해 협력해줄 것을 당부하면서 21명의 준비위원을 선임했다.[23)]

협동조합 준비위원회는 12월 26일 오후 2시 산수정 무덕관에서 조합원 약 150명이 모여 창립총회를 열었다. 총회는 윤석준이 개회사를 하고 의장으로 선출된 조봉암이 경과보고와 정관을 통과시킨 뒤 윤석준, 김성운, 최영택 외 45명이 이사, 김봉진 외 2명이 감사로 선출되었다.[24)]

협동조합 인천지부의 결성은 유명한 공산주의자인 조봉암이 주도했다는 점에서 미군정 당국에게도 주목의 대상이었다.

> 12월 26일 미군정 당국자는 인천에서 개최된 협동조합 인천지부 제1회 대중 집회에 참석했는데, 동 조합 지도부에는 공산주의자로 알려진 인사들이 포함되어 있는 좌익조직이다. 인천지역 공장과 농민조합(FARMERS UNION)의 전 대표들이 참석한 동 집회에서 조봉암은 만장일치로 조합장으로 선출되었다. 대표들은 모든 공산품과 농산물의 분배문제를 다룰 협동조합안을 토

22) 『대중일보』 1945년 11월 27일자.
23) 『대중일보』 1945년 12월 15일자.
24) 『대중일보』 1945년 12월 28일자.

의했다. 동 집회는 서울에 있는 조합본부에 파견할 55명의 인천지부 이사도 결정했다.[25]

그러나 조봉암의 행보 가운데 특히 눈에 띄는 것은 인천의 유지들이 중심이 된 인천시세진흥회에 참여한 것이었다. 인천시세진흥회는 1946년 1월 중순경 시세(市勢)의 진흥과 발전에 기여할 제반 사항을 연구하고 이의 실현을 목적으로 발기되었다. 회원을 2종으로 나누어 공장, 은행, 회사 및 기타단체의 대표로서 매월 50원을 부담하는 특별회원과 '일반 유지'로서 매월 5원을 부담하는 보통회원으로 정했다. 그리고 미완성된 인천항의 제2 축항 문제, 전화 개선사업, 전문학교 설립 등을 당면의 사업으로 제시했다. 여기에는 조봉암을 비롯하여 도원섭·최병욱·송수안·황윤·박용돈·최길구·양제박·채규섭·서정설·신태범·정문환·김성국·문두호·장석진·주원기·김진갑·권정석·진해창·이필상·김덕진·정용복·김재길·박태형이 발기인으로 참여했다.[26]

인천시세진흥회는 2월 9일 발기인회를 열고 이필상, 도원섭, 최병욱, 채규섭, 김덕진의 5인을 준비위원으로 선임하여 창립을 서둘렀다. 회원 모집에도 힘써 창립총회를 앞둔 2월 15일 현재 이미 2백 명을 넘어섰다.[27]

인천시세진흥회는 1946년 2월 23일 오후 1시부터 전동 인천공립고등여학교 강당에서 발기인과 회원 등 각계각층의 개인과 단체 대표자가 모인 가운데 창립총회를 개최했다. 발기인 대표 이필상이 임시의장에 선출되었고 회규(會規)를 제안하여 심의 통과시켰다.[28] 회칙에 따라 인

25) 『미군정 주간정기보고』, 1945. 12. 29; 『전집』2, 82~83쪽.

26) 『대중일보』 1946년 1월 20일자.

27) 『대중일보』 1946년 2월 17일자.

28) 인천시세진흥회 임원은 다음과 같다. 위원장 김영섭 부위원장 진해창 위원 김재길

천시세진흥회는 상임위원 5명을 위원회에서 선정하고 위원장이 인천시장 및 기타 관공서의 장을 고문으로 추천하며, 위원회는 사안에 따라 전임위원을 선임하여 처리하기로 했다. 그리고 임시사무소를 경기도 상공경제회 인천지부 내에 두기로 결정했다.[29]

『대중일보』는 인천시세진흥회의 출범과 관련하여 사설을 게재하여 "해방 후에 정치적 경제적으로 많은 단체의 속출을 보나 건국을 위한 진실한 사회적 조직체가 적었다"고 전제하고 "(인천) 시세(市勢)의 부진과 지방 동향의 침체성에 자극을 주기 위해 시세진흥회의 창립은 시국에 적의(適宜)한 존재라 할 수 있으며 앞으로 그 기대가 크다"고 사설로 축하했다. 인천의 현안에 대해서도 인천시세진흥회가 내건 항만 확장, 자동전화, 상수도 문제 외에도 "생산기관 정비와 기술자 양성, 문화기관 증설" 등이 신흥 국가건설에 급선무이므로 이에 대해서도 관심을 가져줄 것을 당부했다.[30]

조봉암의 인천시세진흥회 참여는 인천에서 향후 그의 정치적 행보와 관련하여 주목할 만하다. 시세진흥회는 상공회의소의 전신에 해당하는 것으로 발기인이나 위원의 면면에서도 보이듯 인천의 기업인, 자본가를 비롯하여 관료, 교사, 목사 등 지역을 대표하는 우익성향의 유지들이 주도한 준 관변단체였다. 아직 좌·우익의 대립이 표면화되기 이전임에도 불구하고 좌익계의 인물이 별로 보이지 않는 점도 주목된다. 더욱이 발

김홍식 윤재근 주원기 신태범 김석기 신태영 서정설 이원창 양제박 조봉암 홍원표 박영균 조상길 차태열 김성운 장석연 손계언 박용돈 김덕근 김청환 이규보 이보운 김성운 황윤 황기부 곽상훈 이명호 채규섭 최길구 김진갑 정문환 조희순 박태형 한철 이영근 이장호 권정석(위와 같음).

29) 『대중일보』 1946년 2월 25일자.

30) 『대중일보』 1946년 2월 27일자 사설 "市勢振興會 創立에 際하야".

기인 가운데 김성국, 이필상, 김덕진, 장석진 등이 뒤에 조봉암이 인천에서 추진하고자 했던 신당운동에 참여하고 이들 가운데 이필상과 김덕진이 5인으로 구성된 준비위원으로 선출된 것을 보면, 이 무렵 그는 이미 '다른 길'의 가능성을 열어놓고 있었던 것으로 보인다. 그가 인천체육협회 위원으로 참여하는 것도[31] 이러한 맥락에서 이해된다.

조봉암의 이러한 행보는 좌익의 통일전선체인 민주주의민족전선(이하 '민전'으로 표기) 결성과정에서도 나타난다. 민전 인천시위원회는 1946년 2월 7일 오후 2시 인천시 인민위원회 회의실에서 주로 좌익을 지지하는 인천의 각 단체 대표와 동회장, 유지 등 130여 명이 모여 결성대회를 열었다. 조봉암의 개회사에 이어 의장에 조봉암, 부의장에 신태범(외과의사)을 선출하고 선전부·조직부·재무부·조사부·연락부의 각 부서와 경제대책위원회, 친일파·민족반역자심사위원회의 전문위원회 설치를 결의했다. 이어 3·1운동 기념식 행사 광고를 끝으로 오후 5시경 폐회했다.[32]

민전 인천지부 결성대회의 개회사에서 조봉암은 "현하 정세가 요청하는 민족통일에 있어서는 오직 민주주의민족전선만이 유일한 방법"이라고 역설했다. 이는 그가 신탁통치 문제에 대한 좌·우의 이견에 대해 민전을 광범위한 민족통일전선으로 확대, 강화함으로써 풀어보겠다는 의지의 표현이었다. 그가 민전 인천지부 결성대회에 한민당과 예하 조직인 고려청년당에 초청장을 보낸 것도 이 때문이다. 신태범의 증언에 따르면 당시 민전 인천지부는 좌익계뿐만 아니라 중간적인 사람들도 많이 포섭했다고 한다.[33] 그러나 이것은 "(민전이) 지방에서는 당원이 절대 다수를

31) 『대중일보』 1946년 4월 3일자. 앞에서 본 것처럼 인천체육협회 회장은 곽상훈이었다.
32) 『대중일보』 1946년 2월 11일자.
33) 신태범, 앞의 대담, 342~343쪽.

차지해야 한다"는 조공 중앙의 방침[34]과는 거리가 있는 것이었다.

이러한 그의 노선은 3·1운동 기념행사의 추진 과정에서도 확인된다. 1946년 3월 1일은 해방 후 처음으로 맞이하는 3·1운동 기념일이었다. 인천의 좌·우 정치세력들은 2월 20일 조공, 인민당, 한민당의 각 정당 지부, 천도교와 기독교, 사회·노동·문화·공장·신문통신의 각 단체, 동 대표자 백여 명이 경동 한민당 지부에 모여 3·1독립운동 기념대회 준비회를 개최했다. 참석자들은 "중앙정계의 동향 여하를 불구하고 우리 인천만은 당파를 초월하여 전 민족적 성전을 성대히 거행함으로써 이날을 기회로 우리 민족은 근본적으로 분열되어 있지 않고 있다는 것을 세계에 과시하고 3·1투쟁으로 자주독립을 기어코 전취하자"고 결의했다. 이들은 71명의 준비위원을 선임하고 대회장으로 천도교와 기독교로부터 1명씩을 추대하고 인천시장을 고문으로 위촉했다.[35] 민전 인천지부 의장 조봉암은 이 회의에서 72인 준비위원의 일원으로 선임됨과 동시에 좌익진영을 대표하여 행사 진행과 대내외 홍보를 전담하는 선전부 위원장을 맡았다.

1946년 3월 1일 임시 공휴일이 선포되고 시내 곳곳에 태극기가 휘날리는 가운데 오전 11시부터 인천공설운동장에서 기념식이 거행되었다. 인천시민의 약 4분지 1에 해당하는 5만여 명의 인파가 모인 가운데 조봉암은 기념식의 사회를 맡았다. 국기게양과 순국선열에 대한 묵념, 한민당 인천시위원장 곽상훈의 개회사, 항일 혁명투사에 대한 하상훈의 헌사, 이범진의 독립선언서 및 결의문 낭독, 미군정 스틸맨 군정관의 축사 등의 순서로 기념식은 순조롭게 끝났다. 이어 대회장 김영섭(내리교회 목사)의 대한독립만세, 연합군 만세 삼창과 범시민적인 시가행진을 끝으로

---

34) 『한성일보』 1946년 5월 6일자; 『전집』1, 29쪽.

35) 『대중일보』 1946년 2월 22일자.

오후 4시경 모든 행사가 종료되었다.[36]

그러나 이러한 화합의 분위기에도 불구하고 신탁통치 문제 등으로 미소공동위원회에 의한 임시 민주정부의 수립과정은 순탄치 못했다. 해방 후 처음 맞이한 3·1운동 기념식도 인천과 부산, 대구 등에서만 공동의 민족적 행사로 치러졌을 뿐 정작 서울에서는 좌·우가 서로 별개의 행사를 치름으로써 임시 민주정부 수립 전선에 먹구름이 드리워지기 시작했던 것이다.

이에 따라 민전 인천지부는 1946년 4월 21일 인천공설운동장에서 '과도 민주정부 수립촉진 인천시민대회'를 개최하기로 했다. 미군정은 이 집회가 "좌경 정부수립을 지지하며 미군정 당국에 미곡 증배를 요청하는 것을 선전할 목적으로 개최되는 것"으로 간주하여 예의 주시했다.[37]

1946년 4월 21일 조봉암은 민전 인천지부 의장으로서 인천공설운동장에서 열린 민주주의 정부수립 촉성 인천시민대회에 참석하여 인민위원회 위원장 김용규와 함께 연설했다. 5천여 군중이 참석한 이 집회는 임시정부 수립에 대한 인천시민의 결의문, 미소공동위원회에 보내는 결의문, 식량문제 해결에 대한 결의문을 채택했다.[38]

그러나 조봉암이 좌익의 집회에 참석한 것은 이것이 사실상 마지막이었다.

---

36) 김영일, 앞의 책, 67~68쪽.

37) 『미군정 주간정기보고』, 1946. 4. 19; 『전집』2, 83쪽. 이에 앞서 조봉암은 4월 17일 조공 인천시당이 주최한 창당 21주년 기념식에서 인천에는 약 1천 명의 당원이 있으며, 전국에는 약 3만 명의 당원이 있다는 내용의 축사를 했다(『미군정 주간정기보고』, 1946. 4. 22; 『전집』2, 83쪽). 그러나 이는 1925년 조공 창당의 원로로서의 의례적인 축사였다.

38) 『대중일보』 1946년 4월 22일자.

2) 조공과의 결별과 중도정당 추진

1946년 5월 초 중앙의 몇몇 일간지에 조봉암 명의의 “존경하는 박헌영 동무에게”라는 사신(私信)이 발표되었다.[39] 사신에서 그는 “8·15 그날부터 인천에 틀어박혀서 당, 노조, 정치 등 모든 문제에 있어서 입을 봉하고 오직 당의 지시 하에서 내가 할 수 있는 최대의 정열을 가지고 정성껏 해왔다”고 전제한 뒤, ① 민족통일전선·대중투쟁문제, ② 당내 인사문제, ③ 反 중앙파 문제, ④ 자신에 대한 비판 등 4개항을 조공 책임비서 박헌영에게 건의했다.

여기서 조봉암이 가장 역점을 둔 것은 민족통일전선 문제였다. 그는 현재 인민위원회는 중앙과 지방 모두 당내에서 중용되지 못한 공산주의자들의 정치적 구락부라고 비판했다. 그는 인민위원회가 그대로 정권 접수기관이 될 것 같은 환상을 갖게 하지 말고 당 군중과 미조직 대중으로 하여금 지속적인 투쟁의 길로 나서게 할 것을 촉구했다. 통일전선인 민전의 운영에 대해 그는 공산당원이 과도하게 침투해 있다고 지적하면서 “지방에서는 (민전에) 당원이 절대 다수를 차지해야 한다”는 당의 지령을 철회할 것을 요구했다. 민전의 운영에 대한 이러한 비판은 자신의 민전 인천지부 의장 경험에서 우러나온 것으로 주목된다. 모스크바 3상회의 지지투쟁에 대해서도 그는, 자신은 3상회의 지지투쟁을 절대 지지하지만 지도부가 무원칙하게 입장을 번복함으로써 민전으로 들어와야 할 대중을 빼앗겼다고 주장했다.

당내 인사문제에 대한 언급은 건의보다는 비난에 가까웠다. 그는 박헌영의 인사에 대해 무원칙하고 종파적이며, 봉건적이고 무기력하다고 비

---

39) 『한성일보』 1946년 5월 6일자; 『조선일보』 1946년 5월 7일자; 『전집』1, 27~34쪽.

판했다. 당내 인사가 능력 본위가 아니라 과거 박헌영 개인과 "친하거나 신세를 졌거나, 혹은 머리를 숙이고 아첨한 무리들"이 전부 당내 요직에 포진되어 있다고 주장했다.

> … 항간에서 "박헌영에게는 자주 찾고 곱게 뵈어라. 그렇지 않으면 말썽을 부리라" 하니 얼마나 놀랠 일이오? 그리고 당내 어느 요인의 소위 죄과(수년간 휴식, 일본에 협력 등)를 들어서 말했더니 "그는 자기 비판문을 내게 보냈기 때문에 좋다" 했다니 그 관용의 태도는 대단 고맙소. 그러나 그러한 소위 자기비판의 기회를 꼭 근친자에게만 주었다는 사실은 무엇으로 변명하실 터이요?

이러한 내용은 조봉암이 조공의 당원으로서 충분히 개진할 수 있는 것이었다. 그러나 문제는 이것이 당내가 아닌 우익신문들을 통해 '폭로'되었다는 점이다. 1946년 5월 6, 7일 공개된 이 사신은 실은 3월 초에 쓰여진 것인데, 3월 중순 미군정 CIC가 인천의 민전회관을 불시에 급습하여 현장에 있던 조봉암이 소지하고 있던 사신의 초고를 빼앗긴 것이 2달이나 지난 뒤에 내용의 일부가 개악되어 우익신문에 발표된 것이다.[40)]

조봉암의 사신은 개인적으로 조공의 좌편향 노선과 당내 인사에 대한 불만이 표출된 것이지만, 제1차 미소공위가 결렬된 상황에서 좌익의 전열을 흐트러뜨리고 탄압의 빌미를 제공했다. 1946년 5월 9일 인민당의 여운홍은 "신문에 발표된 조봉암 사신으로 말미암아 조선공산당의 극좌적 오류의 모략은 드디어 폭로되었다. 인민당은 그 독자성을 상실하고

---

40) 『현대일보』 1946년 5월 15일자. 조봉암은 여러 경로를 통해 박헌영과의 단독 면담을 요청했지만, 면담이 이루어지지 않아 사신을 쓰게 되었다고 한다(이영근, 1989년 12월 6일 증언; 정태영, 앞의 책, 104~105쪽을 재인용).

완전히 공산당의 모략에 빠졌다"고 주장하면서 탈당을 선언했다.[41] 인천에서는 조공계의 『인천신문』이 1946년 5월 7일 CIC에 급습당하고 다수의 사원이 검거되었다.[42] 조봉암은 5월 15일에 민전 인천지부 의장직을 사임했다.[43]

이때부터 조봉암은 조공과 결별의 수순을 밟았다. 1946년 6월 23일 인천공설운동장에서 민전 인천지부(의장 김창식) 주최로 미소공위 속개촉진을 위한 인천시민대회가 열렸다. 민전 의장단에서 여운형과 이강국, 민족혁명당 당수 김원봉과 성주식 등도 참석한 이 집회에서 여운형이 비교적 온건한 내용의 연설을 한 것을 제외하면 나머지 연사들은 모두 한민당 등 우익정당에 대한 비난에 연설의 대부분을 할애했다. 이날 집회는 '좌익의 영수' 박헌영도 참석할 것이라고 선전되었기 때문에 비가 내리는 가운데에도 1만 명이 넘는 군중이 집결했다.[44]

그런데 이 집회에서 충격적인 장면이 연출되었다. 조봉암은 여운형 김원봉과 함께 집회에 참석하여 집회가 진행되고 있던 중 "한국 연립정부는 공산당이나 (독촉)국민회의의 독점적 정부로 조직되어서는 안 된다. … 현재 한국민은 공산당을 원하지 않는다. 그러므로 인공이나 민전의 정책은 철저히 배격되어야 한다. … 우리는 노동계급에 의한 독재나 자본계급의 전제를 원하지 않는다"는 내용의 성명서를 살포한 것이다. 성명서는 대회장뿐만 아니라 시내 각 관공서와 신문사에도 수천 장이 뿌려졌다.[45]

---

41) 『동아일보』 1946년 5월 11일자.
42) 『미군정 주간정기보고』, 1946.5.15; 『전집』2, 128쪽.
43) 『대중일보』 1946년 6월 25일자.
44) 『대중일보』 1946년 6월 24일자.
45) 『미군정 주간정기보고』, 1946.7.5; 『전집』2, 84쪽.

一. 연합국의 승리에 의해 그들의 호의로써 해방의 기쁨을 얻은 우리 조선민족은 민주주의원칙에 의해 건실한 자유에 국가를 건설함에 있고 어느 일계급이나 일정당 독재나 專政이어서는 안 된다.
二. 조선민족은 자기의 자유의사에 의해 민족 전체가 요구하는 통일된 정부를 세울 것이고 공산당이나 민주의원의 독점정부가 되어서는 안 된다.
三. 현재 조선민중은 공산당을 원치 않는다. 따라서 조선공산당의 계획으로 된 인민공화국 인민위원회와 민주주의민족전선 등으로써 정권을 취하려는 정책은 단연 반대한다.
四. 우리 조선민족은 아메리카를 비롯하여 연합국에 대하여 진심으로 감사할 것이며 또 진심으로 협력하여 건국에 진력할 것이오 지금 공산당과 같이 소련에만 의존하고 미국의 이상을 반대하는 태도는 옳지 않다.
五. 조선의 건국은 민족 전체와 자유생활이 보장되어야 할 것이다. 따라서 노동계급의 독재나 자본계급의 專政을 반대한다.

1946년 6월 23일 조봉암.[46)]

조봉암의 성명서는 큰 파장을 불러일으켰다. 성명서가 뿌려진 날 같은 시간에 송학동 제2공회당에서는 이승만을 추종하는 대한독립촉성국민회 인천지부가 '신탁통치 반대 시국 대강연회'를 진행하고 있었다.[47)] 인천의 좌익과 우익이 대규모 집회 대결을 벌인 날에 그는 좌익과 우익 모두를 향해 계급독재의 반대를 선언한 것이다. 더욱이 민전 집회에는 조봉암이 이미 사신으로 공박했던 박헌영도 참석할 예정이었다.[48)] 조봉

46) 『대중일보』 1946년 6월 25일자; 『동아일보』 1946년 6월 26일자; 『전집』1, 39~40쪽.
47) 김영일, 앞의 책, 82쪽.
48) 박헌영은 집회에 참석하지 못했다(『미군정 주간정기보고』, 1946. 6. 25; 『전집』2, 83~84쪽).

암은 조공과의 결별을 박헌영도 참석한 집회에서 공개적으로 선언코자 했다. 훗날을 대비하는 정치가로서의 치밀함이 엿보인다.

그런데 이러한 행동의 배후에는 미군정의 공작도 작용하고 있었던 것으로 보인다.[49] 조봉암은 민전 집회가 열리기 열흘 전에 돌연 CIC에 체포되었다.[50] 체포 사유는 군정법령 '제72호 8항'을[51] 위반했다는 것이었다. 그러나 그가 구금되어 있는 동안 동 법령 72조의 시행이 보류되어 체포된 지 11일 만인 6월 22일에 석방되었다. 집회가 열리기 하루 전이었다. 이렇게 볼 때 문제의 성명서는 구금 중에 작성된 것이 거의 분명했다.

이 때문에 성명서 발표의 시점과 배후를 둘러싸고 많은 의혹이 제기되었다. 조공은 전부터 조봉암을 '(미군정) 당국의 촉탁'으로 지목했었고 성명서 살포를 계기로 그를 당에서 제명시켰다. 그러나 조공의 입장에서 더 큰 문제는 이를 계기로 특히 인천지역에서의 좌·우익 세력판도가 바뀌게 되었다는 사실이다. 좌익에 대한 미군정의 탄압과 조봉암의 성명에 고무된 한민당은 인천지부 명의로 성명을 발표하고 "공산당계열 민전 제공이여, 조봉암 동무를 따르라"며 대중을 선동했다.[52]

성명에 따른 의혹이 여전히 종식되지 않자 그는 『대중일보』 지면을 통해 의혹에 대한 자신의 입장을 밝혔다. 여기서 그는 박헌영을 조공의 영수가 아닌 당내 한 파벌인 '경성콤그룹의 당수'로 지칭하면서 대중의

49) 서중석, 『한국현대민족운동연구』, 역사비평사, 1991, 496~497쪽.

50) 『대중일보』 1946년 6월 15일자.

51) 미군정 법령 72호는 1946년 5월 4일 발효된 것으로 "폭력, 협박 또는 脅威를 가하거나 경제상 이익 기타 이익에 대하여 약속을 하거나 此 이익의 추구를 제지시키거나 또는 此를 제지하도록 脅威하거나 동맹배척 기타 유사한 행동" 등 군정 위반에 대한 범죄의 요건을 제시한 것이다(한국법제연구회 편, 『미군정법령총람』, 191쪽).

52) 『대중일보』 1946년 6월 29일자.

의견을 수렴, 신당을 추진할 의사를 피력했다.

기자 : 일전에 본지에 게재된 귀하와 조선공산당과의 … 귀하의 소감여하?
조봉암 : 소위 내 편지 사건을 계기로 해서 (조선공산당) 현 간부와 나 사이에 착종되어 있던 당의 제 정책 문제의 인사관계 등이 표면화했기 때문에 드디어 서로 용납할 수 없게 된 것이다. 나로서는 경성콩그룹파 당수 박헌영군 … 당내에 있어서의 파멸적 섹트화와 민족분열의 제 정책을 절대로 용납할 수 없었고 또 저들로서는 나 같은 사람을 자파 내에 두는 것이 불리하니까 당연히 제명했을 것이다.
기자 : 귀하의 말씀은 박헌영씨가 경성콩그룹파가 … 공산당이 따로 있는가.
조봉암 : 한 나라의 공산당이 여럿 있을 수는 없겠지만 경성콩그룹 외에도 전국에 많은 공산주의자의 그룹들이 있으니까 그 각개 그룹이 통일되어 당내 민주주의의 중앙집권적 조직이 완성되고 당 내 당 외에 옳은 정책이 세워져야 옳은 공산당이 될 줄 믿는다.
기자 : 그러면 귀하의 정치적 주장이 현간부파와 다른 점은 어떠한 것인가.
조봉암 : 나는 지금 조선에 있어서는 ○○한 형식으로 … 認하며 그러한 관념까지도 민주주의 조선의 명랑성을 멸살하는 것으로 본다. 나의 정치적 주장을 내세운 것으로 이번에 민족통일과 자유독립을 위하여 「3천만 동포에게 격함」이라는 것을 썼는데 그것이 근일 중에 반포될 터이니까 그것을 한번 읽으면 자세히 알 것이다.
기자 : 귀하가 신당을 조직한다는 소문이 있는데?
조봉암 : 내가 주장하는 대로 전국의 동지와 합력하여 민족통일을 위한 자주독립을 위한 대중운동을 … 생각하고 있지만 아직 구체안은 없고 좀 더 널리 대중의 의견을 들은 뒤에 시작할 작정이다.
기자 : 재작 28일 부로 인천 모 신문에 귀하에 대한 공산당 인천시위원회의 발표가 있었는데?
조봉암 : (경성)콩그룹파 인천시위원회 측에서 나를 중상하는 것을 목적

> 으로 "독점자본이나 모기관의 조종으로 무슨 정당을 만들면 찬양할 수 없다"고 했는데 이러한 점이 저들 (경성)콩그룹파의 ○○이요 또 상투 수단… 개인이거나 정당이거나 모두 독점자본의 주구요 파쇼요 반동 진영과 동요하는 중간층이요 모 기관의 조종이라고 중상하여 민족분열을 일삼고 있는데 이런 것이 시급히 시정되지 않으면 그는 결코 그 한 파만의 불행뿐 아니라 실로 전민족의 불행이라, 저들 (경성)콩그룹의 몇 사람 외에 전 인천사람이 또는 전 조선사람 중에 조봉암이가 독점자본가를 위해서 또는 모 기관의 조종으로 일할 사람이라고 믿는 분은 한 사람도 없을 것으로 (믿는다).[53] (괄호 안은 인용자)

이후 그는 공개적인 활동을 자제하면서 조선공산당과 결별 이후의 신 노선에 대한 구상을 다듬었다. 이 기간 동안에 그는 『삼천만 동포에게 고함』, 『공산주의의 모순 발견』 등의 책자를 집필했다. 조공과 한민당 등 극좌 극우의 반민족적 행동을 규탄하고 민족자주의 정신을 고취하며 자주적인 입장에서 독립운동이 계속되어야 한다는 것이 그의 신념이었다.[54]

새로운 정치에 대한 그의 구상은 8·15해방 1주년을 앞에 두고 발표한 논설에 잘 나타나 있다.[55] 그는 해방된 지 1년이 되도록 자주독립과 통일정부 수립은커녕 국토는 남북으로 갈리고 민족은 좌·우로 분열되었다고 전제하고 '민족 내부의 불통일'을 원인으로 들고 있다.

그는 가장 큰 책임자로 그 동안 민족문제를 좌지우지해온 좌·우익 정당의 지도자들을 지목했다. 이들이 민족의 장래보다는 권력 쟁탈전에 몰두

---

53) 『대중일보』 1946년 7월 30일자. 『동아일보』 1946년 8월 2일자에 보도된 인터뷰 기사는 위의 내용을 요약한 것으로 보인다.

54) 조봉암, 「나의 정치백서」, 『전집』1, 390~391쪽.

55) 조봉암, 「8·15해방 기념일을 어떠게 맞이할까?」①~③, 『대중일보』 1946. 8. 10~12.

했기 때문에 민족이 분열되어 자주독립이 저해되고 민주주의임시정부도 수립되지 못했다는 것이다. 이에 따르면 그가 성명서에서 배격했던 무산계급독재와 자산계급독재라는 계급독재의 사상도 지도자들의 주도권 싸움에서 비롯된 것이었다. 그러므로 더 이상 민족의 운명을 이들 정객들에게만 맡기지 말고 민중의 궐기로, 민중의 위력으로 저들을 일치하게 하고 통일하게 하여 정부도 만들고 자주독립을 이룩해야 한다고 역설했다.[56]

조봉암은 당초 새로운 정치운동을 인천에서 시작하려고 했다. 1946년 9월 1일 그는 시내 모처에서 자신과 뜻을 함께 하는 동지와 신문기자 등 40여 명을 초청하여 정국에 대한 자신의 구상을 밝혔다. 그의 구상은 "진정한 민주주의 하에 3천만 민중의 대동단결을 기도키로 독립전취의 촉진운동"을 일으키기 위해 '국민운동'을 전개하자는 것이었다. 참석자들은 함효영, 장석진, 김구복, 김성국, 김덕진, 배인복, 박기남, 이필상, 조봉암 등으로 준비위원회를 구성하고 수일 내로 규약 선언을 발표, 동지를 규합할 것을 결의했다.[57]

여기서 신당에 참여한 인사들을 눈여겨볼 필요가 있다. 거명된 준비위원만으로 보면 배인복을 제외하고 나머지는 모두 우익에 속하는 인물들이었다. 함효영(한국독립당 인천 특별당부 부위원장), 장석진(양조업, 인천시 고문), 김성국(인천시 고문), 이필상(상공회의소 사무국장) 등 신원이 확인되는

56) 그는 논설 끝에 다음과 같은 표어까지 제시하고 있다. "一, 지금까지 민족통일에 방해되고 있는 좌우익의 모든 반인민적 파쟁행위를 즉시 시정하라. 二, 민족통일은 민중의 조직의 압력으로써 달성시키자. 三, 민족통일에 유해한 모든 표어와 행동을 우리 민중이 자율적으로 방지하자. 四, 좌우합작 공작을 거족적으로 지지하자. 五, 미소공동위원회 속개를 요청하자. 六, 8·15 기념은 엄숙히 민족통일과 자주독립을 위하여 맞이할 것이요 浮華輕擧의 놀잇날로 만들지 말자(위와 같음).

57) 『대중일보』 1946년 9월 3일자.

인사들이 모두 인천의 재계 중진이고 이 가운데 김성국, 이필상, 김덕진, 장석진은 앞서 본 인천시세진흥회에서 조봉암과 함께 발기인 혹은 위원으로 참여했던 인사들이었다.

그러나 조봉암의 신당에 대해 미군정은 "공산당의 이탈분자들을 집결시켜 새로운 한국공산당을 만들려 하고 있다"고 인식했다.[58] 이러한 인식은 사실과는 다르지만 한편으로 미군정 하 인천에서 그가 추구하는 새로운 정치적 실험이 순탄하게만 진행되지는 않을 것임을 예고해주는 것이라 할 수 있다.

우익의 방해도 거셌다. 당초 조봉암이 성명서를 발표할 때 자신들에게 합류할 것으로 기대했던 한민당은 그가 인천에서 자신들을 배제하고 한민당에 가담하지 않은 우익인사들을 끌어 모아 신당을 조직하려 하자 긴장하는 기색이 역력했다. 한민당 인천지부 위원장 양제박은 『대중일보』에 2회에 걸쳐 장문의 논설을 발표하여 조봉암이 인천에서 추진하는 신당을 비난했다. 정당 단체가 너무 많아 걱정인 이때에 다시 정당을 만드는 것은 조봉암 자신의 주장과도 모순된다는 것이 비판의 요지였다. 그는 신당을 만들어 분란을 조성하지 말고 당장 중지하라고 요구했다.[59] 9월 11일자로 신당 준비위원 김성국이 사퇴한 것도[60] 한민당의 압력에 의한 것으로 보인다.

논란이 확대되고 인천지역의 여론도 악화되자 조봉암은 신당 준비위원회의 일정을 무기한 연기한 채 "금번 운동은 정권 획득을 목적하는 바가 아니고 민족통일과 독립전취를 위한 국민 총궐기 운동임"을 강조하면서

58) 『미군정 주간정기보고』, 1946.9.5 및 9.11; 『전집』2, 84~85쪽.
59) 양제박, 「조봉암씨 신당에 대하야」(上·下), 『대중일보』 1946.9.6~7.
60) 김영일, 앞의 책, 92쪽.

시민들의 오해가 없기를 당부했다.[61] 그 뒤 인천에서 신당 추진에 따른 회합은 더 이상 열리지 못했다. 이후 1946년 말부터 약 1년간 그는 서울 중앙을 무대로 이른바 중앙노선을 표방하고 좌우합작운동을 지원하기 위해 민주주의독립전선을 결성, 극좌 극우 배척운동에 주력했다.[62]

3. '민족통일' 제창과 제헌 국회의원 당선

1947년 9월 17일 미국이 한국문제를 유엔에 상정함에 따라 미소공위에 대처하기 위해 조직되었던 좌우합작위원회, 미소공위대책협의회, 민주주의독립전선 등은 존재의의를 상실했다. 이에 따라 이들은 좌우합작위원회를 중심으로 통합을 추진하여 민족자주연맹(민련)의 구성을 발기했다. 발기인으로 참여한 조봉암은 민련 준비위원회의 총선지지 결의에 따라 선거운동을 위해 인천으로 내려갔다. 실로 1년여 만이었다.

그러나 민련의 방침은 결성단계에 이르러 당초 정당으로 탈바꿈하여 역량을 강화하고 총선에 임한다는 결의가 폐기되고 단지 협의체로 남으며, 수장인 김규식은 총선거에 참여하지 않는다는 것으로 번복되었다. 민련은 남한 단독선거안을 놓고 찬반 양파로 분열되었고 이듬해 3월 9일 공식적으로 선거불참을 결의했다.

이러한 입장의 변화는 민련 내 조봉암을 중심으로 한 총선 참여파를 고립시키는 결과를 가져왔다. 결국 그는 무소속으로 출마할 수밖에 없었

61) 『대중일보』 1946년 9월 6일자.

62) 조봉암, 「나의 정치백서」, 『전집』1, 391쪽. 이에 대해서는 정태영, 앞의 책, 114~133쪽; 박태균, 앞의 책, 130~143쪽; 심지연, 「국가형성기 조봉암의 활동」, 『전집』6 참조.

다. 남한 단독선거가 미소 대결정국의 산물이라면 가능지역에서의 '우리의 독립정부' 수립은 오히려 시급한 과제이며 통일정부 수립도 우리의 독립정부에 의해 제 2단계로 모색될 수밖에 없다는 것이 그의 판단이었다.[63] 이때의 소회를 그는 다음과 같이 밝히고 있다.

> … 그러는 중에 대한민국을 수립하기 위한 총선거가 시작됐습니다. 지금까지라도 의견을 달리할 사람도 있을 것입니다만 미군정 3년을 지내고 우선 남한만으로라도 우리 민족이 정권을 이양받고 통일을 도모한다는 것은 정치적으로 지극히 단순하고 당연한 일입니다. 그러나 그때 공산당에서는 물론이고 일부 우익진영에서도 단독정부니 반쪽선거니 해서 그 총선거를 반대했었습니다. 나는 공산당이 반대하는 것은 소련의 지시를 받은 미국세력 반대운동으로 간주했기 때문에 문제도 안했지만은 김규식 등 여러 선배에게는 총선거에 참가함이 옳다는 것을 많이 주장도 해보았고 노력도 해보았지만 전연 통하지 않았고 끝끝내 반대태도를 견지했었습니다. 그래서 나는 하는 수 없이 단독으로 총선거에 응해서 인천 을구에 입후보해서 …[64]

그가 1년여 만에 내려온 인천은 1947년 말부터 이미 선거 열기로 달아올라 발 빠른 자들은 벌써부터 출마설을 흘리며 '이면공작'을 개시하고 있었다. 1948년 3월초에는 조봉암을 비롯하여 양제박, 하상훈, 곽상훈, 김홍식, 윤병덕, 김석기, 함효영, 이순희(여성), 이유희(여성) 등 인천지역 출마 예상자들의 명단이 나돌기 시작했다.[65]

당국도 선거준비에 착수했다. 선거일이 1948년 5월 9일로 확정됨에

63) 강진국, 1989년 12월 26일 증언; 정태영, 앞의 책, 160쪽을 재인용.
64) 조봉암, 「나의 정치백서」, 『전집』1, 391쪽.
65) 『대중일보』 1948년 3월 10일자.

따라 인천시는 3월 12일부터 유권자 파악을 위한 호적의 조사에 착수하였고[66] 3월 19일에는 선거관리위원회가 구성되었다.[67] 3월 17일 한 개 선거구당 인구가 10만 명으로 정해지고 인천은 경인철도를 경계로 1구(갑구)와 2구(을구)의 2개 지역구로 나눈다는 내용이 발표되었다.[68] 그리고 4월 8일까지 선거인 등록을 완료하도록 규정되었다.[69]

후보자가 확정되면서 현지 언론은 지역구별로 판세를 예상하기도 했다. 을구의 경우 가장 먼저 출마를 선언한 하상훈(한민당)이 유력한 가운데, 조봉암이 출마할 경우 동부에서 혼전이 예상되며 부평에서 김석기가 출마하는 경우도 변수로 지적되었다. 대한노총의 지원을 등에 업은 임홍재(전 시장)의 득표력도 만만치 않을 것으로 보도되었다.[70]

본격적인 선거운동이 시작되면서 가장 신속하게 움직인 것은 한민당이었다. 한민당은 인천 갑구에 양제박, 을구에 하상훈을 각각 공천하고 막대한 자금을 투입하여 조직적인 선거운동을 시작했다. 당초 한민당에서 갑구를 희망했던 곽상훈은 공천을 받지 못하자 탈당하여 무소속으로 출마했다. 이 외에 김홍식, 윤병덕, 함효영(이상 갑구), 임홍재, 김석기(이상 을구) 등 다른 후보들도 3월 말경 모두 후보자 등록을 마쳤다.[71]

조봉암도 이미 부평의 '인천 양조장 일부'를 선거사무소로 빌려 선거 준비에 착수하였으나 후보등록을 미루고 있다가 4월 6일 『대중일보』를 통해 을구 출마를 표명하고[72] 4월 14일 마감에 임박해서야 '저술업 조봉

66) 『대중일보』 1948년 3월 12일자. 그러나 선거일은 일식으로 하루 연기되었다.
67) 『대중일보』 1948년 3월 16일자.
68) 『대중일보』 1948년 3월 19일자.
69) 『대중일보』 1948년 3월 20일자.
70) 『대중일보』 1948년 3월 27일자.
71) 『대중일보』 1948년 4월 2일자.

암'으로 등록을 마쳤다. 그가 받은 기호는 '석줄'(3번)이었다. 이로써 인천 지역의 제헌 국회의원 선거 출마 후보자는 양제박, 곽상훈, 김홍식, 김영주, 윤병덕, 함효영(이상 갑구), 조봉암, 임홍재, 하상훈, 김석기, 이성민(이상 을구)으로 확정되었다.

조봉암이 출마한 인천 을구는 월미도, 화수동, 화평동, 창영동, 금곡동, 송림동, 송학동, 만석동, 송현동, 갈산동, 작전동, 일신동, 삼산동, 청천동, 산곡동, 서운동, 효성동, 백석동, 시천동, 점암동, 경서동, [난지도] 등[73] 부평지구를 중심으로 인천에서도 갑구에 비해 "노동자 농민 봉급생활자" 등 소시민층이 큰 비중을 차지하는 지역이었다.[74]

1948년 4월 18일 하오 1시부터 부평 동국민학교 운동장에서 유권자 1만 5천여 명이 참석한 가운데 을구의 첫 합동 정견발표회가 열렸다. 여기에서는 조봉암과 그와 경합한 김석기의 연설을 소개하기로 한다.

김석기는 회사의 중역이며 인천 부평의 토박이로 조봉암과는 동갑이었다. 1945년 10월 10일 인천부가 제물포시로 개편될 때 미군정에 의해 부평지구장으로 임명되었고[75] 대한독립촉성국민회(독촉) 부평지부장으로[76] 독촉의 공천을 받아 출마했다. 조봉암에 앞서 등단한 그는 "나는 어떤 정당과도 절대 관계를 맺지 않을 것을 약속한다"고 말하고 조봉암을 겨냥하여 "나는 공산주의자의 투표로 만약 당선되는 일이 있을 것 같으면 의원의 권리를 포기할 것"이라고 언명했다. 그의 의도는 선거를 좌·우의 이념대결로 몰아감으로써 선거 국면을 유리하게 이끌려는 전략이었다.

---

72) 『대중일보』 1948년 4월 7일자.
73) 『대중일보』 1948년 3월 26일자.
74) 『대중일보』 1948년 3월 31일자.
75) 김영일, 앞의 책, 32쪽.
76) 『대중일보』 1948년 5월 9일자.

그러나 이어 등단한 조봉암은 '전향' 이후 자신이 줄곧 제기해온 민족통일과 자주독립론으로 응수했다. 이를 위해 그는 미·소 양군이 철퇴해야 한다고 주장했다.

> … 내가 국회에 출마하게 된 것은 독립운동을 하기 위함이다. 독립운동이란 무엇인가? 곧 외국군대를 철퇴시키는 운동이다. 미소가 나가야 우리가 살고 독립이 된다. 우리 민족은 좌·우 중간을 통일하고 사대주의를 배격해야 한다. 그리고 우리는 우리 국토 안에서 미소의 전쟁을 방지해야 한다. 양군의 전쟁은 곧 우리의 멸망을 가져올 것이기 때문이다. 우리는 오직 민족 자주주의를 고수하여야 한다. 나는 국회에 나가면 남북통일을 위하여 싸울 것이다. 여러분이 남북통일이 좋은 일이라면 나를 지지할 것이요 그를 원치 않는다면 나를 배격할 것이다.[77]

선거전이 좌·우의 이념 대결로 전환됨에 따라 판세는 예상과 달리 당초 유력했던 하상훈과 임홍재가 뒤로 처지고 조봉암과 김석기가 접전을 벌이는 양상이 연출되었다. 그러나 조봉암은 이로 인해 선거 초반부터 경합자인 김석기는 물론 다른 우익 후보들로부터도 집중적인 공격을 받아야 했다. 4월 29일에는 그의 찬조연사들이 정체를 알 수 없는 '통일청년당원'들의 습격을 받기도 했다. 경찰이 난동을 진압하기 전에 연사들 중의 하나가 구타를 당했으며, 경찰은 이들의 찬조연설 가운데 공산당 노선을 따르는 언동은 전혀 없었다고 보고했다.[78]

조봉암은 자금사정도 다른 후보에 비해 열악했다. 과거 인천시세진흥회나 신당을 발기할 때의 친구들이 도움을 주었을 것으로 추측되지만

---

77) 『대중일보』 1948년 4월 20일자.

78) 『미군정 주간정기보고』, 1948.5.7; 『전집』2, 89쪽.

이들도 상당수는 선거가 임박하면서 이미 한민당과 독촉 등 우익의 압력과 회유로 그에게 공공연한 자금지원은 어려웠다. 이러한 사정은 1948년 3월 말 이후부터 허용된 후보를 선전하는 신문의 광고란에 조봉암에 대한 광고가 단 한 건도 보이지 않는 것을 보아도 분명하다.[79]

조직과 자금에서 어려움을 겪고 있던 조봉암에게 인천지구의 민족청년단(족청)이 도움을 준 것으로 알려져 있다. 이에 따르면 당시 족청 인천지구 부단장으로 뒷날 농림장관 비서로 일한 강원명이 본부단장 이범석의 지시를 어기면서까지 조봉암의 선거운동을 도왔다는 것이다.[80] 이러한 도움 때문이었는지는 모르지만 선거일을 일주일 앞두고 을구에서 민족청년단의 후보로 출마했던 '31세의 청년사업가' 이성민이 사퇴했다.[81]

1948년 5월 10일 선거는 예정대로 치루어지고 5월 12일 새벽 7시부터 개표에 들어가 동일 하오 5시경에 종료되었다. 선거 결과 을구의 유권자 총수 51,580명 가운데 48,040명이 투표에 참여하여 1,393표가 무효로 처리되고 조봉암 17,620표, 김석기 15,827표, 임홍재 8,806표, 하상훈 4,394표로 '기호 석줄' 조봉암 후보의 당선이 확정되었다.[82]

인천시 선거관리위원회는 5월 12일 위원장 김태영 명의로 "국회의원선거법 제43조"에 따라 조봉암이 인천 을구에서 당선이 확정되었음을 공고했고, 조봉암은 신문지상에 다음과 같은 당선사례문을 게재했다.

79) 유일한 광고는 선거가 끝난 뒤 『대중일보』 1948년 5월 13일자에 게재된 '당선사례'였다.
80) 이영석, 『죽산 조봉암』, 원음출판사, 1983, 177~178쪽.
81) 『대중일보』 1948년 5월 4일자.
82) 『대중일보』 1948년 5월 13일자.

[당선사례]

금반 소생이 국회의원 선거에 입후보함에 잇어서는 동포제위의 애낌없는 원조를 밧자와 다행히 당선되엿압기 우선 지상을 통하야 삼가 감사의 뜻을 표하옵나이다.

단기 4281년 5월 13일 조봉암 謹白 인천부 을구 유권자 제위[83)]

조봉암의 당선은 전국적인 명망을 가진 그의 경력에 해방 후 인천에서 그가 대중 속에서 쌓아올린 노력을 유권자들이 정당하게 평가해준 결과였다. 제헌 국회의원 선거는 새로운 정부를 구성하는 자리였던 만큼 지역일꾼을 뽑는 기성 국가의 선거와는 달랐기 때문이다. 그러나 인천의 미군정 특무기관은 선거가 끝난 뒤 조봉암이 김약수(부산), 윤재근(강화)과 함께 '전 공산주의자'로 앞으로 국회에서 "소련을 대표할 것"이라고 상부에 보고함으로써[84)] 이후 그의 정치활동이 결코 순탄치만은 않을 것임을 예고했다.

4. 맺음말

이상에서 해방 후 1945년에서 1948년까지 인천에서 조봉암의 정치활동을 살펴보았다. 인천에서 조봉암의 활동을 우리는 대체로 세 단계로 나누어 살펴볼 수 있다.

첫 번째는 1945년의 해방에서 1946년 3월을 전후한 시기이다. 이 기간에 그는 출옥 후의 침묵에서 깨어나 해방된 조국의 인천에서 지역 차원의

83) 『대중일보』 1948년 5월 13일자.

84) 『미군정 주간정기보고』, 1948.5.21; 『전집』2, 89쪽.

치안유지와 건국준비에 주도적으로 참여했고 이러한 활동을 통해 자신의 지역기반을 구축하였다. 그 결과 그는 인천의 대표적인 인물로 부상하였다. 반면에 이 시기는 박헌영 등 조공 지도부와의 노선 대립과 갈등으로 부심한 고뇌의 기간이기도 했다. 이러한 어려움을 극복해 나가는 과정에서 그는 혁명가에서 정치가로 변신했다.

두 번째는 1946년 4월에서 같은 해 말에 이르는 기간이다. 이 시기에 조봉암은 조공과 결별하고 독자적인 노선을 구축했다. 박헌영의 노선에 대한 공개비판, 군중집회에서의 전향성명 살포 같은 충격적이고 능동적인 행동을 통해 그는 자신의 '전향'을 정치적 소신에 대한 배신이나 굴복이 아닌, 뛰어난 선동적 카리스마를 가진 정치가임을 입증하는 데 성공하였다. 여기서 우리는 정치가로서 그의 탁월한 전략을 엿볼 수 있다. 하지만 그는 선언과 선동에 그치지 않고 민족통일과 자주독립의 노선에 입각하여 신당을 추진하고 국민운동을 전개했다.

세 번째는 인천에서 제헌 국회의원 선거에 참여한 단계이다. 그는 자신이 속했던 조직의 선거불참 방침, '전향'에 따른 좌·우 양쪽의 공격을 무릅쓰고 인천 을구에 무소속으로 출마했다. 선거운동 기간 중에는 조직과 자금의 열세로 큰 어려움을 겪었고 경합했던 후보들은 그를 공산주의자로 몰아붙임으로써 선거 국면을 좌·우의 이념대결로 몰아갔다. 그러나 그는 해방 후 그가 일관되게 추구해온 민족통일과 자주독립의 노선을 직접 대중들에게 제시, 당선되었다.

1948년의 제헌 국회의원 선거는 지역 일꾼이 아닌 새로운 정부를 구성할 인물을 뽑는 자리였다. 때문에 유권자들은 지역 토박이나 유지보다는 전국적인 명망으로 민족적인 이슈를 제시할 수 있는 후보를 갈망하였다. 인천 을구의 유권자들 입장에서 볼 때 조봉암은 이러한 요구를 충족시킬 수 있는 유일한 인물이었다. 더욱이 그는 해방 후 인천에서 건준 인천지부와 민전은 물론 치안유지위원회, 협동조합, 실업자동맹, 혁명자구원회 등의 활동을 통해 대중에게도 친밀한 이미지를 구축해왔던 것이다.

조봉암은 일제하에 한국공산주의운동을 선도한 혁명가이며 해방 후에는 중앙노선, 제3의 노선을 표방하며 좌·우의 이념적 대립을 극복하고자 했던 이상주의적 정치가였다. 해방 후 그는 민족통일과 자주독립을 모토로 하는 정치적 실험을 인천에서 처음 전개했다. 3년이 채 되지 않는 짧은 기간 동안 그는 인천에서 비로소 대중과 만나고 그들과 호흡하면서 정치에 눈을 뜨게 되었던 것이다. 1950년대의 왕성한 정치활동도 이러한 활동의 기반 위에서 가능했던 것이다.

[자료]

조봉암, 「8·15해방 기념일을 어떠게 맞이할까?」 1~3(『대중일보』 1946.8.10~12.)

8·15! 우리 민족에게 커다란 충격을 준 해방의 날 8·15! 우리에게 한없는 기쁨과 큰 희망을 품게 한 역사의 날 8월 15일은 가까웠다. 우리 3천만 민중은 그날부터 우리의 완전 자주독립을 꿈꾸었고 즉시 우리의 정부가 생기고 우리의 일은 우리가 자유로 처리할 수 있는 거리낌 없는 세상이 될 줄만 알았다.

그러나 8월 15일은 돌이 되었지만 우리의 모든 것은 일장 꿈으로 돌아가고 현실의 우리 민중은 끝없는 환멸을 느낀다. 지금 우리 강토는 남북으로 갈려있고 우리 민족은 좌우로 분열되었으며 우리 독립을 원조하려는 遠來의 해방군들은 슬그머니 손을 떼고 남북으로 버티고서 우리 인민의 생활고는 前代未聞의 극악한데 빠지고 있다.

이것이 대체 무슨 까닭이냐? 민주주의 연합군의 위대한 승리로 국제적으로 약속된 자주독립은 어째서 아니 되며 당연히 수립되어야 할 민주주의 임시정부는 무엇 때문에 안 되고 있는가? 우리의 이것의 원인을 구명해야 할 것이며 현재 상태를 엄연히 비판하고 장래 해야 할 일을 옳게 규정치 않으면 안 될 것이다. 국제적 제 조건에 대해서는 여기서 말하지 않기로 하고 오직 우리 민족 내에 있어서의 제 문제만을 취급하기로 하자. 과거 1년 동안에 우리 3천만 민족이 자주독립을 위해서 우리의 정부 수립을 위해서 과연 무엇을 하였으며 얼마나 노력하였다고 말할 수 있을까?

8·15의 1주년 기념을 마지함에 當하여 우리 조선사람 된 자 각자가 엄숙한 마음으로 한번 조용히 자기를 반성해보는 것은 결코 무의미한 일은 아닐 것이다. 지금에 있어서 우리 모든 사람이 꼭 같이 인증하는 바와 같이 지금 같은 민족적 불행을 초래한 최대 원인은 민족의 불통일이다. 우리 민족과 같은 환경에 있어서 민족통일도 이루지 못하고 자주독립을 바랄 수는 없는

것이다. 그러면 민족통일은 자주독립의 선결조건인데 그 자주독립의 선결조건인 민족통일이 되지 못했던 것은 무슨 까닭이며 지금도 오히려 되지 않고 있는 것은 어떠한 원인으로 말미암이냐?

오늘까지의 조선의 운명을 짊어지고 우리 민족의 사활문제를 담당했던 사람들은 두말할 것도 없이 좌·우익 정당의 지도자, 8·15 이후 雨後竹筍같이 족출한 수많은 정당과 그의 지도자로 자처하고 민중과 멀리 떠나서 날뛰고 있는 소위 정객들이다.(①)

그런데 이 많은 정객들은 한편은 좌로 다른 한편은 우로 갈리어 각자 자기의 옳은 것만을 내세우고 있다. 한편에서는 내가 민족의 長老요 元勳이며 우리 단체가 정통이요 법통이니 나를 따르지 않는 자는 혹은 우리 단체를 지지하지 않는 자는 역적이요 매국적이라 하여 斷不容貸의 태도로 나오고 또 다른 한편에서는 자기네만이 국제적으로 인민을 대표하고 자기네만이 진정한 민주주의집단을 자처하고 다른 것은 모두 비민주주의요 반동이요 팟쇼라 하여 唯我獨尊的 태도를 견지한다. 최근에 좌우합작운동이 일어난 것은 우리 ○민족이 환영했고 큰 기대를 가지고 있는 터이라. 그런데 진실로 통일하기를 위한다면 종래에 불통일의 원인이 몇 가지 있었다 하더라도 그중에서 다만 한 가지라도 줄이고 될 수 있는 대로 일치점을 발견하기에 노력해야 할 것인데 도리어 소위 그 통일의 원칙이라는 것이 점점 더 수효가 늘어가고 점점 더 일치하기 어려운 조건이 쏟아지고 있는 것이다. 과거와 또는 지금에 있어서의 이러한 모든 소행은 그것이 저들 소위 정객들의 주관적으로는 모두 애국적이요 민족을 사랑하는 까닭이요 또 민주주의혁명을 위한 옳고 그리고 유일한 길이었는지는 모르지만 실제의 결과에 있어서는 민족을 분열시켰고 자주독립을 방해하였고 당연히 섰어야 될 민주주의임시정부도 못 세우게 되었고 우리 정부 수립을 원조하려던 미소공동위원회까지도 마침내 휴회에 이르게 한 것이다.

이러한 참담한 민족적 불행이 생기게 된 사실은 저들 소위 정객들이 비애국적이요 반인민적이라고 단언할 것이 아니라 저들이 그렇게 아니하려야 아니할 수 없는 근본적 요소가 엄연히 대립되어 있는 까닭이다. 그 엄연한 대립이라는 것은 무엇인가? 그것은 지금 조선사회에서는 용납할 수 없는 계급독재의 사상이며 그 사상 그 관념으로부터 생기는 일마다 일어나는 소위 영도권 싸움이다. 한편에서는 시대도 國情도 고려치 못하고 무산계급독재를 꿈꾸며 그의 영도권이 아니면 전민족의 분열도 不頼하는 태도를 취하고 다른 한편에서는 지금 조선에 있어서는 전연 사회적 조건이 없는 자산계급 專政 즉 중국 국민당식 자산계급 전정을 꿈꾸며 인민의 위에 군림하여 파쇼적인 정권을 삼으려니까 필연적으로 반민족적인 민족분열적인 고집을 부리는 것이다.

그런즉 우리 민족의 자주독립을 전취하려면 먼저 통일을 완수하여야 할 것이요 민족통일을 이루자면 먼저 정당지도자들의 계급독재의 迷妄을 쳐부숴야 될 것이 급무라는 것을 지적하지 않을 수 없는 것이다.(②)

물론 우리 민족 가운데에도 각각 다른 주의와 사상을 가질 수도 있는 것이다. 또 여러 가지 계급이 대립되어 있는 것도 엄연한 사실임을 인증치 않을 수 없는 것이다. 그러나 우리나라와 같은 경우에는 무엇보다도 먼저 민족의 독립을 찾아야 할 것이요 독립이 된 뒤에 비로소 민족 내의 모든 문제도 해결할 수 있을 것이다. 남의 힘으로 일본제국주의의 36년간 蠻政의 羈絆으로부터 풀려서 겨우 해방이 약속되었고 독립도 되기 전이고 인민의 의사도 충분히 표현되기 전에 더욱이 남의 군정 하에서 무슨 턱으로 어떠한 조건이 있어서 한 계급이 전민족을 독재할 것을 주장하며 어느 한편만이 영도권을 쥐어야만 한단 말이냐?

우리는 자유인이다. 누가 어떠한 사상을 가지거나 무슨 주의를 신봉하거나 모두 자유이니 남이 간여할 성질의 것이 아니다. 그러나 우리 민족통일에 방해되고 자주독립에 방해되는 것이면 그것이 어떠한 주의 무슨 사상인 것을 불문하고 민족분열의 책임을 져야 할 것이며 따라서 우리 민족의 죄인이며 민족의 적이라 단정하지 아니할 수 없는 것이다.

우리는 현재의 좌·우익 정당지도자들의 인격과 경험을 존경하려는 자이다. 그러나 저들의 소행이 불순한 집권관념으로부터 생긴 모든 偏黨的이며 반인민적 반민족적으로 나타남에 있어서는 그것이 비록 주관적으로는 옳다고 하더라도 결과로 보아서는 민족분열의 책임자요 민족의 기대를 여지없이 유린한 민족의 죄인이라 아니할 수 없으니 우리 민중이 저들을 정치인으로는 전연 신임할 수 없다는 바 이런 것도 엄연한 사실인 것이다. 그러므로 우리 민중은 저 훌륭한 분들이 다시 한 번 국제정세를 살피고 조선의 실정을 알아서 지금까지의 반민족적 집권관념과 당파심을 청산하고 조선사람으로 거듭나서 우리 민족의 최대의 소원인 자주독립을 위하여 먼저 민족통일을 이루기를 바라고 저들의 자기반성을 요구하여 마지아니하는 바이다.

우리는 위에서 민족통일이 안 되고 있는 책임이 현재의 정당지도자들에게 있음을 지적하고 그 반성을 요구했으나 민족통일에 있어서 그보다도 더욱 중요한 것은 우리 민중 스스로의 반성과 궐기임을 강조하지 아니할 수 없는 것이다. 우리 민중의 대부분이 너무 정치문제 특히 민족통일 공작에 대해서 무관심하고 등한시했음을 인증해야 할 것이며 좌·우 양익 진영 내의 모든 열성적인 일꾼들이 너무 현재의 지도층을 과신하고 맹종한 것이 오늘 같은 민족적 불행의 결과를 낸 것이라는 것을 똑같이 인증치 않을 수 없는 것이다. 그러므로 우리는 우리 스스로의 일 즉 민족 전체의 일을 일부 정객에게만 맡기고 있을 것이 아니라 우리 민족 스스로 궐기해서 민중의 위력으로써 저들을 일치케 하고 통일케 하여 우리 손으로 정부도 만들고 자주독립도 전취해야 한다는 것이다.

8·15 1주년 기념을 맞이하면서 우리 조선민족의 최대의 당면문제인 민족통일과 민족통일정부수립 문제를 생각할 때에 무엇보다도 먼저 우리 민족 대부분의 자각과 궐기를 촉진하지 아니할 수 없는 소이는 실로 이 점에 있는 것이다. 최근 소문에 의하면 인천에 있어서의 8·15 기념행사도 현재의 좌·우익 정당으로는 일치할 수가 없어서 시장의 명령 지도로 위원회가 성립된다 하니 그나마 원만히 준비되어 성대한 기념식이 되기를 心祝하여 마지아니하는 者이나 소위 인민의 지도단체로 자처하는 정당의 면목은 어디 있으며 이 민족의 명예와 긍지는 무엇으로써 유지하려는가! 조선사람된 자 누구나 뼈에 사무치는 부끄러움을 느껴야 할 것이며 분골쇄신하더라도 이 한심한 국면을 타개하여 민족 만대의 영예를 획득하는 민족통일의

길로 아니 갈 수 없는 것이다.

그런 까닭에 우리는 다시 한 번 강조하노라. 금년의 8·15 기념은 현 좌·우익의 민족분열적 반민족적 파당싸움을 완전히 청산케 하고 민족통일을 완수키 위하여 인민대중이 스스로 정치적으로 궐기하는 것으로써 맞이하자는 것이다. 1년 안 가까운 동안에 지루하고 질역나게 해오던 骨肉相爭의 되풀이는 우리 조선사람은 아무도 원하지 않는다. "赤魔를 때려 죽여라!" "반동파 파쇼분자를 驅除하라" "신탁통치 절대반대" "3상회의 절대지지" "비행기 타고 온 반동거두들을 국외로 추방하자" "공산주의자는 너희 조국 소련으로 가거라" 따위의 표어를 집어치우고 민족통일을 위한 건설적인 제의에 총력을 집중함으로 이 날을 기념하고 맞이해야 할 것이다.

요즘 항간의 소문을 들으면 8·15 기념이라고 하여 징을 준비하고 떡을 찌고 술을 해 넣는다는 것이다. 어떤 사람의 의견인지는 모르나 민족의 통일도 못 되고 정부도 없고 독립도 안 되고 인민부분의 생활난은 극단에 이른 남의 군정 하에 있어서 무엇이 좋아서 그런 법석을 할 것인가 뜻있는 분들은 相戒하여 곤란을 가중하고 남의 치소를 사는 일이 없도록 해야 할 것이다. 끝으로 이 역사의 날 8·15를 더욱 의의 있게 맞이하기 위하여 다음과 같은 표어가 실천되어야 할 것이다.

一 지금까지 민족통일에 방해되고 있는 좌우익의 모든 반인민적 파쟁행위를 즉시 시정하라.
二 민족통일은 민중의 조직의 압력으로써 달성시키자.
三 민족통일에 유해한 모든 표어와 행동을 우리 민중이 자율적으로 방지하자.
四 좌우합작 공작을 거족적으로 지지하자.
五 미소공동위원회 속개를 요청하자.
六 8·15 기념은 엄숙히 민족통일과 자주독립을 위하여 맞이할 것이요 浮華輕擧의 놀잇날로 만들지 말자.(③ 完)

◆ 보론 ◆

조봉암의 평화통일론과 인천

1. 머리말

세계화와 지방화, 21세기, 남북정상회담 같은 용어들이 오늘날 우리가 겪는 변화와 서있는 시점을 집약적으로 표현해주고 있다. 사회주의라는 거대한 인류사적 실험이 있었던 20세기가 막을 내리고 한편으로는 전반적인 보수화의 물결 속에서 근대성에 관한 문제, 다른 한편에서는 민족이나 민족주의에 관한 논의가 전면적인 차원에서 이론적인 재검토의 대상이 되고 있다.

그럼에도 불구하고 우리는 민족문제에 관한 한 여전히 미해결의 장(場)에 서있음을 부정할 수 없다. 분단된 채 반세기가 넘도록 통일을 이루지 못한 현실은 우리로 하여금 분단의 원인이 언제 어디서, 무엇으로부터 기인하는지, 분단을 극복하기 위한 민족 내부의 노력은 없었는지에 대한 진지한 탐구를 요구하고 있다. 분단이 자의보다는 타의에 의해 강제로 주어진 것인 이상 이에 반비례하여 통일논의와 통일운동이 꾸준하게 전개되어온 것은 사실이다. 하지만 이러한 것들이 모두 동일한 것은 아니어서, 무력통일론이나 북진통일론 같은 사실상의 반통일론(反統一論)마저 통일론으로 간주되어온 것도 부인할 수 없다. 이런 점에서 오늘날 통일의 방법론으로 보편화된 평화통일론의 하나의 원형으로서 해방 후부터 1950년대까지 조봉암에 의해 제창된 평화통일노선이 주목된다.

조봉암은 일제 하에는 발군의 사회주의운동가였고 해방 후에는 민족통일의 자주독립노선을 표방하고 통일운동을 전개한 정치가였다. 남한 단독정부에서 초대 농림부장관과 국회부의장을 지냈고 두 차례 대통령 선거에 출마했으며 진보당을 조직하여 권력의 탄압으로 죽어간 비운의 정치가였다.[1] 그의 생애는 고난에 친 한국현대사의 한 단면을 보여주는 것이지만, 몇 차례의 정치적 변신은 그에 대한 평가를 혼란스럽게 만들고 있다. 이런 의미에서 '평화통일노선'[2]에 대한 검토는 분단 후 평화통일사상의 흐름은 물론 그에 대한 객관적인 평가의 한 준거도 될 수 있다는 점에서 의의가 있다.

사실 조봉암에 대한 연구 성과가 적은 것은 아니다. 근래에 들어 그가 주도했던 진보당에 대한 연구 성과도 나오고 있다.[3] 그러나 평화통일노선에 대한 연구 성과에 들어가면 사정은 달라진다. 독립적인 연구가 거

---

1) 조봉암에 대한 중요한 연구 성과는 다음과 같다. 李英石, 『竹山 曺奉岩』, 圓音出版社, 1983; 鄭太永, 『曺奉岩과 進步黨』, 한길사, 1991; 박태균, 『조봉암 연구』, 창작과 비평사, 1995; 서중석, 『조봉암과 1950년대』(상·하), 역사비평사, 1999; 정태영·오유석·권대복 편, 『죽산조봉암전집』(1~6), 세명서관, 1999.

2) '평화통일론'을 쓰지 않고 '평화통일노선'이라는 용어를 사용한 것은 그것이 완결된 사상체계라기보다 정치가인 조봉암이 통일 '정책'을 대중들에게 알리는 데 목적이 있었다고 생각되기 때문이다.

3) 진보당(운동)에 대한 주요 연구 성과는 다음과 같다. 권대복 엮음, 『進步黨』, 지양사, 1985; 오유석, 「진보당사건 분석을 통한 1950년대 사회변혁운동 연구」, 『경제와 사회』 1990여름호; 정창현, 「진보당운동의 전개와 성격」, 『한국현대사』(2), 풀빛, 1991; 김창진, 「1950년대 한국사회와 진보당」, 『1950년대 한국사회와 4·19혁명』, 태암, 1991; 서중석, 「조봉암, 진보당의 진보성과 정치기반」, 『역사비평』 1992가을호.

의 없을 뿐더러 그나마 대개는 조봉암에 대한 전기적 연구 성과나 진보당에 관한 저술에서 부수적으로 언급되고 있다. 더욱이 주목할 만한 연구 성과들도 대개 평화통일노선을 1950년대 후반의 짧은 기간 동안 존속했던 진보당의 노선이라는 측면에서 서술하고 있다.[4]

그러므로 평화통일노선이 어떠한 역사적 맥락에서 나온 것인지, 또한 한국전쟁 이전과 그 이후의 양상이 어떻게 달라지는지 등 총체적이고 거시적인 전망을 하는 데는 적지 않은 문제점이 있다고 보인다.[5] 이 글에서는 해방 후부터 1950년대 후반까지의 평화통일노선을 조봉암을 중심으로 살펴보면서 그 역사적 맥락을 짚어보고자 한다.

2. 해방 후 조봉암의 평화통일노선 배경

1) 통일정부수립 노선과 신당 추진

조봉암이 일제하에 조선공산당('조공') 창건의 주역이었고 발군의 사회주의운동가였음은 널리 알려진 사실이다. 그런 그가 조공과의 관계를 단절한 것은 1946년 5월 조선민주주의임시정부 수립을 위한 제1차 미소공동위원회('미소공위')가 실패한 것과 관련이 있다. 1946년 5월 초에 사신(私信) "존경하는 박헌영 동무에게"[6]를 발표한 그는 박헌영이 이끄는

4) 徐仲錫, 「진보당 연구–조봉암·진보당의 평화통일론을 중심으로」, 『國史館論叢』 제66집, 1995; 洪錫律, 『1953~61년 統一論議의 전개와 성격』, 서울대학교 국사학과 박사학위논문, 1997.

5) 이러한 문제의식의 글이 전혀 없는 것은 아니다. 한상구, 「1948~1950년 평화적 통일론의 구조」, 『분단 50년과 통일시대의 과제』, 역사비평사, 1995 참조.

6) 『한성일보』 1946년 5월 6일자; 『朝鮮日報』 1946년 5월 7일자.

조공의 노선을 정면으로 비판하고 결별의 수순을 밟았다.

1946년 6월 23일 인천공설운동장에서 민주주의민족전선('민전') 인천지부 주최로 미소공위 촉진을 위한 인천시민대회가 열렸다. 민전 의장단에서 여운형과 이강국, 김원봉과 성주식 등이 참석한 이날 집회는 조선 '좌익의 영수' 박헌영도 참석할 것이라고 선전되어 비가 내리는 중에도 1만 명이 넘는 군중이 참석했다.[7]

그런데 이 집회에서 충격적인 장면이 연출되었다. 집회 도중에 조봉암의 명의로 "한국 연립정부는 공산당이나 (독립촉성)국민회의 독점적 정부로 조직되어서는 안 된다 … 현재 한국민은 공산당을 원하지 않는다. 그러므로 인공이나 민전의 정책은 철저히 배격되어야 한다 … 우리는 노동계급에 의한 독재나 자본계급의 전제를 원하지 않는다"는 내용의 성명서가 살포된 것이다.[8]

조봉암의 성명서는 큰 파장을 불러일으켰다. 더욱이 민전 집회에는 그가 이미 사신(私信)으로 비판했던 박헌영도 참석할 예정이었다.[9] 조봉암은 조공과의 결별을 박헌영도 참석한 집회에서 공개적으로 선언하고자 했다.

성명서는 조공에 대한 비판에 그치지 않고 노동계급의 독재나 자본계급의 독재를 반대하는 입장에서 좌익의 조공이나 우익의 민주의원 중심의 정부가 아닌 민족 전체가 요구하는 명실상부한 '통일정부'의 수립을 역설하고 있다. 인천의 한 일간신문과의 회견에서 그는 조공의 노선은

---

7) 『대중일보』 1946년 6월 24일자.

8) 『미군정 주간정기보고』 1946년 7월 5일자.

9) 『대중일보』 1946년 6월 25일자; 『동아일보』 1946년 6월 26일자. 그러나 박헌영은 이 집회에 참석하지 못했다(『미군정 주간정기보고』 1946년 6월 25일자).

"민주주의 조선의 명랑성을 멸살"하는 것이며 이를 극복하기 위해 "전국의 동지와 협력하여 민족통일을 위한 자주독립을 위한 대중운동"을 전개할 것이라는 계획을 밝혔다.[10] 민족통일전선을 표방하고 있는 민전도 사실은 조공을 확대시킨 것에 불과한 좌익만의 통일전선체라는 것이 그의 판단이었다.

그 뒤 조봉암은 공개적인 활동을 자제하면서 새로운 노선에 따른 구상을 가다듬었다. 이 기간 동안에 그는 『삼천만 동포에게 고함』, 『공산주의의 모순 발견』 등의 소책자를 집필했다. 아쉽게도 이들 저작들은 남아있지 않지만 조공과 한민당 등 극좌 극우의 반민족적 행동을 규탄하고 민족자주의 정신을 고취하며 자주적인 입장에서 독립운동이 계속되어야 한다는 것이 그의 신념이었다.[11]

새로운 정치에 대한 구상은 8·15해방 1주년을 앞두고 한 지방 일간신문에 기고한 논설에서 잘 드러난다. 조봉암은 해방된 지 1년이 다 되도록 자주독립과 통일정부가 수립되기는커녕 국토는 사실상 남북으로 갈리고 민족은 좌·우로 분열되었다면서 '민족 내부의 不통일'을 원인으로 지적하고 있다. 특히 가장 큰 책임자로 좌, 우익 정당의 지도자들을 지목했다. 이들이 민족의 장래보다는 권력 쟁탈전에 몰두했기 때문에 민족이 분열되어 자주독립이 저해되고 민주주의 임시정부도 수립되지 못했다는 것이다. 노동계급독재와 자산계급독재라는 계급독재의 사상도 좌, 우익 지도자들의 주도권 다툼에서 비롯되었다는 것이다.[12]

---

10) 『대중일보』 1946년 7월 30일자. 『동아일보』 1946년 8월 2일자에 보도된 인터뷰기사는 『대중일보』의 보도 내용을 요약한 것으로 보인다.

11) 조봉암, 「나의 정치백서」, 『전집』1, 390~391쪽.

12) 曺奉岩, 「8·15解放 紀念日을 어떠게 맞이할까?(1~2)」, 『대중일보』 1946년 8월 10일자, 11일자.

그러므로 조봉암은 더 이상 민족의 운명을 이들에게만 맡기지 말고 민중의 궐기로 민중의 위력으로 지도자들을 일치하게 하고 통일하게 하여 정부도 만들고 자주독립을 이룩해야 한다고 주장했다.

> … 민족통일에 있어서 더욱 중요한 것은 우리 민중 스스로의 반성과 궐기임을 강조하지 않을 수 없다. 우리 민중의 대부분이 너무 정치문제 특히 민족통일 공작에 대해서 무관심하고 등한시했음을 인증해야 할 것이며 좌·우 양익 진영 내의 모든 열성적인 일꾼들이 너무 현재의 지도층을 과신하고 맹종한 것이 오늘 같은 민족적 불행의 결과를 낸 것이라는 것을 똑같이 인증치 않을 수 없는 것이다. 그러므로 우리는 우리 스스로의 일, 즉 민족 전체의 일을 일부 정객에게만 맡기고 있을 것이 아니라 우리 민족 스스로 궐기해서 민중의 위력으로써 저들을 일치케 하고 통일케 하여 우리 손으로 정부도 만들고 자주독립도 전취해야 한다는 것이다.[13]

이러한 주장은 그가 일제 말기부터 활동했던 신당 추진으로 구체화되었다. "진정한 민주주의 하에 3천만 민중의 대동단결을 기도키로 독립전취의 촉진운동"을 일으키기 위해 '국민운동'을 전개한다는 것이 그가 구상한 신당의 방향이었다.[14]

그러나 신당에 참여할 인사들이 한국독립당 등 대부분 우익에 속하는 인물들이었음에도 불구하고 앞길은 순탄치 않았다. 조봉암이 추진하는 신당에 대해 미군정은 "공산당의 이탈분자들을 집결시켜 새로운 한국공

---

13) 曺奉岩, 「8·15解放 紀念日을 어떠게 맞이할까?(3)」, 『대중일보』 1946년 8월 12일자.

14) 『대중일보』 1946년 9월 3일자. 그러나 신당을 인천에서 추진했다고 해서 이를 '지역정당'으로 보기는 어렵다. 조봉암의 정국인식으로 보아 현재 활동하고 있는 인천지역에서 민족통일을 위한 '국민운동'을 일으키고 이를 토대로 중앙에서 정당이나 민족통일전선 조직을 구상한 것 같다.

산당을 만들려 하고 있다"고 인식했다.[15] 우익의 방해는 보다 심각했다. 당초 조봉암이 앞의 성명서를 발표할 때 자신들에게 합류할 것으로 기대했던 한민당은 그가 인천에서 한민당에 참여하지 않은 우익인사들을 모아 신당을 추진하자 "분란을 조성하지 말고 중지하라"고 요구했다.[16] 한민당의 집요한 방해공작으로 '민족통일과 독립전취를 위한 국민 총궐기 운동'을 내세운[17] 조봉암의 신당 추진은 차질을 빚게 되었고, 1946년 말부터 약 1년간 그는 서울을 무대로 좌우합작운동을 지원하기 위해 이극로, 배성룡 등과 함께 민주주의독립전선을 결성하여 활동했다.

그러나 민주주의독립전선이 좌·우 정당간의 연합운동을 주장한 좌우합작위원회와 달리 민중운동을 주장하고 통합의 범위도 중도세력에 국한하자고 함으로써 양자 사이의 제휴는 원활하지 못했다. 민주주의독립전선의 이론가 배성룡은 정치세력을 좌익·우익·좌익비판부대·우익비판부대·민족적 기본부대의 5계열로 나누면서 민족적 기본부대, 좌익비판부대, 우익비판부대 등 중도세력의 3파 연합을 주장했다.[18]

그러나 좌·우의 대립 상황에서 '중앙노선'은 의미가 있었음에도 불구하고 이를 주도한 세력이 구 화요회계 공산주의자들이었기 때문에 설득력을 갖기는 어려웠다.

---

15) 『미군정 주간정기보고』 1946년 9월 5일자, 11일자.

16) 梁濟博, 「曺奉岩氏 新黨에 대하야」(上·下), 『대중일보』 1946년 9월 6일자, 7일자.

17) 『대중일보』 1946년 9월 6일자.

18) 배성룡, 「5계열 분야의 정치동향」, 『자주조선의 지향』, 113쪽, 金基承, 『韓國近現代社會思想史研究』, 신서원, 1994, 60~61쪽에서 재인용.

2) 단정 참여와 중간세력 통일론

1947년 9월 17일 미국이 한국문제를 유엔으로 이관함에 따라 미소공동위원회에 대처하기 위해 조직되었던 좌우합작위원회, 미소공위대책협의회, 민주주의독립전선 등은 존재의의를 상실하게 되었다. 이에 따라 이들은 좌우합작위원회를 중심으로 통합을 추진하여 민족자주연맹('민련')을 발기했다. 발기인으로 참여한 조봉암은 민련 준비위원회의 총선지지 결의에 따라 선거운동을 위해 인천으로 내려갔다.

그러나 민련은 정당으로 개편하여 역량을 강화하고 총선에 나선다는 당초의 결의를 번복하여 결성단계에서 단지 협의체로 남고, 지도자인 김규식은 참여하지 않는다는 입장으로 선회했다. 민련은 남한 단독선거안을 놓고 찬반 양파로 분열되었고, 이듬해 3월 9일에는 공식적으로 선거 불참을 결의했다. 이러한 상황 변화는 민련 내 조봉암을 비롯한 총선 참여파를 고립시키는 결과를 가져와 그는 무소속으로 출마할 수밖에 없었다.[19]

그런데 노동계급독재와 자본계급독재를 반대하며 통일정부 수립을 주장해 온 조봉암이 남한 단독선거에 참여한 이유는 무엇일까? 농림부장관 시절 조봉암의 비서를 지낸 강진국에 따르면 남한 단독선거가 미소 대결의 산물이라고 할 때 가능지역에서 '우리의 독립정부' 수립은 오히려 시급한 과제이며, 통일정부 수립도 우리의 독립정부에 의해 제2단계로 모색될 수밖에 없다는 것이 그의 판단이었다.[20] 남한만의 단독선거를

---

19) 송남헌은 조봉암이 민련의 발기인 중 한 사람이었고 중앙위원 자리를 원했으나, 김규식이 조봉암은 조공으로부터 '전향'한 지 얼마 되지 않았기 때문에 곤란하다고 하여 명단에서 제외했다고 하는데(심지연 편, 『송남헌 회고록-우사 김규식과 함께 한 길』, 한울, 2000, 94쪽), 이는 그가 단정에 참여한 뒤에 민련 계열을 자신의 기반으로 삼으려는 데 있어서 적지 않은 어려움을 안겨주었다.

20) 강진국, 1989년 12월 26일 증언; 鄭太榮, 앞의 책, 160쪽을 재인용.

불러온 미·소의 대립이 현실적으로 극복하기 어려운 문제라는 인식에서 통일정부 수립은 신정부가 들어선 뒤의 과제로 미루어진 것일 뿐 결코 포기한 것은 아니라는 것이다.[21)]

1948년 4월 18일에 조봉암은 인천 부평에서 열린 합동 정견발표회에서 자신의 과거 공산주의운동 전력을 문제 삼는 상대후보의 공격에 대해 성명서 발표 이후 주창해온 민족통일과 자주독립론으로 응수했다. 그는 민족통일과 자주독립을 위해서는 미·소 양군이 철수해야 하며, 남북통일을 원한다면 자신을 지지해 달라고 호소했다. 좌·우 중간의 통일과 사대주의 배격, 한반도를 무대로 하는 미·소 전쟁의 저지, 민족자주에 입각한 남북통일을 주장하고 있는 연설에서 그의 평화통일노선의 단초를 확인할 수 있다.

주목되는 것은 좌·우 중간의 통일과 사대주의 배격을 역설하고 있는 대목이다. 이것은 민주주의독립전선의 중도통합론을 계승한 것으로서 남북이 대치한 상황에서 중간세력이 아닌 좌·우세력은 소련과 미국의 존재로 인해 사대주의로 갈 수밖에 없다는 것이다.

> … 내가 국회에 출마하게 된 것은 독립운동을 하기 위함이다. 독립운동이란 무엇인가? 곧 외국군대를 철퇴시키는 운동이다. 미소가 나가야 우리

---

21) 조봉암은 당시 所懷를 이렇게 밝히고 있다. "… 그러는 중에 대한민국을 수립하기 위한 총선거가 시작되었습니다 … 미군정 3년을 지내고 우선 남한만으로라도 우리 민족이 정권을 이양받고 통일을 도모한다는 것은 정치적으로 지극히 단순하고 당연한 일입니다. 그때 공산당에서는 물론이고 일부 우익진영에서도 단독정부니 반쪽선거니 해서 그 총선거를 반대했었습니다. 나는 공산당이 반대하는 것은 소련의 지시를 받은 미국세력 반대운동으로 간주했기 때문에 문제도 안했지만은 김규식 등 여러 선배에게는 총선거에 참가함이 옳다는 것을 많이 주장도 해보았고 노력도 해보았지만 전연 통하지 않았고 끝끝내 반대태도를 견지…."(조봉암, 「나의 정치백서」, 『전집(1)』, 391쪽)

가 살고 독립이 된다. 우리 민족은 좌·우 중간을 통일하고 사대주의를 배격해야 한다. 우리는 우리 국토 안에서 미소의 전쟁을 방지해야 한다. 양군의 전쟁은 곧 우리의 멸망을 가져올 것이기 때문이다. 우리는 오직 민족자주주의를 고수하여야 한다. 나는 국회에 나가면 남북통일을 위하여 싸울 것이다. 여러분이 남북통일이 좋은 일이라면 나를 지지할 것이요 그를 원치 않는다면 나를 배격할 것이다.[22)]

그는 제헌 국회의원에 당선된 뒤 통일운동에 주도적으로 나섰다. 1948년 6월 10일에 60여 명의 의원들이 "민주주의 민족자결국가의 건설과 남북통일, 자주독립을 평화적 방법과 정치적 수단으로 전취"하기 위해 무소속구락부를 결성하자 조봉암은 6인 간사 중 일원으로 선출되었다.[23)] 무소속구락부는 남북통일과 자주독립을 평화적으로 전취하기 위하여 행동통일을 도모하고 균등사회 건설에 매진한다는 성명서를 발표했다.[24)]

조봉암은 통일문제를 매개로 국회 내 무소속구락부를 재야와 연대하게 하는 새로운 야당을 구상했다. 남북협상과 제헌의회 선거 찬반논란으로 분열되었던 민련과 한독당 계열의 제휴를 추진한 것이다. 당시 정가에는 조봉암이 중심이 되어 박건웅(朴建雄), 최능진(崔能鎭), 김찬(金燦), 이광진(李光鎭) 등이 김구와 김규식을 내세워 한독당과 민련 산하의 민주독립당을 근간으로 하는 거대 야당을 구상하고 있다는 소문이 파다했다.[25)]

이런 가운데 1948년 8월 4일 대통령 이승만은 조봉암을 농림부장관으로 임명했다.[26)] 이승만이 그를 기용한 것은 "좌익계의 정치선동에 어느

22) 『대중일보』 1948년 4월 20일자.
23) 『조선일보』 1948년 6월 12일자.
24) 『조선일보』 1948년 6월 15일자; 『경향신문』 1948년 6월 23일자.
25) 『서울신문』 1948년 8월 20일자.
26) 『조선일보』 1948년 8월 4일자.

정도 대처할 수 있는 데다가 국민들에 대한 이승만의 개혁의지를 간접적으로 표명"하는 동시에 "조봉암에게 내재했었을 계급의식을 부추김으로써 한민당의 물질적 기초인 지주제를 붕괴시키기 위한 정치적 전략" 때문이었다.[27] 그리고 무엇보다 이승만은 조봉암이 국회 내 무소속의 리더로서 통일문제를 매개로 김규식, 김구와 연대하는 것은 막아야 했던 것이다.

농림부장관 조봉암은 농업정책도 협소한 경제적 관점에서 벗어나 민족자주의 관점에서 바라보았다. 농지개혁의 선행 단계로 식량의 강제공출제를 폐지하고 양곡매상제를 실시하는 것에 대해 그는 "양곡매상은 민족의 식생활이 보장되느냐 안 되느냐 하는 문제보다 전세계 각국이 주장하고 있는 자주독립성을 발휘하느냐 못하느냐 하는 실로 민족존립에 관한 문제"라고 주장했다.[28]

이러한 관점은 농지개혁의 추진과정에서도 그대로 드러난다. 조봉암의 주도 하에 최초로 구상된 토지개혁안은 "농토의 유상매수도 아니고 무상흡수도 아닌, 즉 적당한 보상을 주고 공공의 복리를 위해서 수용하려는 것"으로 해방 후 좌·우의 오랜 주장인 무상몰수-무상분배, 유상매수-유상분배도 아닌 '제3의 길', '제3의 형태'를 채택하려는 것이었다.[29] 한 마디로 사유재산을 보장한 헌법에 배치될 수도 있는 혁명적 발상이었다.[30] 조봉암은 이러한 '민주주의적인 방법'의 토지개혁 구상이 "형식만

---

27) 김성호·전경식·장상환·박석두, 『農地改革史 硏究』, 韓國農村經濟硏究院, 1989, 454쪽.
28) 『수산경제신문』 1948년 11월 23일자.
29) 『농지개혁사 연구』, 475~476쪽.
30) 헌법 제15조는 "개인의 재산권을 보장하되 재산권의 행사는 공공복리에 적합하도록 하여야 하며, 법률이 정하는 바에 의하여 상당한 보상을 지불하고 공공필요에 의하여 국민의 재산권을 收用 또는 제한할 수 있다"고 규정하고 있다(俞鎭午, 『憲法解義』, 45~47쪽).

은 (토지를) 무료로 준다고 하지만 현물로 걷어가는 것이 더 많은 실정"에 있는 북한의 '볼셰비키 방법'의 토지개혁보다 우수한 것이라고 생각했으며[31] 이러한 관점에서 농림부의 토지개혁안이 북한과 동일한 것이라는 한민당의 주장을 일축했다.[32]

농림부장관 재임 중에도 조봉암은 기자회견 등을 통해 종종 남북문제에 대한 생각을 피력했다. 그는 여순사건(1948.10) 등을 계기로 고개를 들고 있는 무력통일론에 대해 우려를 표명하면서 남북통일을 촉진시키기 위해 합의에 의한 미·소 양군의 평화적인 철퇴를 주장했다. 이승만이 비밀리에 미국 대통령 트루먼에게 한국에 미군 육해군 대표부를 설치할 것을 요청하고[33] 국회가 1948년 11월 20일 제109차 본회의에서 미군주둔 결의안을 88대 3으로 가결[34]한 상황에서 정부 방침과는 다른 대담한 주장이었다.

> 우리 민족 가운데는 간혹 조선의 완전 자주독립이 미소 양국의 전쟁 유발로서 온다고 보고 있는 사람들이 있는 모양인데 이것은 대단히 유감된 일이다. 우리는 남북통일을 촉진시키기 위하여 평화적인 兩 철퇴를 주장하여야 될 것이며 이것이 곧 민족적 선결과업이 아니면 안될 것이다. 다시 말하면 남북통일은 어떠한 외세를 배경으로 한 정권 쟁탈전이나 쿠데타로서는 절대로 이루어지지 않는다는 것을 재삼 명심하여야 될 것이다. 왜냐하면 미소의 평화적 협조에서만 세계의 일환으로서의 남북통일이 평화적으로 해결되기 때문이다 ….[35]

---

31) 『대동신문』 1948년 12월 28일자.

32) 『자유신문』 1948년 12월 29일자.

33) *FRUS* 1948, pp.1331~1332.

34) 『서울신문』 1948년 11월 21일자.

35) 『수산경제신문』 1948년 11월 23일자.

그는 통일에 앞서 '평화'를 강조하고 있는데 여기에는 양군의 철퇴 과정에서 미·소간의 평화가 깨질 경우 동족간에 전쟁이 일어날 것이라는 우려가 깔려 있다. 이 무렵에 그가 "세계의 평화와 만인의 자유와 평등"을 강령으로 하는 평화사(平和社) 조직의 결성을 주도[36]한 것도 이런 위기의식의 발로였다고 볼 수 있다.

양군 철군문제에 대한 조봉암의 견해는 당시 한민당의 내각책임제 개헌요구에 맞서 남북문제를 정국 돌파의 수단으로 삼으려는 이승만의 계획과도 배치되는 것이었다.[37] 그렇기 때문에 이승만정권은 평화적 통일에 대한 조봉암의 문제제기에 대해 "공개 토의할 수 없다"고 하며 불편한 심기를 드러냈다.[38]

조봉암은 문제제기에 그치지 않고 자신의 구상을 실천에 옮기려 했던 것 같다. 1949년 2월에 유엔 한국위원단이 방한하자 그는 여운홍, 박건병 등 중간파 세력과 연대하고자 했다.[39] 남북협상에서 돌아온 뒤 별다른 움직임이 없었던 김구와 김규식도 유엔한국위원단의 활동에 기대를 걸고 있었다. "남북을 통한 새로운 선거, 남한만이라도 다시 선거를 하든지 그도 안 되면 현 정부를 연립내각으로라도 만들어, 동지도 한몫 넣어 남북을 평화적으로 자주적으로 대중에 기반을 두고 통일 독립을 촉진"[40]

36) 『경향신문』 1948년 9월 16일자. 조봉암은 평화사의 간사로 취임했다.

37) 이승만정권의 견해는 외무장관 임병직이 유엔 한국위원단 의장에게 보낸 공한에 잘 나타나 있다. "① 소련을 설득시켜 북한정권과 모든 정당 및 사회단체를 해체시킴으로써 남한정부가 유엔위원단 감시 아래 북한에서 총선거를 실시할 수 있게 할 것 ② 북한에서의 조속하고도 완전한 외국군 철수를 감시하고 인민군의 '즉각적인 해체'를 위해 적절한 기구를 파견할 것 ③ 북한정권이 '무효'라고 주장한 국제협정 및 조약을 모두 선포할 것"(盧重善 編, 『民族과 統一 I -資料編-』, 사계절, 1985, 275쪽).

38) 『독립신문』 1949년 1월 14일자.

39) 『대동신문』 1949년 2월 8일자.

시키자는 것이다. 특히 김구는 유엔의 협조가 어려울 경우 "통일방법으로는 오직 애국애족의 열성에 근거한 자주적 남북협상이 있을 뿐"[41]이라고 주장했다. 그런데 이는 남북협상을 부정적으로 인식하고 그보다는 중간세력을 주축으로 미·소와 유엔 등 국제간의 협조를 더 중요하게 인식한 조봉암의 견해와는 차이가 있다.

그의 농림부장관직 사임은 이러한 행보와도 관계가 있다. 물론 장관사임은 그가 추진하는 농지개혁을 저지하려는 한민당의 견제 때문이었다.[42] 당시 친(親) 한민당 성향의 감찰위원회가 조봉암의 '공금유용' 혐의에 대해 내사에 들어가자 이승만은 그를 옹호하기는커녕 오히려 이를 방조한 것으로 알려졌다.[43]

3. 1950년대 조봉암의 평화통일노선

1) 2, 3대 대통령 선거와 평화통일노선

한국전쟁의 발발은 이승만정권에 대한 조봉암의 태도를 일변시켰다. 대통령 이승만을 비롯하여 정부 각료, 대부분의 국회의원들은 인민군의

40) 『주간서울』 1949년 1월 1일자.

41) 『독립신문』 1949년 2월 19일자.

42) 조봉암은 1950년 봄까지 "농지는 농사짓는 이에게 주는 것을 원칙으로 하고 부재지주는 인정치 않는" 혁신적인 농지개혁을 마무리 지으려고 했다(『주간서울』 1949년 1월 1일자).

43) 1949년 2월 16일 농림부장관 비행사건에 대한 국회조사위원회에서 민족청년단 출신의 강욱중 의원은 농림부장관에 대한 조사가 "감찰위원회가 자율적으로 행동을 개시한 것이 아니라 대통령의 특명으로 조사에 착수한 것"이라고 폭로했다(『서울신문』 1949년 2월 17일자).

진입이 임박한 수도 서울을 버리고 남쪽으로 피난을 서둘렀다. 그러나 조봉암은 국회부의장으로서 국회의 중요문서를 챙기면서 시간을 지체하다가 한강철교 폭파 직전에야 서울을 탈출했고 그의 아내는 납북되고 말았다.[44] 조봉암은 서울시민들을 속이고 야밤에 도망치듯 내려간 이승만정권에 대해 분노를 느꼈을 것이다. 전쟁 중에 일어난 국민방위군사건(1950.12)과 거창 양민학살사건(1951.2) 등 국정의 난맥상도 그로 하여금 이승만정권과 거리를 두게 만들었다.[45]

이런 점에서 1952년 6월 그가 내각책임제에 대한 평소의 소신과 달리 이승만이 제안한 양원제와 대통령직선제를 골자로 하는 발췌개헌안 통과에 협조한 것도 달리 볼 여지가 있다. 박진목에 따르면 종전(終戰)운동을 위해 임시수도 부산으로 조봉암을 찾아갔을 때 그는 자신의 일관된 신념인 평화통일노선을 강조하면서 “종전(終戰)과 평화적 조국통일은 애국심이 있는 사람이라면 다 찬성할 것이며 … 이번에 대통령선거가 직접선거로 개헌이 되니 이승만 박사보다 좀 다른, 즉 평화통일을 내걸고 단결하면 당선이 가능할지도 모르고 또 대통령이 되든 안 되든 민중 앞에서 말할 기회가 된다”[46]고 말했다는 것이다.

마침내 조봉암은 1952년 7월 14일 “…치열한 반공전을 수행하는 과정에 … 미증유의 민생고의 해결도 중대한 당면문제려니와 저상된 민족정

44) 임홍빈, 「죽산 조봉암은 왜 죽어야 했나」, 『신동아』 1983년 3월호, 134쪽.

45) 그는 국민방위군 관련 횡령금액이 일부 정파(‘신정동지회’)의 정치자금으로 사용되었다는 의혹을 규명하기 위해 구성된 국회 조사특별위원회 위원장으로 활동하면서 정권의 부패상을 적나라하게 목도했다. 그러나 그는 1951년 5월 12일에 국회에서 “관련된 사람 전부를 소환하여 조사한 결과 전연 사실이 아님이 판명되었다”고 보고했다(『國會史』, 491~494쪽).

46) 朴進穆, 『내 祖國 내 山河』, 啓蒙社, 1994, 319쪽.

기를 앙양시키고 민주주의의 실질적 발전을 실천에 옮기고자"[47] 직선제 개헌에 따라 첫 실시된 제2대 대통령 선거에 출마를 선언했다.

그는 선거공약으로 발표한 10개항의 정견에서 주권강화와 자주외교, 책임과 능력 위주의 행정쇄신, 노동자 권익보장 등으로 국가의 기본 기능을 정비 확충하고 '피해대중'을 위한 정치를 하겠다는 포부를 밝혔다.[48] 이어 자신의 정치적 신념을 담은 5개항의 정강을 발표했다.

> 一. 나는 계급독재사상을 배격한다. 공산낭 독재도 자본가와 부패분자의 독재도 이를 강고히 반대하고 민주주의체제를 확립하려 한다.
> 一. 나는 一線과 銃後의 혼연일체로서 和戰 양면의 우위를 확보하고 공산제국주의를 철저히 타도함으로써 자유와 평화를 쟁취할 것이며, 조국의 완전 자주통일을 완성하겠다.
> 一. 나는 조국의 부흥 번영과 대중의 생활안정 및 그 균등한 향상을 위하여 계획성 있는 경제정책을 실시하고자 한다.
> 一. 나는 지금도 성행하고 있는 일체의 봉건 잔재를 숙청하고 민주주의 원칙에 의한 내정의 혁신을 단행하여 정직하고 책임 있는 공개정치를 하겠다.
> 一. 나는 미국을 위시한 모든 민주우방과 적극 협력하여 항구적인 세계평화의 조속한 실현을 위하여 노력한다.[49]

이것은 해방 후 그가 인천에서 조공과의 결별을 선언하면서 노동계급의 독재와 자본계급의 독재를 동시에 거부했던 성명서의 내용을 떠올리

47) 『조선일보』 1952년 7월 26일자.

48) 서중석, 『조봉암과 1950년대』(상), 66쪽. 정견 전문은 『조선일보』 1952년 7월 31일자 참조.

49) 『조선일보』 1952년 8월 4일자(광고).

게 하지만 전체적으로 통일문제에 대한 인식은 빈약하다고 볼 수 있다. 그러나 정권의 어떠한 억압통치도 합리화되는 전쟁 중의 상황에서 완곡하게 표현하고 있지만, 통일을 이루는 데 있어서 화전 양면의 정책을 사용하겠다는 주장에서 평화통일의 의지를 읽을 수 있다.

당시 민국당의 대통령후보로 출마한 이시영의 통일문제에 대한 정견에 비추어 볼 때[50) 조봉암은 자신의 평화통일노선을 보다 분명히 밝힐 수도 있었을 것이다. 그럼에도 그가 이처럼 신중한 표현을 할 수밖에 없었던 것은 이승만정권과 민국당의 사상공세에 말려들지 않으려는 고육지책이었다. 비록 선거에서 패했지만 제한적이나마 평화통일노선을 대중들에게 제시할 수 있었던 것은 수확이었다. 조봉암은 선거를 통해 "이승만에 대항한 유일한 의미 있는 정치인"으로 부각되었다.[51)]

대선을 통해 더욱 높아진 지명도를 바탕으로 조봉암은 다시 신당 구상에 착수했다. 그는 장면과의 합작을 시도하는 한편, 이것이 여의치 않자 선거과정에서 자신을 지지해준 세력으로 진보적 대중정당을 만들려고도 했다.[52)] 그러나 신당 구상이 또다시 실패로 돌아가자 그는 장고(長考)에 들어가 1954년 3월에 다가올 5·20 총선거를 대비하여 자신의 정치노선을 밝히는 『우리의 當面課業-對 共産黨鬪爭에 勝利를 爲하여』를 집필했다.

여기서 조봉암은 한국전쟁 직후에 조성된 '청산되어야 할 편파적 폐해'

---

50) 이시영의 통일관련 정견은 다음과 같다. ① 유엔을 계도하고 유엔에 협력하여 남북정전회담을 최단 시일 내에 성공시키고 '국군'과 '인민군'을 함께 발전적으로 해소한 '민족평화군'을 창건한다. ② '평화민족통일국가'를 건립한다. ③ 남북을 통한 일체 정치범은 일단 석방하고 추후 심사하되 지도자의 지시에 의한 범행은 일체 이를 불문에 부친다(『民族日報』 1961년 5월 15일자; 盧重善 編, 『民族과 統一』 I, 306쪽). 그는 대한민국임시정부 요인 출신으로 통일에 대한 열망이 강했다.

51) *JOINT WEEKA*[주한미국대사관 주간보고서] 6, 1956.3.9., p.51.

52) 『조선일보』 1952년 9월 27일자.

로 중간파 및 남북협상파와 보도연맹 관계자들에 대한 탄압상을 지적하면서 관용과 포용을 호소하고 있다. 특히 전쟁의 가장 큰 피해자인 보도연맹에 관해서는 자신의 과거 경력까지 상기시키며 "공산당을 타도하는 데는 공산당을 아는 사람이 더 많이 능률적으로 투쟁할 수 있다"는 논리로 이들을 적극 감싸 안는 태도를 보이고 있다.[53] 그의 평화통일노선 내면에 깔린 인도주의적 측면을 보여준다.

그러나 이 글이 평화통일노선의 발전과정에서 획기적인 의미를 지니는 것인지는 의심스럽다. 조봉암이 1952년 선거 이후 당시 유일하게 전국적인 조직망을 갖춘 민국당에 가입하려고 노력했으며 이 글도 그러한 노력의 일환으로 자신의 사상적 입장을 천명한 것이라는 지적[54]도 있지만 평화통일노선을 본격적으로 천명한 글로서는 한계가 있다. 그가 공산과 민주의 대립은 정치적인 대결이 선행되는 것이라고 하여 무력 일변도의 북진통일론을 조심스럽게 비판하고는 있지만 통일보다는 보수야당에의 참여와 선거에서의 승리를 위해 민국당은 물론 자유당의 참여 가능성까지를 염두에 둔 '민주대연합'에 비중을 둔 것으로 여겨진다.

> 지금 우리들은 南北統一을 입버릇같이 부르짖고 있다. 勿論 南北統一은 우리 民族 全體의 念願이니만치 부르짖지 아니치 못할 일이다. 그러나 그 南北統一이라는 것이 어떻게 되어져야 하겠느냐는 데 問題의 焦點이 있다. 즉 어떠한 형식으로 될 것인지 또 어떠한 勢力을 中心으로 해서 될 것이냐가 重要한 問題라는 것이다. 여기에 對해서는 우리 모든 사람들이 一致한 結論을 갖고 있는 거와 마찬가지로 우리 民族의 南北統一이나 自主獨立은

53) 曺奉岩, 『우리의 當面課業 : 對 共産黨 鬪爭에 勝利를 爲하여』, 革新文藝社, 1954, 64~78쪽.

54) 吳有錫, 「진보당사건 분석을 통한 1950년대 사회변혁운동 연구」, 66~67쪽.

> 우리 民主勢力을 中心으로 해서 成就되어져야 한다는 것이니 萬一 그렇지 않고 民族을 팔아먹고 소련의 走狗 노릇하는 共産黨의 獨裁天下가 된다고 하면 그 結果가 어찌될 것이냐는 말이다.[55)]

잠재되어 있던 평화통일노선을 표출시킨 계기가 된 것은 제네바 정치회담이었다. 제네바 정치회담은 1954년 4~6월에 휴전협정에 따라 개최되었으며, 남한과 유엔군 참전 국가 중 15개국과 북한과 중공, 소련 등 19개국이 참가했다. 휴전협정에는 정치문제 해결에 관한 조항이 없었지만 제60항에서 "3개월 이내에 고급정치회담을 개최"할 것을 권고했다. 이승만정권은 무력북진통일론을 고수했지만 국제사회의 요구에 밀려 대외적으로는 "유엔 감시 하의 남북한 자유선거"를 제안했다.

변영태 외무장관이 제네바회담에서 행한 한국통일에 관한 14개조의 제안은 선거의 시기와 원칙, 자유선거의 보장을 위한 조건, 통일의회의 권한, 외국군대의 철수 등 크게 4개 부분으로 이루어져 있다.

제안은 먼저 본 제안 채택 뒤 6개월 이내에(3항) "유엔의 제 결의에 의거한 유엔 감시하의 자유선거"를 실시하고(1항), "이북지역에서는 자유선거를 실시하며 남한에서는 대한민국 헌법절차에 의해 선거를 실시"해야 한다고(2항) 주장했다. 선거는 비밀선거 및 일반 성인의 선거권에 기초해 실시되어야 하며(6항), 자유로운 선거분위기 조성을 위해 유엔 감시위원 및 입후보자와 선거운동자 및 그 가족들에 대해 행동과 언론의 자유가 보장되어야 한다(4항, 5항)고 주장했다. 의원 수는 인구비례에 따르되(7항) 이를 위해 유엔 감시 하에 인구조사를 실시하고(8항) 새로운 의회는 서울에서 개회하여(9항) 통일한국의 대통령 신임선출 여부, 대한민국 현행헌법의

---

55) 曺奉岩, 위의 책, 101~102쪽.

수정 여부, 군대해산에 관한 문제 등을 결정해야 한다고 주장했다(10항).

제안은 중공군이 늦어도 선거일 한 달 전에는 한국에서 철수해야 하며 (12항) "유엔군의 점진적 철수는 선거 실시 전에 시작"할 것(13항)이라고 말하고 유엔은 새롭게 탄생될 '통일독립 민주한국의 권위와 독립'을 보장해야 할 것(14항)이라는 주장[56]으로 끝맺고 있다.

이러한 제안은 당초에 회담 자체를 거부했던 이승만정권의 입장에서 볼 때 파격적인 것이었다. 특히 유엔에 의해 한반도에서 유일한 합법정부로 승인 받은 남한에서도 대한민국 헌법절차에 따라 선거를 실시한다든지, 새로 구성될 전한국 의회에서 대한민국 헌법을 수정할 수도 있다는 것은 제네바회담 참가를 종용한 미국의 입김이 작용한 결과였지만[57] '소극적인' 평화통일방안이라고 할 만했다.

이와 관련하여 제3대 정부통령선거 당시 중립적 입장을 취했던 한 신문은 이 제안을 '14개조 평화통일안'이라고 소개하면서 이승만과 신익희, 조봉암 세 후보의 대외공약을 비교하고 있다.

> 우리는 이박사의 대일 강경책과 신익희씨의 대일 친선정책의 어느 것이 가하다거나 이박사의 무력통일정책과 조봉암씨의 평화적 통일정책의 어느

---

56) 鄭一亨 編著, 『유엔과 한국문제』, 新明文化社, 1961, 312~314쪽; 盧重善 編, 『民族과 統一(Ⅰ)』, 323~324쪽. 변영태 장관이 제안한 14개조가 평화통일방안으로 부각되는 것을 막기 위해 자료의 변조와 왜곡이 자행되었다는 지적은 서중석, 앞의 책(상권), 262쪽 참조.

57) 1954년 2월 22일 주한미국대사는 이승만을 방문, 다음과 같은 내용의 제네바회담 참가조건에 합의했다. "① 일정한 기간을 정해서 제네바 정치회의를 진행시키되 그 동안 진전이 없으면 한미 양국은 동일보조를 취해 퇴장할 것. ② 한미 양국은 끝까지 공동보조를 취할 것. ③ 회의결렬에 대비하여 육해공군을 증강시킬 것"(盧重善 편, 위의 책, 320~321쪽).

> 편이 가하다고 단정하려는 것은 아니다. 그러나 현 정부가 대일 강경이라 하면서도 대일 협상 재개를 위해서는 상당한 노력을 경주하였고, 무력통일이라 하면서도 제네바에서 14개조 평화통일안을 내놓은 것과 마찬가지로 야당이 대일 친선이라 하여 一進會類의 굴복을 꾀한다고 볼 근거는 찾을 수 없는 것이요, 평화통일이라 해도 '대한민국의 주권과 합법성을 인정하는 테두리 안에서'라는 조건일 것은 이미 알려진 바와 같은 것이다.[58]

조봉암도 뒤에 이 14개조는 평화통일방안이라고 지적했고[59] 1956년 5월 15일의 정부통령선거에서 진보당은 평화통일의 구호를 과감히 내걸어 현저하게 진출했다.[60] 그는 대통령입후보 등록 다음날인 4월 8일 유엔 지지 하의 평화적 방법에 의해 남북이 조속히 통일되어야 한다고 주장하고 북진통일 구호는 적당치 않다고 말했다. 그리고 그는 위의 14개조 제안을 의식한 듯, 통일은 대한민국의 주권과 합법성을 인정하는 범위 안에서 북한만의 선거 또는 기타의 방법에 의해 평화적으로 이루어져야 하며 평화적 통일이란 민주주의 방식에 의한 민주주의의 승리를 전제하는 것이라고 주장했다.[61]

조봉암의 평화통일노선은 야당후보 단일화 추진과정에서 다시 부각되었다. 4월 10일에 진보당추진위원회는 민주당과의 연합 조건으로 책임정치의 확립, 수탈 없는 경제체제의 추진, "조국통일은 국제 관여하의 평화적 방법에 의해 이룩한다"는 세 가지를 제시했다.[62] 진보당추진위원회

---

58) 『조선일보』 1956년 4월 14일자 '社說 : 對共 對日政策에 관한 李大統領 談話.'

59) 『한국일보』 1956년 4월 29일자.

60) 『조선일보』 1956년 12월 27일자, '정계 1년 회고.'

61) 『조선일보』 1956년 4월 8일자.

62) 박기출, 『내일을 찾는 마음』, 新書閣, 1968, 80~81쪽. 그런데 민주당 쪽에서 진보당에 통고한 통일방안은 유엔 감시하의 북한만의 선거로 알려졌다(徐仲錫, 「진보당 연구 –

선거대책위원장 서상일은 야당연합 추진의 의의와 관련하여 “이 이상 동족상잔의 피를 흘린다면 곧 민족의 자멸을 의미하는 것이니 우리는 어디까지나 피 흘리지 않고 민주주의 승리에 의한 평화적인 방법으로 남북통일을 이룩해야한다”[63]고 호소했다.

조봉암과 진보당추진위원회는 평화통일노선을 최대의 선거 공약으로 내세웠다. 1956년 4월 말 진보당은 한 일간지에 ‘進步黨 立候補 曺奉岩’ 명의로 그의 사진과 함께 ‘南北平和統一을 成就’라는 제목으로 다음과 같은 통일정책을 발표했다. 여기서 그는 자유당과 민주당의 통일정책을 비현실적인 것으로 비판하고 평화통일노선을 강조하고 있다.

> 우리는 民族의 悲願인 南北統一을 平和的으로 短時日內에 成就시키겠다. 全世界 人類의 時代的 要求가 戰爭反對일 뿐만 아니라 우리 同胞들도 이 以上 피 흘리기를 絶對로 願치 않는다. 제네바에서 平和提案했던 政府나 民主黨은 始終 武力統一을 云謂하지만 이것은 現實에서 孤立되는 主張일 뿐만 아니라 結果的으로 統一을 斷念하는 거와 다름이 없다. 왜냐하면 武力統一論은 不可能한 옛이야기에 屬하기 때문이다. 우리는 民主力量을 鞏固히 하여 그 土臺와 主動 밑에 民主勝利의 平和統一을 爭取하기 위하여 國家的 總力을 여기에 傾注할 것이다.[64]

선거일을 6일 앞두고 진보당추진위원회의 통일정책과 관련된 또 하나의 중요한 공약이 발표되었다. 박기출이 부통령후보의 사임을 발표한 이 날 진보당은 ‘공약 10장’을 발표했는데, 이 가운데 제1장이 통일정책

조봉암·진보당의 평화통일론을 중심으로」, 275쪽).

63) 『조선일보』 1956년 4월 14일자 ‘광고’.

64) 『한국일보』 1956년 4월 29일자.

에 관련된 내용이었다.

> 남북한에 걸쳐 조국의 통일을 저지하고 동족상잔의 유혈극의 재발을 꾀하는 극좌극우의 불순세력을 억제하고 진보세력이 주도권을 장악함으로써 국련(국제연합 : 인용자) 보장하의 민주방식에 의한 평화적 통일을 성취한다.[65]

이 공약은 야당후보 단일화의 노력이 수포로 돌아간 상황에서 『우리의 當面課業-對 共産黨鬪爭에 勝利를 爲하여』에서 제기했던 민주세력 대연합론을 폐기하고 통일운동의 주체를 '진보세력'으로 설정했다는 점에서 의의가 있다. 그러나 후술하는 것처럼 이것은 정부 여당이나 보수 야당과의 차별성을 강조함으로써 득표율을 높이기 위한 선거 전술에서 나온 것이라 할지라도 민족 전체의 문제가 되어야 할 통일논의가 특정 세력의 권력장악을 위한 도구로 여겨지게 하여 탄압을 불러올 수도 있는 것이었다.

2) 진보당과 평화통일노선의 좌절

조봉암과 진보당창당준비위원회는 대통령선거에서 획득한 대중적 지지를 기반으로 1956년 6월부터 범 혁신세력의 대동단결을 모색하는 운동을 추진했다. 이에 따라 조봉암과 공화당 이탈파인 장택상의 합작회담이 열렸고 김창숙, 박용희, 이명룡, 서상일, 장건상 등 원로 5인이 혁신세력의 대동단결을 호소하는 공동성명을 발표했다.

이 과정에서 이들은 ① 대통령 선거에서 200만 표 이상을 획득한 조봉암을 당의 지도적 지위에 참가시키는가의 여부 ② 이미 발족한 진보당을

---

65) 『조선일보』 1956년 5월 10일자.

토대로 확대시키느냐 아니면 진보당 발족을 백지화하고 새로운 출발점에 서는가 ③ 혁신정당에 포괄될 세력의 범위 등을 놓고 분열되었다. 혁신세력은 조봉암 중심의 진보당(1956.11.10 창당), 서상일 등 진보당 이탈파 중심의 민주혁신당(1956.11.8 창당), 장건상 중심의 구(舊) 근민당계열 등으로 분화되었다.[66]

그러나 이러한 분열에는 북한에 대한 인식의 차이, 즉 북한과의 대화 여부와 수준 등에 대한 이견이 바탕에 깔려있었다.[67] 제3대 정부통령 선거 뒤에 조봉암은 평화통일노선의 전세 조건으로 지금까지 강조해왔던 국제적 여건의 비중을 약화시키면서 상대적으로 남북한 당국의 역할을 높이는 것으로 변화시켰다.

1957년 10월에 '진보당 위원장' 조봉암은 당 기관지 기고를 통해 평화통일노선의 내용을 비교적 소상하게 밝혔다.[68] 그는 먼저 3대 정, 부통령 선거과정에서 평화통일노선의 확산에 고무된 듯 진보당이 일관되게 주장해온 '정치적 평화적 방법에 의한 통일'이 국민적 공감대를 형성하고 있다고 주장했다. 그러나 진보당의 평화통일노선은 사회 일각에서 우려하고 있는 것 같은 '철학적 평화주의'가 아니라 정당의 입장에서 실현을 전제로 하는 정책임을 강조했다.

조봉암은 남북이 통일되어야 하는 이유로 세 가지를 들었다. 첫째 수천년 동안 단일민족의 역사를 가졌고 동일한 민족감정을 가졌으며 단일민족으로서의 긍지를 가지고 있기 때문에 반드시 통일이 되어야 한다고

66) 장건상 외, 『사실의 전부를 기술한다』, 희망출판사, 1966, 438~439쪽; 유한종, 「혁신계 변혁, 통일운동의 맥」, 『역사비평』 1989년 여름호 참조.

67) 정창현, 「진보당운동의 전개와 성격」, 코리아콘텐츠랩, 1991, 186쪽.

68) 조봉암, 「평화통일에의 길」, 『중앙정치』 1957년 10월호, 권대복, 앞의 책, 66~85쪽.

주장했다. 둘째 분단으로 인해 남부의 농업과 북부의 공업이 강제적으로 분리됨으로써 분단 상태로는 민족경제의 정상적인 발전을 이룰 수가 없다고 역설했다. 셋째 한반도가 미소간 각축장이 된 현실에서 평화적 통일만이 민족의 자유와 평화는 물론 세계 인류의 평화와 행복을 위한 유일한 길임을 주장했다. 조봉암은 그 근거로 평화통일노선이 1953년 7월 27일의 휴전협정 이래 국제적인 지원과 영향 하에 확립된 것임을 강조했다.

그는 ① 유엔 감시하의 북한만의 선거안 ② 협상에 의한 연립정부 안이나 남북 양국회의 대표에 의한 전국위원회 안 ③ 중립화 안 ④ 국가연합 ⑤ 유엔 감시 하에 남북통일 총선거에 의한 방안 등의 통일방안 가운데 다섯째 안을 지지했다. 그러나 더 이상의 언급은 하지 않고 있다. 통일문제가 '중대한 국가적인 외교문제'이기 때문에 "현 행정부의 주장과 정면충돌이 되어서 조금이라도 나라에 해를 끼칠 염려가 있을까 저어해서" 정부가 제기하고 있는 문제 이외의 구체적인 안은 공개하기 어렵다는 것이 이유였다.

행정부의 주장과 정면충돌이 될 수도 있다는 통일방안은 무엇일까? 이와 관련하여 1957년 9월 경 진보당 통일문제연구위원회 위원장 김기철이 작성한 「북한 당국의 평화공세에 대한 진보당의 선언문」('선언문')이 주목된다. 이 문건이 진보당의 공식적인 통일정책이었는지에 대해서는 논란이 있다.[69] 그러나 뒷날 진보당 사건 공판에서 조봉암이 "나는 김기철의 통일방안을 지지했고 미처 당 정책으로 채택되지는 않았지만 이 안이 진보당의 통일정책을 궤도에 올려놓은 것"[70]이라고 증언했다는 사실로 미루어 그것이 공식 당론으로까지 채택되지는 않았을 지라도 당내

69) 서중석, 앞의 책(상권), 292~293쪽.

70) 李英石, 『竹山 曺奉岩』, 32쪽, '김기철의 증언'.

에서 폭넓은 공감대를 형성했을 것임은 분명하다. 따라서 조봉암이 '행정부의 주장과 정면충돌이 될 수도 있는 통일방안'도 이것이었을 가능성이 높다.

선언문은 북한이 평화통일을 외치면서도 출발점에서 국제연합의 기본적 구성에 도전하고 한국전쟁의 책임소재를 운위함은 평화적 통일에 유해하다고 지적한 뒤 변영태 외무장관이 제네바회담에서 제시한 14개 조항을 본떠서, 14개항으로 된 통일방안을 작성하여 북한 당국이 이를 수락할 것을 권고하는 형식으로 작성되었다. 선언문은 크게 남북한 자유선거를 감독할 국제감시위원회의 구성, 국제감시위원회의 감독 하에 선거를 주관할 전한국위원회의 권한, 선거사무에 관한 제 원칙, 전한국의회의 임무와 외국군대의 철수 문제 등 네 부분으로 구성되어 있다.[71]

선언문은 먼저 통일되고 독립된 민주적 한국의 국회 형성을 위해 자유선거를 시행해야 하며(1항), 선거의 준비와 실시를 감독하고 감시하기 위해 유엔의 동의 하에 인도, 스위스, 스웨덴, 폴란드, 체코슬로바키아의 중립국 5개국 대표로서 국제감시위원회를 설치하되 이 위원회는 실제적이며 유효적절한 감시권을 가져야 한다고 주장했다(2항).

국제감시위원회와 협조하고 선거와 직접 관련되는 범위 내의 남북한 간의 정치적 접근조치를 취하기 위해 대한민국 국회와 북한 당국에서 선출된 대표로서 전한국위원회를 구성하며, 여기에는 남북한 사회단체 대표의 참여도 가능하다고 언급했다(3항). 동 위원회는 합의제 원칙에 따라 운영하되 그의 임무는 "선거법 작성 및 선거 자유 분위기 조성"에 국한되며 남북한 당국이나 앞으로 구성될 통일국회가 관장할 문제에 개입해

71) 권대복 엮음, 앞의 책, 116~117쪽.

서는 안 되고(4항) 동 위원회에서 합의되지 않은 안건은 국제감시위원회 의장에게 앙재(仰裁)를 요청하여 권고대로 처결해야 하며(5항), 합의사항은 남북한이 반드시 집행하고 내용을 국제감시위원회에 통고해야 한다고 주장했다(6항).

선거는 남북한의 합의 후 6개월 내에 시행하고(7항) 선거 관리를 맡은 국제감시위원회 요원은 업무와 관련된 자유를 가지며 현지 당국은 이들에게 모든 편의를 제공해야 한다고 주장했다(8항). 입후보자 선거운동원 및 그들의 가족은 행동, 언론 기타 민주국가에서 인정되고 보호되고 있는 인권이 보장되어야 하며(9항), 선거는 비례제 원칙과 비밀투표 및 성인의 보통선거의 기초 위에서 시행해야 한다는 것이다(10항).

통일의회가 되는 전한국의회는 서울에서 개회하여(11항) 통일 한국의 헌법과 남북한 군대의 해산과 관련된 문제를 결정하고(12항) 외국군의 철수는 선거일 전부터 개시하되 유엔군의 철수는 통일정부가 수립된 뒤에 시행해야 한다(13항)고 말하고, 통일되고 독립된 민주적 한국의 평화를 보장하고 재건에 조력할 강대국을 포함한 모든 국가가 평화적 통일의 확실한 진전을 미리 책임져야 한다(14항)고 끝맺고 있다.

이러한 통일방안은 북한을 통일의 한 주체로 인정하면서 남북의 주체적인 역량에 의한 통일을 강조했다는 점에서 '유엔 감시하의 남북 총선거'를 주장했던 전 단계의 통일방안보다 한층 진일보한 것으로 평가할 수 있다. 조봉암이 통일문제에 있어서 민족 내부의 주체적 노력의 중요성을 강조하고 있는 것도 동일한 맥락이라 할 것이다.

> … 우리나라 통일에 관해서 전세계가 민주적 원칙이라고 해서 다같이 인정하는 안이 있음에도 불구하고 실현되지 못하고 있는 또 하나의 원인이

> 있으니 그것은 결국 우리 민족의 주체성이 약하다는 사실이다. 따라서 우리 민족이 우리의 소원을 이루자면 우리 민족 자체가 통일을 절규하여 그를 강력히 주장하고 힘차게 싸우는 입장에 서지 않고서는 강대국간의 상극과 마찰을 조정할 길이 없으리라는 것이다.[72]

그러나 선언문은 북한당국의 통일방안과는 거리가 있었다. 선행연구의 지적처럼 이 선언문은 제네바회담에서 특히 영연방 국가들이 주장했던 국제 감시 하 총선안을 전반적으로 수용하고, 남북한 정치 지도자의 대화와 협상이라는 차원에서 공산측의 주장을 부분적으로 절충한 것으로[73] '외세의 개입 없는 민족 내부적 해결'을 강조한 북한의 전조선위원회 案과는 거리가 있는 것이었다. 김기철이 "제네바회담을 계기로 정부, 유엔, 영국, 북한의 통일방안이 나와 있는 상태에서 진보당으로서도 내용이 있는 구상을 내놓을 필요"[74]에서 선언문을 작성했다는 것도 이를 뒷받침해주고 있다.

그럼에도 불구하고 이승만정권은 진보당사건을 일으키면서 이 선언문을 조봉암과 진보당의 용공성을 입증하는 자료로 간주했다.[75] "남북 총선거를 실시하되 대한민국을 북한괴뢰와 동등한 위치에서 선거하는 방안 즉 통일정권을 수립키 위하여 북한괴뢰와 함께 대한민국을 해산한 연후에의 선거방식"이 위의 선언문이며 조봉암이 "구체적 방안의 발표는 현 행정부와의 정면충돌을 피하여 사양하겠다"고 설명한 것도 그 때문이라는 것이다.[76]

---

72) 조봉암, 「평화통일에의 길」, 『중앙정치』 1957년 10월호, 권대복, 앞의 책, 76쪽
73) 홍석률, 앞의 논문, 62쪽.
74) 이영석, 앞의 책, 32쪽.
75) 『동아일보』 1958년 1월 21일자.

이 선언문은 조봉암이 발전시켜 온 평화통일노선을 토대로 진보당 창당과 함께 구체적인 남북통일의 방안으로 제시된 것이라고 할 수 있다. 그러나 범 혁신세력을 포함하는 정당 결성운동이 분열되고 조봉암을 추종하는 일부만으로 진보당이 결성되면서 특히 북한과의 제휴 수준을 놓고 당내 이견이 심화되면서 평화통일사상의 본질과 원칙이 관철되지 못하였다.[77] 그 위에 이승만정권이 제네바회담에서 제안한 통일방안의 '형식'에 평화통일론과 북한의 통일방안을 절충한 결과로 나타난 것이 이 선언문이었던 것으로 보인다. 이것은 진보당 창당이 통일을 추진할 범민족세력의 결집이 되지 못하고 조봉암을 추종하는 세력에 국한됨으로써 통일운동의 대중적 기반이 좁아진 사실과도 밀접한 관계가 있다.

4. 인천, 평화통일론의 산실

이상에서 해방 후 1946년에서 1950년대 후반에 이르기까지 조봉암의 평화통일노선을 검토하였다. 이 기간 동안 그의 평화통일노선은 크게 1950년 한국전쟁의 발발을 전후로 하여 두 시기로 구분되고 또 작게는 네 단계로 나누어서 살펴볼 수 있다. 전자의 구분이 평화통일노선의 '형성과 전개'에 조응한다면 후자는 형성과 전개 과정상의 단계별 특징을

76) 「제1심 공소장」, 권대복, 앞의 책, 165~166쪽.

77) 1989년 조봉암의 30주기 추도식에서 진보당 부간사장과 조직부장을 지낸 이명하가 "세월이 흐르면서 보니 우리도 모르는 사이에 진보당 내부에 좌익세력이 침투해 있었다"고 증언했다는데(姜元龍, 『빈들에서 : 나의 삶, 한국현대사의 소용돌이』(2), 대화출판사, 1993, 99~100쪽), 여기서의 좌익은 북한과 관련된 공산주의자들을 지칭하는 것으로 보인다.

규정짓는 것이라고 할 수 있다.

해방 직후부터 1948년까지 조봉암은 인천지역을 중심으로 활동하면서 통일정부 수립운동을 전개했다. 1946년 6월에 민전 집회에서 노동계급 독재와 자본계급 독재를 동시에 배격하는 성명서를 발표한 이래 '민족 전체가 요구하는 통일된 정부의 수립'은 평생의 정치적 목표가 되었다. 이를 위해 그는 인천에서 신당 창당을 추진하였고 국민운동을 전개하기 위해 민주주의독립전선을 결성했다. 민주주의독립전선은 극좌와 극우는 배격하고 '중도세력'의 통합을 지향했기 때문에 좌우합작운동에는 찬성했지만 남북협상에는 비판적이었다.

1948년 제헌 국회의원 선거에 출마하면서 조봉암의 평화통일노선은 한층 구체화된다. 일견 모순되어 보이는 '단정 참여'와 '통일정부 수립'에 대한 그의 기본적인 시각은 남한 단독선거가 미소 대결의 불가피한 산물이라고 할 때 가능지역의 독립정부 수립은 통일정부 수립을 위해서도 오히려 시급한 과제라는 것이었다. 선거유세에서 좌·우 '중간'을 통일하고 사대주의를 배격해야 한다는 주장에서 알 수 있듯이 당시의 정치상황에서 중간세력이 아닌 좌·우의 정치세력은 각기 소련과 미국의 존재로 사대주의로 갈 수밖에 없다는 것이 그의 생각이었다. 이 시기에 그는 평화통일노선의 경제적 토대가 되는 균등경제의 초석을 닦기 위해 농림부장관을 맡아 농민적 입장의 농지개혁을 정력적으로 추진하였으나 한민당 등 우익의 견제로 물러나고 말았다.

한국전쟁의 발발과 미증유의 학살은 조봉암으로 하여금 극우 반공독재가 기승을 부리는 상황 속에서도 평화통일에 대한 신념을 더욱 강하게 했다. 이미 전쟁 중에 치러진 2대 정부통령 선거에서 통일을 위해 '화전(和戰) 양면의 정책'을 취해야 한다고 역설했던 그는 전쟁으로 엄청난 박해를 받은 중간파와 보도연맹계열에 대한 포용을 호소했다.

그러나 이것은 통일운동의 주도세력이 이들 '피해대중'이 되어야 한다는 의미는 아니며, 한민당을 계승한 민국당 등 제도권 야당을 중심으로 민주대연합을 이루고 이들이 나서서 평화통일운동을 주도해야 한다고 주장했다. 해방 후부터 한국전쟁 전까지 통일의 주도세력으로 상정했던 '중간세력'의 결집론이 동족상잔의 참혹한 전쟁을 겪으면서 현실적인 민주대연합론으로 전환된 것이다. 여기에 정부가 1954년 4월 제네바회담에서 '평화를 제안'하고 이에 고무되어 조봉암은 1956년 5월의 제3대 정부통령 선거에서 평화통일노선을 제1의 공약으로 내세웠다.

그러나 1956년 11월의 진보당 창당은 조봉암의 평화통일노선에 큰 시련을 안겨주었다. 그 이유는 우선 진보당이 당초에 그가 소망하던 범야 통합정당은커녕 이른바 혁신세력마저 규합하지 못한 상태에서 출범했기 때문이다. 이로 인해 진보당은 독자적인 정책과 이념을 가진 정당이기보다는 조봉암을 추종하는 협소한 세력을 규합하는 데 그쳤다고 할 수 있다. 더욱이 진보당 통일문제연구위원장이 작성하고 조봉암이 추인한 것으로 여겨지는 '선언문'을 통해서도 알 수 있듯이 진보당이 내세운 평화통일론도 북한과의 합작 여부와 그 수준 등을 놓고 논란이 끊이지 않는 등 조직 내부에 이념적 스펙트럼이 너무나 다양했던 것도 그들의 통일논의가 당의 울타리를 넘어 대중 속으로 확산되는 데 적지 않은 장애가 되었다. 결국 진보당이 창당됨으로써 조봉암의 평화통일노선은 구체적이고 분명해진 면이 있지만, 반면 이로 인해 통일의 문제가 민족적인 차원에서 논의되지 못하고 일부 혁신세력의 전유물로 전환되었다는 점도 간과할 수 없다.[78)]

78) 오늘날 남북통일의 문제는 노선이나 구체적인 방안보다도 그것의 대중적, 민족적 기반을 확대하는 것이 얼마나 중요한 것인지를 새삼 느끼게 되는 이유가 여기에 있다.

주목할 것은 조봉암이 한국 공산주의운동의 선도자로서 해방 후 중앙노선, 제3의 노선을 표방하며 계급독재와 자본독재를 배격한 통합지향의 정치가로서, 민족통일과 자주독립을 모토로 하는 정치적 실험을 인천에서 실천했다는 것이다. 이런 점에서 인천은 조봉암의 정치철학과 사상의 결정체인 평화통일론을 잉태한 산실이라고 할 수 있다.

제3부

한국전쟁
: 대립의 귀결, 집단학살과 보복

보도연맹원 집단학살과 '조선인민군' 점령 하의 인천

1. 머리말

한국전쟁은 한국현대사에서 가장 많은 연구 성과를 생산해 낸 분야로 연구 성과도 상당히 축적되어 있을 뿐 아니라 수준도 괄목할 만하다. 연구의 범위도 전투사의 시야를 넘어 한국전쟁의 국내·국제적 기원, 국제관계, 남·북한 정치체제 및 한국사회 각 분야에 끼친 영향, 민간인 학살 등에 이르기까지 다양해지고 있으며,[1] 학문적으로 이를 집대성하는 작업도 이루어졌다.[2]

---

1) 주요 성과는 다음과 같다. 브루스커밍스 지음(김자동 옮김), 『한국전쟁의 기원』, 일월서각, 1986; 오꼬노기마사오 지음(현대사연구실 역), 『한국전쟁-미국의 개입과정』, 청계연구소, 1986; 박명림, 『한국전쟁의 발발과 기원』(1·2), 나남출판, 1996; 『한국 1950 : 전쟁과 평화』, 나남출판, 2002; 와다하루키 지음(서동만 옮김), 『한국전쟁』, 창비, 1999; 김동춘, 『전쟁과 사회-우리에게 한국전쟁은 무엇이었나?』, 돌베개, 2000; 유영익·이채진 편, 『한국과 6·25전쟁』, 연세대학교 출판부, 2002; 정병준, 『한국전쟁-38선 충돌과 전쟁의 형성』, 돌베개, 2006; 염인호, 『또 하나의 한국전쟁-만주 조선인의 '조국'과 전쟁』, 역사비평사, 2010 참조.

2) 한국역사연구회 현대사분과 편, 『역사학의 시선으로 읽는 한국전쟁-사실로부터 총체적 인식으로』, 휴머니스트, 2010; 강규형 외, 『6·25전쟁의 재인식』, 기파랑, 2010 참조. 각각 12편과 23편의 최신 논문을 싣고 있다. 두 성과 공통적으로 탈냉전 이후의 새롭게

그러나 냉전 이후 새로운 자료의 발굴과 활용으로 총론적인 차원에서 학문적 과제가 어느 정도 해명되었다고 해서, 한국전쟁에 대한 모든 의문이 풀린 것은 아니다. 예컨대 전쟁의 직접 당사자가 아니면서도 가장 큰 피해를 입은 전쟁시기 민간인 학살 등에 대한 학문적 성찰은 별로 이루어지지 않고 있다. 전시하의 민간인은 전쟁 당사자 양측의 승패가 어떠하든, 점령군에 협조를 하지 않을 수 없다는 점에서 어느 경우든지 피해를 입을 수밖에 없는 존재였다. 전쟁 속의 또 다른 전쟁이라 할 적대적 점령과 정책, 그에 따른 민중들의 생활과 피해 등을 연구해야 하는 이유가 여기에 있다.[3)]

이러한 문제의식에서 본고에서는 인천에서 한국전쟁 직후 발생한 국민보도연맹원 집단학살 사건과 뒤이은 조선인민군에 의한 점령정책의 실상을 전시동원을 중심으로 살펴보려고 한다. 특히 조선인민군의 점령정책을 보도연맹원 집단학살 사건에 대한 대응이라는 관점에서 분석함으로써, 학살사건의 진상규명을 넘어, 전쟁의 한쪽 당사자에 의한 집단적인 민간인 학살이 전쟁 수행의 메커니즘을 어떻게 변화시켰는지를 한

공개된 자료를 토대로 이루어진 것이지만, '한국전쟁'과 '6·25전쟁'이라는 용어 사용의 차이에서 보듯이 그 시각은 확연히 다르다.

3) 한국전쟁기 민간인 피해 규명 등에 대한 선구적인 작업은 아직은 주로 언론인들에 의해 이루어진 것이 많다. 정희상, 『이대로는 눈을 감을 수 없소-6·25전후 민간인 학살사건 발굴 르뽀』, 돌베개, 1990; 김기진, 『끝나지 않은 전쟁, 국민보도연맹-부산·경남지역』, 역사비평사, 2002; 『미국 기밀문서의 최초 증언; 한국전쟁과 집단학살』, 푸른역사, 2005 참조. 최근에는 정부 차원에서 진상규명작업이 일부 이루어졌다. 진실·화해를 위한 과거사정리위원회가 조사·작성하여 2007년부터 2008년까지 국회에 보고한 조사보고서 등 참조. 근래의 주목할 만한 연구 성과로는 신경득, 『조선 종군실화로 본 민간인 학살』, 살림터, 2002 참조. 한국전쟁기 국가권력(남북)이 마을주민들을 동원해 충돌을 유발하고 학살을 야기한 사례에 대해서는 박찬승, 『마을로 간 한국전쟁-한국전쟁기 마을에서 벌어진 작은 전쟁들』, 돌베개, 2010이 주목된다.

국전쟁 시기 인천지역의 사례를 통해 규명해보고자 한다. 연구대상 시기는 인천이 조선인민군에 점령되는 때부터 1950년 9월 15일 인천 상륙작전이 단행되기 전까지 조선인민군의 '1차 점령 시기'로 국한하였다. 이를 위해 조선인민군 점령 당국에서 발간한 신문과 관련자 증언, 필자가 입수한 문서, 공간된 관찬사서 등을 활용하였다.[4)]

종래 이에 대해서는 인천지역 국민보도연맹원 집단 '학살'의 진상을 규명하는 차원의 시론적 시도가 있었을 뿐,[5)] 조선인민군 점령정책 등에 대한 연구는 전혀 없다. 이와 관련하여 필자는 한국전쟁 시기 조선인민군 점령 하의 남한 민중의 생활과 그 변화에 대해 관심을 갖고 논고를 발표한 바 있으며,[6)] 이 글도 이러한 관심의 연장선에 있다.

2. 인천 국민보도연맹의 활동과 집단학살

1) 인천 국민보도연맹의 결성과 활동

창설 당시 국민보도연맹은 좌익전향자를 보호하고 지도함으로써 과거 좌익 활동에 가담했던 죄를 씻어주고 온전한 국민으로 만들겠다는 목적을 표방하였다. 국민보도연맹은 사상검사 오제도의 제안에 따라 내무부, 국

---

4) 자료는 인용하는 대목에서 언급하기로 한다.

5) 이성진, 「한국전쟁 최초의 집단학살, 인천국민보도연맹원 학살사건」 『작가들』 19, 도서출판 작가들, 2006.

6) 이현주, 「한국전쟁기 '조선인민군' 점령 하의 서울―서울시 임시인민위원회를 중심으로」, 『서울학연구』 31, 서울시립대학교 서울학연구소, 2008. 한국전쟁기 서울의 상황에 대해서는 전상인도 주목할 만한 논문을 발표하였다. 전상인, 「6·25전쟁의 사회사 : 서울시민의 6·25전쟁」, 『한국과 6·25전쟁』, 연세대학교 출판부, 2002 참조. 전상인은 같은 책(177쪽)에서 한국전쟁의 지방사(地方史) 연구 성과를 소개하고 있다.

방부, 법무부와 사회지도자들의 검토와 동의를 거쳐 만들어졌는데, 1949년 4월 6일 김태선 서울시 경찰국장과 최운하 서울시경 사찰과장의 적극적인 지원 아래 창립을 준비하였다. 같은 해 4월 15일 '국민보도연맹 창립 준비위원회'를 구성하고, 4월 20일 서울시경찰국 회의실에서 국민보도연맹 창립식을 거행했다. 이러한 과정을 거쳐 같은 해 6월 5일 서울시 시공관에서 '국민보도연맹 중앙본부 선포대회'를 개최하였다.

처음 국민보도연맹은 전국적인 조직체계를 가지고 있지 않았다. 중앙본부가 먼저 성립되고 이를 바탕으로 서울시연맹이 결성되었으며, 이후 각 도 단위의 지방지부가 결성되는 과정을 거쳤다.[7]

국민보도연맹 인천시연맹의 창립은 도 연맹에서 비롯되었다. 경기도연맹은 1949년 10월 15일 오후 3시에 인천검찰청 대법정에서 발기회가 열려 같은 달 말일 선포대회 개최를 목표로 결성 준비위원회가 구성되었다. 위원장에 김용규, 총무 박남칠, 선전 이필상, 조직 이상운, 보도 이보운, 재정 김창식 등을 선출하였는데, 이들은 모두 인천지역 인사들이었다.[8] 준비위원회가 결성된 지 열흘이 되지 않아 경기도연맹은 (인천) 시내에서만 1백여 명, 경기도 일원에서 2백여 명 등 모두 3백 명이 넘는 회원을 확보하였다.[9]

---

7) 김선호, 「국민보도연맹의 조직과 가입자」, 『역사와 현실』 45, 한국역사연구회, 2002; 강성현, 「국민보도연맹, 전향에서 감시·동원, 그리고 학살로」, 『죽엄으로써 나라를 지키자—1950년대, 반공·동원·감시의 시대』, 선인, 2007 참조. 창설 당시 국민보도연맹 중앙본부는, 고문 신익희(국회의장)외 24명, 총재 김효석(내무장관), 부총재 장경근(내무차관)·백성욱(법무차관)·옥선진(대검차장), 참사관 국방차관, 참사 국방차관 외 21명, 이사장 김태선 서울시 경찰국장, 간사장 박우천, 이사 김달호 외 38명이 임명됨으로써 내무부가 주관하고 법무부, 검찰청, 국방부가 참여하는 형태로 조직되었다.

8) 「국민보도 경기연맹, 결성 발기회서 준비부서 결정」, 『대중일보』 1949년 10월 18일자.

9) 『대중일보』 1949년 10월 26일자.

경기도연맹 결성식은 11월 4일 오후 이태희 서울지검장, 김태선 서울시 경찰국장, 오제도 서울지검 검사, 조경승 인천지검장, 장영복 경기도 경찰국장 등이 참석한 가운데 거행되었다. 준비위원회 총무 박남칠의 사회로 간사장 김용규, 총무 박남칠, 선전 이필상, 조직 이상운, 재정 김창식을 선출하는 등 준비위원회의 인선안 그대로 간부진을 구성하였다.[10] 결성 직후 경기도연맹은 적극적인 활동에 힘입어 1차 자수기간이 종료되는 1949년 11월 말 현재 3개 시, 19개 군에서 가맹자가 15,057명, 자수자가 3,737명에 달하는 성과를 올렸다.[11]

11월 12일에는 인천시연맹 발기준비위원회가 개최되어 간사장 김용규, 총무 박훈식, 조직 노성태, 재정 정흥락, 보도 이보운, 선전 김효준, 훈련 김영일, 부녀 안정녀를 선출하였다.[12] 인천과 경기도 보도연맹의 핵심이 되는 김용규(간사장)와 박남칠(도 연맹 부위원장), 그리고 이보운(보도부장) 등은 미군정 시기에 각각 인천시 인민위원회 위원장과 부위원장, 총무부장을 지냈던 인물들이다. 이들은 인천 출신으로 '조선민주주의인민공화국'(북한)의 사법상이며, 한국전쟁 당시 김일성에 의해 조선인민군이 점령한 '해방지구'의 전권위원으로 남한에 파견되어 서울시 인민위원회 위원장으로 부임하는 이승엽의 측근들이었다.[13]

---

10) 『대중일보』 1949년 11월 6일자.

11) 『대중일보』 1949년 12월 7일자. 안성군의 성과가 가장 좋았다고 한다.

12) 『대중일보』 1949년 11월 15일자.

13) 김용규는 미곡상 출신으로 정미소를 경영했고 박남칠 또한 정미소를 경영하며 인천 미곡상 조합장을 지냈다. 이보운은 배재고보를 졸업하고 인천에서 잡화상을 크게 했다. 이들이 해방 후 인천 좌익계의 주인공으로 부상한 것은 이승엽이 일제 말기에 박남칠이 조합장을 했던 인천 미곡상조합의 상무이사로 있었던 것과 관련이 있다(이윤희, 「미군정기 인천에서의 좌·우투쟁의 전개」 『역사비평』 계간4호, 역사문제연구소, 1989봄, 205쪽). 이들 가운데 일제시기부터 좌익활동을 했던 사람은 없다. 오히려 이들은 우익 출신으로

이어 12월 4일 오전 인천 신흥국민학교 교정에서 1천여 명의 맹원과 수천의 남녀 중등학생이 참석한 가운데 선포대회가 개최되었다. 개회사에서 간사장 김용규는 "나라에서 베풀어주신 은전에 어김없이 우리 맹원은 소련을 조국이라고 부르고 살인 방화 파괴 등을 감행하는 매국 매족적인 남·북로당을 뿌리 채 뽑아 대한민국에 멸사봉공하자"고 주장하였다.

선포대회는 상임간사 노성태의 인천시연맹 결성경위와 사업경과 보고, 인천지청장 오창섭의 고사(告辭), 도 연맹 총무부장 이보운의 취지서 및 맹서 낭독, 국회의원 곽상훈과 민국당 인천시당 위원장 하상훈의 격려사, 도 연맹 부위원장 박남칠의 환영사, 보도연맹원 대표의 선언서 낭독, 장영복 경기도 경찰국장과 표양문 인천시장의 훈사에 이어, 과거 남로당원(우봉준)과 여성동맹원(고영순), 민주학생연맹원(채종삼) 등의 "매국매족적인 남·북로당의 죄악을 폭로하는" 참회사와 맹가 제창, 판사(김무영)의 선창으로 대한민국 만세삼창을 부르는 것으로 막을 내렸다. 대회가 끝난 뒤 보도연맹원들은 이마에 '태극(太極)'과 '공타(共打 : 공산주의 타도)'라고 쓴 머리띠를 두르고 "완전통일 국가를 건설하자"는 등의 플래카드를 들고 인천시내를 행진하였다.[14)]

또한 12월 12일에는 부평 공회당에서 서울지방검찰청 인천지청 청장 및 경기도 보도연맹위원장 등과 수백 명의 맹원들이 참석한 가운데 인천

인천부회 의원(김용규), 상공회의소 평의원(박남칠) 등 일제 식민통치에 협력한 약점이 있었는데, 이것은 해방 이후 이들이 인천의 좌익운동을 이끌어가는 데 적지 않은 장애가 되었을 것이다. 그러나 이승엽은 '외견상' 전향을 선언하고 인천 미곡상조합의 상무이사로 활동하면서도 1941년경 경성콤그룹에 참여하고, 1943년에는 조동호·정재달 등과 함께 화요파 공산주의 그룹을 결성하면서 해방이 될 때까지 공산주의운동을 지속적으로 전개하였다(이현주, 『해방 전후 통일운동의 전개와 시련』, 지식산업사, 2008, 369~370쪽).

14) 『대중일보』 1949.12.6.

시 부평지구 보도연맹 선포대회가 개최되었다.[15]

국민보도연맹에 가입하면 자백서(양심서)를 써야 했는데, 같은 세포 또는 조직에서 일했던 사람들의 이름을 전부 기입하는 것이 중요했다. 자백은 1년 동안 주로 명단 목록과의 대조를 통해 검열을 받았고 연중 어느 때라도 자백이 거짓이었거나 불충분하다는 것이 판명되면 자신의 행동과 좌익 관련사항에 대해 법적 처벌을 받을 가능성이 많았다. 당국은 보도연맹원의 양심서에 기재된 연루자 명부에 의해 약 3천 명의 좌익 혐의자를 체포하고 6백여 명을 구속 취조하여 22건을 송청했다고 국회에 보고했다.[16]

정부의 국민보도연맹 조직 확대와 강화는 남로당을 조준하고 있었다. 보도연맹 본부는 남로당 전향 선전주간 등을 실시하여 압박을 가하는 한편, 남로당의 이른바 '9월 공세'에 맞서 박멸작전으로 나아갔다. 1949년 10월 19일에는 미군정 법령 제55호(「정당에 관한 규칙」, 1946.2.23 공포)에 근거하여 이 법령의 제2조('정당 관리규정') 가항(정당사무소)에 해당하는 정당 및 사회단체를 모두 해산시켰다.[17] 이에 따라 남로당과 근로인민당

15) 『대중일보』 1949.12.11 및 12.15.

16) 서중석, 『한국현대민족운동연구 2 : 1948~1950 민주주의·민족주의·반공주의』, 역사비평사, 1996, 270쪽.

17) 당시는 아직 국가보안법이 발효되지 않고 있었다. 국가보안법은 1950년 11월 20일 통과되어 12월 1일에야 공포되었다. 미군정 법령 제55호의 해당조항은 다음과 같다. 「각 정당은 공칭하는 당명을 保持할 사. 신본부 사무소는 정확한 주소와 제반 기재사항이 서류우편을 통하여 등록될 때까지 등록부에 기록한 본부를 이전하지 못함. 각 정당은 각 지부와는 합동된 사무소를 등록할 사. 각 정당 본부가 신주소의 등록 없이 본부 혹 지부의 사무소를 이전하는 경우에는 공보국장은 해(당) 정당의 해체를 명할 수 있음. 해체명령 후에 행한 해(당) 정당간부 또는 당원의 정치활동은 본령에 위반됨. 단, 해체사무 또는 공보국장이 발포한 규칙에 의하여 정당의 등록을 갱신할 시에는 此限에 不在함. 본조 규정을 준수치 아니하고 공연히 또는 은밀히 정치적 활동을 하는 단체에 가담한 자는 본령에 위반함」(한국법제연구회 편, 『미군정법령총람』(국문판), 한국법제연구회, 170쪽).

등 133개에 이르는 정당·사회단체의 등록이 취소되었고 11월 30일로 마감된 자수기간에 남로당 전향자는 전국적으로 52,182명에 달했다.[18)]

인천에서도 자수와 전향이 줄을 이었다. 1949년 11월 28일 자수기간 종료 이틀을 앞두고 자수한 전 인천시 인민위원회 산업부장이며 민족주의민족전선 의장 윤석준의 사례는 지역 언론에 대서특필되었다.

> 인천민전 의장이던 윤석준(41)은 인천경찰서 사찰에게 자수하였다! 즉 전기 윤은 해방이 되자 건준 경동 제2 보안분대장이 된 것을 필두로 인위(인민위원회) 산업부장, 재작년 3월에는 민전 의장에 피선되어 ○○경동 제2동 회장의 직에 있으면서 지하적으로 열렬히 좌익운동을 전개해오고 있었는데, 동년 8월경 경찰의 눈을 피해 지방으로 도피한 이래 항상 불안과 공포에서 신음하다가 정부 당국의 전향자 포섭 조치가 있자 지난 28일 인천경찰서에 자수하여 와서 전죄를 참회하고 앞으로 대한민국의 충성된 일꾼이 될 것을 맹서하였다 한다. 그래서 동 서에서는 전기 윤을 무조건 포섭하는 동시에 보련에 가입시켜 그에게 갱생의 길을 열어주기로 되었다 한다.[19)]

1949년 10월 19일 해산된 정당·사회단체의 소속원들은 자신이 속했던 단체에서 탈퇴한다는 「탈퇴성명서」를 발표하여 이제는 자신이 그 단체와는 무관함을 입증하고자 했다. 탈당성명서의 발표에 의해 상황이 달라졌다는 것을 입증할 수 있는지, 자수 주간에 자수하지 않은 자는 과거의 상태가 지속되는 것으로 보아야 하는지 등에 대한 법적 해석의 논란 속에서 선전효과 등을 이유로 탈퇴성명서 발표가 강력하게 권고되었다.[20)]

---

18) 『조선일보』 1949.12.2.

19) 『대중일보』 1949.12.1, 「윤석준 자수」.

20) 서중석, 앞의 책, 1996, 272쪽.

인천에서는 1949년 12월 7일부터 이듬해 4월 18일까지 최소 354명 이상이 지역 신문에 탈퇴성명서를 발표하였다. 성명서가 집중적으로 발표된 시점의 흐름 등을 감안할 때 이들 가운데 상당수는 자수주간을 넘기면서 체포 등 탄압이 예상되자 이를 모면하기 위해 발표한 것으로 보인다.

〈표 9〉 인천지역 탈퇴성명서 발표자의 인적사항 (1949.12.7.~1950.4.18.)[21]

성명	주소	소속 단체	탈퇴성명일	비고
이희*	인천 화평	남로당	1949.12.7.	보련가입
이우*	김포 양래 염창	'좌익계열'	1949.12.1.	
유춘*	미상	민애청	1949.12.13.	
권영*	강화 선원 냉정	농민조합	1949.12.14.	보련가입
이재*	인천 신흥	'좌익계열'	1949.12.16.	보련가입
심상*	인천 만석	'좌익계열'	1949.12.16.	보련가입, 이재*와 공동성명
이준*	미상	남로당	1949.12.19.	
홍성*	인천 만석	남로당	1949.12.20.	
손용* 외 9명	김포 대곶 율생	공산청년동맹	1949.12.21.	보련가입
임능*	미상	민주학생연맹	1949.12.24.	
임덕*	미상	전평	1949.12.26.	보련가입
윤혜*	서울 종로 사직	민주학생연맹	1950.1.5.	보련가입
김종*	강화 하정 창후	남로당	1950.1.6.	
박인*	인천 답동	남로당	1950.1.9.	
천홍* 외 4명	미상	남로당	1949.12.29.	

21) 『대중일보』 1949.12.8, 12.11, 12.14, 12.15, 12.17, 12.20, 12.21, 12.22, 12.25, 12.27; 1950.1.5, 1.7, 1.10, 1.11, 1.12, 1.13, 1.14, 1.17, 1.24, 1.27, 1.31, 2.2, 2.3, 2.10, 2.12, 2.13, 3.5, 3.8, 3.15, 3.16, 3.17, 3.23, 3.25, 3.28, 3.30, 3.31, 4.1, 4.2, 4.11, 4.12, 4.18에 게재된 60여 개 「탈퇴성명서」 등의 기사를 토대로 작성함. 사정상 탈퇴성명서의 완전한 실명과 번지 수 등은 밝히지 않기로 한다.

남태*	서울 서대문 순화	남로당	1950.1.9.	
이윤*	미상	출판노조	1949.12.3.	보련가입
이하*	미상	남로당	1950.1.11.	
이상*	인천 신흥	민○○	1950.1.12.	
김정*	미상	'좌익계열'	1950.1.11.	
전재*	미상	민학	1950.1.12.	
박용*	미상	남로당	1950.1.16.	
이배*	인천 도화	남로당	1950.1.16.	
황준*	미상	민주학생연맹	1950.1.18.	
이남*	(경기)광주 돌마 분당	민애청	1950.1.18.	
이계*	김포 대곶 율생	농민조합	1950.1.23.	
윤찬*	미상	인평(仁評)	1950.1.23.	
유기*	인천 만석	남로당, 전평	1950.1.26.	
김동*	김포 양촌 수참	남로당	1950.1.30.	
민두*	김포 하성 치리	민주학생연맹	1950.2.1.	
이승*	부천 영흥 외리	남로당	1950.2.1.	※ 이승엽의 고향
이효*	미상	민주학생연맹	1950.2.1.	
서운*	강화 교동 인사	농민조합	1950.2.1.	
박순*	김포 양촌	남로당	1950.2.1.	
강계*	인천 북성	'좌익계열'	1950.2.10.	
최**외 4명	인천 송림	전평	1950.2.12. 이전.	
김형*	미상	남로당	1950.2.23.	
조한* 외 228명	미상	민전산하단체, 남로당, 민애청, 전평, 민학, 근민당 등	1950.2.25.	보련 집단가입 ※ 최대 탈퇴광고
방상* 외 50명 이상	미상	민전 산하단체	1950.3.4.	

장영*	인천 화수	남로당	1950.3.4.	
신순*	인천 해안	전평	1950.3.7.	
문상* 외 1명	미상	민전 산하단체	1950.3.15.	
전용*	미상	남로당	1950.3.15.	
변중*	미상	신민당	1950.3.15.	
신규*	미상	남로당	1950.3.16.	
김병*	미상	민애청	1950.3.16.	
김태*	미상	민애청	1950.3.22.	
박승*	인천 숭의	민청	1950.3.25.	
이종*	서산 태안 어은	'좌익계열'	1950.3.25.	
원재*	미상	남로당	1950.3.25.	※ 재차 성명 (대한청년단원)
이옥*	서울 동대문 돈암	남로당	1950.3.29.	
이수*	인천 송현	민애청	1950.3.31.	※ 동명이인 호소
이기*	미상	민주학생연맹	1950.3.31	
강상*	미상	남로당	1950.3.31	
장덕*	미상	조선민주청년동맹	1950.4.11	
배*	인천 만석	남로당	1950.4.10	
최덕*	미상	연극동맹	1950.4.11	
황종*	인천 송림	남로당	1950.4.18	

표현의 차이가 없지는 않지만 탈퇴성명서의 내용과 형식은 천편일률적이었다. 한때 좋지 않은 사람의 꾀임에 빠져 좌익단체에 가담한 적이 있지만, 지금은 후회하여 탈퇴하고 대한민국에 충성을 다하겠다는 것이 골자였다. 보통 전향의 논리는 전향의 동기와 밀접하게 관련되어 피력되기 마련인데, 이러한 「탈퇴성명서」 내용은 전향자의 주체적인 사상의 표현이라기보다는 정치권력이 제공하는 관제적 표현에 가깝다고 할 것이다.[22)]

[탈퇴성명서]

본인 등은 해방 후 혼란기 좌익분자의 감언이설에 속아 남로당에 가입하였으나 그 노선이 가장 비 애국적임을 자각하옵고 금반 탈당함과 동시에 금후로는 국민보도연맹 일원으로써 대한민국에 충성을 다할 것을 맹서함.

단기 ****년 *월 *일 인천 **동 *번지 ○○○

특히 초기에 게재된 탈퇴성명서의 경우 이름과 함께 번지수까지 기재한 것이 다수 눈에 띄는데, 이는 한국전쟁 초기 군경이 보도연맹원을 색출하는 네 이용되었을 가능성이 높다. 탈퇴성명서 발표는 해를 넘겨 1950년 2월과 3월에 많았다. 한 사람씩 발표되던 초기와는 달리 한 번에 50명, 심지어 200명 이상이 연명하여 신문의 거의 한 지면을 차지한 경우도 있었다.[23]

표에서 국민보도연맹에 가입할 의사를 밝힌 경우는 58건의 기사 가운데 9개로 나타나고 있으나, 성명서에 가입 사실을 적시하지 않았을 뿐 사실상 전부 가입했을 것으로 보인다. 어떤 사람은 두 번이나 탈퇴성명서를 발표하면서 자신이 보도연맹에 가입하였음은 물론 우익 청년단체의 일원이 되었음을 강조하기도 했다. 탈퇴성명서를 발표한 사람은 동명이인이며, 본인과는 하등의 관계가 없는 사람이라고 호소하는 「성명서」를 발표한 사례도 있었다.[24]

전향을 성명한 사람들이 가장 많이 속해 있던 단체는 58건의 탈퇴성명서 기사 가운데 24개를 차지한 남로당이었다. 나머지도 민주주의민족전

---

22) 강성현, 「국민보도연맹, 전향에서 감시·동원, 그리고 학살로」『죽엄으로써 나라를 지키자–1950년대, 반공·동원·감시의 시대』, 선인, 2007, 169쪽.

23) 『대중일보』 1950.3.5.

24) 『대중일보』 1950.3.31.

선(민전)과 농민조합, 노동조합(전평) 등 남로당의 방계 및 산하단체 소속이 대부분이었다. 신민당 소속의 탈퇴성명서도 눈에 띈다.[25)]

대한민국에 대한 이들의 충성맹세는 성명서 발표로 그치지 않았다. 국민보도연맹 인천시연맹이 결성되고 탈퇴성명서 발표가 본격화되던 1949년 12월 19일 보도연맹 경기도연맹 총무부장 직위에 있던 이보운은 인천의 대중신문사를 통해 경찰호(비행기) 구입을 위한 기금 명목으로 1만 원을 기부하였다.[26)]

그러나 1950년 5월에 들어 탈퇴성명서는 거의 보이지 않게 되고 한 달 뒤 한국전쟁이 발발하면서 국민보도연맹도 흐지부지되고 말았다.[27)]

2) 개전 직후 보도연맹원의 집단학살

1950년 6월 28일 오전 11시 30분 남침 공격이 개시된 지 3일 만에 서울이 조선인민군에 의해 '해방'되었고 오후 5시경에는 완전히 점령되었다. 서울을 점령한 뒤 김일성은 남한 공격과 동시에 조선인민군에 점령된 '해방지구'의 전권위원으로 남한에 파견된 이승엽을 서울시 임시인민위원회 위원장 겸 조선민주주의인민공화국 군사위원회 서울시 대표로 임명하였다.[28)]

---

25) 『대중일보』 1950.3.16.

26) 『대중일보』 1949.12.20. 이보운은 미군정시기 인민위원회 총무부장을 지냈다. 배재고보를 졸업하고 인민위원회 산업부 차장(1945.11.10), 경기도 민전 부의장, 남로당 인천시위원장(1947.1.11), 보도연맹 인천지부 조직부장(1949.12.4)을 역임했다. 인천에서 큰 잡화상을 운영했던 재력가였다(이윤희, 앞의 논문, 1989, 205쪽).

27) 선우종원, 『사상검사』, 계명사, 1992, 167쪽.

28) 이현주, 「해방 후 이승엽의 '통일민족국가' 건설운동(1945~1953)」 『인천학연구』 6, 인천학연구원, 2007. 인천 출신으로 박헌영의 최측근이며 북한 사법상이었던 이승엽의

조선인민군이 한강을 넘어 영등포를 장악한 것은 7월 1일이었다.[29] 뒤에서 보듯이 조선인민군의 남진 지체는 결과적으로 인천에서 국민보도연맹원을 비롯한 대규모의 민간인 집단학살을 보다 용이하게 했다.

1950년 6월 25일 서울 서대문형무소는 시민 군중들에 의해 문이 활짝 열렸고 수감자들은 모두 살아서 나왔다. 하지만 그 이튿날 인천형무소의 상황은 달랐다. 국군이 형무소 문을 연 뒤 "인민군입니다. 여러분은 모두 해방되었습니다"라고 말하자 수감자들이 '만세'를 외치며 뛰어나오기 시작했고, 국군은 이들을 모두 기관총으로 난사한 뒤 후퇴했다고 한다.[30] 인천형무소의 좌익수 사살 사건은 다가올 비극의 전조(前兆)였다.

국군의 인천형무소 좌익수 사살은 그보다 두 달 전에 터졌던 인천소년형무소 파옥음모 사건과도 관련이 있었다. 1950년 4월 초 서울지방검찰청은 인천소년형무소 간수 3명과 죄수 50여 명을 잡아들여 이들 일부를 기소했다고 발표했다. 1949년 가을 남로당 프락치 김모(金某)가 최모(崔某)로 이름을 바꾸고 인천소년형무소 간수부장이 되어 죄수들에게 강화도에 인민군이 상륙하고 있다, 북한 인민군이 오래지 않아 38선을 밀고 내려올 것이니 사상을 전향하지 말라는 말 등으로 선동하면서 기회가 닿는 대로 형무소 무기창고를 습격한 후 인천과 서울에서 폭동을 일으키

화려한 등장은 당시 인천의 좌익계를 이끌던 인물들과 이승엽의 관계로 보아 한국전쟁 발발 이후 인천지역의 정치에도 영향을 미쳤을 것인데, 이는 별도로 탐구해야 할 과제이다.

29) 『조선인민보』 1950.7.3. 인민군이 남진을 일시 중단한 이유에 대해서는 남한 내에서 자생적 민중봉기를 기다렸다는 설도 있으나, 인천의 한 증언자에 따르면 1950년 6월 28일 국군이 한강다리를 폭파하여 남진이 지체되었고 인천에도 예상보다 늦게 들어왔다고 한다(「한국전쟁 당시 미 해병대 통역관의 증언」 『작가들』 19, 도서출판 작가들, 2006, 362쪽).

30) 이채훈, 「잊혀진 대학살, 보도연맹」, 정길화·김환균 외, 『우리들의 현대침묵사』, 해냄, 2006, 229쪽.

려고 기도했다는 내용이었다.[31)]

서울에서 지체하던 조선인민군은 한강 하류를 건너 김포 방면에서 부평을 거쳐 7월 4일 인천에 들어왔다. 그러나 이미 김포 방면으로부터 무수한 피난민이 남부여대(男負女戴)하여 계산동과 부평동, 장수동을 거쳐 남하하는 것을 목격한 부평과 남동지역의 시민들은 사태의 긴박성을 깨닫고 피난길을 떠나기 시작하여 시 전역에 걸쳐 피난민의 사태를 이루었다. 인천시는 6월 25일 황해도 방면에서 수로로 입항한 피난민을 위해 인천공회당에 피난민수용소를 설치하고 응급 구호식량을 배급하였다. 6월 28일 인천시장 지중세는 시 직원들에게 "사태가 급박하니 피난은 각자 행동을 취하라"는 말만 남기고 수인선을 타고 수원으로 피난을 가버렸다. 시청 공무원과 경찰도 수원으로 철수하였다.[32)]

인민군이 들어오기도 전에 시정은 공백상태에 빠졌고, 인천의 주요 시설들은 좌익세력이 접수하기 시작했다. 6월 28일 저녁 9시부터 12시 사이에 인천소년형무소 부두작업장에서 일반 죄수와 분리 수감되어 있던 '4·3항쟁' 및 여순사건 관련자 179명이 조선인민군이 서울을 점령했다는 소식을 듣고 탈옥하였다. 이들은 6월 29일 새벽 시내 곳곳에서 차량을 징발하여 인공기를 앞세우고 인민해방가를 부르면서 가두시위를 벌였다. 같은 시간에 인천경찰서에서는 전쟁 직전 체포되어 갇혀 있던 좌익인사들이 탈출했다. 여기에 만석동과 화평동 일대의 시정에 불만을 품은 동조세력이 가세하여 식량창고와 세관창고, 동양방직 창고, 만석동 창고를 점거해 개방하였고, 6월 30일에는 무주공산이 되어버린 인천시청에 집결하여 '인민군 환영(위원)회'를 구성하였다.[33)]

---

31) 『대중일보』 1950.5.5. 「인천 소년형무소 파옥음모의 진상」.
32) 인천시사편찬위원회, 『인천시사』(상권), 인천시, 1973, 532쪽.

아이러니하게도 한국전쟁기 최초의 민간인 집단학살이라고도 불리는 비극은 좌익세력이 인천 지역사회를 장악한 상황에서 일어났다. 여기서 당시 '경기도 시국대책위원회'를 조직하고 활동을 주도했던 한 우익인사의 증언을 들어보자.

> 1950년 6월 25일 早朝 라디오는 북한의 남침을 전해주었다. 그리고 수도 사수의 '뉴우스'를 듣고 어리둥절했다. 의아와 반신과 우수(憂愁) 속에 시간은 흘렀다.
>
> 28일 북한군이 서울에 입성하고 정부는 수원으로 천도하였다는 것이다. 인천에서도 군경 및 일체 관공서가 철수했다. 이에 뒤미처 인천에 있는 좌익 주구가 준동하여 수백 대의 차량을 징발하고 적기를 날리며 시내 전역에 걸쳐 시위를 벌이고 있었다. 미처 후퇴 못한 군경을 대로상에서 총살하기도 했다. 일반 시민은 공포 속에서 이 상황에 긍긍할 뿐이었다.
>
> 나는 몇몇 친지와 상의하여 대책을 강구하고 경기도 시국대책위원회를 조직했다. 최고위원에 하상훈·오일섭·전두영·이열헌·정해궁 등을 뽑고 부서로는 행정부·안무부(按撫部)를 두었다. 우리는 시민을 위안하는 일방 창고를 개방하여 굶주린 시민에게 식량을 배급하고 청년대를 동원하여 적색 악질분자를 처단케 하는 한편 청년단체·노동단체·학련(學聯) 등을 소집하여 방위태세를 확립하였다. 그리고 학련위원장 이계송 외 수 인을 수원으로 밀파하여 인천사태를 정부에 보고케 하고 구원을 요청하였다.
>
> 6월 30일 나는 조반을 마치고 시청으로 향하였는데, 도중에서 주구들이

33) 「한국전쟁 당시 미 해병대 통역관의 증언」, 주) 29의 책, 2006, 364쪽; 인천시사편찬위원회, 위의 책, 1973, 540~541쪽. 김영일, 『격동기의 인천-광복에서 휴전까지』, 동아사, 1986, 360쪽. 김용규(간사장)와 이보운(보도부장) 등 인천 보도연맹 간부들의 시청 집회 참석 여부는 확인되지 않는다. 박남칠(경기도연맹 부위원장)은 당시 보도연맹원도 예비검속을 한다는 정보에 따라 숨어있었다고 한다(「인천지역 민간인학살 진상규명보고서」, 진실화해를 위한 과거사정리위원회 참조).

각각 수백 명씩 떼를 지어 각 관공서로 난입 점거하고 있었으며, 식량창고·세관창고·동방창고(東紡倉庫)·만취동(萬聚東)창고 등을 모조리 파괴하자 난민들이 일시에 몰려 시중은 수라장이 되었으며, 거두급 수십 명은 시청 우리 사무소로 모여들고 있어서, 그 형세는 매우 험악한 바 있었다. 나는 동료에게 눈짓을 해서 피신을 지시하였으나, 하상훈 만이 알아차리지 못하고 그대로 남아있었다. 나는 할 수 없이 홀로 시청을 빠져나와 신포동에 숨어서 사태를 관망하였다.

(6월 30일) 하오 4시경 졸지에 기관총·소총 소리가 콩 볶듯 소란했다. 나는 놀라 창틈으로 밖을 내다보니, 군경 수백 명이 완전무장을 하고, 인천 우체국을 기점으로 하여 일제 사격을 벌이고 있었다. 시청을 향해 진격하는 군경대열에서 나는 맨 뒷차를 보았다. 거기에는 경찰대장 박영희 및 학련대장 이계송이 동승하여 뒤를 따르고 있었다.

때마침 주구들은 시청에 모여 공산군의 인천 내습을 찬양할 환영회 준비를 하고, 그 조직체의 명단을 기록하던 중이었다. 이들은 예기치 않던 군경의 습격을 받게 되어, 혼비백산하여 명단까지 버리고 달아났다.

적시여산(積屍如山)이랄까, 군경의 총탄에 쓰러진 자가 허다하였다. 그런데 경찰대가 입수한 명단 중에는 하상훈이 적군 환영회 부위원장으로 기명되어 있었다. 이 명단을 증거로 모든 기명자는 체포되었다. 내 권고를 듣지 못하고 머물러 있었던 추강 하상훈이 좌익 공산당 아닌 주구로 오인되어 처형될 것은 불문가지의 노릇이었다.

우리 동지들은 급거 회의를 열고 하상훈 구출위원으로 오창섭·전두영·이열헌 등 3인을 선출하고 박영희 경찰대장을 방문하고 백방으로 자의 아닌 타의에 의한 것이라고 역설하고 드디어 구출은 하였으나, 심한 고문으로 그 모습은 너무나 처참했었다.

우리는 군경을 돕기 위해 시청 내에서 주먹밥과 새우젓으로 대접하면서 주야를 가리지 않고 대활동을 전개하였는데, 처단된 악질주구는 무려 7백여 명이라는 소식이 들려왔다. '3일천하'라는 말과 같이 주구들의 난동은 과연 3일 간이었다(하략).[34]

더욱 놀라운 것은 조선인민군이 인천을 점령한 직후에 조사하여 보도한 기사가 위의 증언과 거의 일치한다는 사실이다. 1950년 7월 5일 서울발 조선통신 기사를 인용한 보도에 따르면 "이승만 괴뢰도당의 패주병들은 각지에서 무고한 양민들에 대한 귀축 같은 야수적 만행을 강행"하였으며, "인천이 해방되기 수일 기간 시내에서 천인공노할 만행을 자행하고 도주"했다고 한다. 이 신문은 인천에서 서울지역으로 피난해오는 시민들의 말을 인용하면서, "잔인무도한 이승만 괴뢰군은 지난 29일부터 4일간에 걸쳐 7백 명에 달하는 애국자와 시민들을 무차별 학살하였다"[35]고 보도하였다.

그런데 같은 날짜의 노동신문은 희생자 수가 1천여 명이라고 하여 그 규모를 다르게 보도하고 있다.

> 인민군대의 영웅적 진격에 의하여 4분 5렬로 패주하는 리승만 괴뢰집단의 패잔병들은 조선인민의 피땀으로 된 우수 체신기관을 비롯한 각종 시설과 문화시설들을 파괴할 뿐만 아니라 미제의 지시에 의하여 각처에서 무고한 주민들을 무참히 집중적으로 학살하는 단말마적 만행을 감행하고 있다. 리승만 괴뢰군의 무차별 포사격을 피하여 서울지방으로 피난하여 온 수많은 인천시민들의 말에 의하면 리승만 괴뢰군들은 미국 군사고문의 명령에 의하여 지난 29일부터 3일 간에 걸쳐 1천여 명에 달하는 애국자들과 일반 시민들을 결단적으로 학살하여 인천의 거리를 피로써 물들였다.[36]

---

34) 「청악 이열헌 옹의 수기」, 인천시사편찬위원회, 앞의 책, 1973, 540~541쪽 재인용. 이열헌은 인천에서 상업에 종사했던 유지로서, 미군정기에 한국민주당 인천시당 문교부장을 지냈다(이윤희, 「미군정기 인천에서의 좌·우 투쟁의 전개」, 『역사비평』 1989년 봄호, 199쪽).

35) 『조선인민보』 1950.7.6, 「惡虐한 역도들의 만행, 애국자와 시민 7백여 명 학살」. 『해방일보』 1950.7.6, 「역도들, 인천서 시민과 애국자 7백여 명 학살」. 동일한 기사인데, 해방일보는 '학살'기간을 '3일간'이라고 적고 있다.

이에 대해 한 연구자는 위 노동신문의 기사가 해방일보의 기사를 짜깁기한 것으로 추측하고 있다.[37] 그러나 같은 날짜에 보도된 내용이고, 희생자 수에 행방불명자를 합치면 3천 명이 넘었다는 보도,[38] 조선통신 기사에다 학살을 목격한 인천시민들을 대상으로 한 노동신문의 독자적인 취재의 결과일 가능성도 완전히 배제할 수는 없다.[39]

또한 9일 뒤의 보도에 따르면, 1950년 6월 28일 인민군이 서울을 '해방'시켰다는 소식이 전해지자 인천을 지키던 국군과 경찰은 "인천을 텅 빈 채 버려두고 어디로인지 도망"쳤고 당일 9시부터 12시 사이에 인천소년형무소에 투옥되어 있던 '애국투사' 170명, 다음날 새벽에 시내 각 경찰서에 갇혀있던 '애국투사'들이 감옥과 유치장 문을 부수고 "인민군 만세", "해방 만세"를 부르며 탈출하였다. 이들은 동조하는 시민들의 선두에 서서 시청을 비롯한 주요 기관을 접수하고 각 동에 인민의 정권기관인 인민위원회를 부활시키고 인민군을 환영할 준비를 하고 있었다.

그러는 동안 6월 29일 아침에 어디에선가 '인민군 만세', '인민공화국 만세' 소리가 천지를 진동하여 모두 환호하고 거리로 뛰어나왔다.

> 그러나 어찌된 일인가? 인민군인 줄 알았던 그 군대는 소위 국방군과 경찰 놈들로서 인민군의 진격이 인천에까지 이르지 않음을 알고 다시 인천시내에 몰려들어온 역도들이었다. 그리하여 그들은 피에 주린 이리떼와 같이 돌연 선량한 군중을 향하여 인민을 학살하기 시작하였다. 놈들의 후○부대

---

36) 『로동신문』 1950.7.6, 「인천에서만 일천여 명의 애국자와 시민들을 학살」.

37) 신경득, 앞의 책, 2002, 100쪽.

38) 『조선인민보』 1950.7.15. 『해방일보』 1950.7.15.

39) 어느 경우건 희생자를 포함하여 행방불명된 사람이 3천여 명에 달하였음을 볼 때, 이들 가운데 최소한 7백여 명이 학살되었을 것으로 보인다.

> 는 계속적으로 시내에 몰려들어와 전 시내를 샅샅이 이 잡듯이 뒤지기 시작하여 애국투사들과 탈옥투사와 애국열혈 청장년들과 그의 가족들을 모조리 체포하여 배에다 태워 월미도에 실어다가 기관총을 발사하여 바다 속에 그대로 수장을 하였고 … 입으로나 붓으로는 도저히 표현할 수 없는 전대미문의 전율할 ○의 대학살을 6월 29일부터 시작하여 우리의 영용한 인민군이 7월 4일 인천시내에 ○○하기까지 엿새 동안 ○○수 행하였던 것이다. 이리하여 흡혈귀 치아(齒牙)에 무참하게도 쓰러진 선량한 시민은 수효만도 7백여 명에 달하며 (7월) 12일 현재까지 행방불명된 시민을 합하면 3천 명을 훨씬 넘고 있는 것이다.[40]

점령도 되기 전에 수원 방면으로 철수했던 군경 수백 명이 어떻게 갑자기 인천으로 들어올 수 있었을까? 조선인민군이 서울을 점령하고 시장과 공무원들이 철수한 뒤에도 남아있던 인천의 일부 우익인사들은 '경기도 시국대책위원회'를 조직하였다.

앞에서 본 것처럼 이열헌의 증언에 따르면, 이들은 일부 창고를 개방하여 시민들에게 식량을 배급하고 청년대를 동원하여 "적색 악질분자를 처단"하고 청년단체와 노동단체, 학련 등을 소집하여 방위태세를 재정비하는 한편, 학련위원장(이계송) 등 몇 명을 정부의 임시수도였던 수원으로 밀파하여 인천의 상황을 보고하고 구원을 요청하였다고 한다. 이계송 등은 군경의 진압 대열에 동승, 이들과 함께 인천에 진입하였다. 군경에 의한 인천 좌익 등에 대한 대대적인 '처단'은 이렇게 이루어졌다.[41]

목격자에 따르면 "포승줄로 포박된 사람들을 가득 실은 트럭이 시내에

---

40) 『조선인민보』 1950.7.15, 「애국투사를 월미도서 도륙」. 한편 동일한 내용의 기사가 해방일보에도 게재되었다. 『해방일보』 1950.7.15, 「보라! 악귀같은 미제와 매국역도들의 만행을! 각지에서 무고한 인민들을 야수적으로 살육」 참조.

41) 「청악 이열헌 옹의 수기」, 인천시사편찬위원회, 앞의 책, 1973, 541쪽.

서 달려와 월미도 쪽으로 질주해갔다. 더러는 푸른 죄수복을 입고 있었는데, 얼마 뒤 총소리가 요란하게 들려와 그들이 처형되고 있다고 생각했다. 뒤에 들은 이야기로는 당시 처형장 근처에 정박하고 있던 해군장교 몇 사람이 처형 대상 피의자들 가운데 일부를 경찰로부터 인수받아 인천 앞바다로 나가 수장했다"[42]고 한다.

그렇다면 군경의 '처단' 대상은 구체적으로 누구였을까? 여기서 잠시 조선인민보 및 해방일보 기자가 취재한 학살 피해자와 목격자의 이야기를 차례대로 들어보자. 물론 전달매체의 성격과 피해자의 입장을 감안해야 할 것이다.

① 6월 29일 새벽 우리는 인민군의 입성 환영 준비로 시 위원회에서 일하고 있는데, 돌연 기관총 소리가 나서 뛰어나가 보니 인민군으로 가장한 놈들 약 60명이 시 위원회를 포위하고 난사하고 있었다 … 남자들은 포승한 채로 배에 실어 바다에 내어가고 여자들은 모두 옷을 벗긴 후에 모래사장 위에 꿇어앉혀가지고 역도 놈들은 칼로 쇠고기를 비이다시피 난자하는 한편, 그것도 부족한지 몇 놈은 톱을 가지고 다리를 자르고 있었다. (하략) (강조는 인용자)[43]

② 그 놈들은 캄캄한 밤에 우리 가족을 전부 해상 경비선에다 싣고 팔미도에 가서 먼저 할머니를 칼로 찔러 죽여 물에 던지고, 다음(에) 어머니가 손에 낀 반지와 돈을 약탈한 후 가족 전부를 총살하여 물에 집어던졌다. 어머니 옆에 서있던 나는 어머니의 시체와 함께 놈들의 눈을 피하여 물속으로 뛰어들어갔다. 나는 어머니의 시체를 올라타고 얼마간 바다에 떠 있다가 인천으로 가는 배 '가복환'을 만나 구원을 받게 되었다.[44]

---

42) 이무호, 『어느 졸병이 겪은 한국전쟁』, 지식산업사, 2003, 57~61쪽.
43) 『조선인민보』 1950.7.15, 「사장(砂場)은 피로 물들고 바다는 시체로 덮여」.

①의 목격담은 군경의 '처단'이 1차적으로는 시청 안에서 인민군 환영 대회를 준비하던 좌익세력을 주된 대상으로 이루어졌음을 말해준다. 처단의 모습도 아주 잔인하게 묘사되어 있다.

②의 목격담은 가족을 잃은 김진복이라는 한 여자아이의 증언인데, 그녀는 미군정기에 인천시 인민위원장으로서, 국민보도연맹 인천시연맹의 간사장을 지낸 김용규의 셋째 딸이었다. '살인 강도배들'은 6월 29일 밤 자동차로 김용규의 집을 급습하였으나 피신하여 체포하지 못하고 그의 부인과 모친, 아이 등 가족을 총살하고 수장하였다.[45]

이로 미루어 6월 29일 오전에 시청과 경찰서 등을 진압한 군경은 오후부터 시청에서 습득한 명부를 근거로 인천의 좌익세력에 대해 대대적 색출작업을 벌인 것으로 보인다. 증언처럼 군경 등의 처단은 주로 국민보도연맹원에 집중되었다. 인민군 점령당국이 발행한 신문이 학살의 실상을 보도하면서 주요 희생자들을 '무고한 시민'과 구분하여 '애국자'로 표현하고 있는 것도 이를 뒷받침하고 있다. '애국자'는 물론 보도연맹원에 대한 다른 표현이었다. 또한 위의 내용은 '처단'의 대상이 인민군 환영을 준비하던 좌익이나 국민보도연맹원 뿐만 아니라 가족 등 민간인들까지 포함되었다는 사실을 알려준다.[46]

---

44) 『해방일보』 1950.7.15, 「천인공노할 인민도살, 살인귀 미제의 출장원 무쵸가 직접 지휘」.

45) 『해방일보』 1950.7.15, 「천인공노할 인민도살, 살인귀 미제의 출장원 무쵸가 직접 지휘」. 그러나 김영일(당시 32세, 인천시 대한청년단장)의 증언에 따르면, 김용규는 인천 수복 후 검거되어 월미도에 끌려가 살해되었다고 한다(「인천지역 민간인학살 진상규명보고서」 참조, 미간행). 한편 김양수(1950년 당시 18세)의 증언에 따르면, 국민보도연맹 경기도연맹 부위원장 박남칠은 시청 집회에 참석하지 않았으나 당시 보도연맹원도 예비검속을 한다는 정보를 듣고 숨어있다가 어린 조카가 가택을 수색하는 경찰에게 뒷방에 있다는 사실을 알려주어 연행된 후 살해되었다고 한다(「인천지역 민간인학살 진상규명보고서」, 진실화해를 위한 과거사정리위원회).

좌익인사에 대한 색출과 '처단'에는 우익 청년단체도 중요한 역할을 하였다. 조선인민군의 인천점령에 대처하기 위해 조직한 경기도 시국대책위원회에 주역으로 참여했던 세력이 이들이었으며, 수원으로 조기에 철수했던 군경을 인천으로 돌아오게 한 것도 이들로서, 핵심은 1949년 1월 9일에 창설된 대한청년단(한청) 인천시단이었다. 정부는 한청이 장차 유사시에 군대의 역할을 할 수 있는 기틀을 닦기 위해 대통령의 지시로 대한청년단 조직을 활용하여 청년방위대를 조직하게 하였고, 인천에는 방위군 제2단이 창단되었다. 이에 힘입어 한청 인천시단은 1950년 2월 12일에는 인천공설운동장에서 결성 1주년 기념식을 대대적으로 개최하였다.[47]

군경에 의한 민간인의 집단학살은, 발생의 시기와 규모, 잔인성 때문에 피해자 가족은 물론 지역사회 전체를 충격에 빠뜨려 지역사회에서 군경과 우익세력에 대한 증오의 확산을 가져왔다.[48] 위의 증언자는 "우리는 이 원수 놈들을 무찔러 그의 간까지라도 씹어 없애기 위하여 지금 의용군으로 나가는 길"이라면서 인터뷰를 마무리하고 있다.

---

46) 신경득은 인천지역 학살사건이 한국전쟁 시기 민간인 학살 유형의 세 가지 사례를 보여준다고 주장하고 있다. 첫째, 인천시청 앞을 행진하는 시민들에 대해 일단 후퇴했던 군경들이 다시 나타나 민간인 수십 명을 현장에서 총살하였다. 둘째, 군경은 6월 29일부터 4일 동안 민가를 수색하여 예비검속자를 색출하고 이들을 서해바다와 산간으로 끌고가 처형하였으며, 정치사상범과 그 가족 및 노소의 민간인들을 총살하였다. 셋째, 본인을 체포하지 못한 경우 대살(代殺)도 자행되었다(신경득, 앞의 책, 2002, 103쪽).

47) 『대중일보』 1950.2.10, 「한청 인천시단, 결성 1주년 기념식, 래 12일 운동장서」.

48) 이와 관련, 미 8군은 1950년 7월 18일 극동사령부에 "6월 29일 인천에서 한국정부에 반기를 드는 움직임이 있은 후 공산주의 사상을 가진 주민 400명이 처형됐고 이로 인해 인민군에 동조하는 분위기가 일고 있다"고 보고했다(미국 국립문서기록관리청 문서 : RG338, Box4, File8511-00-00063. 김기진, 『미국 기밀문서의 최초 증언; 한국전쟁과 집단학살』, 푸른역사, 2005, 54·273쪽을 재인용). 처형된 민간인의 수가 400명이라는 주장은 미군의 심문과정에서 인천을 탈출한 군경이 의도적으로 규모를 축소하여 진술한 것일 가능성이 높다.

3. 적개심 선동과 조선인민군의 점령정책

1) 인민권력 '복구'와 내무서원 충원

해방일보 등의 보도에 따르면 영등포를 넘어 인천 방면으로 진공하던 조선인민군은 미군 항공부대의 엄호 하에 저항을 계속하고 있던 국군을 포위하고 섬멸전을 전개한 결과 7천 명을 사살하고 2천 명을 포로로 투항시켰으며, 7월 4일 12시 30분에 인천시를 완전히 '해방'시켰다. 한강을 넘은 지 3일만이었다.[49]

인천을 점령한 부대는 조선인민군 제6사단 13연대였다. 이 부대가 남진한 뒤에는 후속하여 제13사단 23연대가 7월 말까지 주둔하였고, 그 후 제9사단 87연대가 경계임무를 띠고 인천에 각각 주둔하였다. 조선인민군 제13사단(제19, 21, 23연대)은 전쟁 직전 신의주에서 민청을 자원으로 창설되어 남침 직후인 7월 초 서울로 남하하였고, 제9사단은 1950년 7월 11일~8월 12일까지 서울 경계임무를 수행하다 87연대는 인천경계를 위해 잔류하였으며 제85, 86연대는 영산방면으로 이동했다.[50]

인천을 점령한 조선인민군은 남로당 지하조직원 등의 조력을 받아 인민위원회 등 이른바 인민정권기관을 '복구'하면서 시청 등 주요 기관의 접수와 개편에 착수하였다. 특히 경찰기구의 접수와 개편은 시민들에게 통치의 주체가 달라졌음을 확실하게 각인시키고 각종 전시동원을 가능케

---

49) 『해방일보』 1950.7.6. 『조선인민보』 1950.7.6.

50) 양영조, 「한국전쟁 시기 인천의 특징과 성격」, 『인천학연구』 2-1, 인천대학교, 2003, 243~244쪽. 염인호에 따르면 인천을 점령한 조선인민군 6사단(사단장 방호산)은 원래 만주의 조선인들로 구성된 중국 인민해방군 166사단이 북한에 들어가 개편된 부대로서 개성과 인천을 포함하는 남한 서남부를 점령하는 데 큰 역할을 했다(염인호, 앞의 책, 2010, 273쪽).

하는 물리적 토대를 구축하는 중요한 일이었다.

인천경찰서와 산하의 파출소 등을 접수한 조선인민군 당국은 경찰서를 '내무서'로 개명하고 내무서 본부와 소방대, 관내 14개 파출소의 모든 내무원(署 대원)을 새로 임명하였다. 주목할 것은 99명의 내무서원 가운데 전체의 절반이 넘는 56명이 북한에서 파견된 요원들로 채워졌다는 점이다. 내무서장과 소방대장, 파출소장 등 간부급(군관)은 전원이 북한에서 직접 파견된 이들로 임명되었으며, 이들 가운데 조선노동당 당원 출신이 45명, 당 정치학교에서 간부교육을 이수한 자도 6명이나 되었다. 이것은 확고한 사상성과 당성을 갖추고 북한에서 충분히 훈련과 행정경험을 쌓은 이들로 하여금, 남한의 점령지구에 북한식 사회주의체제를 이식하려는 의도로 판단된다. 이들의 연령은 대개 20대 중반에서 30대 초반이 많았고, 계급적 기반은 빈농 출신이 압도적인 가운데 노동이 뒤를 잇고 있다. 학력은 소수의 중학교 졸업자를 제외하고는 대부분이 소학교 졸업이나 '국해(국문해독)'자였다.

이들의 전직(前職)과 직급(군관이나 하사)으로 보아 출신지역 등을 고려한 흔적은 보이지 않는다. 다만 전직의 직급과 현직의 직급은 거의 모두 동일하여 인사 상 '전보(轉補)'의 성격을 띠고 있음을 알 수 있다.

인천시 내무서 본부에는 북한의 내무서 직제를 따라 서장 및 부서장 휘하에 감찰·예심·호안·공민증·해사계·경리·기요·○○계·제1지도원·제3지도원·제7지도원·문서 등의 계가 설치되었다. 이들의 연령과 출신, 당원 여부, 전·현직 직명 등 인적사항을 살펴보면 다음과 같다.

〈표 10〉 북한에서 파견·임명된 인천내무서원의 인적사항[51]

<table>
<tr><th rowspan="2">성명</th><th colspan="2">전직부서 및 직명</th><th>직급</th><th colspan="2">현직부서 및 직명</th><th>직급</th><th>연령</th><th>출신</th><th>성분</th></tr>
<tr><th>지식정도</th><th colspan="2">정치학교</th><th>정당별</th><th colspan="2">입당년월일</th><th colspan="2">입서년월일</th><th>비고</th></tr>
<tr><td rowspan="2">박**</td><td colspan="2">서평양내무서장</td><td>8</td><td colspan="2">인천시 내무서장</td><td>8</td><td>31</td><td>빈농</td><td>노동</td></tr>
<tr><td>소졸</td><td colspan="2">용성간부학교</td><td>노동당</td><td colspan="2">1946.8.28</td><td colspan="2"></td><td></td></tr>
<tr><td rowspan="2">신**</td><td colspan="2">흥남시서본종 파출소장</td><td>4</td><td colspan="2">간부지도원</td><td>4</td><td>32</td><td>빈농</td><td>노동</td></tr>
<tr><td>소졸</td><td colspan="2">무</td><td>노동당</td><td colspan="2">1946.6.24</td><td colspan="2">1945.9.1</td><td></td></tr>
<tr><td rowspan="2">곽**</td><td colspan="2">흥남시서본중 파출소장</td><td>4</td><td colspan="2">간부지도원</td><td>下2</td><td>29</td><td>빈농</td><td>노동</td></tr>
<tr><td>중2년</td><td colspan="2">시 야간당학교</td><td>노동당</td><td colspan="2">1946.9.4</td><td colspan="2">1948.8.21</td><td></td></tr>
</table>

51) 『(극비)내무원 명단(전서대원)』, 인천시 내무서, 1950 ; 『(극비)서 대원명단(8.20) 현』, 인천시 내무서, 1950 등의 내용을 토대로 작성. 사정상 이들 자료의 출처와 자료에 표기된 실명 등은 밝히지 않는다. 표의 '직급' 란에 숫자만 표기된 것은 '군관(장교)' 신분으로 숫자는 급수를 표시하며, '下'자로 표기된 것은 '하사(하전사, 병사)' 신분을 칭한다.

<table>
<tr><td rowspan="2">박**</td><td colspan="2">평남맹산지덕 분주소장</td><td>4</td><td colspan="2">제1 계장</td><td>4</td><td>24</td><td>빈농</td><td>빈농</td></tr>
<tr><td>소졸</td><td colspan="2">무</td><td>노동당</td><td colspan="2">1946.8.28</td><td colspan="2">1948.11.16</td><td></td></tr>
<tr><td rowspan="2">전**</td><td colspan="2">강원양양서면 분주소원</td><td>下2</td><td colspan="2">제1 계원</td><td>下2</td><td>21</td><td>빈농</td><td>학생</td></tr>
<tr><td>중졸</td><td colspan="2">무</td><td>노동당</td><td colspan="2">1949.10.19</td><td colspan="2">1949.12.6</td><td>초중</td></tr>
<tr><td rowspan="2">김**</td><td colspan="2">함남함주 내무서 위생계장</td><td>3</td><td colspan="2">제7 지도원</td><td>3</td><td>23</td><td>빈농</td><td>빈농</td></tr>
<tr><td>소졸</td><td colspan="2">야간 당학교</td><td>노동당</td><td colspan="2">1946.7.17</td><td colspan="2">1947.12.</td><td></td></tr>
<tr><td rowspan="2">김**</td><td colspan="2">원산시내무서 공민증 계원</td><td>下3</td><td colspan="2">공민증계</td><td>下3</td><td>21</td><td>빈농</td><td>노동</td></tr>
<tr><td>소졸</td><td colspan="2">무</td><td>없음</td><td colspan="2">없음</td><td colspan="2">1949.10.28</td><td></td></tr>
<tr><td rowspan="2">박**</td><td colspan="2">강원 화천내무서 감찰계 소장</td><td>5</td><td colspan="2">감찰계 소장</td><td>6</td><td>30</td><td>빈농</td><td>빈농</td></tr>
<tr><td>소졸</td><td colspan="2">용성간부학교</td><td>노동당</td><td colspan="2">1946.7.15</td><td colspan="2">1946.9.5</td><td></td></tr>
<tr><td rowspan="2">김**</td><td colspan="2">사리원시 내무서 기감반장</td><td>3</td><td colspan="2">감찰계원</td><td>3</td><td>27</td><td>빈농</td><td>빈농</td></tr>
<tr><td>소졸</td><td colspan="2">없음</td><td>노동당</td><td colspan="2">1946.4.20</td><td colspan="2">1948.3.5</td><td></td></tr>
<tr><td rowspan="2">이**</td><td colspan="2">해주시 내무서 감찰계원</td><td>3</td><td colspan="2">감찰계원</td><td>3</td><td>27</td><td>빈농</td><td>빈농</td></tr>
<tr><td>소졸</td><td colspan="2">없음</td><td>노동당</td><td colspan="2">1947.8.23</td><td colspan="2">1948.3.25</td><td></td></tr>
<tr><td rowspan="2">현**</td><td colspan="2">평남순천운산 분주소원</td><td>下3</td><td colspan="2">감찰계원</td><td>下3</td><td>25</td><td>빈농</td><td>빈농</td></tr>
<tr><td>소졸</td><td colspan="2">없음</td><td>노동당</td><td colspan="2">1946.8.28</td><td colspan="2">1949.7.6</td><td></td></tr>
<tr><td rowspan="2">리**</td><td colspan="2">(평남)수산월계 분주소원</td><td>下1</td><td colspan="2">감찰계원</td><td>下1</td><td>27</td><td>빈농</td><td>빈농</td></tr>
<tr><td>소졸</td><td colspan="2">없음</td><td>노동당</td><td colspan="2">1947.1.19</td><td colspan="2">1945.8.2</td><td></td></tr>
<tr><td rowspan="2">현**</td><td colspan="2">강원 함백탄광 사무원</td><td>下2</td><td colspan="2">감찰계원</td><td>下2</td><td>25</td><td>노동</td><td>사무원</td></tr>
<tr><td>중2년</td><td colspan="2">없음</td><td>없음</td><td colspan="2">없음</td><td colspan="2">1950.8.7</td><td></td></tr>
<tr><td rowspan="2">장**</td><td colspan="2">경흥군 내무서 예심계장</td><td>4</td><td colspan="2">예심계장</td><td>6</td><td>35</td><td>빈농</td><td>빈농</td></tr>
<tr><td>중퇴</td><td colspan="2">야간당학교</td><td>노동당</td><td colspan="2">1947.8.28</td><td colspan="2"></td><td></td></tr>
<tr><td rowspan="2">림**</td><td colspan="2">평남용강내무서 예심계원</td><td>3</td><td colspan="2">예심계원</td><td>3</td><td>26</td><td>빈농</td><td>빈농</td></tr>
<tr><td>소졸</td><td colspan="2">없음</td><td>노동당</td><td colspan="2">1946.9.4</td><td colspan="2">1946.5.9</td><td></td></tr>
<tr><td rowspan="2">조**</td><td colspan="2">길주군내무서 웅평파출소원</td><td>下2</td><td colspan="2">예심계원</td><td>下2</td><td>27</td><td>빈농</td><td>노동</td></tr>
<tr><td>소졸</td><td colspan="2">없음</td><td>노동당</td><td colspan="2">1946.9.2</td><td colspan="2">1948.12.25</td><td></td></tr>
<tr><td rowspan="2">리**</td><td colspan="2">함남이원내무서 계호원</td><td>下2</td><td colspan="2">계호원</td><td>下2</td><td>26</td><td>빈농</td><td>빈농</td></tr>
<tr><td>소졸</td><td colspan="2">없음</td><td>노동당</td><td colspan="2">1947.9.24</td><td colspan="2">1948.11.17</td><td></td></tr>
</table>

김**	장성군내무서 호안계장		3	호안계장		5	27	빈농	농민
	소졸	없음		노동당	1946.8.28		1946.9.16		
리**	황해재령내무서 호안계원		3	호안계원		3	24	빈농	농민
	소졸	없음		노동당	1948.5.3		1948.9.24		
양**	평남개천중면 분주소장		4	경리계장		4	27	노동	노동
	소졸	없음		노동당	1947.9.16		1947.2.2		
김**	자강도 초산내무서 경리반장		下3	경리반장		下3	22	빈농	노동
	소졸	없음		노동당	1946.5.19		1949.3.2		
박**	평남 강서내무서 교환사		下3	교환사		下3	19	빈농	노동
	소졸	없음		없음	없음		1948.5.22		
리**	평특시교통지휘대 서기		下3	교통지휘대		3	21	노동	노동
	소졸	없음		없음	없음		1947.3.3		
최**	평특시 교통지휘대원		下2	교통지휘대원		下2	21	노동	노동
	소졸	없음		없음	없음		1947.5.11		
리**	평특시 교통지휘대원		下2	교통지휘대원		下2	23	빈농	노동
	소졸	없음		없음	없음		1947.5.13		
조**	남포시내무서 교통지휘대 소원		下2	교통지휘대원		下2	22	빈농	빈농
	소졸	없음		없음	없음		1948.5.6		
엄**	나진내무서 창명파출소원		下1	제3지도원		下1	20	빈농	노동
	소졸	없음		없음	없음		1949.6.13		
고**	평남강동내무서 소방대 구사계장		3	소방대 계장		3	32	빈농	노동
	소졸	없음		노동당	1949.2.23		1948.2.		
최**	평남개천 조양분주소장		4	하인천파출소장		4	24	중농	노동
	소졸	노농정치학교		노동당	1947.4.30		1945.10.26		
김**	평남개천 조양분주소원		下2	하인천파출소원		下2	25	빈농	노동
	소졸	없음		노동당	1948.1.21				

<table>
<tr><td rowspan="2">리**</td><td colspan="2">○○○분주소장</td><td>4</td><td colspan="2">상인천파출소장</td><td>4</td><td>29</td><td>빈농</td><td>노동</td></tr>
<tr><td>중퇴</td><td colspan="2">없음</td><td>노동당</td><td colspan="2">1946.8.28</td><td colspan="2">1948.9.16</td><td></td></tr>
<tr><td rowspan="2">한**</td><td colspan="2">원산내무서 신당파출소원</td><td>下3</td><td colspan="2">상인천파출소원</td><td>下3</td><td>23</td><td>빈농</td><td>빈농</td></tr>
<tr><td>소졸</td><td colspan="2">없음</td><td>노동당</td><td colspan="2">1948.12.24</td><td colspan="2">1949.8.23</td><td></td></tr>
<tr><td rowspan="2">림**</td><td colspan="2">영흥군내무서 덕흥분주소원</td><td>下2</td><td colspan="2">만석파출소장</td><td>下2</td><td>28</td><td>빈농</td><td>빈농</td></tr>
<tr><td>소졸</td><td colspan="2">없음</td><td>노동당</td><td colspan="2">1946.10.29</td><td colspan="2">1948.10.10</td><td></td></tr>
<tr><td rowspan="2">김**</td><td colspan="2">길주양산분주소 소원</td><td>下2</td><td colspan="2">만석파출소원</td><td>下2</td><td>29</td><td>빈농</td><td>빈농</td></tr>
<tr><td>소졸</td><td colspan="2">없음</td><td>노동당</td><td colspan="2">1948.8.28</td><td colspan="2">1948.2.20</td><td></td></tr>
<tr><td rowspan="2">차**</td><td colspan="2">평양 경제리파출소장</td><td>4</td><td colspan="2">화평파출소장</td><td>4</td><td>32</td><td>빈농</td><td>노동</td></tr>
<tr><td>소졸</td><td colspan="2">시 당학교</td><td>노동당</td><td colspan="2">1946.6.28</td><td colspan="2">1948.12.28</td><td></td></tr>
<tr><td rowspan="2">장**</td><td colspan="2">원산내무서 중리파출소원</td><td>下3</td><td colspan="2">화평파출소원</td><td>下3</td><td>30</td><td>빈농</td><td>노동</td></tr>
<tr><td>소졸</td><td colspan="2">없음</td><td>노동당</td><td colspan="2">1946.7.17</td><td colspan="2">1949.3.18</td><td></td></tr>
<tr><td rowspan="2">리**</td><td colspan="2">평남대동 양화분주소장</td><td>4</td><td colspan="2">송림파출소장</td><td>4</td><td>48</td><td>빈농</td><td>노동</td></tr>
<tr><td>소졸</td><td colspan="2">없음</td><td>노동당</td><td colspan="2">1946.6.25</td><td colspan="2">1945.11.21</td><td></td></tr>
<tr><td rowspan="2">최**</td><td colspan="2">신의주내무서 소방대원</td><td>下2</td><td colspan="2">송림동파출소원</td><td>下2</td><td>21</td><td>빈농</td><td>노동</td></tr>
<tr><td>소졸</td><td colspan="2">무</td><td>없음</td><td colspan="2">없음</td><td colspan="2">1948.5.1</td><td></td></tr>
<tr><td rowspan="2">오**</td><td colspan="2">동평양내무서 제5계원</td><td>4</td><td colspan="2">창영파출소장</td><td>4</td><td>27</td><td>빈농</td><td>노동</td></tr>
<tr><td>소졸</td><td colspan="2">무</td><td>(노동당?)</td><td colspan="2">1946.8.21</td><td colspan="2">1947.7.21</td><td></td></tr>
<tr><td rowspan="2">***</td><td colspan="2">강원양구 양리분주소원</td><td>下3</td><td colspan="2">창영파출소원</td><td>下3</td><td>25</td><td>빈농</td><td>빈농</td></tr>
<tr><td>소졸</td><td colspan="2">무</td><td>(노동당?)</td><td colspan="2">1946.8.21</td><td colspan="2">1948.12.1</td><td></td></tr>
<tr><td rowspan="2">권**</td><td colspan="2">황해안악 중문파출소원</td><td>下3</td><td colspan="2">경동파출소장</td><td>下3</td><td>25</td><td>빈농</td><td>노동</td></tr>
<tr><td>소졸</td><td colspan="2">무</td><td>노동당</td><td colspan="2">1946.9.24</td><td colspan="2">1949.1.19</td><td></td></tr>
<tr><td rowspan="2">김**</td><td colspan="2">서평양 상영파출소원</td><td>下2</td><td colspan="2">경동파출소원</td><td>下2</td><td>22</td><td>빈농</td><td>노동</td></tr>
<tr><td>소졸</td><td colspan="2">무</td><td>노동당</td><td colspan="2">1946.8.28</td><td colspan="2">1949.6.23</td><td></td></tr>
<tr><td rowspan="2">최**</td><td colspan="2">홍남서내무서 구령파출소장</td><td>4</td><td colspan="2">신생파출소장</td><td>4</td><td>38</td><td>빈농</td><td>노동</td></tr>
<tr><td>소졸</td><td colspan="2">무</td><td>노동당</td><td colspan="2">1948.8.28</td><td colspan="2">1947.9.8</td><td></td></tr>
<tr><td rowspan="2">계**</td><td colspan="2">평북선천 용연파출소원</td><td>下2</td><td colspan="2">신생파출소원</td><td>下2</td><td>29</td><td>빈농</td><td>빈농</td></tr>
<tr><td>소졸</td><td colspan="2">무</td><td>노동당</td><td colspan="2">1946.11.2</td><td colspan="2">1949.9.25</td><td></td></tr>
</table>

<table>
<tr><td rowspan="2">리**</td><td colspan="2">신의주 ○○파출소장</td><td>4</td><td colspan="2">신흥파출소장</td><td>3</td><td>31</td><td>노동</td><td>노동</td></tr>
<tr><td>소졸</td><td colspan="2">무</td><td>노동당</td><td colspan="2">1946.5.22</td><td colspan="2">1948.4</td><td></td></tr>
<tr><td rowspan="2">리**</td><td colspan="2">서흥군내무서 사면분주소원</td><td>下3</td><td colspan="2">신흥파출소원</td><td>下3</td><td>24</td><td>노동</td><td>노동</td></tr>
<tr><td>소졸</td><td colspan="2">무</td><td>노동당</td><td colspan="2">1946.8.28</td><td colspan="2">1949.2.2</td><td></td></tr>
<tr><td rowspan="2">리**</td><td colspan="2">평남도 내무부원</td><td>4</td><td colspan="2">주안파출소장</td><td>4</td><td>25</td><td>빈농</td><td>농민</td></tr>
<tr><td>소졸</td><td colspan="2">무</td><td>노동당</td><td colspan="2">1948.8.11</td><td colspan="2">1948.11.25</td><td></td></tr>
<tr><td rowspan="2">김**</td><td colspan="2">평남맹산내무서 기요계원</td><td>下3</td><td colspan="2">주안파출소원</td><td>下3</td><td>30</td><td>노동</td><td>노동</td></tr>
<tr><td>소졸</td><td colspan="2">무</td><td>노동당</td><td colspan="2">1946.8.28</td><td colspan="2"></td><td></td></tr>
<tr><td rowspan="2">김**</td><td colspan="2">평남덕천 일하분주소장</td><td>4</td><td colspan="2">숭의파출소장</td><td>4</td><td>31</td><td>빈농</td><td>빈농</td></tr>
<tr><td>소졸</td><td colspan="2">무</td><td>노동당</td><td colspan="2">1946.5.22</td><td colspan="2">1948.4</td><td></td></tr>
<tr><td rowspan="2">오**</td><td colspan="2">해주시 내무서원</td><td>下2</td><td colspan="2">숭의파출소원</td><td>下2</td><td>29</td><td>빈농</td><td>빈농</td></tr>
<tr><td>소졸</td><td colspan="2">무</td><td>노동당</td><td colspan="2">1947.8.29</td><td colspan="2">1949.6</td><td></td></tr>
<tr><td rowspan="2">리**</td><td colspan="2">동평양내무서 호안계원</td><td>3</td><td colspan="2">송도파출소장</td><td>4</td><td>35</td><td>빈농</td><td>노동</td></tr>
<tr><td>소졸</td><td colspan="2">무</td><td>노동당</td><td colspan="2">1948.10.28</td><td colspan="2">1946.8.2</td><td></td></tr>
<tr><td rowspan="2">최**</td><td colspan="2">동평양 장진파출소원</td><td>下2</td><td colspan="2">송도파출소원</td><td>下2</td><td>20</td><td>빈농</td><td>학생</td></tr>
<tr><td>소졸</td><td colspan="2">무</td><td>없음</td><td colspan="2">없음</td><td colspan="2">1948.6.4</td><td></td></tr>
<tr><td rowspan="2">김**</td><td colspan="2">남포내무서 마사파출소원</td><td>下2</td><td colspan="2">용현파출소장</td><td>下2</td><td>29</td><td>빈농</td><td>노동</td></tr>
<tr><td>소졸</td><td colspan="2">무</td><td>노동당</td><td colspan="2">1946.9.7</td><td colspan="2">1949.4.5</td><td></td></tr>
<tr><td rowspan="2">오**</td><td colspan="2">황해평산내무서 공민증계원</td><td>下2</td><td colspan="2">용현파출소원</td><td>下2</td><td>23</td><td>빈농</td><td>농민</td></tr>
<tr><td>소졸</td><td colspan="2">무</td><td>노동당</td><td colspan="2">1947.11.30</td><td colspan="2">1949.1.13</td><td></td></tr>
<tr><td rowspan="2">변**</td><td colspan="2">서평양내무서 호안계원</td><td>3</td><td colspan="2">문학파출소장</td><td>4</td><td>28</td><td>빈농</td><td>농민</td></tr>
<tr><td>소졸</td><td colspan="2">무</td><td>노동당</td><td colspan="2">1946.9.16</td><td colspan="2">1948.10.12</td><td></td></tr>
<tr><td rowspan="2">공**</td><td colspan="2">본평양내무서 소방대
서무계원</td><td>下1</td><td colspan="2">문학파출소원</td><td>下1</td><td>22</td><td>노동</td><td>사무원</td></tr>
<tr><td>중퇴</td><td colspan="2">무</td><td>없음</td><td colspan="2">없음</td><td colspan="2">1948.12.8</td><td></td></tr>
</table>

북한에서 파견·임명된 56명의 대원 외에 나머지 43명은 인천을 점령한 뒤 현지에서 충원한 사람들이었다. 이들은 간부급에 해당하는 군관(장교)은 전혀 없고 전부 하사였다. 이들의 전직(前職)을 살펴보면, 각 기관 및 지역 자위대원(지역 및 내무서, 파출소 단위)이 23명으로 가장 많았고, 도 내무부 파견이 15명, 기술직 등 기타가 5명이었다. 자위대원은 지역 및 시설의 방어·경비를 담당할 뿐만 아니라, 각종 전시동원을 독려하는 임무를 수행하였고, 도 내무부 파견은 인천에 위치한 조선인민군의 경기도 점령당국에 파견되었다가 통치기구가 '정비'되면서 인천으로 복귀한 요원들로 보인다.

인천 현지에서 임명된 내무서원들은 일부 기술직(우체국 교환사, 전기원 등)을 제외하고는 대부분 시설경비를 담당하는 계호원이나 일선 파출소의 최하위직에 배치되었다. 이들의 연령은 적게는 10대 후반에서 30대 후반에 걸쳐 있지만 대략적으로 북한에서 파견된 요원들보다는 어리고, 계급적 기반에서는 소수의 학생을 빼고는 노동자와 빈농 출신이 다수였다. 1950년 8월 7일과 9일, 이틀간 집중적으로 임명되는 것이 눈에 띤다. 이들은 북한에서 파견되어 인천의 사정에 어두운 상급자들을 도와 치안기구의 말단에서 조선인민군 당국의 점령통치와 전시동원 등에 협력했을 것으로 보인다.

〈표 11〉 점령지구 현지에서 임명된 인천내무서원의 인적사항[52)]

성명	전직부서 및 직명		직급	현직부서 및 직명		직급	연령	출신	성분
	지식정도	정치학교		정당별	입당년월일		입서년월일		비고
오**	남동 자위대원			예심계원		下2	21	빈농	빈농
	대학 전문부	없음		노동당	1946.12.8		1950.8.7		
리**	내무서 자위대원			계호원		下1	25	빈농	노동
	소퇴	없음		없음	없음		1950.8.7		
김**	내무서 자위대원			계호원		下1	21	노동	노동
	중퇴	없음		없음	없음		1950.8.7		
리**	내무부 파견			계호원		下1	25	빈농	빈농
	소졸	없음		없음	없음		1950.8.9		
리**	내무서 자위대			계호원		下1	19	빈농	노동
	소졸	없음		없음	없음		1950.8.7		
림**	자위대원			호안계원		下2	26	노동	노동
	중2년	없음		노동당	1946.3.12		1950.8.7		
최**	숭의파출소 자위대원			호안계원		下2	28	노동	노동
	소중퇴	없음		없음	없은		1950.8.7		
황**	도내무부 파견			경리계 운전사		下1	30	빈농	노동
	소졸	없음		노동당			1950.8.9		
최**	조선전기공무소 기술주임			인천내무서 통신관리원		下2	28	빈농	노동
	중3년	없음		없음	없음		1950.8.7		
윤**	인천시우편국 교환사			교환사		下1	18	빈농	노동
	소졸	없음		없음	없음		1950.8.7		
최**	인천시우편국 교환사			교환사		下1	18	빈농	노동
	소졸	없음		없음	없음		1950.8.7		

52) 『(극비)내무원 명단(전서대원)』, 인천시 내무서, 1950; 『(극비)서 대원명단(8.20) 현』, 인천시 내무서, 1950 등의 내용을 토대로 작성.

권**	인천시우편국 교환사			교환사		下1	18	빈농	노동
	소졸	없음		없음	없은		1950.8.7		
정**	도 내무부 파견			하인천파출소원		下1	22	빈농	노동
	소졸	없음		없음			1950.8.9		
천**	문학자위대			상인천파출소원		下1	22	빈농	노동
	소졸	없음		노동당	1946.11		1950.8.7		
리**	숭의자위대원			상인천파출소원		下2	31	빈농	노동
	소졸	없음		노동당	1947.5.30		1950.8.7		
윤**	숭의 자위대원			만석파출소원		下2	28	상업	노동
	소졸	없음		없음	없음		1950.8.7		
리**	도 내무부 파견			만석파출소원		下1	24	노동	노동
	소졸	없음		없음	없음		1950.8.9		
장**	도 내무부 파견			만석파출소원		下1	21	노동	노동
	소졸	없음		없음	없음		1950.8.9		
엄**	하인천 자위대원			화평파출소원		下1	33	노동	노동
	소졸	없음		없음			1950.8.7		
최**	도 내무부 파견			화평파출소원		下1	34	빈농	노동
	국해	없음		없음	없음		1950.8.9		
김**	송림 자위대원			화평파출소원		下1	21	노동	노동
	소졸	없음		없음			1950.8.7		
유**	자위대원			송림동파출소원		下1	27	빈농	노동
	소졸	무		없음	없음		1950.8.7		
허*	자위대원			송림동파출소원		下1	23	빈농	노동
	소졸	무		없음	없음		1950.8.7		
박**	도 내무부 파견			송림동파출소원		下1	27	빈농	노동
	소졸	무		없음	없음		1950.8.9		
노**	하인천 자위대원			창영파출소원		下1	19	노동	학생
	소졸	무		없음	없음		1950.8.7		

리**	도 내무부 파견		창영파출소원	下1	23	노동	노동
	소졸	무	없음	없음	1950.8.9		
차**	도 내무부 파견		경동파출소원	下1	23	빈농	노동
	소3년	무	노동당	1947.5.7	1950.8.9		
리**	문학 자위대원		신생파출소원	下2	27	빈농	노동
	소졸	무	노동당	1947.1.5	1950.8.7		
김**	문학 자위대원		신생파출소원	下2	32	노동	노동
	소졸	무	없음	없음	1950.8.7		
박**	도 내무부 파견		신생파출소원	下1	19	노동	학생
	중퇴	무	없음	없음	1950.8.9		
홍**	용현 자위대원		신흥파출소원	下2	27	빈농	농업
	소졸	무	없음	없음	1950.8.7		
목**	도 내무부 파견		신흥파출소원	下1	20	빈농	노동
	소졸	무	없음	없음	1950.8.9		
최**	용현 자위대원		주안파출소원	下2	29	빈농	빈농
	소졸	무	없음	없음	1950.8.7		
김**	도 내무부 파견		주안파출소원	下1	31	빈농	빈농
	소졸	무	없음	없음	1950.8.9		
박**	하인천 자위대		숭의파출소원	下2	31	노동	노동
	소졸	무	노동당	1947.10	1950.8.7		
리**	도 내무부 파견		숭의파출소원	下1	27	노동	노동
	소졸	무	노동당		1950.8.9		
박**	신흥 자위대		송도파출소원	下1	28	노동	노동
	소졸	무	없음	없음	1950.8.7		
정**	도 내무부 파견		송도파출소원	下1	27	노동	노동
	소졸	무	없음	없음	1950.8.9		
김**	신흥 자위대원		용현파출소원	下2	32	빈농	농민
	소졸	무	없음	없음	1950.8.7		

최**	승의3동 자위대			용현파출소원		下2	35	빈농	농민
	소졸	무		노동당	1947.1.5		1950.8.7		
림**	송림 자위대			문학파출소원		下2	31	노동	노동
	국해	무		없음	없음		1950.8.7		
권**	도 내무부 파견			문학파출소원		下1	22	빈농	노동
	소졸	무		없음	없음		1950.8.9		
리**				교환사		下1	20	빈농	빈농
	소졸	무		없음	없음		1950.8.7		

그러나 조선인민군 점령당국의 인력 수급상황이 썩 좋았던 것 같지는 않다. 부(副) 서장의 경우 군관(장교) 2명이 보임되어야 했으나, 단 한 사람도 임명되지 못했다. 감찰계는 군관의 정원이 30명이나, 군관 3명과 하사 9명을 임명하는 데 그쳐, 군관 27명의 결원이 생겼다. 예심계도 군관 9명이 보임되어야 했지만 군관과 하사 각 2명이 임명되어 군관 7명의 결원이 생겼다. 호안계는 군관과 하사 각각 16명과 34명이 정원인데, 3명과 6명이 임명되는 데 그치고 있어 군관과 하사 각각 13명, 28명이나 결원을 채우지 못하였다.

공민증계의 경우 군관 11명, 하사 19명의 정원 가운데, 단지 하사 1명을 임명하는 데 머물렀다. 해사계는 군관 정원 3명을 채웠으나 하사관 3명은 결원인 채였고, 경비계는 군관 2명과 하사 6명의 정원 가운데, 단지 군관 1명과 하사 2명을 채우는 데 그쳤다. 기요계는 하사 1명의 정원을 채웠으나 군관 2명 가운데 한 명을 임명하는 데 그치고 있다. ○○계의 경우 군관 1명의 정원을 채우지 못하고 있으나, 8명의 하사 정원 가운데 7명이나 임명하고 있는 점이 눈에 띈다.

그 밖에 제1지도원의 경우, 2명의 군관 정원 가운데 1명을 보임하고, 1명은 하사로 충원하였으며, 제3지도원은 1명의 군관 정원을 하사로 대신 임명하였다. 제7지도원은 2명의 군관 정원 가운데 1명만 보임하고 1명은 충원하지 못하였다. 문서계도 군관 1명의 정원만을 겨우 채우고 있었다.

반면 소방대와 파출소 정원은 모두 채우거나 초과하여 대조를 보인다. 소방대의 경우 4명의 군관 정원 가운데 단지 1명밖에 임명하지 못했으나 하사 정원 53명을 모두 충원하였으며, 인천시내 14개 파출소는 군관은 정원 28명 가운데 11명을 충원하는 데 그쳐 결원이 17명에 달했음에도 불구하고, 하사는 42명 정원을 7명이나 초과 채용하였다. 통신계도 군관 1명이 모자랐으나, 하사는 6명으로 정원보다 오히려 2명이 많았다. 소방대의 경우 미군 전투기 등의 폭격에 대비하기 위한 조치였을 것으로 보이고 파출소 정원의 초과도 중추 시설의 방어목적이었을 것이다. 통신계의 정원 초과 또한 전시 상황에서 증대되는 비상연락 등 필요에 따른 대응이었을 것이다.

그러나 전체적으로 보면 군관 정원 116명에 25명이 임명되는 데 그치고, 하사 정원 168명 중 85명밖에 충원하지 못하여 조선인민군 당국의 점령 통치는 안정적이지 않았다. 특히 군관의 충원이 4분지 1에도 미치지 못한 것은 인천을 통치하는 데 어려움을 가중시켰을 것으로 판단된다.[53]

2) 집단학살에 대한 적개심 선동과 전시동원

조선인민군은 시청에 인천시 인민위원회를 설치하고, 동별로도 인민위원회를 두었다. 위원장은 대체로 사회주의자가 선출되었지만, 동에 따

53) 이상은 『(극비)간부 및 서원총계-람표』, 인천시 내무서, 1950의 내용을 토대로 정리함.

라 위원장이 될 만한 유자격자가 없을 경우 미처 피난을 떠나지 못한 유지 가운데 반 강제적으로 위원장이 되기도 하였다. 동별로 선전실을 두고 입대와 전시 노무동원, 농업현물세 수집 등을 독려하였다.[54)]

이들은 우익진영 인사와 군경 등 이른바 '반동분자'의 색출과 처단에도 심혈을 기울였다. 조선인민군 당국은 해광사에 '정치보위부'를 설치하고 시내 여러 곳에 분소도 두었다. 보안서와 보안분소를 통해 이들을 색출하였는데, 이른바 '원통이고개 민간인 학살사건'도 이 과정에서 발생했다. 학살을 집행한 것은 조선인민군 10여 명, 여성동맹원 10여 명이었다.

1950년 7월 6일 이들은 민간인 15명을 '반동분자'로 체포하여 군용차량에 싣고 골짜기로 들어와 두 줄로 세워놓고 일시에 발포 살해한 뒤 시신들을 버려둔 채 떠났다고 한다. 이들의 시신은 인근 주민들에 의해 가매장되었다가 뒤에 부평묘지에 이장되었다. 확인 가능한 희생자들의 신원에 비추어 이들에 대한 학살은 1950년 6월 29일 보도연맹원 집단학살에 대한 보복의 성격이 짙다. 5명의 희생자 가운데 4명이 대한청년단 단원으로서 각각 동단 구, 혹은 동 단위의 간부직을 맡고 있었다.[55)]

---

54) 인천시사편찬위원회, 앞의 책, 1973, 539쪽.

55) 영일, 『격동기의 인천-광복에서 휴전까지』, 동아사, 1986, 362쪽. 살해된 인사 가운데 신원이 확인된 5명의 인사 중 김천일(중앙동단 부단장), 김거복(남구 감찰과장), 김동철(남구 감찰대원), 박종현(화평동단 감찰계장)의 4명이 대한청년단 간부였다.

한편 '원통이고개' 학살 이후 점령 시기 민간인들에 대한 조선인민군 측(좌익)의 대량학살은 일어나지 않았던 것 같다. 조선인민군에 의한 대량학살의 보복이 재연된 것은 1950년 9월 15일 미군에 의한 인천 상륙작전의 성공으로 인민군이 인천에서 패퇴하면서부터였으며, 희생자도 대부분 보도연맹원 집단학살과 관련 있는 대한청년단원과 경찰간부들이었다(김영일, 위의 책, 1986, 362~365쪽). 유엔군의 인천 상륙작전 당일인 1950년 9월 15일, 조선인민군 측과 유엔군 사이에 시가전이 벌어지고 있을 때, 인민군의 패색이 짙어진 상황에서 인천시내 한복판인 중구 중앙동 소재 인천경찰서 유치장에서 조선인민군에 의한 민간인 학살이 자행되었다. 1954년 2월 27일 작성된 미국 국립문서보관소 소장의 「한국전쟁 범죄 제49호 문건」에 따르면, 이 기록은 최초의 생존자들에 의해 진술

이른바 '반동분자'의 색출에 국민보도연맹원 집단학살에 대한 적개심이 활용된 점은 주목할 만하다. 조선인민군 점령당국이 발행한 언론매체는 인천경찰서장이 체포되어 인민재판에 의해 처형되었다는 내용을 보도하면서, 그의 처단을 결정한 인민재판이 희생자의 유가족들에 의해 이루어졌음을 강조하고 있다.

> (전략) 이 악독한 반역행동을 감행한 인천경찰서장 놈은 도주하지도 않고 강도 미국놈들이 다시 상륙한다는 망상을 가시고 숨어다니다가 원수를 무찌르기에 격앙된 시민들에게 발각되어 체포되었다. 이 악독한 서장놈이 인민들 앞에 나서자 놈에게 부모와 아들과 딸들 형제를 잃은 사람은 동지를 잃은 애국투사들의 복수심은 불길같이 솟아올라 인민들의 엄혹한 판결에 의하여 처단되었다. 인천시 인민들은 이에 만족하지 않고 놈들의 잔당을 잡아내기에 더욱 긴장된 경각성을 높이고 활동을 계속하고 있다.[56)]

국민보도연맹원 등 집단학살 사건은 의용군 지원과 전시 복구를 독려하는 데도 활용되었다. 1950년 7월 8일 조선인민군이 인천을 점령한 지 4일째 되는 날, 통치당국의 주도 하에 인천 '시민장'으로 엄수된 장례식에는 많은 비가 내렸음에도 불구하고 수많은 유각족들이 도열한 채 흐느끼며, 반드시 원수를 갚겠다는 결의로 비장한 분위기를 연출했다. 의용군의 자원입대도 원수를 갚기 위해서였다.

된 것으로 희생자 102명 중 시신 발견자는 53명, 부상자는 21명이며 구출된 생존자는 26명이었다. 학살은 인민군 제10 방어사단 제6대대 또는 제10 방어사단 제7대대 사령부 소속의 정치보위부원들에 의해 이루어졌다(『인천은 불타고 있는가』, 승국문화재단, 2001, 172~184쪽).

56) 『해방일보』 1950.7.13, 「시민 7백여 명을 학살한 악귀 소위 인천시장을 처단」.

> (전략) 인천부두에는 피해자를 찾는 울부짖음과 원쑤를 갚고야 말겠다는 증오의 웨침으로 찼다. 영용한 인민군의 진공으로 해방된 인천시민들은 7월 8일 희생자들의 시민장을 엄숙하게 거행하였다. 퍼붓는 빗속을 행진하는 시민들의 비통한 얼굴들에는 한결같이 원쑤를 갚고야 말겠다는 굳은 결의가 력력히 보이였다. 특히 황선학 황익선의 두 형을 놈들의 만행에 의하여 잃은 황선도 소년은 원쑤를 갚기 위하여 의용군대에 입대를 지원하였으며 많은 청년들이 의용군에 입대를 지원하였다. (중략) 원쑤를 보복할 것과 미제군대와 리승만 잔당을 격멸하고야 말겠다는 결의로 한결같이 궐기한 인천시민들은 지금 속속 의용군대에 입대하고 있으며 파괴된 시 복구사업에 열성을 다하고 있다.[57]

가장 중요한 전시동원이 바로 의용군 모집이었다. 1950년 7월 1일 조선민주주의인민공화국 최고상임위원회는 남북한 전체 '인민'에 대한 동원령을 발포했다. 서울에서 간행되던 점령당국의 신문은 인천에서 의용군 '대부대'가 조직되었으며, 이 부대가 7월 12일 서울시 임시인민위원회 앞에 도열하였다고 사진과 함께 보도했다.[58] 인천과 경기도 각지의 점령지구에서 모집된 의용군은 서울로 집결한 뒤 며칠 동안의 간단한 훈련만 받고 바로 전선에 투입되었다.

의용군을 모집하여 훈련도 제대로 받지 못한 채 허겁지겁 전선에 투입하는 것은 조선인민군이 육전에서의 우위와는 달리, 미군기의 폭격으로 전선에서 수많은 병력이 손실되는 것과 깊은 관련이 있었다.

조선인민군 점령당국의 보도에 따르면, 1950년 8월 5일 아침 미군 항공기 편대는 인천시의 중심가인 신생동과 사동, 항동, 중앙동의 주택지대에

57) 『로동신문』 1950.7.16, 「리승만 도당의 만행-인천에서 애국적 인민 천여 명 학살」.
58) 『조선인민보』 1950.7.9 ; 1950.7.13.

대형폭탄을 퍼부어 주택과 학교, 병원, 극장, 교회를 파괴하였다. 이와 함께 미군 항공기는 저공비행으로 시가지에 소이탄을 무수히 투하하면서 진화작업에 동원된 시민들을 기총소사로 살상하였다. 심지어 미 항공기는 아직 연소되지 않은 주택가에 가솔린을 뿌려, 순식간에 상인천역 근방 일대와 송현동의 빈민촌 초가집들, 신생동과 답동 등의 수백 호의 가옥이 불바다로 변하였다. 이로 인해 당일 아침에 신생동에서만 상호병원과 축항병원 등 7개 병원이 불탔으며 인천시립극장, 항도극장, 해방극장, 창영국민학교, 창영교회, 탑동감리교 중앙교회 등이 파괴, 소실되었다. 8월 21일과 24일에는 인천항 쪽 서해바다에서 무차별 함포사격이 이루어졌고, 8월 27일에는 선혜중학교와 박문국민학교에 폭탄이 투하되었으며, 축지인쇄소와 연극동맹 회관, 교회 등이 잿더미로 변했다.[59]

더욱이 인천항 인근의 주요 섬들이 국군에 의해 점령된 데 힘입어 미군 전투기의 공중폭격과 바다로부터의 함포사격은 갈수록 거세졌다.[60] 이에 조선인민군 점령당국은 노동자들로 하여금 임금의 일부를 거출하는, 사실상 강제적으로 군기헌납운동을 전개하였다. 예컨대 인천 ○○공장 노동자들은 1950년 8월 15일 해방 5주년을 경축하면서 "우리들은 후

---

59) 『로동신문』 1950.9.8.

60) 인천 상륙작전에 앞서 한국 해군은 손원일 제독의 지시로 이희정 중령(서해지구 한국해군 작전사령관)의 지휘 하에 1950년 8월 16일부터 인천항 건너 월미도 인근의 주요 섬들에 대한 공격을 개시하여 덕적도(8월 20일), 영흥도(8월 23일), 연평도(9월 10일)를 차례로 점령하였다. 특히 8월 20일에는 캐나다 구축함 아사바스칸호 상륙반이 상륙작전의 첫 공격지점인 월미도 바로 옆 팔미도에 상륙해 등대 안의 통신시설을 파괴하였다(함명수, 『바다로 세계로』, 한국해양전략연구소, 2007, 94~99쪽; 인천시사편찬위원회, 앞의 책, 1973, 533쪽). 함명수는 해군사관학교 1기생으로 한국전쟁 당시 정보감(소령)과 해군본부 상황실장으로 있으면서 인천 상륙작전에 대비한 첩보수집 작전('X-레이작전')을 지휘, 영흥도에 상륙해 인천 현지로부터 정보수집활동을 전개하였고 인천 상륙작전도 참관했다. 뒤에 제7대 해군참모총장을 지냈다.

방을 지키고 있는 대신 제 일선에서 미제놈들과 이승만배 잔당들을 소탕하고 있는 영웅적 인민군의 전투력을 튼튼히 보장하기 위하여 인민군대의 무장력이 되는 비행기와 땅크를 한 대라도 더 많이 보내자"고 하면서 여러 날 동안의 임금을 군기 헌납금으로 바치기로 결의하였다. 이들은 인천의 모든 공장과 직장, 가정에까지 군기헌납운동을 확대하기 위해 시민들에 대한 호소문도 발표하였다.[61]

그러나 노동자들의 임금을 갹출하는 정도로 군기헌납운동이 실효를 거두기는 어려웠다. 획기적으로 생산증강을 꾀하지 않는 한 일시적인 전시모금운동으로 그칠 수밖에 없었다. 인천에서 미군기의 공중폭격 외에 바다로부터의 함포사격은 조선인민군 점령통치의 안정에 큰 위협이 되었다. "미 제국주의자들은 자기들의 수치스러운 패전을 엄폐하기 위하여 인천시에 매일 매시같이 더러운 날개를 나타내고 야수적 폭격과 기총소사로 무고한 남녀노유를 학살하고 우리의 귀중한 재물을 파괴하고" 있으며, "귀축 미제가 인천시에 함포사격으로 최후 발악적 만행을 감행한 것만도 그간 두 차례나 있었다"는 보도는 인민군 점령당국이 느끼는 위기의식의 심각성을 말해준다.

인천 ㅇㅇ공장은 폭격에 의해 공장 일부가 파괴되고 여러 차례의 기총소사가 있었음에도 불구하고 90% 이상의 출근율로 생산증강운동을 전개했다고 한다. 이 공장의 '애국적 노동자들'은 연일 계속되는 힘겨운 노동에도 불구하고 시간외 노동을 통해 개인당 100원씩 거출하여 4만원을 조선인민군에 보냈으며, 1950년 8·15해방 5주년기념 경축대회에서 21만 원에 달하는 금액을 전투기와 탱크, 함선 기금으로 헌납하였다.

---

61) 『해방일보』 1950.8.21.

적지 않은 노동자들이 의용군 자원입대를 결의하였다. 아래의 내용은 조선인민군의 인천점령 직전 군경에 의한 보도연맹원 등의 집단학살이 점령군 당국과 인천 지역사회에 얼마나 뿌리 깊은 증오를 남겼는지를 짐작하게 한다.

> 이 공장의 노동자들은 7백여 명의 애국자들을 집단적으로 무참히 학살한 원쑤놈들의 추악한 심장에 복수의 총탄을 퍼붓기 위하여 ○○명의 여직공이 정의의 총칼을 들고 영예로운 인민의용군으로 용감히 출동하였다.[62]

조선인민군 점령 당국은 1950년 8월 18일에 공포된 노동법령의 시행을 노동자들의 '자발적' 생산증강운동과 군기헌납운동의 사회경제적 기초로 선전하였다. 1946년 봄, 북한에서 제정·시행된 '민주주의적 노동법령'을 남한 내 점령지역으로 확대함으로써 "8시간의 노동일과 의무적 사회보험제"를 실시하려 했다.

그러나 이 법령은 전쟁으로 인해 대부분의 공장과 기업소들이 파괴 및 휴업상태에 있었기 때문에 실효성보다는 노동자에 대한 법적 지위를 부여한다는 상징적 의미가 더 컸다. 오히려 남한 점령지구의 노동자들은 파괴된 시설을 복구하고 조선인민군에 대한 전시지원을 위해 출퇴근 시간이 따로 없을 정도의 끝없는 증산경쟁에 내몰렸다.[63]

한편, 점령지구의 토지개혁이 일단락될 무렵 노동법령의 시행과 동시에 단행된 농업현물세제는 군량미곡에 대한 사실상의 '공출'을 의미했

62) 『해방일보』 1950.9.2.

63) 이현주, 「한국전쟁기 '조선인민군' 점령 하의 서울-서울시 임시인민위원회를 중심으로」, 『서울학연구』 31호, 서울시립대학교 서울학연구소, 222쪽.

다. 이것은 9월 6일 인천시청 앞 광장에서 거행된 "농업현물세를 남보다 먼저 납부하기 위한 궐기 경축대회"에서 인민위원회 위원장이 행한 보고에서 그대로 드러난다.

그는 "금번 농업현물세제 실시에 대한 공화국 내각 결정은 남반부 농민들의 경제적 문화적 낙후성을 조속히 갱신하고 새로운 민주주의의 토대 위에서 우리들 농민의 생활을 급속히 향상시키는 데 그 목적이 있는 것이다. 그리하여 우리 농민들은 성심껏 기한 내에 바쳐야 할 것이며 조국해방전쟁을 승리적으로 쟁취하는 데 모든 역량을 다하여야 한다"고 강조했다. 이어 등단한 여성동맹위원장도 "한 알의 쌀이라도 더 많이 내어 전선에서 싸우는 영용한 인민군대의 온갖 후방사업을 광범히 조직하여야 한다"고 호소했다.[64)]

수많은 농민들이 모여 "야수적 미 항공기들이 무차별적으로 퍼붓는 폭탄소리가 요란하게 울리는 가운데" 진행된 궐기대회에서 인천 상륙작전을 일주일 앞둔 이들의 호소는 절규에 가까웠다. 조선인민군 당국은 1950년 가을의 추수기를 앞두고 점령지구에서 수확량의 25퍼센트를 현물세로 요구하였는데[65)] 이것은 자작농민층의 적지 않은 반발을 불러일으켰다.

---

64) 『해방일보』 1950.9.14.

65) 「공화국 남반부 지역에 있어서 농업현물세제를 실시함에 관한 결정서」(조선민주주의인민공화국 내각결정 제148호, 1950.8.18), 『북한관계사료집』(23), 국사편찬위원회, 417~420쪽.

4. 맺음말

조선인민군은 한강 하류를 건너 김포 방면에서 부평을 거쳐 1950년 7월 4일 인천에 들어왔다. 그러나 인천시장 지중세는 인민군이 들어오기도 한참 전인 6월 28일 피신하였고 시청 공무원과 군경도 조기에 수원으로 철수하였다. 행정이 공백상태에 빠지고 형무소 문을 열고 나온 사람들을 중심으로 한 좌익세력이 인천의 주요 기관을 장악한 상황에서, 좌익세력과 그 혐의자를 포함한 수백여 명이 집단적으로 학살되었다. 서울의 점령 소식을 듣고 서둘러 수원 방면으로 철수했던 군경은 우익 청년단체의 '안내'를 받아 6월 29일 조선인민군 환영을 준비하던 인천시청을 급습하여 이들과 가족들을 대상으로 대대적인 색출작업을 벌여 700명이 넘는 민간인을 '처단'한 것이다.

주검이 된 이들 가운데에는 인천지역의 국민보도연맹원과 그 가족들이 많았다. 국민보도연맹 경기도연맹과 인천연맹은 각각 1949년 11월 4일과 12월 4일에 결성되었다. 인천연맹은 좌익전향자 보호와 대한민국에 충성하는 온전한 국민을 만들자는 보도연맹의 취지에 따라 자수권유 운동을 맹렬하게 전개했다. 그 결과, 자수자가 속출하고 1949년 12월부터 이듬해 4월까지 지역 일간신문은 수백 건의 「탈퇴성명서」로 도배되었다. 그러나 성명은 물론 주소까지 정확하게 기재된 탈퇴성명서는 마치 '살생부'처럼 이들에 대한 학살의 불길한 징조가 되었다. 한편으로 한국전쟁 이전 인천지역의 보도연맹 결성과 집단학살에 이르는 과정은 어느 지역보다 좌·우의 대립이 극심했던 해방 후 인천 정치사의 산물이기도 했다.

인천을 점령한 조선인민군은 남로당 지하조직원 등의 조력을 받아 인민위원회 등 인민정권 기관을 '복구'하면서 주요 기관의 접수와 개편을 단행했다. 점령당국에 의해 작성된 자료에 따르면, 인민군은 점령지구 통치를 위해 필요한 요원의 절반 이상을 북한으로부터 데려왔다. 인천경찰서가 개편된 인천내무서 대원 99명 가운데 절반 이상은 북한에서 파견된 사람들이었고, 이들 대부분이 조선노동당원으로서 내무서 본부를 장악하고 파출소 등 산하기관의 수장을 맡았다. 이것은 확고한 당성(黨性)을 갖추고 북한에서 행정경험도 쌓은 이들로 하여금 남한의 점령지구에 북한식 사회주의체제를 이식하려는 의도로 판단된다.

인천 현지에서 채용, 임명된 사람들은 대개 빈농, 노동자 출신으로 하위직에 배치되어 북한에서 파견된 상급자를 도와 점령통치와 전시동원에 협력하는 임무를 수행하였다. 아마도 점령 직전 '애국투사' 수백 명의 죽음은 조선인민군 당국이 현지에서 점령통치를 도울 조력자를 구하는 것을 한층 어렵게 했을 것으로 보인다.

조선인민군은 자신들이 들어오기 직전에 인천에서 수백 명의 '애국투사'와 '무고한 양민'이 학살된 사실에 주목하고 이를 점령통치에 활용하였다. 학살된 보도연맹원 등의 시민 장례식은 의용군 자원 입대장을 방불케 했다. 점령당국의 매체와 인터뷰를 하는 학살 피해 당사자들은 적개심을 불태우면서 앞다투어 의용군 자원입대를 맹서하였다. 인천지역 공장의 노동자들이 군기헌납운동을 추진하며 내세운 이유도 "7백여 애국자들을 집단적으로 무참히 학살한 원수들의 심장에 복수의 총탄을 퍼붓기 위해서"였다. 한편으로 이러한 적개심의 선동과 심화는 갈수록 거세지는 미군기의 공습 속에서 조선인민군 당국의 점령통치를 지탱하게 하는 원동력이었다.

조선인민군 점령당국은 노동법령 시행을 선전하며 노동자와 시민들을 대상으로 생산증강을 독려하였다. 그러나 '민주주의적 노동법령'은 전시

하에서 노동자에 대한 법적 지위를 부여한다는 상징 이상의 의미를 갖기는 어려웠다. 점령지구에 대한 토지개혁이 일단락될 무렵 단행된 농업현물세제도 농민·시민들이 감내하기에는 너무나 고통스러워 마치 일제 말기의 '공출'을 떠올리게 했다.

미군이 예리하게 관찰한 것처럼 점령 직전 벌어진 비극의 영향으로, 또한 인천시장 등 당국자들과 군경의 피신에 의해 민심이 이반되면서, 조선인민군은 인천 지역사회를 완전하게 장악하는 듯했다. 그러나 미군기의 폭격뿐만 아니라 점령기간 내내 계속된 바다로부터의 함포사격은 일상을 파괴하고 완전한 점령통치를 불가능하게 했다. 집단학살로 인해 점령통치를 뒷받침할 기반이 현저하게 약화된 점도 상황을 더욱 어렵게 했을 것이다. 마침내 유엔군의 대규모 상륙의 공포가 엄습하는 가운데, 조선인민군 점령당국은 패퇴를 앞두고 '자제'하던 정치범들에 대한 '처단'을 준비하기 시작했다.66)

66) 인천을 점령하고 있던 조선인민군이 '유엔군의 대규모 상륙'(인천 상륙작전)에 앞서 우익 등 '정치범' 처단을 준비할 무렵, 인천 상륙의 교두보 역할을 했던 월미도에서 미군 전투기에 의한 집중 폭격으로 100여 명의 민간인들이 희생된 사건이 있었다(「월미도 미군폭격 사건」, 『진실화해를 위한 과거사정리위원회 조사보고서 : 2008년 상반기 조사보고서』, 진실화해를 위한 과거사정리위원회, 2009, 11~88쪽 참조). 이에 따르면 월미도 거주 민간인들은 한국전쟁 시기인 1950년 9월 10일 인천광역시 월미도 마을에 가해진 미군의 폭격으로 집단학살 되었다. 폭격은 리차드 루블(Richard W.Ruble) 제독의 해병대항공단 제15항모전단 항공기들에 의해 월미도를 무력화시키는 작전의 일환으로 발생하였다. 항공모함에서 이륙한 해병항공기들은 95개 네이팜탄을 월미도 동쪽지역에 투하하고 기총소사하였다. 이 집중폭격으로 동쪽지역의 건물, 숲 등과 함께 민간인 거주지도 완전히 파괴되었다. 희생자도 100명이 넘는 것으로 추산된다.

맺음말

이 연구에서는 1945년 8·15해방에서 1950년 한국전쟁기 '조선인민군'의 인천 점령 시기까지 '국제적' 항구도시이며 수도 서울의 관문인 인천에서 일어난 대규모 인구유입과 사회변동을 현대 인천의 정체성의 기원과 형성이라는 관점에서 분석하려 하였다.

이를 위해 '패전'에 따른 인천 재류 일본인들의 철수와 해외 한국인들의 귀환, 그로 인한 사회변동, 정부 수립을 위한 제헌 국회의원 선거 및 지역 차원의 분단질서 형성, 한국전쟁의 발발과 내재된 대립구도의 폭발에 이르는 과정을 분석하였다.

1945년 8월 15일 한국은 35년에 걸친 일본제국주의의 식민통치로부터 해방되었다. 특별히 인천은 1876년 강화도조약에 따른 최초의 개항장으로, 외국인 거류지(조계) 설정에 따라 일본조계가 가장 먼저 형성되어 식민통치의 전진기지 역할을 했고, 거주 일본인의 규모도 다른 어떤 도시보다도 많았기에 해방이 주는 의미는 남달랐다. 반면 인천에서 '패전'을 맞이한 일본인들의 반응은 한국인들과는 반대였다. 이들은 불공정한 경쟁과 수탈로 획득한 재산을 지키는 동시에 안전한 귀국을 위한 준비를 서둘러야 했다. 이를 위해 자치조직으로 인천 일본인상조회를 결성하였다. 이 단체는 겉으로는 일본인들의 안전한 본국 철수를 돕는 자치단체를 표방하였으나, 안으로는 '잔류'를 염두에 두고 상황이 호전되면 '거류민회'로 전환하려는 의도를 가지고 있었다.

해방 당시 인천의 일본인 수는 황해도와 평안도 등 38도선 이북에서 내려오는 자들을 합해 3만여 명에 달했다. 미군이 상륙하기 전까지 여전히 지방권력을 장악하고 있던 일본인들은 인천부가 중심이 되어 일본군과의 협조하에 본국 철수계획을 수립하였다. 그러나 일본인들은 이 와중에도 "가능한 한 조선에 남아 새 정부의 육성에 협력해야 한다"고 하여 잔류 욕심을 숨기지 않았다. 잔류에 대한 희망은 오히려 인천에 상륙하는 미군의 일본인들에 대한 우호적 태도로 증폭되었다.

그러나 인천에 잔류하려는 일본인들, 특히 인천 일본인상조회 간부들의 희망은 오래 가지 못했다. 먼저 해외로 송출되었던 한국인 노동자들이 귀환하고 인천에서 일본인 사업주들이 자행한 임금체불과 퇴직금횡령 등에 대해 한국인 노동자들이 시정을 요구하기 시작했다. 일본인들 가운데에는 '잔류'만을 앞세우는 상조회 간부들에 대한 비판도 이어졌다. 1945년 9월 미국의 트루먼 대통령은 한국 재류 일본인들의 추방을 천명하였고, 무엇보다도 일본인 철수에 대한 한국인들의 의지는 확고했다.

이에 따라 패전한 지 한 달여 만에 인천 재류 일본인들의 철수가 본격화되었다. 1945년 10월 3일 조선총독부 종전사무처리본부는 일본인 철수에 관한 아놀드 군정장관의 명령을 인천 일본인상조회에 정식 통보했다. 1945년 10월 두 차례에 걸쳐 일본군과 그 가족들이 인천에서 철수한 뒤, 이듬해 3월 2일까지 도합 15차례에 걸쳐 약 13,000명에 달하는 일본인들이 인천을 통해 본국으로 철수하였다. 마지막까지 잔류를 시도하며 인천 일본인상조회의 '거류민회'로의 전환을 꿈꾸던 이들의 시도는 최종적으로 좌절되었다. 이제 그들이 떠나간 자리에는 수십 년간 해외를 떠돌던 수백만 전재동포들이 들어와야 했다.

해방 후 인천항으로 들어올 해외 전재동포의 규모는 총 75만 명으로 추산되었는데, 이 가운데 1945년 9월부터 이듬해 12월까지 신문에 보도된 바에 따르면 인천항에 입항한 해외 전재동포는 6만 6천여 명에 달했다. 이들이 출발한 지역은 중국 44,772명, 일본 16,007명, 남양군도 5,700여 명으로 중국, 특히 북경을 비롯한 화북지역이 압도적이었다. 이 지역의 경우 일본 점령군과 중국 민중 사이에 조성된 적대관계로 인해 한인들은 재산을 약탈당하는 등 심한 박해를 받으며 거의 빈털터리로 조국 귀환에 내몰렸다. 특히 중국국민당과 중국공산당의 내전장이 된 동북 만주지역에서는 수많은 한인들이 조국 귀환을 포기하였다.

해외 전재동포의 대규모 귀환은 1946년 말경 일단락되고, 그 이후의 대규모 인구유입은 북한지역에서 내려온 월남민에 의한 것이었다. 해방 후 남과 북이 미·소 양군에 의해 군사적으로 점령된 뒤 상당수의 북한주민들이 월남했는데, 초기에는 친일파, 1945년 12월 말 모스크바 3상회의 결정 이후에는 기독교인과 우파 민족주의자들이 월남했다. 1946년 전반기 북한의 토지개혁 이후에는 지주계급은 물론 정치·경제의 급진적 개혁에 불안을 느낀 일반 주민들도 월남대열에 합류, 1946년 말에 이미 40만을 넘어섰다. 이 중 5만여 명이 잔류·정착지로 인천을 선택했다.

귀환 전재동포들에 대한 미군정과 인천시 당국의 임무는 입항과 검역, 일시적 수용과 고향으로의 송환이라는 과정을 차질 없이 수행하는 것이었다. 이를 위해 인천시 당국은 시내 부도정의 과거 일본인들이 경영하던 유곽을 개조하여 6개소의 전재민수용소를 설치, 운영하였다. 특히 잔류 전재동포들이 증가하면서 시 당국은 이들에 대한 주택과 취업대책 등에 골몰하였다.

그러나 군정당국의 차별적 사고에 따른 주먹구구식 대응, 지역 유지층의 무관심 등으로 인해 소기의 성과를 거두기는 어려웠다. 이 때문에 군정당국이 해야 할 귀환 전재동포 구호의 많은 부분은 조선인민원호회 인천지부 등 민간 구호단체에 맡겨졌다. 그런데 이들 전재민 구호단체는 조선건국준비위원회(인천지부), 인천시 인민위원회 등과도 직·간접적으로 연결되어 향후 좌·우익의 정치세력화 과정에서 잠재적 동원의 대상이 되는 데 기여했다.

고향 등 연고지로 돌아가지 못하는 잔류 전재동포들이 증가하면서 인천에서도 전재민동맹 등 해외 전재동포들이 스스로 만든 단체가 출현하였다. 조직결성의 표면적인 이유는 전재동포 내부의 질서를 세워 인천시 당국과 인민원호회를 돕겠다는 것이었으나, 전재민동맹의 등장은 要 구호 당사자 조직의 출현이라는 점에서 의의가 있다. 미군정과 민간 구호단체, 귀환 전재동포 단체 등 3자는 대립과 견제보다는 역할분담에 의한 상호보완관계의 성격을 가졌던 것으로 보인다.

그러나 이러한 구호의 역할분담 과정이 체계적인 계획에 의한 것이라기보다 점차 要 구호 전재동포 당사자들에게 전가되는 과정을 밟았다는 점에 한계가 있었을 것으로 보인다. 무엇보다도 전재동포 단체의 결성은 민간 구호단체의 '매개'가 아닌 본인들 스스로 의사표현과 실행을 결정할 주체적 조직을 출범시켰다는 데 의의가 있다.

해외 전재동포와 월남민의 대규모 유입은 인천에 적지 않은 사회변화를 야기했다. 먼저 경제적 불안정성이 심화되었다. 일제하의 인천은 제국주의 일본의 전쟁수행을 위한 군수공장이 밀집되어 식민지배와 대륙침략의 전진기지 역할을 수행했다. 또한 일본인들이 인천의 산업계를 지배하고 있었다. 패전과 더불어 일본인들이 산업시설을 제멋대로 처분, 파괴하고 썰물처럼 사라져 인천의 산업시설은 그야말로 거대한 흉물이 되어 있었다. 더욱이 일본인들이 떠나간 뒤 미숙하고 부조리한 귀속사업체 운영으로 야기된 생산력 감퇴, 극심한 물가고에 더하여 수십만 해외 전재동포와 월남민의 유입으로 인천의 경제는 한계상황에 직면하였다.

해외 전재동포의 대규모 유입으로 야기된 심각한 문제의 하나는 주택난이었다. 상당수가 연고지나 고향으로 돌아가지 못하고 인천에 잔류함으로써 가뜩이나 부족한 주택난을 가중시켰다. 초기에 당국은 쓰레기장이 되어버린 방공호와 거리, 다리 밑에서 노숙하는 전재동포들을 위해 유흥업소 등에 일시적이나마 수용시설을 확보하는 데 노력하였다. 그러나 다수의 전재동포가 인천에 정착하게 되자 특정지에 가주택을 지어 주택난을 해소하려 했다. 반면 가주택 밀집지역은 빈민촌이 되면서 사회적 갈등의 씨앗이 되었는데, 이는 전재동포가 더 이상 포용의 대상이 되지 못하고 견제와 격리의 대상으로 전락해가고 있음을 예고하는 것이었다.

해외 전재동포와 월남민 등 유입된 대규모의 인구로 인해 발생한 또 다른 문제는 각종 전염병을 비롯한 질병의 만연이었다. 그 과정에서 일어난 집단적 나병환자들에 의한 사회적 소동은 전재동포를 더 이상 모두가 끌어안아야 할 하나의 민족이라는 상식화된 관념, 즉 그들에 대한 인식이 당위적 포용이 아닌 선별적 배제의 대상이 되고 있음을 극명하게 보여주는 사례이다.

해방 후 인천에서 건준 인천지부가 결성되고 뒤이어 한민당 인천지부가 조직되면서 인천의 정치세력은 인민위원회를 위시한 좌익과 한민당을 위시한 우익으로 양분되었다.

인천지역 좌익과 우익의 첫 번째 충돌은 대한민국임시정부의 환영행사문제에서 비롯되었다. 1945년 11월 26일 한민당은 중국 중경에서 돌아오는 대한민국임시정부 요인들의 환영식을 성대하게 치르고자 매머드급 준비조직을 구성하고 30여 명의 지역 유지를 위원으로 발표하였다. 이에 인천시 인민위원회와 조선공산당 인천지부 등 좌익은 일부 정회장을 포함하여 일제 때 한민당 간부들의 친일행적을 집중거론하면서 생활고로 허덕이는 인천시민들에게 대회비용을 부담시키면서까지 임시정부 환영대회를 성대하게 치르려는 것은 한민당이 "자기 당의 허세를 과장하려는 교묘한 선전술, 기만적 행위"라고 비난했다.

인천에서 좌·우익 갈등은 '신탁통치문제'로 더욱 악화되었다. 1945년 12월 말 모스크바 3상회의 결정에 의해 '조선 임시민주정부'의 수립을 전제로 5년간 신탁통치가 발표되었다. 당초 좌·우익은 별다른 입장표명을 하지 않다가 12월 29일에 정회장들이 '신탁통치 절대반대' 의사를 표명하고 이틀 뒤에는 정당 및 사회단체 대표들이 신탁통치 절대반대 시민대회를 개최했다. 그러나 이후 좌익이 찬탁으로 선회하면서 우익의 공격이 강화되었다.

신탁통치문제에 대한 태도 변화로 위상에 타격을 입은 좌익은 내부의 조직적 결속력을 공고히 하여 모스크바 3상회의의 결정에 따라 개최될 미소공동위원회에 대비하고, 대중과의 접점을 강화하기 위해 통일전선 조직으로 민주주의민족전선(민전) 인천지부를 결성했다. 민전 인천지부는 미소공위의 개회라는 낙관적인 상황을 활용하여 여러 차례 집회를 개최했으나 제1차 미소공위가 결렬되고 미군정의 탄압이 가중되자 위축되었다.

미소공동위원회의 결렬을 계기로 좌·우익간의 대립과 투쟁은 중앙과 지방을 막론하고 한 치의 양보 없이 극렬한 양상을 띠며 전개되었다. 좌익은 미소공위의 재개를 요구하는 대규모 대중집회를 열어 우익의 반탁운동에 강력히 대응하였다. 민전 인천지부는 6월 23일 중앙위원 김원봉, 여운형, 이강국, 이현상 등도 참석한 가운데 '미소공위 촉진 인천시민대회'를 개최했다. 우익은 이에 맞서 한민당 인천지부의 주도 아래 좌익이 개최한 '미소공위 촉진 인천시민대회' 개최일과 동일한 날에 독립촉성협의회 주최로 반탁을 선전하는 '시국대강연회'를 열었다. 인천 미군정은 우익과 보조를 같이 하여 인천지구 노동조합평의회 위원장 김기양(金基陽)을 5월 19일 발생했던 인천지구 노동조합평의회 소속 노동자와 반탁학생연맹 소속 학생들과의 충돌사건과 관련시켜 체포했다.

반탁에서 찬탁으로의 태도 변화, 미군정의 탄압, 그리고 조봉암의 성명서 발표 등이 이어지면서 해방 후 미군정기 인천지역의 정국은 한민당을 중심으로 한 우익이 주도권을 잡아가는 가운데, 좌익이 이에 격렬하게 저항하는 모습을 보였다. 인천에서 이와 같은 좌·우 세력의 극단적 대치는 한국문제가 유엔에 이관된 1947년 말까지 계속되었고, 이러한 극단적 분열은 제헌 국회의원 선거라는 향후 인천에서 펼쳐질 공론의 장에서 통일의 달성과 독재의 배격이라는 강렬한 열망이 분출되는 배경이 되었다. 한편으로 이와 같은 강렬한 열망의 여진은 단독선거 반대투쟁으로도 이어졌다.

곽상훈의 제헌 국회의원 당선은 일본과 만주, 상해에서의 독립운동 경력에 인천에서 쌓은 여러 민족·사회적인 활동을 인천 갑구의 유권자들이 평가해준 결과였다. 그는 부산 동래에서 태어나 어린 시절을 보내고 서울에 유학하였으나 인천에서 거주하면서 여러 사회적인 활동에 주도적으로 뛰어들었다.

1920년대 후반 중국 상해에서 귀국 뒤에는 인천에 돌아와 청년 야구단을 만들어 인천지역의 일본인 사회와 스포츠로 대결하면서 명성을 얻었고 신간회 인천지회 활동을 주도하고 만보산사건 특파원으로 활동하는 등 민족운동의 끈을 놓지 않았다. 한민당 공천에서 탈락한 뒤 와신상담하던 그를 일으켜 세워준 것도 일제시기부터 그와 함께 활동했던 청년 동지들이었다. 해방 후 이들은 인천지역 여러 단체의 주역이 되어 곽상훈의 출마를 독려했을 뿐만 아니라 기꺼이 선거운동원이 되어 그의 당선을 위해 노력했다.

남북한 통일정부 수립과 완전한 독립전취를 강력하게 내세운 선거전략이야말로 그가 압도적인 승리를 거둘 수 있었던 가장 큰 이유였다. 그가 인천 출신이 아니라는 것은 그리 중요하지 않았다. 제헌 국회의원 선거는 새로운 정부를 만들 국민의 대표를 선출하는 것이었던 만큼 지역일꾼을 뽑는 기성국가의 선거와는 달랐다. 남북통일과 독립전취를 주장했다는 점에서, 곽상훈의 정견과 인천 을구에서 당선된 조봉암의 정견이 거의 동일했다는 것은 결코 놀라운 일이 아니다. 요컨대 민족통일과 완전독립을 염원하는 유권자들의 열망이 그의 당선으로 나타난 것이라고 할 수 있다.

반면에 조봉암은 제헌 국회의원 선거에서 인천 을구에 출마해 당선되었다. 그는 1945년의 해방에서 1946년 3월을 전후한 시기에 출옥 후의 침묵에서 깨어나 해방된 조국의 인천에서 지역 차원의 치안유지와 건국 준비에 주도적으로 참여했고 이러한 활동을 통해 지역기반을 구축하였다. 그 결과 인천의 대표적인 인물로 부상하였고 혁명가에서 정치가로 변신했다. 1946년 4월 이후 조봉암은 조공과 결별하고 독자적인 노선을 구축했다. 박헌영의 노선에 대한 공개비판, 군중집회에서의 전향성명 살포 같은 충격적이고 능동적인 행동을 통해 자신의 '전향'이 소신에 대한 배신이나 굴복이 아니며, 뛰어난 선동적 카리스마를 가진 정치가임을 입증하는 데 성공하였다.

이와 같은 활동을 기반으로 조봉암은 인천에서 제헌 국회의원 선거에 출마했다. 그는 자신이 속했던 조직의 선거불참 방침, '전향'에 따른 좌·우 양쪽의 공격을 무릅쓰고 무소속으로 출마했다. 선거운동 기간 중에는 조직과 자금의 열세로 어려움을 겪었고 경쟁했던 후보들은 그를 공산주의자로 몰아붙였다. 그러나 그는 해방 직후부터 일관되게 추구해온 민족통일과 자주독립의 노선을 직접 대중들에게 제시하여 당선되었다.

제헌 국회의원 선거는 새로운 정부를 구성할 인물을 뽑는 자리였다. 때문에 유권자들은 지역 토박이나 유지보다는 전국적인 명망으로 민족적인 이슈를 제시할 수 있는 후보를 갈망하였다. 조봉암은 일제하에 한국공산주의운동을 선도한 혁명가이며 해방 후에는 중앙노선, 제3의 노선을 표방하며 좌·우의 이념적 대립을 극복하고자 했던 이상주의적 정치가였다. 따라서 계급에 의한 것이건 자본에 의한 것이건 독재를 배격하고 평화적 통일을 주창한 조봉암이 당선된 것은 그의 주장이 유권자들의 열망과 동일했기 때문이다.

선거에서 확인된 열망은 참혹한 한국전쟁을 겪으면서 절실하면서도 세련된 평화통일론으로 나타났던 것이며, 이런 점에서 인천은 평화통일론의 산실(産室)이라고 할 수 있다.

인천에서 한국전쟁은 대내적 관점에서 단독정부 수립을 위한 '단독선거'라는 규정성을 가질 수밖에 없는 제헌 국회의원 선거로 내면화된 갈등이 충돌한 것이라고 할 수 있다.

조선인민군은 1950년 7월 4일 인천을 점령했다. 그러나 인천시장 지중세는 인민군이 들이오기노 한참 전인 6월 28일 피신하였고 시청 직원과 군경도 조기에 수원으로 철수하였다. 행정이 공백상태에 빠지고 형무소 문을 열고 나온 사람들을 중심으로 한 좌익세력이 인천의 주요 기관을 장악한 상황에서, 좌익세력과 혐의자를 포함한 7백여 명이 집단적으로 학살되었다. 주검이 된 이들은 국민보도연맹원과 그 가족들이 많았다.

인천을 점령한 조선인민군은 남로당 지하조직원 등의 도움을 받아 인민위원회 등 인민정권 기관을 '복구'하면서 주요 기관의 접수와 개편을 단행했다. 점령당국에 의해 작성된 자료에 따르면, 인민군은 점령지구 통치를 위해 필요한 요원의 절반 이상을 북한으로부터 데려왔다. 이것은 확고한 당성(黨性)을 갖추고 북한에서 행정경험도 쌓은 이들로 하여금 남한의 점령지구에서 북한식 사회주의체제를 이식하려는 의도였다.

조선인민군은 자신들이 들어오기 직전에 인천에서 수백 명의 '애국투사'와 '무고한 양민'이 학살된 사실에 주목하고 이를 점령통치에 활용하였다. 학살된 보도연맹원 등의 시민 장례식은 마치 의용군 자원 입대장을 방불케 했다. 조선인민군 당국의 매체와 인터뷰를 하는 학살 피해 당사자들은 적개심을 불태우면서 앞다투어 의용군 자원입대를 맹서하였다. 인천지역 공장의 노동자들은 군기헌납운동을 추진하며 "7백여 애국자들을 집단적으로 무참히 학살한 원수들의 심장에 복수의 총탄을 퍼붓자"고 주장했다.

점령 직전 벌어졌던 엄청난 참극의 영향으로, 또한 인천시장 등 당국자들과 군경의 피신에 의해 민심이 이반되면서, 조선인민군은 인천 지역사회를 완전하게 장악하는 듯했다. 그러나 미군기의 폭격뿐만 아니라 점령기간 내내 계속된 바다로부터의 함포사격은 일상을 파괴하고 완전한 점령통치를 불가능하게 했다. 집단학살로 인해 점령통치를 뒷받침할 기반이 현저하게 약화된 점도 상황을 더욱 어렵게 했다. 마침내 유엔군의 대규모 상륙의 공포가 엄습하는 가운데, 조선인민군 점령당국은 패퇴를 앞두고 '자제'하던 정치범들에 대한 '처단'을 준비하기 시작했다.

1883년 개항 이래 오늘까지 인천은 한국근현대사와 맞물리면서 격변을 겪었다. 불과 1세기라는 시간은 인천을 거대한 국제도시로 바꾸어버렸다. 전국을 통틀어 인천만큼 격변의 세기를 달려온 도시도 없을 것이다. 인천이 이처럼 외연적으로 급격히 성장하게 된 배경은 한국의 발전과정에서 그 만큼의 역할이 주어졌기 때문일 것이나, 그로 인해 인천이 받은 역사의 부하(負荷)와 정체성(identity)의 상처도 깊어진 것이 사실이다.

특히 1945년부터 1950년까지 불과 5년 동안 인천에서 일어났던 일본인 철수와 수만 해외 동포의 귀환, 어느 지역보다 전국적 이슈로 달아올랐던 제헌 국회의원 선거, 한국전쟁기의 대량학살과 보복 등은 인천이 겪은 역사의 과부하와 그로 인한 상처를 너무나 압축적으로 여실히 보여준다. 여러 가치와 지향이 대립하고 충돌했던 역사에서 무엇을 배울지는, 오늘을 살아가는 우리들이 사심 없이 성찰하고 격의 없이 소통하면서 함께 찾아가는 과정이 되어야 한다고 생각한다.

부록

1. 인천 재류 일본인 철수일지
2. 인천 해외 전재동포 귀환 보도 기사목록
3. 인천 제헌 국회의원 선거 기사목록

1. 인천 재류 일본인 철수일지

▷ 1945년

8.17. 인천신사의 신체(神體)를 옮기다.

8.21. 인천 일본인연락간담회를 인천신사 사무소에서 개최하는데, 이는 인천 일본인상조회 창립의 동기가 되다. 경성의 일본군으로부터 연락원이 오다.

8.26. 인천 일본인상조회가 탄생하다.

9.8. 미군이 인천항으로 상륙하여 시내에 주둔하다. 인천부청은 군정청에, 인천각은 장교숙소로, 인천중학교는 기계부대에, 인천여고는 자동차부대에, 용강학교를 보병부대에, 아사히학교는 병원으로, 후등(後藤) 변호사 자택은 하사관 숙소로, 월미도유원회사와 지포(芝浦) 공장은 각 보병부대에 점거되다. 경찰대와 조선인 보안대의 충돌로 조선인 2명이 죽고 여러 명의 중·경상자가 발생한 사건이 일어나다. 야간통행이 금지되다.

9.9. 부평 병기공장 직원과 종업원들이 두 차례로 나뉘어 출발, 귀국하다.

9.12. 일본은행권 통용이 금지되다.

9.15. 군정청이 일본인 조사를 실시하다. 상조회를 통하여 거주신청서 제출을 명령하다. 이날부터 경인선 열차 발차시간은 9시, 3시, 6시로 열차가 세 번 왕복하게 되고 인천역에 한하여 승차하기로 되며 차표 구입 및 기타는 번거롭게 되다. 달러 및 부정 차표를 받는 것을 금지하여 위반자는 처벌을 받게 되다. 정치적인 의도를 지닌 집회는 금지되다.

9.18. 상소회 사무소를 궁정(宮町) 홍옥(紅屋)에서 본정(本町) 2가에 있는 송옥(松屋)으로 옮기다. 일본인 경찰관은 해직되고 새롭게 조선인 보안대 163명이 경관으로 임명되다.

9.20. 인천 부윤의 명의로 다음과 같이 포고되다. – 미국화폐를 받지 말 것. 미국 물품과 교환하지 말 것. 무기는 일체 경찰서에 제출할 것. 이를 어기는 자는 5년의 징역이나 만원의 벌금에 처함.

9.25. 미군정청 포고문 – 종류의 여하를 불문하고 인천항을 출입하거나 목적지에 항행하려는 선박은 부두국장의 허가를 받아야 함. 일본군 자동차부대(인천)가 미군사령관 하지 장군에게서 표창을 받다.

9.26. 인천 보안대를 해산하다.

9.29. 인천 미군정이 노동문제는 중재재판에 의해 처리함을 발표하다.

9.30. 상조회가 미군정청에 노동쟁의 단속에 관한 탄원서를 제출하다.

10.1. 상조회 종합병원을 개설하다.

10.2. 미군정청 장관과 상조회 소곡(小谷)의 일일 회견이 실시되어 마지막까지 이어지다.

10.4. 이날부터 동네마다 소학 사숙(私塾)이 개시되어 종전 후 처음으로 소학교육이 출범하다.

10.5. 부동산 이전등기가 중지되다. 동회장의 호칭을 폐지하고 상조회 지부장으로 개칭하다.

10.6. 아놀드 장군(경성 군정장관) 명의로 관부(關釜) 사이의 군인수송이 폭주함으로써 당분간 철수열차 운행을 중지한다는 포고가 있다. 상조회는 인천 교외동포들의 위험을 고려하여 시내에 수용할 것을 결의하고 시민은 가구당 한 가족을 반드시 받아들일

것을 발표하다.

10.8. 상조회는 곤궁자 구호금 지급을 발표하고, 상조회 종합병원의 실비 진찰권을 발행하다.

10.9. 각 정회의 어린이 신여(神輿 : 神體를 모신 가마)를 소각하기로 합의하다.(그러나 사정을 봐서 실행하기로 함)

10.11. 지포(芝浦) 사택에 강도가 침입하여 만수천 원의 피해를 입다. 이후 강도사건이 빈발하다. 경성 군정장관이 포고문 제2호를 발표하다.

10.12. 일본인은 경성을 왕복하는 데도 여행증명서가 필요하게 되다.

10.13. 조선인 귀환징용자에 대한 100만 원 기부금 문제가 인천 미군정 장관에 의해 중지되다. 간밤에 축항 내에서 미군의 과실로 화재가 발생하여 세관 창고 2, 3동을 태우고 폭음 때문에 빈정(濱町) 민가의 창문 유리가 파손되고 부민을 놀라게 하다. 신임 시장에 산업과 직원이던 임홍재(任鴻宰)가 임명되고 지전(池田) 일본인 부윤이 물러나다.

10.14. 군인 유가족, 출정군인 가족 및 상이군인 가족을 조사하기 시작하다. 철수를 실시할 때는 우선 떠나게 하기 위해서다.

10.15. 단독 귀환군인 120명이 출발하여 귀국하다. 인천부를 제물포로 개칭하고 인천 정(町)을 조선의 동(洞)으로 바꾸다.

10.21. 오는 27, 28일에 철수, 출발하는 귀환군인 및 가족에게 예방주사를 실시하다. 군 연락부 삼(森) 참모와 상조회 일동이 만나 철수에 관한 의견을 교환하다.

10.22. 귀환 이후의 편의를 고려하여 인천 거주증명서를 가족 단위로 발행하다. 철수자 화물 예탁사무를 개시하다. 철수자는 소화

20년의 세금완납을 전달받다.

10.24. 부동산 매매 관리 위임사무를 대행하다. 부산의 연락부로부터 철수자의 기계범선 등에 의한 내지 밀항은 엄금되고 미군이 해협에 감시선을 배치하여 발견하는 대로 총살에 처한다는 엄명을 내렸다는 통신이 오다. 인천우체국에서 저금통장을 강탈당한 사람이 생기다.

10.27. 전부 군인 및 그 가족으로 구성된 2,240명의 제1회 귀환자들이 출발하다.

10.28. 제2회도 마찬가지로 2,177명이 출발하다.

10.29. 이후 경찰서에서 시내화물 운반에는 상조회가 발행한 증명서가 필요하다고 통지하다.

10.30. 상조회가 전쟁피해자(38선 이북의 탈출자), 군인 유가족, 임신부, 빈곤자, 남자 없는 가정, 병자와 그 가족, 일반인 순으로 확정된 철수 수송 순위를 발표하다. 군 연락부 인천지부가 경성으로 철수하다. 송도정(松島町, 현재 옥련동) 일본인을 시내에 수용하다.

11.6. 제3회 철수, 평화운항회 소속의 선박 수송으로 2척이 출범하다.

11.9. 6일에 출항한 수송선박 2척이 기계고장으로 항해가 불가능하게 되어 미 군함에 구조되어 인천항에 돌아오다. 이 때문에 인천에서의 선박 수송이 중지되다. 제4회 철수. 제2차 선박 수송 계획의 사람들을 기차로 출발시키다. 군인 및 유가족 및 출정 군인 가족 254명.

11.10. 제1차 수송선박이 돌아오고 조를 짜서 기차로 출발시키다. 부청 직원가족 278명.

11.11. 제5회 철수. 일반인 1,846명.

11.14. 제6회 철수. 오키나와현 출신 7명 및 그 가족을 미군함에 의해 귀환시키다.

11.15. 해주로부터의 탈출자가 처음 도착하다.

11.18. 제7회 철수. 병기공장 잔류조 및 일반인 2,154명, 제24군 사령관 치브스 사령관이 철수상황을 시찰하다.

11.19. 군정청으로부터 이후의 철수자는 등에 지는 배낭을 허락하지 않고 두 손에 들 수 있는 정도의 화물로 제한한다는 통보를 받다.

11.20. 전날의 화물 휴대제한 통고는 철폐되고 종전대로 회복되다.

11.21. 부평우체국 직원(조선인)의 30여만 원 횡령사건이 발각되다.

11.22. 제8회 철수 1,986명.

11.24. 제9회 철수 1,958명.

11.25. 제10회 철수 1,901명.

11.26. 제10회의 철수를 진행하고 드디어 잔류동포의 감소에 의한 불안을 감지한 고로 여러 곳에 집결하여 치안을 유지하기로 하다. 본정(本町), 산수정(山手町), 중정(仲町, 현 관동)을 중심으로 산근정(山根町, 현 전동) 소곡 자택 부근, 율목정 가등(加藤) 주택 부근에 집결하기로 하다.

11.30. 북조선 탈출자들을 위하여 낡은 옷, 이불 등을 기증받다. 평양에서 두 가족 12명이 해상으로 도착하다.

12.2. 이날 아침 또 평양에서 11명이 해로로 도착하다.

12.3. 중경에서 조선으로 귀국한 김구의 축하 행렬이 있다. 일본에서 조선 우편저금은 11월 25일 이후로 인출할 수 없다는 정보가 있던 차에 차후 지급이 유효하다는 내지 방송을 듣다.

12.4. 제11회 철수 1,216명.

12.6. 해주에서 4세대 18명, 대련에서 8세대 27명이 도착하다. 도쿄 사령부의 스틸 장군의 시찰 때문에 치브스 장군의 안내로 상조회를 방문하고 상조회 간부와 회견하다. 상조회 직원을 사칭한 조선인이 시내에 나타나 주의를 촉구하다.

12.7. 해주에서 4세대 18명이 도착하다.

12.9. 인천 미군장교에 의한 '미국 사정' 강연회 첫회가 스틸맨 장관에 의해 개최되다. 해주부윤 일행이 내방하여 해주의 어려운 사정에 동정하여 일금 만 원을 기증하다.

12.11. 해주에서 부인들만 29명이 도착하다. 다음으로 해주에서 15명, 대련에서 40명 도착하다. 선발 철수자로부터 계속 일본의 상황을 보고하는 편지가 오다. 모두 주식의 결핍을 하소연하다. 일본으로부터 오는 우편물은 10월 경까지는 7, 8일 정도, 12월에 들어서는 약 1개월을 필요로 하다.

12.12. 설이 다가와 물품 공동구매를 시작하다.

12.13. 12월 9일 현재에 일본으로부터 철수한 조선인은 612,219명이고 조선으로부터 철수한 일본인은 316,672명이라는 발표가 있다.

12.14. 제12회 철수. 대련, 해주로부터 도착한 자는 148명. 눈이 내리고 드디어 엄동설한이 되어 탈출자도 감소하자 수용소로 지정되었던 조명사(照明寺), 서본원사(西本願寺)는 조선 승려들이 점용하다. 뜻대로 되지는 않았지만 일본인 주지가 남아 있는 고야산(高野山) 편조사(遍照寺)로 변경하다.

12.15. 해주 탈출자 30명이 도착하다.

12.18. 인천경찰서장 김윤복이 물러나고 본래 부평서원이던 박한춘이 서장에 부임하다.

12.22. 제13회 철수. 일반인 및 해주 탈출자 184명이 이 해 마지막으로 철수하다.

▷ 1946년

1.2. 신련 호례회를 가지다.

1.3. 바둑대회, 카루타놀이, 음악콩쿠르를 개최하다.

1.5. 영·미·소 3국 외무장관 회의에서 조선에 대한 5개년 신탁통치를 발표하다.

1.6. 제2회 미국 사정 강연회를 개최하다.

1.7. 인천 미군정 장관 스틸맨 장관에 대한 감사장을 미국으로 보내다. 좌등미차랑(佐藤米次郎) 판화에 영문 편지.

1.12. 해주로부터 22명이 도착하다.

1.13. 제3회 미국 사정 강연회를 개최하다. 모스 중위.

1.15. 제14회 철수. 가등 회장, 삼 부회장이 출발하다. 북조선 탈출자 24명이 도착하다.

1.19. 소년형무소에 수감된 과거 경성·인천 포로수용소 직원들에게 위문대를 파견하다.

1.21. 미 특무기관의 앤조로 및 클라이크의 송별회를 열다.

1.25. 해주로부터 15명이 도착하다.

1.27. 각 불교사원에 있는 동포들의 유골을 고야산 편조사에 모아서 매장하다. 보기드문 따뜻한 겨울날.

1.30. 가정에 있는 서양식 가구류의 매각을 금지하다.

1.31. 시내 화장터가 수리되다. 가매장하였던 동포 8명을 다비에 부치다. 송죽루에서 상조회 학교 선생들의 위문회를 열다.

2.1. 일본인 묘지에 모여 마지막 성묘를 하다.
2.2. 상조회 학교 수료식을 거행하다.
2.4. 제15회 철수 889명. 이제 상조회, 통역, 병자 등 약 100명만이 남다.
2.6. 부동산신고서 및 저금통자의 접수자에 상황보고. 출발 준비를 하다.
2.10. 정기 미국 사정 강연회를 개최하다. 비차 소좌.
2.11. 학동사숙에서 기원절 요배식을 거행하다. 소곡 회장이 예탁 화물 건으로 조선미곡창고회사 경성감리부로 가다.
2.13. 〈잘있거라 인천아〉를 창작 완성, 이날부터 정보 발표 시간에 연습을 시작하다.
2.17. 미국 사정 강연회에 파킹감 대위를 모시고 좌담회를 개최하다.
2.20. 황해도 옹진으로부터 탈출자 50명이 도착하다.
2.22. 소곡 부부가 부평병원에 입원중인 프란치스키 대위와 윌리엄 대위를 위문하다.
2.23. 철수가 박두하여 학동사숙을 폐쇄하다.
2.25. 소년형무소에 있는 경성·인천 포로수용소 직원들에게 소곡 회장이 대리로 작별하러 가다.
2.26. 소곡 회장이 경성 상조회에 인천 상조회의 철수 인사를 가다. 상조회를 폐쇄하다.
3.2. 상조회 및 기타 잔류자들이 철수를 진행하다. 치브스 장군 및 미군정청 장교들의 전송을 받으며 오후 5시에 발차, 인천을 떠나다.
3.4. 부산항을 출발하다.
3.5. 오전 박다항(博多港)에 도착하다. 즉시 상륙하여 해산하다.

2. 인천 해외 전재동포 귀환 보도 기사목록

「인천 군정관 스틸맨, 군정시책 피력」, 『매일신보』 1945년 9월 30일자.

「조선 전재동포에게 보내는 미군의 구휼품 수송선 입항」, 『매일신보』 1945년 10월 3일자.

「전재동포 구출, 제2선단 10여 척 출범」, 『대중일보』 1945년 10월 7일자.

「구제음악회」, 『대중일보』 1945년 10월 7일자.

「전재동포구제, 인천단체 활동」, 『대중일보』 1945년 10월 9일자.

「전재자구제, 인원(人援)지부 맹활동」, 『대중일보』 1945년 10월 11일자.

「전재동포들을 일인가옥에 수용, 시 당국이 일인측에 명령」, 『대중일보』 1945년 10월 16일자.

「전재동포 구제의연금, 조선인민원호회 인천지부 취급분(10월 12일 현재, 생략)」, 『대중일보』 1945년 10월 18일자.

「포와에 조선인포로 4천 명이 귀국대기, 조선출신 미국군 박군조 담」, 『대중일보』 1945년 10월 19일자.

「하관(下關)에 만여 명, 풍찬노숙의 전재동포」, 『대중일보』 1945년 10월 21일자.

「전재민 원호, 16개 단체가 합체」, 『대중일보』 1945년 10월 22일자.

「군함 2척 제공, 전재민 동포 위한 미군 후의」, 『대중일보』 1945년 10월 24일자.

「전재자 동정금, 공안서에서 본사에」, 『대중일보』 1945년 10월 27일자.

「동포애의 발로」, 『대중일보』 1945년 10월 31일자.

「인천시의 주택정책」, 『대중일보』 1945년 11월 3일자.

「전재동포를 구하자, 일반의 적극협력이 필요」, 『대중일보』 1945년 11월 3일자.

「동포애의 발로, 귀환 두 청년이 전재구제금 의연」, 『대중일보』 1945년 11월 6일자.
「전재동포구제 의연금 답지」, 『대중일보』 1945년 11월 8일자.
「동포는 우리 손으로, 전재동포 구제한 강의순씨 美擧」, 『대중일보』 1945년 11월 9일자.
「인민원호회 인천지부에 이재민이 자진의연, 이론은 필요 없다! 아름다운 이 사실」, 『대중일보』 1945년 11월 10일자.
「귀환병 좌담회, 11일 동방극장시」, 『대중일보』 1945년 11월 10일자.
「귀국동포 21만, 퇴축 일인 27만 5천」, 『대중일보』 1945년 11월 10일자.
「각 도에 후생과 설치」, 『대중일보』 1945년 11월 11일자.
「압수한 일인물건, 전재동포 구제에」, 『대중일보』 1945년 11월 11일자.
「전재동포 의연금, 소년군이 가두모집」, 『대중일보』 1945년 11월 11일자.
「귀환동포를 황파(荒波)에 버린 천인공노할 악덕 선주」, 『대중일보』 1945년 11월 11일자.
「본사 마크 현상금을 전재민 원호에 의연, 대화정 김수관씨 미거」, 『대중일보』 1945년 11월 12일자.
「갈 곳 없는 전재민에게 주택을 우선 분급하라, 모리 식매하는 간상 엄벌 요망」, 『대중일보』 1945년 11월 14일자.
「귀환장병회 來 일요 인천서 결성」, 『대중일보』 1945년 11월 14일자.
「일인가옥을 우선적으로 소개자(疏開者)와 전재민에, 모리배 악덕 중개인의 출몰 엄계」, 『대중일보』 1945년 11월 15일자.
「인천음악동회회, 원호사업에 협력」, 『대중일보』 1945년 11월 15일자.
「전재동포 구하자, 인천소년군들 가두에서 맹활약」, 『대중일보』 1945년 11월 16일자.

「단결하라 3천만 동포! 묵묵 실천·직장을 사수, 건국에 무언전사 되자! 분쇄하라 반역자와 모리배의 행위」, 『대중일보』 1945년 11월 17일자.
「모리배들의 책동으로 주택알선 혼돈상태, 3천 전재민 위해 자치단체 발기」, 『대중일보』 1945년 11월 19일자.
「구휼동맹 인천지부 설치」, 『대중일보』 1945년 11월 19일자.
「인천인민원호회에 이재수녀가 의연」, 『대중일보』 1945년 11월 20일자.
「이런 분자를 빨리 없애자」, 『대중일보』 1945년 11월 20일자.
「전재원호단체 통일」, 『대중일보』 1945년 11월 21일자.
「기근에 떠는 전재동포! 원호사업에 진력하자. 일정 하 累萬蓄財 무엇에 쓰려는가?」, 『대중일보』 1945년 11월 26일자.
「원호인원 5천여 명 돌파, 전국의 모범적 활동, 도 사회과에서 來仁시찰코 찬양」, 『대중일보』 1945년 12월 1일자.
「시급구제의 필요절박한 화북재류 10만 동포, 치안은 평온하나 의식주 결핍 곤란, 崔鐵씨 귀환보고담」, 『대중일보』 1945년 12월 4일자.
「華中동포 구제협의」, 『대중일보』 1945년 12월 6일자.
「귀환동포 50만 명」, 『대중일보』 1945년 12월 6일자.
「미군 上陸用船으로 동포 3천 명 귀국」, 『대중일보』 1945년 12월 6일자.
「한국광복군 제1지대 선견대사령부, 대원명부 발표」, 『동아일보』 1945년 12월 6일자.
「전재동포 원호하자, 감격의 눈물로 趙聖鉉씨 의연」, 『대중일보』 1945년 12월 7일자.
「원호단체 중앙위원회 인천지부 결성」, 『대중일보』 1945년 12월 8일자.
「왜인가옥 3천 호 중에 불법점유 1천 호 이상, 아직도 잔류한 자가 5백 이상이다.」, 『대중일보』 1945년 12월 10일자.

「전재동포들이 금일 一堂의 집합 단결」, 『대중일보』 1945년 12월 10일자.

「在華동포 구제에 上海동우회를 조직」, 『대중일보』 1945년 12월 12일자.

「전재민의 가련한 이 실정을 보라」, 『대중일보』 1945년 12월 12일자.

「전재민동맹을 결성코 원호받을 질서를 수립」, 『대중일보』 1945년 13월 4일자.

「원호협의회 부서신용 결정」, 『대중일보』 1945년 12월 13일자.

「인천원호회의 장거, 가난한 전재동포에게 명절쌀 百叺무료분배」, 『대중일보』 1945년 12월 16일자.

「유명무실 단체에 경고, 원호기관 15개 단체는 허가」, 『대중일보』 1945년 12월 17일자.

「해방의 고국에 귀환, 남양 각지에 포로되었던 장정들, 2천 5백여 명 25일 내 인천입항」, 『대중일보』 1945년 12월 17일자.

「전재동포 쌀 배급은 오늘까지 막음한다」, 『대중일보』 1945년 12월 20일자.

「전재민들은 집을 습격, 嘉納社宅을 싸고돈 불법행동」, 『대중일보』 1945년 12월 21일자.

「전재동포 구제위해 一五劇團 연극공연」, 『대중일보』 1945년 12월 22일자.

「전재동포 役員 선정, 질서정연 활동 개시」, 『대중일보』 1945년 12월 22일자.

「전재민동맹, 가옥 탈환을 건의」, 『대중일보』 1945년 12월 23일자.

「생활필수품 구매전표로 미곡출하의 원활을 예상, 生必營團 인천소장

朴毅均씨 담」, 『대중일보』 1945년 12월 25일자.
「전재 고학생 위해 악극 상연」, 『대중일보』 1945년 12월 25일자.
「전재민들에 두부 무료 배급」, 『대중일보』 1945년 12월 28일자.
「구사일생으로 귀환한 동포, 3천여 명 今朝 인천에 상륙, 인민원호회서 수용 접대에 분망 중」, 『대중일보』 1945년 12월 28일자.
「大連에 전재동포 7천 명, 구제책으로 잡화와 식량과 교환설」, 『대중일보』 1945년 12월 28일자.
「중국 전재민들 귀국」, 『대중일보』 1945년 12월 28일자.
「상금 타서 원호비로, 仁川署 우량서원들의 동포애」, 『대중일보』 1945년 12월 29일자.
「미군 수송선 타고 온 3천 동포, 동경의 향리로 一路歸還, 倭地 동포는 주로 인천에 繼續 상륙」, 『대중일보』 1945년 12월 31일자.
「일본 북해도에 징용간 동포 3천 명이 귀환」, 『동아일보』 1946년 1월 3일자.
「재일 조선동포, 5일부터 撤歸」, 『대중일보』 1946년 1월 8일자.
「하와이 수송선, 입항 또 연기?」, 『대중일보』 1946년 1월 10일자.
「제2차 귀환동포, 3천 명 금일 귀향」, 『대중일보』 1946년 1월 10일자.
「징병한인 인천 귀항」, 『조선일보』 1946년 1월 12일자.
「연두 1주간 귀국한 조선인 1만 4백 명」, 『대중일보』 1946년 1월 13일자.
「전재민동맹이 柴糧배급에 혈투」, 『대중일보』 1946년 1월 15일자.
「동포 귀국 84만」, 『대중일보』 1946년 1월 18일자.
「활약의 전재동맹, 배급 외에 병원도 신설」, 『대중일보』 1946년 1월 19일자.
「동포 귀국, 85만 누계」, 『대중일보』 1946년 1월 19일자.

「전재동포에 의복 거출, 내리교회 부인회의 美擧」, 『대중일보』 1946년 1월 20일자.
「전재민에 동정금」, 『대중일보』 1946년 1월 20일자.
「해외 전재동포 불일 입항, 원호회지부 준비에 분망」, 『대중일보』 1946년 1월 20일자.
「전재동포 파는 詐欺漢에 주의」, 『대중일보』 1946년 1월 20일자.
「조선인과 중국인 귀환에 일 정부의 알선 무성의」, 『대중일보』 1946년 1월 21일자.
「전재자 인천 상륙, 일본서 동포 1,600명」, 『대중일보』 1946년 1월 22일자.
「재 구주 조선동포, 약 반수는 귀국」, 『대중일보』 1946년 1월 23일자.
「전재동포에 인술, 시내 공립의원장의 美擧」, 『대중일보』 1946년 1월 23일자.
「인천 일인 거의 철수한다. 군정청 명령으로 來月 초에」, 『대중일보』 1946년 1월 25일자.
「동포 귀국 87만」, 『대중일보』 1946년 1월 25일자.
「일본 귀환선 촉뢰(觸雷), 4천여 명 몰사」, 『대중일보』 1946년 1월 26일자.
「전재민 위령제, 來月 초순 인천서」, 『대중일보』 1946년 1월 26일자.
「미국에서 이재민 구호품 도착」, 『조선일보』 1946년 1월 27일자.
「일인과 동등 대우는 낭설, 在華北 동포는 무사, 귀환 장병들의 현지 보고」, 『대중일보』 1946년 1월 28일자.
「전재민 특배 소식」, 『대중일보』 1946년 1월 29일자.
「귀국동포 90만 명, 25일 누계」, 『대중일보』 1946년 1월 31일자.

「화북동포 2천 명 귀국, 1일 입항, 翌朝 8시 상륙」, 『대중일보』 1946년 2월 2일자.

「'전재동포' 특배」, 『대중일보』 1946년 2월 5일자.

「인천 일인 거의 撤歸, 잔류자 불과 3백 명」, 『대중일보』 1946년 2월 5일자.

「중국에서 광복군 5백여 명 환국」, 『동아일보』 1946년 2월 5일자.

「귀환동포」, 『대중일보』 1946년 2월 7일자.

「5백만 전재동포의 수송, 2월 이내로 완료 계량」, 『대중일보』 1946년 2월 11일자.

「남, 서해안에 밀수행위 성행」, 『조선일보』 1946년 2월 11일자.

「재 화북지구 동포 2천여 명 인천항에 귀환」, 『조선일보』 1946년 2월 12일자.

「안창호, 김원용 등 재미조선인연합회 회원 8명 귀국」, 『동아일보』 1946년 2월 13일자.

「재일동포 귀국 알선, 군정청서 직원 파견」, 『대중일보』 1946년 2월 14일자.

「화북 2만 5천여 동포, 물가고로 생활곤란, 작일 귀국한 천진 한교민보 기자 담」, 『대중일보』 1946년 2월 15일자.

「화북 전재동포 2천 명, 금일 오전 9시 인천에 상륙」, 『대중일보』 1946년 2월 18일자.

「북경서 온 전재동포, 인천부두에 2천 명 상륙」, 『대중일보』 1946년 2월 19일자.

「해외 귀환동포 자강회(自疆會), 상호부조에 적극 활동」, 『대중일보』 1946년 3월 5일자.

「인천에 상륙할 75만의 전재동포 위해 분발하자, 원호사업 몰이해 시민의 각성 요청」, 『대중일보』 1946년 3월 12일자.

「미국의료품 인천항에 도착」, 『서울신문』 1946년 3월 17일자.

「전재동포를 구하자, 의연금 모집운동 전개」, 『대중일보』 1946년 3월 19일자.

「재중 전재동포 3만 5천 명, 매주 인천에 3천 명 상륙, 재일동포 수송 당분간 중지」, 『대중일보』 1946년 3월 26일자.

「인천전재민동맹 주회, '3·1운동전람회' 사고(社告)」, 『대중일보』 1946년 3월 31일자.

「영양부족과 전염병에 매일 사망자가 3, 40명, 北平서 고국 그리는 3만 동포의 참상」, 『대중일보』 1946년 4월 1일자.

「'3·1'전(展) 원만 폐막, 감격에 거액희사도 다수」, 『대중일보』 1946년 4월 5일자.

「경성부 후생부와 원호사업협회, 전재민 구제책으로 농장개발 계획」, 『조선일보』 1946년 4월 11일자.

「전재민 위해 신도의 미거(美擧), 전 인천 고려불교회본부 활동」, 『대중일보』 1946년 4월 14일자.

「재중국 전재동포, 5월 초순까지 전부 귀국, 주중 미군당국 발표」, 『대중일보』 1946년 4월 15일자.

「청도서 돌아온 1,600 전재동포, 작조(昨朝) 인천항외 입항」, 『대중일보』 1946년 4월 17일자.

「화북, 중(中)서 온 전재동포, 고생보다 건국사업이 염려, 작조 1,400여 명 무사 인천 상륙」, 『대중일보』 1946년 4월 21일자.

「화선동(花仙洞) 일대는 환희의 바다, 밤도 안온 70노모도 있다, 인천 상륙한 전재동포 21일 출발」, 『대중일보』 1946년 4월 22일자.

「전재소년에 얽힌 인정, 만주서 나온 이(李) 소년에 오대하(吳大河)씨의 미거(美擧)」, 『대중일보』 1946년 4월 22일자.

「중국 청도지방 동포 1,500명, 인천항에 상륙」, 『서울신문』 1946년 4월 22일자.

「인천전재민동맹, 제1회 정기총회」, 『대중일보』 1946년 4월 28일자.

「3천 전재동포 부산 상륙, 임정의 요인 가족도 동행」, 『대중일보』 1946년 4월 29일자.

「화북 전재동포 육속(陸續) 귀환, 미 수송선 1척 또 입항 검역 중」, 『대중일보』 1946년 4월 30일자.

「전재 '어린이' 위안회, 시 주최로 12일 월미도서」, 『대중일보』 1946년 5월 5일자.

「희비 교차의 전재민 귀환선, 華北部隊 3,378명 작조(昨朝) 인천 상륙, 잔류동포는 가재(家財) 방매하여 연명」, 『대중일보』 1946년 5월 7일자.

「천진서 또 전재동포 귀환, 14일 아침 1,300명 상륙」, 『대중일보』 1946년 5월 10일자.

「전재 '어린이' 위안회, 금일 월미도 유원지에서」, 『대중일보』 1946년 5월 12일자.

「월미도의 대 향연, 전재 어린이 위안회 성황, 다 같이 우리나라 일꾼이 되자」, 『대중일보』 1946년 5월 13일자.

「재 중국동포 1,200여 명이 4차로 귀환」, 『동아일보』 1946년 5월 14일자.

「귀환한 전재동포, 16일 인천 상륙」, 『대중일보』 1946년 5월 15일자.

「귀환동포 실업대책 긴급, 기능별로 시(市)서 취직 알선」, 『대중일보』

1946년 5월 17일자.
「외무처, 일·중으로부터 귀환한 동포 등의 수 발표」, 『조선일보』 1946년 5월 22일자.
「군정청 외무처, 중국에서 8천여 명이 귀환하였음을 발표」, 『동아일보』 1946년 5월 23일자.
「북경잔류 동포 전부 귀환, 공무관계자 100명 제외코」, 『대중일보』 1946년 5월 25일자.
「각지에 콜레라가 만연 관계당국 대처」, 『동아일보』 1946년 5월 25일자.
「귀환동포 수가 밝혀지다」, 『동아일보』 1946년 5월 26일자.
「인천에 무관한 전재민, 속히 귀향하는 것이 득책」, 『대중일보』 1946년 5월 30일자.
「화북 전재동포 1,300명, 명일 상륙 예정」, 『대중일보』 1946년 5월 31일자.
「북경, 천진 등지에서 1,500명의 귀환동포 인천에 입항」, 『조선일보』 1946년 6월 1일자.
「싱가폴에서 동포 1,900여 명 귀환」, 『서울신문』 1946년 6월 3일자.
「광복군 참모장 이범석 귀국」, 『조선일보』 1946년 6월 5일자.
「전재민 주택난 위해 남는 방은 제공시켜」, 『대중일보』 1946년 6월 15일자.
「상해 전재동포 800명 또 출범」, 『대중일보』 1946년 6월 23일자.
「일본에서 동포 461명 귀환」, 『조선일보』 1946년 6월 23일자.
「유한양행 사장 유일한, 조선의 무역경제지침 피력」, 『동아일보』 1946년 7월 26일자.
「동포애의 금자탑, 수해 동정금 11만 3천 원, 의연자(義捐者) 제씨에 감사장」, 『대중일보』 1946년 8월 4일자.

「전재민 구제품 팔아먹은 前 시(市) 사회과장 김종순, 죄상 전모 판명, 4일부로 송국(送局)」, 『대중일보』 1946년 8월 8일자.

「하와이에 재류하던 동포 105명 귀환」, 『조선일보』 1946년 8월 10일자.

「귀환동포 108만 4천, 철퇴 왜인 약 79만 6천」, 『대중일보』 1946년 8월 30일자.

「일본인 1천여 명 밀선으로 신의주 떠나 인천에 상륙」, 『서울신문』 1946년 9월 1일자.

「신의주, 만주일대에 있는 일본인 38선 넘어 인천으로 도선」, 『서울신문』 1946년 9월 12일자.

「운라(戰災 부흥국)의 1차 구제품 도착」, 『동아일보』 1946년 9월 13일자.

「재일동포 송환, 철도관계로 중지」, 『대중일보』 1946년 10월 6일자.

「시내 중등학교 의연금으로 전재민에 맥분(麥粉) 무상배급」, 『대중일보』 1946년 10월 18일자.

「전재동포원호회, 시급한 구호대책 요망」, 『동아일보』 1946년 10월 20일자.

「인천시 위생과, 나병환자 소록도로 보냄」, 『조선일보』 1946년 10월 30일자.

「경기도 후생국, 전재동포를 위한 주택건립 문제 토의」, 『서울신문』 1946년 11월 24일자.

「천진재류 동포에 강제귀국을 통고, 대(對) 조선 미측 입장 곤란시(視)」, 『대중일보』 1946년 12월 4일자.

「중국재류 전재동포, 5일 인천항에 상륙, 최후로 1만 5천 명 계속해」, 『대중일보』 1946년 12월 4일자.

「만주 재류동포 계획수송 위해 외무처 직원 파송」, 『동아일보』 1946년 12월 4일자.
「심각한 참상, 그들을 돕자, 기한(飢寒)에 떠는 3만 전재민, 시급 구호 받을 5천여 명에 대책 있나?」, 『대중일보』 1946년 12월 12일자.
「동북 한국교민회 대표 신숙高文龍이 귀국, 만주동포 소식 알림」, 『동아일보』 1946년 12월 12일자.
「거리의 무숙자 80여 세대! 요(要) 구직 전재동포 1천 세대, 엄동에 그대로 방임하면 아사(餓死)할 자 6백, 큰 건물을 긴급히 개방하라」, 『대중일보』 1946년 12월 14일자.
「인천입항 전재민 6만 3천6백 명, 원호회취급과 구제는 이렇타!」, 『대중일보』 1946년 12월 14일자.
「박(朴) 청장의 온정 전재민에 식량 알선」, 『대중일보』 1946년 12월 17일자.
「전재민(戰災民)의 비가(悲歌), 함효영(咸孝英)」, 『대중일보』 1946년 12월 17일자.
「요(要) 구호 전재동포, 경기도내에 1만 8천여, 당국 시책도 조족지혈(鳥足之血)」, 『대중일보』 1946년 12월 19일자.
「전재민 동정금품, 21서(署) 전원이 동정금을 거출, 제1관구청서 솔선 미거(美擧)」, 『대중일보』 1946년 12월 21일자.
「요정을 전재민에 개방, 12개소에 2,600명 수용」, 『대중일보』 1946년 12월 21일자.
「구제품을 주시오, 전재민 일동이 시에 진정」, 『대중일보』 1946년 12월 20일자.
「요인을 팔고 사기(詐欺), 전재민 모녀의 금품사기」, 『대중일보』 1946

년 12월 25일자.

「전재민을 위한 시내 요정개방 연기령에 대한 각계 여론」, 『조선일보』 1946년 12월 26일자.

「전재민구호 극력 주선 중, 청채시장(靑菜市場) 문제는 여전 미해결, 시정 기자단 회견담」, 『대중일보』 1946년 12월 27일자.

「전재민에 동정금, 창영교(昌榮校) 아동 미거(美擧)의 선물」, 『대중일보』 1946년 12월 27일자.

「중국서 귀환한 전재동포, 금일 2,500명 인천 상륙」, 『대중일보』 1946년 12월 28일자.

「시내 각 극장서 거출된 동정금 7만여 원」, 『대중일보』 1946년 12월 28일자.

「동정금 1만 3천 원, 인천 권번(券番)서 거출」, 『대중일보』 1946년 12월 28일자.

「작조(昨朝) 전재동포 인천 상륙, 중국정부의 후의에 전원 무사 귀환」, 『대중일보』 1946년 12월 29일자.

「전재민의 문제」(상), 인천전재민동맹 권충일(權忠一)」, 『대중일보』 1947년 1월 1일자.

「전재민의 문제」(중), 인천전재민동맹 권충일」, 『대중일보』 1947년 1월 4일자.

「세입은 감소 세출은 팽창, 태심한 인천시의 재정난, 금년부터 증세와 세금완납을 강조」, 『대중일보』 1947년 1월 10일자.

「대중식당에 불평성(不平聲) 점고(漸高), 시 당국의 감독철저 요망」, 『대중일보』 1947년 1월 10일자.

「전재동포 구제, 인천 권번예기의 미거」, 『대중일보』 1947년 1월 12일자.

「해외동포 귀환자, 180만 명 돌파【서울발 통신】」, 『대중일보』 1947년 1월 12일자.

「전재민에 식량을 특배, 기독교청년 인천연합회서」, 『대중일보』 1947년 1월 11일자.

「실업자 귀농촉진, 인접 군과 군정협력 하시 실시, 귀농 희망자는 25일한 신청」, 『대중일보』 1947년 1월 14일자.

「일본서 귀국한 동포 110만 2,000여 명【서울 17일발 전통】」, 『대중일보』 1947년 1월 18일자.

「전재민 빈궁자 구제, 불청(佛靑) 연극 공연, 음회(陰晦) 야(夜) 정초 문화관에서」, 『대중일보』 1947년 1월 18일자.

「해방 후 인천의 범죄건수, 피해건수 2,200여 건, 피해금액 1,300여만원」, 『대중일보』 1947년 1월 22일자.

「여성풍기문제 좌담회기(2), 해외서 들어온 직업여성과 모리배 짓, 여성과 화장도 유죄, 뱃속에 든 씨는 어떻게 처리하나?」, 『대중일보』 1947년 1월 25일자.

「여성풍기문제 좌담회기(3), 혼혈아 문제는 어떻게 처리?, 자유교제와 성관계, 조선여성 정조관념은 세계의 관절(冠絕)」, 『대중일보』 1947년 1월 26일자.

「동정의연금 26만원, 22일부터 각 극빈자에 분배」, 『대중일보』 1947년 1월 25일자.

「여성풍기문제 좌담회기(완), 젊은 미군인은 철모르는 아고(兒孤), 방지책은 위로공창제, 탁월한 외교관 두고 우리 풍습을 인식케」, 『대중일보』 1947년 1월 28일자.

「유령인구 적발, 부(府)서 양곡배급 적정기도」, 『대중일보』 1947년 1월

30일자.

「재일조선인 재산반입에 도일불허가 방침【상무부장 7일 발표】」, 『대중일보』 1947년 2월 8일자.

「세배돈을 이재민에 의연, 송림학교 아동의 미거, 이 순정을 보라」, 『대중일보』 1947년 2월 8일자.

「조선인재산 반출, 도 상공국에 신청하라」, 『대중일보』 1947년 2월 19일자.

「전재민 가주택, 4,600호 완성」, 『대중일보』 1947년 2월 22일자.

「전재민 동정으로 화교 100만 원 의연」, 『대중일보』 1947년 2월 22일자.

「해항 검역강화, 인천항 출입 선박에」, 『대중일보』 1947년 2월 25일자.

「명태와 비누 배급, 전재 후생조합서」, 『대중일보』 1947년 2월 25일자.

「숭의대원(崇義隊員)의 미거」, 『대중일보』 1947년 2월 25일자.

「기후 온화로 수송난 완화, 인천의 양곡반입에 활기, 구(具) 상공과장 담」, 『대중일보』 1947년 2월 26일자.

「암시장의 미주산 소맥은 전부를 압수 배급에 충당」, 『대중일보』 1947년 2월 26일자.

「미곡밀수 발견 보고자에 전 수량의 10분의 1을 수여」, 『대중일보』 1947년 2월 28일자.

「해외동포의 문의사(問議事)는 인천 군정청 외사처로」, 『대중일보』 1947년 1월 31일자.

「전재민에 가주택, 조성회(助成會)서 의연금 모집」, 『대중일보』 1947년 1월 31일자.

「전재민에 동정금, 선학동민의 의거」, 『대중일보』 1947년 3월 6일자.

「재일동포 재산입하【서울발 조선통신】」, 『대중일보』 1947년 3월 7일자.

「전재동포 구호품 하와이 동포들이 다수 수집【서울 6일발 조선통신】」, 『대중일보』 1947년 3월 7일자.

「의연금 모집성적 불량으로 전재민 가주택 건설 난항」, 『대중일보』 1947년 3월 12일자.

「재만동포 위해 대표 파견, 안 민정장관 담【서울 12일발 조선통신】」, 『대중일보』 1947년 3월 14일자.

「동회장 발언 존중, 작일 동회장 초회견(初會見) 석상에서 표(表) 부윤 대(對) 동회책(洞會策)을 표명」, 『대중일보』 1947년 3월 15일자.

「조선제마 종업원이 전재민 동정금 출연」, 『대중일보』 1947년 3월 15일자.

「전재민 가주택 건설 위해 요청되는 부민의 애족심」, 『대중일보』 1947년 3월 15일자.

「원호금 찾아가라【서울 14일발 조선통신】」, 『대중일보』 1947년 3월 15일자.

「인천출입 선박 일체 검역 실시, 명일부터」, 『대중일보』 1947년 3월 16일자.

「전재자와 극빈자에게 중고의류 ○점 무료배급」, 『대중일보』 1947년 3월 19일자.

「재일 2천 동포 학도 등은 조국의 장래 위해 분투 중, 재일조선학생동맹 김 위원장 담【서울 21일발 조선통신】」, 『대중일보』 1947년 3월 22일자.

「일만(日滿)서 귀환한 동포, 우편저금 추심(推尋)하라」, 『대중일보』 1947년 4월 8일자.

「인천 외 3항에 검역소를 38선 10개소에 구호소 설치【보건후생부장 10일

발표】」, 『대중일보』 1947년 4월 11일자.

「도일 밀항자 격증, 발각송환만 2만 6천 명【서울 23일발 조선통신】」, 『대중일보』 1947년 4월 24일자.

「전재민 구제품을 옹진군 부정배급【옹진 26일발 공립통신】」, 『대중일보』 1947년 4월 27일자.

「각 동회 요구호자에게 의류 금품 분배, 6일부터 후생과서【기보】」, 『대중일보』 1947년 5월 7일자.

「남하인 증가로 미잡곡증감배(米雜穀增減配)【서울 6일발 조선통신】」, 『대중일보』 1947년 5월 7일자.

「암흑면의 해방인천의 실태! 야강절도죄(夜强竊盜罪)가 수위, 살인도 2건, 군정위반 25건」, 『대중일보』 1947년 5월 7일자.

「38접경에 구호소 설치, 이북서 남하하는 이재민을 위하여」, 『대중일보』 1947년 5월 8일자.

「생필품 배급, 노총 신대책 수립」, 『대중일보』 1947년 5월 10일자.

「재중국 조선동포 근황 알려짐」, 『조선일보』 1947년 5월 13일자.

「쌀 배급소 증설 9월에 해결」, 『대중일보』 1947년 5월 16일자.

「전재민 가주택 건설기금, 모집액의 4분지 1, 특히 유흥(遊興)업자의 궐기를 요망」, 『대중일보』 1947년 5월 17일자.

「남하동포 매일 2,500명, 맨발로 허기진 몸 일제 시 이민과 방불, 박(朴)관구청장 순시담, 38선의 참경」, 『대중일보』 1947년 5월 20일자.

「전재민 가주택 건설지는 화수·만석동, 기자단 정례 부윤 회견기」, 『대중일보』 1947년 5월 23일자.

「해외 귀환 각 도별」, 『대중일보』 1947년 5월 24일자.

「부산서 귀환 18만, 무료장례 176명, 산아 수가 238명」, 『대중일보』

1947년 5월 24일자.
「여기 의인 있다, 대한제분 공원의거, 공휴일 노임 전재민에」, 『대중일보』 1947년 5월 27일자.
「전재민에 반가운 소식, 50호 가주택 수일 내로 착공」, 『대중일보』 1947년 7월 3일자.
「이북서 온 동포, 인천에만 5만 명」, 『대중일보』 1947년 7월 10일자.
「조선사태는 비통, '후라나간' 신부 담【워싱턴 11일 AP합동】」, 『대중일보』 1947년 7월 12일자.
「격증하는 이북 이주민, 증명 교부에 당국은 안비막개(眼鼻莫開)【서울 11일발 합동】」, 『대중일보』 1947년 7월 12일자.
「문둥병자 횡행, 불안한 부민들 당국에 처치 요망」, 『대중일보』 1947년 7월 12일자.
「조선인 밀항 감소, 맥아더사령부 발표」, 『대중일보』 1947년 7월 13일자.
「늘어가는 인천의 식구, 6개월 동안 1만 2,700여」, 『대중일보』 1947년 7월 17일자.
「8월 1일부터 인천서는 군정을 철폐, 재산관리처와 제 행정, 부에서 장악」, 『대중일보』 1947년 7월 22일자.
「문둥이 절도단, 청년들이 타진(打盡), 경찰에 인도」, 『대중일보』 1947년 7월 25일자.
「느러가는 문둥이, 방임하는 당국에 일반은 분개」, 『대중일보』 1947년 7월 26일자.
「실로 딱한 사정, 중공군에 밀려오는 중국인들」, 『대중일보』 1947년 9월 3일자.

「살 수 없어 귀국, 상해 잔류동포 중 500명이」, 『대중일보』 1947년 9월 4일자.
「월경자는 여전, 수용소는 눈물로 봤다, 이 청장의 38선 시찰 감상」, 『대중일보』 1947년 9월 14일자.
「재일동포 귀환에 신 수속【서울 8일발 조선통신】」, 『대중일보』 1947년 11월 9일자.
「인천에 실업자 3만여, 당국의 긴급대책 요망」, 『대중일보』 1947년 11월 15일자.
「월남 전재동포, 수용소생활 관찰기(中)【개성서 본사 김현홍 특파원 발신】」, 『대중일보』 1947년 11월 18일자.
「국립 개성전재민수용소 시찰기(하)」, 『대중일보』 1947년 11월 19일자.
「일(日) 증가한 남조선 인구」, 『대중일보』 1947년 11월 19일자.
「전재동포원호회를 '후생협회'로 개칭」, 『대중일보』 1947년 11월 19일자.
「후생협회서 광목을 배급」, 『대중일보』 1947년 11월 19일자.
「눈물어린 따뜻한 동정, 이걸로 과세(過歲)하소서, 도에서 전재민에 구휼품」, 『대중일보』 1947년 11월 20일자.
「국립 개성전재민수용소 시찰기(완)」, 『대중일보』 1947년 11월 20일자.
「인천의 귀환동포 누계 67,394명, 지난 10월 말 현재」, 『대중일보』 1947년 11월 21일자.
「과세(過歲) 선물 보내오니, 받으오 부천에 전재민」, 『대중일보』 1947년 11월 23일자.
「부천 군내에 전재민 주택」, 『대중일보』 1947년 11월 23일자.
「전재민 주택, 불원에 완성」, 『대중일보』 1947년 11월 26일자.

「戰災同胞援議會 대응, 후생협회서 성명발표」, 『대중일보』 1947년 11월 27일자.
「먹을 것 없고 잠잘 곳 없어 떨면서 울고 있는 전재민에게 당국의 시책이 초미(焦眉)」, 『대중일보』 1947년 11월 29일자.
「금년 11월 현재 경기도내 실업자 수 약 19만 명으로 집계」, 『서울신문』 1947년 12월 28일자.
「재만동포 지도자들의 귀환계획 추진」, 『동아일보』 1948년 3월 20일자.
「과도정부 외무처, 재만동포 천여 명의 인천귀환 발표」, 『경향신문』 1948년 5월 12일자.
「인천에 제2 이재민 구호소가 설치」, 『서울신문』 1948년 5월 18일자.
「재만동포 수송 위해 맥아더사령부가 日船 파송」, 『동아일보』 1948년 5월 20일자.
「재만 전재동포 3차 구조선 천진으로 향발」, 『경향신문』 1948년 5월 30일자.
「5월 30일 현재 재만동포 귀환자 총수 밝혀짐」, 『동아일보』 1948년 6월 2일자.
「재만동포 천여 명, 제4차 구호선으로 귀환」, 『조선일보』 1948년 6월 10일자.
「보건후생부장, 재만 이재동포 시찰코자 천진으로 향발」, 『서울신문』 1948년 6월 24일자.
「재만동포 수송을 위한 제7차 수송선이 인천항 출발」, 『동아일보』 1948년 7월 22일자.
「재만동포 1,200여 명 인천에 귀환」, 『경향신문』 1948년 8월 1일자.

3. 인천 제헌 국회의원 선거 기사목록

「총선거와 인천, 아직은 하마평만, 그러나 混戰難免의 형세」, 『대중일보』 1948년 3월 3일자.

「혼전이 예상되는 부천군내의 총선거전」, 『대중일보』 1948년 3월 9일자

「전초전 미구 전개, 일부는 이면공작 이미 개시, 인천의 총선거」, 『대중일보』 1948년 3월 10일자.

「총선거의 대기태세로 제반 사무의 정돈과 간이화 단행, 인천부 호적 사무」, 『대중일보』 1948년 3월 12일자.

「지방선거위원 선출, 18일 면장회까지 종료」, 『대중일보』 1948년 3월 14일자.

「朝委의 선거법 건의안, 대의원은 15만 명에 1인, 선거권자는 만 21세 이상의 남녀, 건의안 전문」, 『대중일보』 1948년 3월 14일자.

「좌익 음모에 만전 대책, 선거 위한 경찰간부 이동은 낭설」, 『대중일보』 1948년 3월 16일자.

「인천부선 선거위원회는 19일 동장회의 석상에서 조직」, 『대중일보』 1948년 3월 16일자.

「선출할 국회의원, 인천부는 정원은 3명? 외국인을 제외 경우는 2명」, 『대중일보』 1948년 3월 17일자.

「선거는 2구역, 선거위원장은 중앙 임명, 曺 부부윤 담」, 『대중일보』 1948년 3월 18일자.

「獻案된 인천부 양 선거구, 대체로 경인철도선 중심으로 양분」, 『대중일보』 1948년 3월 19일자.

「4월 8일까지 선거인 등록, 인천부 총선거와 주지사항」, 『대중일보』 1948년 3월 20일자.

「인천의 선거우편, 입후보자 직접 전달 효과적」, 『대중일보』 1948년 3월 20일자.
「포기 말라, 건국의 1표, 무호적 無寄留 수속하자」, 『대중일보』 1948년 3월 21일자.
「인천부 선거위원, 작일 정식 임명을 발표」, 『대중일보』 1948년 3월 23일자.
「선거 추진 위한 주안동장 회의」, 『대중일보』 1948년 3월 23일자.
「인천부 국회의원 입후보 정견발표대회」, 『대중일보』 1948년 3월 23일자 광고.
「인천 選委 初 회합, 투표구 결정코 간사 임명」, 『대중일보』 1948년 3월 26일자.
「인천 투표구」, 『대중일보』 1948년 3월 26일자.
「경기 선위 결정, 인천측 7명 피임」, 『대중일보』 1948년 3월 26일자.
「혼전 전개된 인천 逐鹿界, 6씨는 기색 선명, 3씨도 불일 출마」, 『대중일보』 1948년 3월 27일자.
「임홍재씨 입후보, 친지의 권유로 출마 결의」, 『대중일보』 1948년 3월 27일자.
「선거인 등록이 可慮, 소학 3년까지 準義敎 실시, 표 부윤 담」, 『대중일보』 1948년 3월 27일자.
「인천부 총선거 상황」, 『대중일보』 1948년 3월 28일자.
「국회의원 입후보자 정견발표대회, 시일 4월 4일 상오 11시 장소 신흥학교 교정」, 『대중일보』 1948년 3월 28일자.
『대중일보』 1948년 3월 28일자 하단 광고.
「한 사람도 빠짐없이 선거인은 등록하자, 오늘부터 4월 8일까지」, 『대중일보』 1948년 3월 30일자.

『대중일보』 1948년 3월 30일자 하단 광고.

「임홍재씨는 을구 출마」, 『대중일보』 1948년 3월 31일자.

「선거사범 제외코 선거운동은 자유, 인천검찰 정 검찰관 담」, 『대중일보』 1948년 3월 31일자.

「眼鼻莫開의 寄留 사무, 각 동회서 수속 밟으라」, 『대중일보』 1948년 4월 1일자.

「光州 선거사무소 2개소 피습」, 『대중일보』 1948년 4월 1일자.

「난립난면 정세, 7씨 출마에 數씨 논의중, 인천부 축록계」, 『대중일보』 1948년 4월 2일자.

「윤병덕씨 출마, 작일에 정식 표명」, 『대중일보』 1948년 4월 2일자.

「곽상훈씨 입후보 등록 완료」, 『대중일보』 1948년 4월 2일자.

「기자연맹에서 정견발표대회」, 『대중일보』 1948년 4월 2일자.

「유엔조선위원단 지방순회, 인천부는 금월 7일에」, 『대중일보』 1948년 4월 2일자.

「인천부 갑구 선거구의원 후보자 등록공고」, 『대중일보』 1948년 4월 3일자 공고.

「인천부 갑선거구 의원후보자 등록공고」, 『대중일보』 1948년 4월 4일자 공고.

「인천부을 선거구 의원후보자 등록공고」, 『대중일보』 1948년 4월 4일자 공고.

「노총 공인후보, 갑구엔 본부 김영주씨, 을구엔 고문 임홍재씨, 노총 인천연맹 작일 정식 발표」, 『대중일보』 1948년 4월 4일자.

「선거인 등록 호조, 5일로써 90퍼센트 돌파」, 『대중일보』 1948년 4월

4일자.
「순회조사단, 선거상황 조사에」, 『대중일보』 1948년 4월 4일자.
「인천의 자유선거 여하, 조위 감시단 7일 아침 래인 시찰」, 『대중일보』 1948년 4월 4일자.
「공인후보자 추천」, 『대중일보』 1948년 4월 6일자 광고.
「선거 一日 연기, 선거인 등록도 9일로 연기, 하지중장 작일 정식발표」, 『대중일보』 1948년 4월 7일자.
「곽상훈 선생 국회의원 입후보 공인」, 『대중일보』 1948년 4월 7일자 광고.
「조씨도 입후보, 을구 출마를 표명」, 『대중일보』 1948년 4월 7일자
「입후보 10명에 등록완료는 불과 4명, 인천 축록계」, 『대중일보』 1948년 4월 7일자.
「선거인 등록은 9일 마감, 명부종람은 금일 15일 개시」, 『대중일보』 1948년 4월 7일자.
「적기가 부르며 反선 삐라, 경계할 송현 제3동내 악질 방해」, 『대중일보』 1948년 4월 7일자.
「인천서 30명, 포고위반자 은사」, 『대중일보』 1948년 4월 7일자.
「식목행렬에 反選 선동타 남로분자 선화동서 피검」, 『대중일보』 1948년 4월 7일자.
「신문고 : 선거방해 엄중 단속을 인천 검찰당국에 요망함」, 『대중일보』 1948년 4월 7일자.
「인천갑 선거구 의원후보자 등록공고」, 『대중일보』 1948년 4월 8일자.
「인천부 을선거구 의원후보자 등록공고」, 『대중일보』 1948년 4월 8일자.
「인천 선위 발표, 인천은 7할 7분, 6일 현재의 등록 실적」, 『대중일보』

1948년 4월 8일자.

「곽씨는 건재」, 『대중일보』 1948년 4월 8일자.

「조위 감시단 일행, 어제 인천 선거구 시찰」, 『대중일보』 1948년 4월 8일자.

「입후보 등록, 인천은 6씨」, 『대중일보』 1948년 4월 8일자.

「국회의원 입후보자 공인추천」, 『대중일보』 1948년 4월 9일자 광고.

「쾌조로 진○되는 인천부 총선거, 선거인 등록 95퍼센트 도달, 금일이 마감, 건국의 1표 포기 말자」, 『대중일보』 1948년 4월 9일자.

「인천 갑선거구 국회의원 입후보 애국투사 윤병덕 선생」, 『대중일보』 1948년 4월 10일자 광고.

「총선거 협력에 도 문화단체연합회서 궐기, 문확계몽대 작일 래인」, 『대중일보』 1948년 4월 10일자.

「김홍식씨 출마는 금명간 확정」, 『대중일보』 1948년 4월 10일자.

「국회의원 공인후보자 추천」, 『대중일보』 1948년 4월 11일자 광고.

「인천을구 입후보 임홍재 선생」, 『대중일보』 1948년 4월 11일자 광고

「선거만이 독립의 첩경, 조 경무부장, 인천서 선거계몽 연설」, 『대중일보』 1948년 4월 11일자.

「문학 100퍼센트, 9일 선거인등록 완료」, 『대중일보』 1948년 4월 11일자.

「선거계몽대 부 관하 순회일정」, 『대중일보』 1948년 4월 11일자.

「김홍식씨는 단념, 작일 성명서 발표」, 『대중일보』 1948년 4월 11일자.

「인천 갑구에서 함효영씨 출마」, 『대중일보』 1948년 4월 11일자.

「인천체육협회 부호 곽씨로 결정」, 『대중일보』 1948년 4월 11일자.

『대중일보』 1948년 4월 11일자 광고.

「결국 10명 출마乎, 현재 인천 입후보 8명」, 『대중일보』 1948년 4월 14일자.
「건국의 한 표를 국경대원도 던지게 된다」, 『대중일보』 1948년 4월 14일자.
「노동자, 농민, 봉급자, 소상인, 소시민이여!」, 『대중일보』 1948년 4월 14일자 광고.
「입후보자 配號 순위 오늘 추첨」, 『대중일보』 1948년 4월 15일자.
「공고」, 『내중일보』 1948년 4월 15일자.
「인천신문기자연맹 주최 인천부 국회의원입후보자 정견발표대회」, 『대중일보』 1948년 4월 17일자 광고.
「을구 입후보자 전원, 부평서 사자후, 명일 정견발표대회 첫날, 인천신문기자연맹주최」, 『대중일보』 1948년 4월 17일자.
「인천부 입후보 결국 12명으로 확정」, 『대중일보』 1948년 4월 17일자.
「조청 주안1동 단부 결성식」, 『대중일보』 1948년 4월 17일자.
「인천부 갑선거구 의원후보자 등록공고」, 『대중일보』 1948년 4월 18일자.
「인천 을구 입후보 임홍재 선생」, 『대중일보』 1948년 4월 18일자 광고.
「정견발표대회 변경, 구 시내서 2회 개최코 부평교서도 1회 개최」, 『대중일보』 1948년 4월 18일자.
「함효영씨 갑구서 출마, 지난 11일 정식 등록」, 『대중일보』 1948년 4월 18일자.
「갑구 입후보자 함효영 선생 추천에 제하야 남녀 부민 제위와 청년, 노동자 동지 여러분께 고함」, 『대중일보』 1948년 4월 18일자 광고.
「입후보 인사의 말삼」, 『대중일보』 1948년 4월 18일자 광고.

「인천부 을선거구 의원입후보자 등록공고」, 『대중일보』 1948년 4월 18일자.

「인천부 갑선거구 의원입후보자 등록공고」, 『대중일보』 1948년 4월 18일자.

「을구 임홍재 후보」, 『대중일보』 1948년 4월 20일자 광고.

「인천부 을구 입후보, 부평 정견발표대회, 재작일 성황리에 개최, 인천신문기자연맹 주최 행사」, 『대중일보』 1948년 4월 20일자.

「을구 김석기 후보」, 『대중일보』 1948년 4월 20일자 광고.

「김영주」, 『대중일보』 1948년 4월 21일자 광고.

「임홍재」, 『대중일보』 1948년 4월 21일자 광고.

「선거운동원 괴한에 피습」, 『대중일보』 1948년 4월 21일자.

「성명서」, 『대중일보』 1948년 4월 21일자.

「김영주」, 『대중일보』 1948년 4월 22일자 광고.

「임홍재」, 『대중일보』 1948년 4월 22일자 광고.

「선거방해를 분쇄, 인천노총서 성명서 발표」, 『대중일보』 1948년 4월 22일자.

「조청 주안1동단부 결성식 성대」, 『대중일보』 1948년 4월 22일자.

「김영주」, 『대중일보』 1948년 4월 23일자 광고.

「임홍재」, 『대중일보』 1948년 4월 23일자 광고.

「학생들 妄動, 반선삐라 살포타 4명은 피검」, 『대중일보』 1948년 4월 23일자.

「어제 朝委 감시반 來仁, 입후보자 전원과 회담」, 『대중일보』 1948년 4월 23일자.

『대중일보』 1948년 4월 23일자 광고.

『대중일보』 1948년 4월 24일자 광고(김영주, 임홍재 나란히).
「인천부 갑구출마 국회의원 후보자 정견발표대회」, 『대중일보』 1948년 4월 24일자 광고.
『대중일보』 1948년 4월 25일자 광고(김영주, 임홍재 나란히).
「오늘 신흥학교 교정에서 갑구 정견발표대회, 들으라 그들의 포부를」, 『대중일보』 1948년 4월 25일자.
「을구후보 임홍재씨, 단독 정견발표회 개최, 구 부내서 3차」, 『대중일보』 1948년 4월 25일자.
「정견발표대회」, 『대중일보』 1948년 4월 25일자 광고.
「신문기자연맹 주최 갑구 정견발표대회, 성황리에 재작일 완료」, 『대중일보』 1948년 4월 27일자 광고.
「노총 해련위원장 임홍재씨 피선, 전국 대의원대회서」, 『대중일보』 1948년 4월 27일자.
「을구 입후보 임홍재선생의 약력과 주장」, 『대중일보』 1948년 4월 27일자 광고.
「을구입후보 이성민선생을 추천함에 있어 경애하는 50만 시민제위와 청년 근로남매 여러분 동지에게 올림」, 『대중일보』 1948년 4월 27일자 광고.
「괄목되는 지상발표대회, 본지에 전개될 입후보의 논진」, 『대중일보』 1948년 4월 28일자.
「갑구 입후보 정견발표 요지, 정견발표대회의 상황-속」, 『대중일보』 1948년 4월 28일자.
「성명서」, 『대중일보』 1948년 4월 28일자 광고(족청).
「선거방해자 엄벌, 정 검찰관이 경고문 발표」, 『대중일보』 1948년 4월

29일자.
「인천부 국회의원 입후보자 지상 정견발표대회」, 『대중일보』 1948년 4월 30일자.
「듯자! 그들의 정견을, 명일 송림교서 정견발표대회」, 『대중일보』 1948년 5월 1일자.
「인천부 국회의원 을선거구 입후보자 제2회 정견발표대회」, 『대중일보』 1948년 5월 1일자 광고.
「선거일과 그 전일은 술 못 팔고 시위 못 한다」【서울발 기사】, 『대중일보』 1948년 5월 3일자.
「연기된 정견발표대회, 5일 하오 2시에 개최」, 『대중일보』 1948년 5월 3일자.
「인천부 국회의원 입후보자 지상 정견발표대회」, 『대중일보』 1948년 5월 4일자.
「인천부 호적사무, 국민은 선거 갈망, 선거인 될 자격 얻기 위한 4월중 수속자 4만 돌파」, 『대중일보』 1948년 5월 4일자.
「하마트면 大事, 하씨 선거사무소, 적색 집단이 쇄도」, 『대중일보』 1948년 5월 4일자.
「월남동포는 가본적 호적, 호적 임시조치법령 실시」, 『대중일보』 1948년 5월 4일자.
「난립 덜기 위해 이성민씨 취소」, 『대중일보』 1948년 5월 4일자.
「곽상훈선생 입후보 공인 공고」, 『대중일보』 1948년 5월 4일자 광고.
「인사」, 『대중일보』 1948년 5월 4일자 광고(임홍재).
「입후보 사퇴성명」, 『대중일보』 1948년 5월 4일자 광고(이성민).
「을구 정견발표대회, 오늘 송림학교서 개최」, 『대중일보』 1948년 5월

5일자.
「국경대서 입후보자 정견게시 요망」, 『대중일보』 1948년 5월 5일자.
「곽상훈선생 입후보자 공인」, 『대중일보』 1948년 5월 5일자 광고.
「국회의원 입후보 공인추천」, 『대중일보』 1948년 5월 5일자 광고.
「인천부 을선거구 의원후보자 등록말소 공고」, 『대중일보』 1948년 5월 5일자 공고.
「인천부 을선거구 출마 국회의원 입후보자 제2회 정견발표대회」, 『대중일보』 1948년 5월 5일자 광고.
「인천부 국회의원 입후보자 지상 정견발표대회」, 『대중일보』 1948년 5월 6일자.
「기자연맹 주최의 정견발표대회, 어제 성황리에 완료」, 『대중일보』 1948년 5월 6일자.
「투표용지 등 각 투표소에 배부」, 『대중일보』 1948년 5월 6일자.
「윤병덕선생 입후보 공인 공고」, 『대중일보』 1948년 5월 6일자 광고.
「곽상훈선생 입후보 공인 공고」, 『대중일보』 1948년 5월 6일자 광고.
「윤병덕선생 입후보 공인 공고」, 『대중일보』 1948년 5월 7일자 광고.
「곽상훈선생 입후보 공인 공고」, 『대중일보』 1948년 5월 7일자 광고.
「부평 선거충돌사건은 검거 착수, 이 경찰청장 담」, 『대중일보』 1948년 5월 7일자.
「화수분」, 『대중일보』 1948년 5월 7일자.
「국회의원 입후보 양제박, 하상훈 양 선생 후원강연대회」, 『대중일보』 1948년 5월 7일자 광고 : 한국민주당 후원광고.
「국회의원 입후보 양제박, 하상훈 양 선생 후원강연대회」, 『대중일보』 1948년 5월 8일자 광고.

「인천의 선량은 누구? 개표는 11, 12 양일 중에」, 『대중일보』 1948년 5월 8일자.
「김준연씨 來講, 오늘 신흥교에서」, 『대중일보』 1948년 5월 8일자.
「안심코 투표하라, 인천 선위 성명서 발표」, 『대중일보』 1948년 5월 8일자.
「곽상훈선생 공인후보자 추천공고」, 『대중일보』 1948년 5월 8일자 광고.
「곽상훈선생 공인후보자 추천공고」, 『대중일보』 1948년 5월 9일자 광고.
「추려라 선량을, 인천부 입후보 11씨 면면」, 『대중일보』 1948년 5월 9일자.
「총선거 기념우표, 10일부터 발매 개시」, 『대중일보』 1948년 5월 9일자.
「야간통행은 10시까지로」, 『대중일보』 1948년 5월 9일자.
「국회의원 입후보 공고 추천」, 『대중일보』 1948년 5월 9일자 광고.
「송현 투표소에 투탄」, 『대중일보』 1948년 5월 10일자.
「송림5동 제1투표소, 투탄불발에 권총 난사」, 『대중일보』 1948년 5월 10일자.
「인천국 전화 전신망 파괴, 방화범인 남로동 妖女와 공범 타진」, 『대중일보』 1948년 5월 11일자.
「압도적인 우세로 곽상훈씨 당선」, 『대중일보』 1948년 5월 12일자.
「근사(謹謝) : 곽상훈」, 『대중일보』 1948년 5월 13일자.
「공개장-곽상훈에게 보냄」, 『대중일보』 1948년 5월 13일자.
「을구는 조봉암씨 당선-인천부 국회의원 선거 개표 제2일 결과」, 『대중일보』 1948년 5월 13일자.
「당선사례 조봉암」, 『대중일보』 1948년 5월 13일자.

참고문헌

1. 신문 및 자료

『경성일보』, 『경향신문』, 『대중일보』, 『독립신보』, 『동아일보』, 『로동신문』, 『서울신문』, 『새한민보』, 『조선경제연보』, 『조선인민보』, 『조선일보』, 『한성일보』, 『해방일보』, 『현대일보』.

경인일보 특별취재팀, 「삼연 곽상훈 : 항일투지로 '민족자존' 빛냈다」, 『격동 한 세기, 인천이야기』(하), 다인아트, 2001.

곽상훈, 「나의 우울했던 政黨時節」, 『世代』 8·9월호, 1969.

______, 「삼연회고록(1~5회) : 歷史의 濁流를 헤치고」, 『世代』 제10권 통권102~110호, 1972.

국사편찬위원회 편, 『자료 대한민국사』(1), 1969.

권대복 엮음, 『진보당』, 지양사, 1985.

미국무성 비밀외교문서·김국태 옮김, 『해방3년과 미국 I : 1945~1948』, 돌베개, 1984.

민주주의민족전선 선전부, 『민주주의민족전선결성대회의사록』, 조선정판사, 1946.

민주주의민족전선 편, 『조선해방연보』, 문우인서관, 1946.

山名酒喜男, 『朝鮮總督府終政の記錄』(一), 中央日韓協會, 1956.

森田芳夫, 「在日韓國人處遇推移現狀」, 『法務研究』 3, 1954.

________, 『朝鮮終戰の記錄』, 巖南堂書店, 1964.

小谷益次郎 저·윤해연 역, 「인천철수지(仁川引揚誌)」(상), 『황해문화』 30, 새얼문화재단, 2001.

小谷益次郎 저·윤해연 역, 「인천철수지(仁川引揚誌)」(하), 『황해문화』 31, 새얼문화재단, 2001.

孫艷紅, 「해방 후 중국 화북지역의 한인귀환에 관한 자료」, 『한국근현대사연구』 26, 한울, 2003.

심지연, 『한국민주당연구 I -정치적 성장과정과 정치이념 및 관계자료』, 풀빛, 1982.

안재홍, 「海內·海外의 三千萬 同抱에게 告함(1945.8.16. 서울중앙방송), 『민세안재홍전집』 2, 지식산업사, 1938.

이영일, 『激動期의 仁川-光復에서 休戰까지』, 동아사, 1986.

정태영·오유석·권대복 편, 『죽산 조봉암전집』(1~6), 세명서관, 1999.

진실화해를위한과거사정리위원회, 「월미도 미군폭격 사건」, 『진실화해를 위한 과거사정리위원회 조사보고서 : 2008년 상반기 조사보고서』, 진실화해를위한과거사정리위원회, 2009.

한국법제연구회 편, 『미군정 법령총람』, 한국법제연구회, 1973.

「(극비)내무원 명단(전 서대원)」, 인천시 내무서, 1950.

「(극비)서 대원명단(8.20) 현」, 인천시 내무서, 1950.

「(극비)간부 및 서원총계 일람표」, 인천시 내무서, 1950.

『南朝鮮過渡立法議院速記錄』, 驪江, 1984.

「思想要視察人連名簿 追加의 件」(號外 : 1926.4.19.), 『檢察事務에 關한 記錄』(3).

「上海不逞鮮人의 關東震災 慘死者 제2회 追悼會 開催狀況에 關한 件」, 『不逞團關係雜件(일본외무성)-鮮人의 部-在上海地方(5)』.

「新幹會代表委員會에 關한 件」(1929.6.31.), 『思想問題에 關한 調査書類(7)』; 「新幹會代表會員選擧狀況에 關한 件」(1930.10.11.), 『思想에 關한 情報綴』 제10책.

『倭政時代人物史料』(제6권), 국회도서관, 1983.

「인천지역 민간인학살 진상규명보고서」, 진실화해를위한과거사정리위원회(미간행).

「한국전쟁 당시 미 해병대 통역관의 증언」, 『작가들』 19, 도서출판 작가들, 2006.

C. L. 호그 지음, 신복룡·김원덕 옮김, 『한국분단보고서』(상), 풀빛, 1992.
Edward, W. Wagner, The Korean Minority in Japan, 1951.
H.Q. USAFIK, G-2 Perodic Report(미군정 주간정기보고).
K-9 Preliminary a, 'Korea : Repatriation of Japanese Residents in Korea', 1945.6.1. RG 59, Records Relating to Miscellaneous Policy Committee, 1940-45(조용욱, 「일본 내 한인의 귀환과 한국 내 일본인의 송환에 관한 해방직전 미국 측 자료」, 『한국근현대사연구』 33, 2005에 「한국 : 한국 내 일본인들의 본국송환」으로 번역).
Uchida, Jun, Brokers of Empire : Japanese Settler Colonial in Korea, 1876-1945, Havard University Asia Center, 2011.

2. 저서

강화사편찬위원회 편, 『증보 강화사』, 강화문화원, 1994.
김기원, 『미군정기의 경제구조』, 푸른산, 1990.
김기조, 『38선 분할의 역사-미, 소·일간의 전략대결과 전시외교 비사(1941~1945)』, 동산출판사, 1994.
김기진, 『끝나지 않은 전쟁, 국민보도연맹-부산·경남지역』, 역사비평사, 2002.
______, 『미국 기밀문서의 최초 증언 ; 한국전쟁과 집단학살』, 푸른역사, 2005.
김동춘, 『전쟁과 사회-우리에게 한국전쟁은 무엇이었나?』, 돌베개, 2000.
김영일, 『격동기의 인천-광복에서 휴전까지』, 동아사, 1986.
金太基, 『前後日本政治と在日朝鮮人問題』, 勁草書房, 1997.
독립운동사편찬위원회, 『독립운동사』 제3권, 독립운동사편찬위원회, 1971.
박태균, 『조봉암 연구』, 창작과 비평사, 1995.
서중석, 『한국현대민족운동연구』, 역사비평사, 1992.
______, 『한국현대민족운동연구 2 : 1948~1950 민주주의·민족주의·반공주의』, 역사비평사, 1996.
______, 『조봉암과 1950년대』(상·하), 역사비평사, 1999
______, 『대한민국 선거이야기-1948 제헌선거에서 2007 대선까지』, 역사비평사, 2008.

선우종원, 『사상검사』, 계명사, 1992.
승국문화재단, 『인천은 불타고 있는가』, 승국문화재단, 2001.
신경득, 『조선 종군실화로 본 민간인 학살』, 살림터, 2002.
여운홍, 『몽양 여운형』, 청하각, 1967.
염인호, 『또 하나의 한국전쟁-만주 조선인의 '조국'과 전쟁』, 역사비평사, 2010.
유영익·이채진 편, 『한국과 6·25전쟁』, 연세대학교 출판부, 2002.
이무호, 『어느 졸병이 겪은 한국전쟁』, 지식산업사, 2003.
이연식, 『조선을 떠나며-1945년 패전을 맞은 일본인들의 최후』, 역사비평사, 2012.
이영석, 『죽산 조봉암』, 원음출판사, 1983.
이완범, 『한국해방 3년사 : 1945~1948』, 태학사, 2008.
이현주, 『해방 전후 통일운동의 전개와 시련』, 지식산업사, 2008.
______, 『1920년대 재중 항일세력의 통일운동』, 독립기념관 한국독립운동사연구소, 2009.
인천광역시사편찬위원회, 『인천광역시사2 : 인천의 발자취』, 인천광역시, 2002.
인천상공회의소110년사편찬위원회, 『인천상공회의소 110년사』, 인천상공회의소, 1995.
인천상공회의소 편, 『인천상공회의소 100년사』, 인천상공회의소, 1995.
인천시사편찬위원회, 『인천시사』(상·하), 인천시, 1973.
인천직할시사편찬위원회 편, 『인천시사』(상), 인천직할시, 1993
長崎裕三, 『コケンと時計』, 1958.
정길화·김환균 외, 『우리들의 현대 침묵사』, 해냄, 2006.
정용욱, 『해방 전후 미국의 대한정책』, 서울대학교 출판부, 2003.
정태영, 『조봉암과 진보당』, 한길사, 1991
정희상, 『이대로는 눈을 감을 수 없소-6·25전후 민간인 학살사건 발굴 르뽀』, 돌베개, 1990.
최영호, 『재일 한국인과 조국광복-해방 직후의 본국 귀환과 민족단체 활동』, 글모인, 1995.
______, 『일본인 세화회-식민지 조선 일본인의 전후』, 논형, 2013.
함명수, 『바다로 세계로』, 한국해양전략연구소, 2007.

3. 논문

강성현, 「국민보도연맹, 전향에서 감시·동원, 그리고 학살로」, 『죽엄으로써 나라를 지키자-1950년대, 반공·동원·감시의 시대』, 선인, 2007.

김광재, 「중일전쟁 이후 북경지역의 한인단체 연구」, 『한국독립운동사연구』 23, 독립기념관 한국독립운동사연구소, 2004.

김득중, 「제헌국회의 구성과정과 성격」, 성균관대학교 사학과 석사학위논문, 1993.

김무용, 「해방 직후 인천지역 사회주의 운동」, 『한국근현대 경기지역 사회운동 연구』, 관악사, 1998.

김선호, 「국민보도연맹의 조직과 가입자」, 『역사와 현실』 45, 한국역사연구회, 2002.

김정인, 「임정 주화대표단(駐華代表團)의 조직과 활동」, 『역사와 현실』 24, 한국역사연구회, 1997.

박명림, 「한국전쟁의 발발과 기원」, 고려대학교 박사학위논문, 1994.

신재준, 「1945~46년 재조선 일본인의 귀환과 미군정의 대응」, 『군사』 제104호, 국방부 군사편찬연구소, 2017.

신태범, 「한용단」, 『인천 한 세기-몸소 지켜본 이야기들』, 홍성사, 1983.

신태범 증언, 「원로를 찾아서① 신태범 박사」, 『황해문화』 1, 새얼문화재단, 1993.

양영조, 「한국전쟁 시기 인천의 특징과 성격」, 『인천학연구』 2-1, 인천대학교 인천학연구원, 2003.

이성진, 「한국전쟁 최초의 집단학살, 인천국민보도연맹원 학살사건」, 『작가들』 19, 도서출판 작가들, 2006.

이연식, 「해방 직후 해외동포의 귀환과 미군정의 정책」, 서울시립대학교 국사학과 석사학위논문, 1998.

이영환, 「미군정기 전재민 구호정책의 성격 연구」, 서울대학교 사회학과 석사학위논문, 1989.

이윤희, 「미군정기 인천에서의 좌우 투쟁의 전개」, 『역사비평』, 역사문제연구소, 1989 봄호, 1989.

이주철, 「통일후 월남인의 북쪽 토지처리를 생각한다」, 『역사비평』 33, 역사문제연구소, 1996.

이현주, 「한국현대사의 비극을 가로지른 '남로당의 2인자'」, 『황해문화』 5, 새얼문화재단, 1994.
이현주,「해방 후 조봉암의 정치활동과 제헌의회 선거」,『황해문화』 30, 새얼문화재단, 2001.
______,「8·15전후 조선총독부의 정책과 조선정치세력의 대응–민족주의 우파의 선택과 국민대회 준비회」,『국사관논총』 108, 국사편찬위원회, 2006.
______,「해방 후 이승엽의 '통일민족국가' 건설운동(1945~1953)」,『인천학연구』 6, 인천대학교 인천학연구원, 2007.
______,「한국전쟁기 '조선인민군' 점령 하의 서울–서울시 임시인민위원회를 중심으로」,『서울학연구』 31, 서울시립대학교 서울학연구소, 2008.
임명방,「인중시절과 태극기에 대한 기억」,『황해문화』 5, 새얼문화재단, 1994.
장석흥,「해방 후 귀환문제 연구의 성과와 과제」,『한국근현대사연구』 25, 한울, 2003.
______,「1940년대 전반 미 국무부의 해외한인 정책」,『해방 전후 국제정세와 한인의 귀환』, 역사공간, 2012.
정국노,「건국과정에서의 사회단체 소고-인천지구를 중심으로」,『인천전문대학 논문집』 3, 인천대학교, 1982.
홍인숙,「건국준비위원회의 조직과 활동」,『해방 전후사의 인식』 2, 한길사, 1985.
황병주,「미군정기 전재민구호운동과 '민족담론'」,『역사와 현실』 25, 한국역사연구회, 2000.

찾아보기

ㄱ

가등평태랑(加藤平太郎) 45, 46, 70-72
강본의공(岡本宜空) 45, 46
강원규 105, 148
강원명 236
강종구 105, 148
강진국 252
강천양(江川洋) 46
개성구호소 119
거류민회 44, 48, 77, 326, 327
거창 양민학살사건 259
경기도 시국대책위원회 294, 298, 301
경성고등공업학교 168, 171, 172
고려청년당 161, 219
고영순 284
공개장 203
공산주의의 모순 발견 228, 249
과도 민주정부 수립촉진 인천시민대회 221
곽상훈 107, 164, 168-174, 189-196, 198-205, 220, 232-234, 284, 332
곽성수 170
관동진재 참사자 추도회 171
9월 공세 285
국가보안법 208
국민방위군사건 259
국민보도연맹 262, 275, 281, 282, 285, 290, 291
국민보도연맹 인천시연맹 282, 291, 300
국옥(菊屋) 83, 90
국회의원 선거법 178, 180, 183, 236
군기헌납운동 318-320, 323, 334
군대위안부 50
권정석 217
권평근 141, 142
귀농사업(歸農事業) 128, 129
귀두진(鬼頭進) 45, 46
근로인민당 285
금강장(金剛莊) 83, 90
길강구(吉岡久) 46
길목선개(吉木善介) 45, 46
길전겸치랑(吉田謙治郎) 45, 46

김구 177, 189, 254, 255, 257, 258
김구복 229
김규식 172, 177, 189, 231, 252, 254, 255, 257
김기선 89
김기양 166, 331
김기철 269, 272
김덕진 217, 219, 229, 230
김도인 95
김무영 182, 191, 284
김상덕 172
김석기 202, 232-236
김성국 147, 217, 219, 229, 230
김성운 216
김세완 105, 145, 213, 215
김수복 151, 212
김시현 211
김약수 237
김영배 151, 212
김영섭 220
김영일 17, 283
김영주 197, 201, 234
김요한 107, 164
김용규 105, 107, 145, 147, 151, 156-158, 164, 212-215, 221, 282-284, 300
김원봉 165, 166, 171, 224, 248, 331
김윤복 54, 105, 147, 148
김일성 283, 291
김장흥 105, 148
김재길 217
김조이 160
김종순 87
김준연 195
김진갑 217
김진복 300
김찬 254
김창숙 267
김창식 224, 282, 283
김태선 282, 283
김태훈 106, 149, 151, 212
김형원 157, 160
김홍식 196, 232-234
김효준 283

ㄴ

나환자 집단 소동 130
남로당 152, 174, 285, 286, 290-292, 302, 322, 334
남북협상 189, 254, 257, 258, 274
남조선과도입법의원 178
내지 철수 수송계획 76
내지 철수 수송계획서 42, 44
노성태 283, 284
농업현물세제 320, 321, 324
능치태랑(能治太郎) 63

ㄷ

대성목재(大成木材) 109
대일선전포고문 137
대전번치(代田繁治) 46
대정휘웅(大庭輝雄) 55, 149

대중일보 18, 19, 80, 97, 103, 112, 119, 210, 218, 226, 230, 233
대한노총 193, 233
대한독립전취국민대회 165
대한독립청년단 193
대한독립촉성국민회 인천지부 166, 225
대한민국임시정부 112, 162, 172, 330
대한청년단 315
대한청년단 인천시단 301
덩킨 대위 57
도변정희(渡邊政喜) 66
도원섭 145, 217
독립촉성중앙협의회 165
동경진재동포학살조사위원회 171
동산학원 151, 212
동양방적회사 47
동지제작소(東芝製作所) 59, 61, 108

ㄹ

랭던 113

ㅁ

마셜플랜 176
막걸리 유세대 194
만국공원(자유공원) 25, 139
명치천황 어의봉안소 40
모리갱태랑(毛利鎮太郎) 46
모스 대위 57, 144, 213
모스크바 3상회의 106, 116, 133, 163, 164, 176, 177, 222, 327, 330
목촌국지(木村菊枝) 63
몰로토프 137
무덕관 216
무덕전(武德殿) 97
무소속구락부 254
문두호 157, 215, 217
미소공위 촉진 인천시민대회 165, 166, 331
미소공위대책협의회 189, 231, 252
미신(米信) 169
민족자주연맹 231, 252
민족청년단 236
민주대연합 262, 275
민주주의독립전선 189, 231, 251-253, 274
민주주의민족전선 인천지부 107, 164, 248

ㅂ

박건웅 254
박기남 229
박남칠 105, 142, 145, 156-158, 160, 213-215, 282-284
박문국민학교 318
박석하 156, 157, 214
박영덕 211
박용돈 217
박용희 267
박진목 259
박태형 217
박한춘 95, 105, 148
박헌영 152, 159, 166, 174, 222-226,

238, 247, 248, 333
박훈식 283
방준경 215
배인복 229
변영태 263, 270
복도민웅(福島敏雄) 63
부평 동국민학교 234
부평묘지 315
북한 당국의 평화공세에 대한 진보당의 선언문 269

ㅅ

삼릉전기 조선제작소(三菱電氣 朝鮮製作所) 109
삼목원(三木園) 96
삼수웅(森秀雄) 45, 46, 62, 70-72
삼천만 동포에게 고함 228, 249
삼판호텔 66
삽곡백태랑(澁谷百太郎) 46
상무관 151, 212
상무관치안대 151, 212
상야건치(桑野健治) 45, 46
상전문차랑(上田文次郎) 46
상해 청년동맹회 171-174
상해파 고려공산당 172
상호병원 318
생산증강운동 319, 320
서병훈 89
서북청년회 부평특별지단 195
서상일 266-268
서영일(西英一) 71
서울시 임시인민위원회 291, 317
서정설 217
선거인 등록제도 180
선학동 51, 83, 122
선혜중학교 318
성주식 166, 224, 248
성학양조장 71
세화회(世話會) 28, 76, 84, 104, 122, 139
소개공시대(疏開空地帶) 85, 123
소곡익차랑(小谷益次郎) 27, 44-46, 48, 57, 58, 60, 73, 86
손계언 107, 164
송두후 215
송수안 217
송현동 투표소 201
수인선 293
스틸맨 군정관 61, 67, 104, 105, 108, 144, 220
시전호일(柴田虎一) 45
신간회 인천지회 173, 174, 203, 332
신간회 해소론 174
신탁통치반대 공동위원회 107, 164
신태범 147, 164, 215, 217, 219
신한공사 130
신흥국민학교 196, 197, 284
심견인시(深見寅市) 45, 46, 55, 71, 72
14개조 평화통일안 264

ㅇ

아놀드 군정장관 65, 77, 104, 326

아사히소학교 청년훈련소 151, 212
안본진치(岸本眞治) 45
안재홍 40, 41, 150
안정녀 283
암정(巖井)병원 63
애관극장 151, 212
양제박 162, 189-191, 195, 196, 198, 199, 201-203, 217, 230, 232-234
어조연(漁組聯) 83, 90
엄흥섭 215
여순사건 256, 293
여운형 150, 151, 154, 165, 166, 211, 224, 248, 331
여운홍 223, 257
연합군사령부(GHQ) 102
영정애우아문(永井愛右衛門) 71
영화극장 151, 214
오제도 281, 283
오창섭 284
옥식상점(玉植商店) 66
우리의 當面課業-對 共産黨鬪爭에 勝利를 爲하여 261, 267
우봉준 284
우혜길장(宇惠吉藏) 46, 66
원통이고개 민간인 학살사건 315
월남인(越南人) 111, 116-121
월미도 유원(遊園)회사 52
위트맨 대좌 80, 113
윌리엄 대위 57
유엔임시위원단 177, 178, 181, 257
유창호 151, 212
육군 조병창 56
윤덕병 201
윤무선 197, 201
윤병덕 198, 232-234
윤석준 157, 216, 286
윤자영 172
윤재근 237
의열단 171, 172
의용군 301, 316, 317, 320, 323, 334
이강국 165, 166, 224, 248, 331
이계송 298
이광진 254
이근춘 105, 148
이기정 157
이명룡 267
이명호 147
이범석 236
이범진 148, 162, 220
이보운 107, 157, 158, 160, 164, 213, 282-284, 291
이상운 157, 160, 282, 283
이석우 141, 142
이성민 234, 236
이순희 198, 201, 202, 232
이승만 165, 166, 178, 225, 254-259, 261, 264
이승복 211
이승엽 105, 145, 152, 158, 159, 168, 174, 212, 213, 283, 291
이시영 261
이열헌 162, 298

이원춘 145
이유희 232
이임옥 148, 151, 212
이재민구호소 117
이재영 148
이조욱 105, 148
이창우 105, 148
이태희 283
이필상 145, 217, 219, 229, 230, 282, 283
이현상 165, 331
이환 171
인광상회(仁廣商會) 56
인민군 환영위원회 293
인민민주주의혁명 176
인천 미두취인소(米豆取引所) 169
인천 부민에게 고함 61
인천비강(粃糠)조합 150, 210
인천상륙작전 20, 21, 281, 321
인천 일본인상조회 27, 46–48, 52, 55, 57–59, 62–65, 70–73, 75, 77, 86, 93, 326, 327
인천공설운동장 220, 221, 224, 248, 301
인천공안부 106, 148
인천기자연맹 185, 196, 197
인천내무서 304, 323
인천보안대 148, 151, 212
인천보안서장 54, 105
인천부 국회의원 입후보 정견발표회 196
인천부 선거위원회 182, 186, 187, 196, 197
인천부 의회 44, 54, 55, 73
인천부(仁川府) 38, 54, 143
인천상공경제회 45, 46
인천상공회의소 55, 66, 106, 149
인천선무학생대 151, 212
인천세관 149
인천세화회 28, 104, 140
인천소년형무소 292, 293, 297
인천시 고문회의 147
인천시 인민위원회 151, 154–160, 162, 212, 214, 216, 219, 283, 286, 314, 328, 330
인천시립극장 318
인천시세진흥회 217, 218, 230, 235
인천식량배급조합 152
인천신문 19, 224
인천신문사 165
인천신사 39, 44, 45, 48, 51
인천양곡조합 152
인천전재민동맹 94–98, 100
인천중학교 53
인천지구 노동조합평의회 165, 166, 331
인천체육협회 193, 202, 219
인천치안유지회 151, 211, 212
인천학생대 151, 212
인천협동조합 216
인천형무소 292
일립제작소(日立製作所) 59, 108
일본영사관 54
일본제분 인천공장 109
일본차량(日本車輛) 59, 108

임홍재 54, 95, 105, 145, 213, 215, 233-236

ㅈ

자동차부대 55
자백서(양심서) 285
장건상 267, 268
장광순 105, 145, 151, 212, 213
장석진 215, 217, 219, 229, 230
장야계사(莊野啓司) 63
장야영치(長野永治) 46
장영복 283, 284
장완순 91
재외동포구제회 89
재한국 일본인재산의 권리귀속에 관한 건 108
전두영 151, 162, 212
전상점(槇商店) 83, 90
전재동포총동맹 94
전재민 가주택 건설조성회 126
전재민수용소 90, 99, 328
전정윤 105, 148
전중복일(田中福一) 46
전촌실직(田村實直) 63
전후 대외정책에 관한 자문위원회 28
정(町)연합회 143
정문환 217
정용복 217
정치보위부 315
정흥락 283
제네바 정치회담 263
제물포시 54, 234
조경승 283
조봉암 105, 107, 145, 150-152, 156, 158, 159, 164, 166-168, 195, 202, 204, 208-226, 229-239, 245-259, 261, 262, 264-276, 331-333
조선건국준비위원회 40, 60, 89, 150
조선건국준비위원회 인천지부 106, 142, 148, 212, 328
조선공산당 107, 141, 152, 159, 167, 172, 208, 209, 211, 214, 220, 222-224, 226, 228, 238, 247-249, 260, 333
조선공산당 인천지부 163, 330
조선구휼총본부 89
조선국민후생대 89
조선기계(朝鮮機械) 108
조선노동조합 전국평의회 193
조선대동제강(朝鮮大同製鋼) 109
조선동지전기(朝鮮東芝電氣) 109
조선민족청년단 193
조선이연금속(朝鮮理研金屬) 59, 108
조선인민공화국 89, 153, 154, 214
조선인민군 279-281, 283, 291-293, 296, 298, 301-303, 309, 313-325, 334, 335
조선인민원호회 89, 122
조선인민원호회 인천지부 83, 89-91, 99, 328
조선인촌공업(朝鮮燐寸工業) 109
조선정미주식회사 71
조선혁명자구원회 인천지부 215
조승환 182, 183

조월구칙(鳥越久則) 46
조일수호조규(강화도조약) 25, 139
조종식 162
종전사무처리본부 64, 65, 77, 326
좌우합작위원회 189, 231, 251, 252
주안정 공동묘지 142
주원기 217
주정기 151, 212
중도통합론 253
중앙노선 231, 239, 251, 276, 333
중천철(中川哲) 46
지말팔랑(地末八郎) 45, 46
지상 정견발표대회 199
지전청의(池田清義) 54, 66
지중세 293, 322, 334
진보당 209, 246, 247, 265-269, 272, 273, 275
진보당사건 272
진보당추진위원회 265, 266
진실·화해를 위한 과거사정리위원회 20, 208
진해창 217
징용자후원회 58, 89, 93

ㅊ

차본무장(此本武藏) 56
차태열 89
창영교회 318
창영국민학교 213, 318
채규섭 217
채종삼 284
촌곡길장(村谷吉藏) 46
최경득 89
최길구 217
최능진 254
최병욱 145, 217
최상열 131
최영택 216
최용달 156, 157, 214
최운하 282
최익환 211
최철 81, 95, 114
최춘문 160
최태호 151, 212
축항병원 318

ㅌ

탈퇴성명서 286, 287, 289-291, 322
탑동감리교 중앙교회 318
태평양전쟁 28, 29, 39, 50, 84, 123
토지개혁 116, 117, 119, 133, 198, 255, 256, 320, 324, 327
트루먼 64, 77, 176, 256, 326
트루먼독트린 176

ㅍ

파킹감 대위 57
패전국 소속재산의 동결 및 이전제한의 법 108
평야번부(平野繁夫) 63
평화사(平和社) 257
포상칠삼생(浦上七三生) 46

포츠담선언 36, 101, 137, 138
표양문 182, 185, 284
프라친스키 중위 57, 92

ㅎ

하상훈 147, 162, 189, 190, 195, 220, 232–236, 284
한국민주당 인천지부 106, 148, 161–163, 165, 166, 190, 195, 230, 330, 331
한국여론학회 187
한기남 160
한기동 157
한용단(韓勇團) 169, 193
함효영 196, 197, 201, 229, 232–234
항도극장 318
해광사 315
해밀튼 중위 57
해방극장 318
해외 전재동포 13, 15, 17, 21, 79, 80–82, 87, 89, 91, 92, 95, 99, 102, 105, 111, 115, 116, 119, 128–132, 133, 327–329
화릉(花菱) 83, 90
화옥(花屋) 83, 90
황윤 217
후쿠오카 인천회 27
힐튼 중위 57

이현주

인하대학교 사학과 및 동 대학원 졸업(문학박사)
한국학중앙연구원 초빙연구원, 한국근현대사연구 편집위원, 인하대·충남대 등에서 강의, 국민대학교 한국학연구소 공동연구원, 진실·화해를 위한 과거사정리위원회 자문위원 역임
현재 국가보훈처 연구관

저서 : 『한국 사회주의세력의 형성 : 1919~1923』(일조각, 2003), 『해방전후 통일운동의 전개와 시련』(지식산업사, 2008), 『1920년대 재중 항일세력의 통일운동』(독립기념관, 2009) 외

인천학연구총서 38
인천이 겪은 해방과 전쟁

2018년 2월 23일 초판 1쇄 펴냄

기 획 인천대학교 인천학연구원
지은이 이현주
펴낸이 김흥국
펴낸곳 보고사

등록 1990년 12월 13일 제6-0429호
주소 경기도 파주시 회동길 337-15 2층
전화 031-955-9797(대표)
02-922-5120~1(편집), 02-922-2246(영업)
팩스 02-922-6990
메일 kanapub3@naver.com / bogosabooks@naver.com
http://www.bogosabooks.co.kr

ISBN 979-11-5516-759-5 94300
979-11-5516-336-8 (세트)

정가 26,000원